통합과학교육을 위한
최신과학교육

하민수, 고연주, 김원정, 박정우, 박준형
박철규, 심수연, 이경건, 장진아

교육과학사

머리말

새로운 시대의 과학교육은 더 이상 개별 교과 지식의 전달에 머물지 않습니다. 과학교육이 과학적 문제 해결 능력, 융합적 사고의 신장에 더 맞추려고 하고, AI, 디지털, 에듀테크의 발전은 과학교사의 새로운 교수역량을 요구하고 있습니다. 과학교육론에 관하여 잘 정리된 참고서들이 많이 출간되어 왔지만, 이러한 최신 흐름을 통합과학교육의 관점에서 두루 다룬 교재는 많지 않았습니다.

이 책『통합과학교육을 위한 최신과학교육』은 서울대학교 교원양성혁신센터의 지원으로 수행된「통합과학 교수역량 증진을 위한 사범대학 교육과정과 교재에 관한 연구」의 성과물입니다. 예비교사들이 알아야 할 최신 이론과 실제적 교육 내용을 엮은 것입니다. 개념변화 이론과 탐구학습, 사회적 쟁점과 과학 등 저자들이 오랫동안 관심을 가지고 온 연구 주제를 중심으로 구성하였습니다. 이 책이 예비과학교사와 현직에 계신 과학교사가 새로운 시대의 과학 수업을 설계하고 실행하는 데 도움이 되기를 바랍니다.

끝으로, 이 연구를 지원해 주신 서울대학교 교원양성혁신센터와 송진웅 센터장님과 사업 운영을 도와주신 김이슬 선생님께 깊은 감사의 마음을 전합니다. 또한 출판시장이 어려운데도 불구하고 책의 출판을 결정해 주신 교육과학사 관계자께도 감사의 말씀을 드립니다. 바쁜 일정 속에서도 원고 집필에 동참해 주신 모든 저자분들의 노력이 있었기에 이 책이 완성될 수 있었습니다. 진심으로 감사드립니다.

2025년 8월

대표 저자 하민수

목 차

PART 1 과학학습이론 및 평가

PART 2 과학교수 전략

PART 1

과학학습이론 및 평가

CHAPTER 01

개념 이해와 통합과학교육

1. 들어가며

개념을 이해하는 것은 우리나라 교육의 중요한 목표 중 하나이다. 지난 수십 년 동안 우리나라의 교육과정은 여러 큰 변화들을 거쳐 왔음에도, 학생들이 배워야 할 지식을 제시하는 것만큼은 우리나라 교육과정에서 일관적인 경향이었다. 이에 따라 교과서는 학생들이 배워야 할 지식을 중심으로 서술되며, 시험을 통해 학생들의 개념을 평가하는 것은 교육현장에서 쉽게 찾아볼 수 있는 모습이 되었다.

과학교육의 맥락에서, 학자들은 학생들의 과학개념의 이해를 증진시키기 위해 다양한 연구들을 수행해 왔다. 예컨대, 학생 개념은 어떤 특징이 있는지, 학생 개념은 어떻게 형성되는지, 학생들의 오개념을 어떤 의미로 여기고 다뤄야 하는지 등이 그러한 연구들의 주제이다. 그러나 이러한 연구들은 대개 물리학, 화학, 생물학, 지구과학 등 과학 분과 학문 내에서 이루어진 경우가 많았다. 네 가지 분과 학문들은 과학이라는 전체적인 학문 특성을 공유하지만, 각각의 분야는 또한 고유한 특성(예컨대, 패러다임)을 가지고 있기에 추가적으로 살펴야 할 부분이 있을 것이다. 이 장에서는 학생 개념에 대한 이론과 관점들을 조망하고, 여러 분과 학문의 지식들이 서로 조합되는 통합과학이라는 맥락에서 학생들의 개념 이해를 증진시키기 위해 어떤 관점을 고려해야 할지에 대하여 검토한다.

2. 대안적 개념

이 절에서는 대안적 개념의 의미, 유형, 특징을 소개하고, 대안적 개념의 교육적 관점에 대해서 살펴볼 것이다.

2.1. 대안적 개념의 의미와 유형

학생들은 종종 과학적 개념(scientific conception)과는 다른 개념(conception)을 가지곤 한다.[1] 우리는 과학적 개념과는 다른 개념을 보통 오개념(misconception)이라 부르지만, 때때로 학자들은 대안적 개념(alternative conception), 대안틀(alternative framework), 아동과학(children's science), 초보믿음(naive beliefs) 등의 표현을 사용한다(송진웅 외, 2007). 오개념 대신 대안적 개념과 같이 표현하는 것은 학생 개념에 대한 입장에 따른 것이다. 오(誤, mis-)개념이라는 표현 속에는 그것이 틀린 개념이라는 전제가 깔려있는 반면, 대안적(alternative) 개념이라는 표현은 학생들이 구성한 개념 또한 존중되어야 한다는 의미가 있다. 이 장에서는 오개념보다는 주로 대안적 개념이라는 표현을 사용할 것이다.

다시 돌아가서, 과학적 개념을 공동체에서 공인된 과학지식에 대한 이해라고 정의한다면, '공동체'의 의미에 따라서 과학적 개념의 의미가 달라질 수 있다. 예컨대, 만약 공동체를 현재의 교육과정을 만든 집필진이라고 한다면, 과학적 개념은 현재의 교육과정에서 학생들이 배우는 과학지식에 대한 이해를 의미한다. 만약 공동체를 과학자 사회라고 한다면, 과학적 개념은 현재의 교육과정을 넘어 앞으로 학생들이 배우거나 배울지도 모르는 과학지식에 대한 이해를 의미하게 된다. 현재의 교육과정에서 다루는 지식과 과학자 사회에서 다루는 지식이 항상 같은 것은 아니며, 오히려 초등학교, 중학교, 고등학교, 대학교, 과학자 사회 등의 맥락에 따라 과학지식은 좀 더 정교화될 가능성이 있다. 따라서 과학적 개념은 그것을 판단

1) Concept와 conception은 모두 우리말로 개념이라고 번역되지만, 두 의미는 구분되어야 한다(이선경, 2015). 전자는 공동체에서 공인된 지식을 의미하며, 후자는 개인이 구성한 정신적인 표상을 의미한다.

하는 맥락에 따라 상대적이라 할 수 있으며, 그에 따라 대안적 개념도 상대적인 속성을 갖게 된다.

한편, 대안적 개념은 그것이 조사되는 시점에 따라 구분되기도 한다. 구성주의 입장에서는 학생들이 기존에 사전 개념을 가지고 있으며, 그러한 사전 지식이 이후 개념 구성에 영향을 준다고 믿는다. 실제로 수업 내용과 관련하여 수업 전과 후에 학생들이 어떻게 알고 있는지를 확인하는 것은 자주 활용되는 교수학습평가 방법이다. 이에 따라, 대안적 개념은 현재의 개념 학습 '이전의' 대안적 개념과 개념 학습 '이후의' 대안적 개념으로 구분될 수 있다.

이러한 논의의 연장선에서, Park et al.(2024)은 대안적 개념을 판단 맥락 기준과 판단 시점 기준에 따라 네 가지로 분류한 바 있다. 판단 맥락 기준은 위에서 언급한 것처럼 과학적 개념과 대안적 개념을 판단하는 맥락(즉, 판단을 위한 과학적 개념(concept)이 이전 학습 상황에 대한 것인지 혹은 이후 학습 상황에 대한 것인지)을 의미하며, 판단 시점 기준은 대안적 개념을 판단하는 시점(즉, 학생 개념(conception)이 조사되는 시점이 개념 학습 전인지 혹은 이후인지)을 의미한다. 이를 정리하면 〈표 1-1〉 및 [그림 1-1]과 같다.

〈표 1-1〉 대안적 개념의 유형

구분		판단 맥락 기준	
		이전 학습에서 다룬 개념	이후 학습에서 다룰 개념
판단 시점 기준	현재 학습 전 (사전)	유형 1 대안적 개념 (Type 1 AC)	유형 2 대안적 개념 (Type 2 AC)
	현재 학습 중/후 (사후)	유형 3 대안적 개념 (Type 3 AC)	유형 4 대안적 개념 (Type 4 AC)

유형 1 대안적 개념(Type 1 AC)은 과거 학습에서의 과학적 개념과 관련이 있으면서 과거 학습을 통해 구성되는 대안적 개념을 말한다. 예컨대, 전해질과 비전해질이 주된 학습주제가 아닌 전기화학 수업 전에, 학생들이 전해질과 비전해질에 대하여 어떤 대안적 개념을 가지고 있는지 조사하는 상황을 고려하자. 이때 대안적

개념의 판단 맥락은 과거 학습에서 다룬 다른 전해질과 비전해질 개념이며, 판단 시점은 현재 전기화학 수업 이전이 된다.

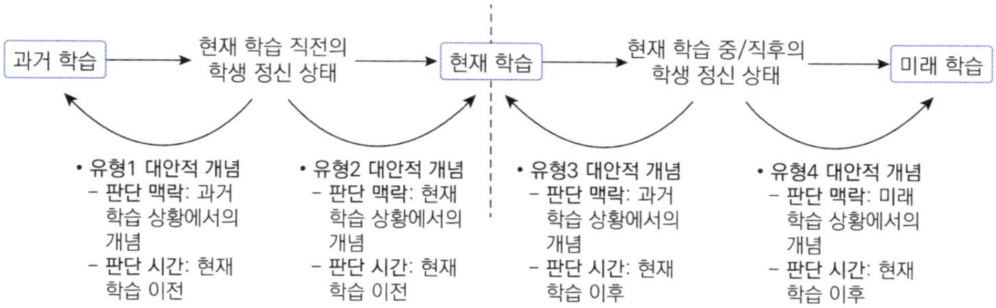

[그림 1-1] 시간의 흐름에 따라 표현된 대안적 개념의 네 유형

유형 2 대안적 개념(Type 2 AC)은 현재 학습에서의 과학적 개념과 관련이 있으면서 과거 학습을 통해 구성되는 대안적 개념을 말한다. 예컨대, 색을 주제로 하는 수업 전에, 색에 대하여 학생들이 가지고 있는 대안적 개념을 고려할 수 있다. 이때 대안적 개념의 판단 맥락은 현재 학습에서 다루는 색 개념이며, 판단 시점은 색에 대한 현재 수업 이전이 된다.

유형 3 대안적 개념(Type 3 AC)은 현재 학습에서의 과학적 개념과 관련이 있으면서 현재 학습을 통해 구성되는 대안적 개념을 말한다. 예컨대, 식물의 구조에 대한 수업 후에, 식물의 구조에 대하여 학생들이 가지고 있는 대안적 개념이 있다. 이때 대안적 개념의 판단 맥락은 현재 학습에서 다루는 식물의 구조 개념이며, 판단 시점은 식물의 구조에 대한 현재 수업 이후가 된다.

마지막으로, 유형 4 대안적 개념(Type 4 AC)은 미래 학습에서의 과학적 개념과 관련이 있으면서 현재 학습을 통해 구성되는 대안적 개념을 말한다. 예컨대, Avogadro 원리와 기체의 반응을 배운 후에, 기체 혼합물에 대하여 기체의 부피에 대한 학생들의 대안적 개념을 고려할 수 있다(Park et al., 2024). 이때 대안적 개념의 판단 맥락은 미래 학습에서 다루는 Dalton의 분압법칙에 따른 부피 개념이며, 판단 시점은 Avogadro 원리와 기체 반응에 대한 현재 수업 이후가 된다.

2.2. 대안적 개념의 특징

학생들이 구성하는 개념은 학생마다 다양하다. 이는 학생들이 저마다 사전에 경험한 것, 알고 있는 것들이 다르고, 인지능력도 다르며, 학습이 이루어지는 맥락 또한 다르기 때문이다. 그럼에도 불구하고 학생들의 대안적 개념은 어떤 공통된 특징들을 보일 수 있다. 대안적 개념의 심리학적 특징에 대하여 여러 학자들(예: diSessa, 2013; Driver, 1988; Potvin & Cyr, 2017; Vosniadou & Skopeliti, 2014)의 의견을 정리하면 〈표 1-2〉와 같다.

〈표 1-2〉 학생들의 대안적 개념의 심리학적 특징

특징	설명
피상성	학생들의 개념은 단편적이다. 학생들은 어떤 대상을 다각적으로 이해하기보다는 대상의 뚜렷한 특징(예: 지각적 특징, 변화하는 특징 등)에 초점을 두어 추론하는 경향이 있다.
견고성	학생들의 개념은 견고하다. 학생들의 개념은 새로운 개념을 학습한 후에도 때때로 잘 변화하지 않는다.
생산성	학생들의 개념은 생산적 혹은 기능적이다. 학생들이 어떤 개념을 구성하고 사용하는 것은 그 개념이 상황을 이해하거나 문제를 해결하는 데 도움이 되기 때문이다.
맥락성	학생들의 개념은 맥락적이다. 학생들은 구조적으로 동일한 문제라 할지라도 맥락이 달라지면 다른 개념을 사용하는 경향이 있다.

한편, Wandersee et al.(1994: 송진웅 외, 2007, pp. 11-13에서 재인용)은 대안적 개념에 대하여 이루어진 연구들의 결과를 8가지로 요약하여 제시한 바 있다. 이러한 결과들은 대안적 개념의 심리학적 특징뿐만 아니라 사회문화적, 교육학적 특징을 포함한다.

① 학습자는 자연의 사물과 사건에 대한 다양한 대안적 개념들을 지닌 채 정규 과학 수업에 임한다.

② 학습자가 정규 과학 수업에 임할 때 지니고 있는 대안적 개념들은 나이, 능력, 성별, 문화의 경계들을 초월한다.

③ 대안적 개념은 완고하고 저항적이어서 전통적인 교수 전략에 의해 좀처럼

소멸되지 않는다.

④ 대안적 개념은 흔히 자연현상에 대해 이전 세대의 과학자나 철학자들이 제안하였던 설명들과 유사하다.

⑤ 대안적 개념은 직접적인 관찰과 지각, 또래문화, 언어, 그리고 교사의 설명이나 교수자료 등을 포함하는 다양한 개인적 경험에서 기원한다.

⑥ 교사도 이따금 학생과 동일한 대안적 개념을 가지고 있다.

⑦ 학습자의 사전 지식은 정규 수업에서 제시되는 지식과 상호작용을 이루며, 이를 통해 의도하지 않은 다양한 학습 결과가 유발된다.

⑧ 개념변화를 촉진하는 교수 접근들은 효과적인 수업 도구가 될 수 있다.

2.3. 대안적 개념에 대한 관점

대안적 개념은 크게 두 가지 관점에서 바라볼 수 있다. 하나는 ① 대안적 개념의 대체 관점(fix it view)이고, 또 하나는 ② 대안적 개념의 이용 관점(work with it view)이다(Duschl et al., 2011). 전통적으로 대안적 개념은 학습의 장애물로서 추후에 과학적 개념으로 변화되거나 대체되어야만 하는 대상이었다. '틀린(誤, mis-) 개념'이라는 뜻의 오개념이라는 표현은 이러한 대체 관점을 잘 드러낸다. 반면, 과학교육에 구성주의가 점차 확대되면서 대안적 개념을 이용하자는 관점 또한 생겨났다. 이때 대안적 개념은 대체되어야 할 장애물이 아니라 학습을 돕는 지적 자원이다. 즉, 대안적 개념 속에도 과학적 이해로 나아갈 수 있는 단서들이 숨어 있으므로, 이를 발판 삼아 더 복잡한 개념 구조로 진화시켜야 한다는 것이다.

대안적 개념의 대체 관점은 과거부터 현재까지 과학개념 학습에 큰 영향력을 발휘해 왔다. 예컨대, Posner et al.(1982)이 주장한 개념변화 조건이 대표적이다(Duschl et al., 2011). 이들에 따르면, 반례를 통해 기존 대안적 개념에 불만족을 느끼고, 도입된 새 개념이 이해가능하고, 그럴듯하고, 유용하다면, 기존 개념에서 새 개념으로 개념변화가 일어난다(〈표 1-3〉). 이러한 접근은 학생들의 대안적 개념을 지적 자원으로 활용하기보다는 오직 변화시키는 데 목적이 있으므로, 대체 관점이라고 할 수 있다.

〈표 1-3〉 Posner et al.(1982)의 개념변화 조건

조건	설명
불만족함	자신의 생각에 불만을 가진다.
이해가능성	새로운 개념을 이해할 수 있다.
그럴듯함	새로운 개념이 옳은 것 같다.
유용함	새로운 개념이 활용 가능성이 많다.

학생들의 학습 발달과정(learning progression)을 연구하는 학자들의 상당수도 대체 관점을 차용한다(Duschl et al., 2011). 학습 발달과정이란, "과학의 핵심적인 개념(core concepts)과 과학적 설명 및 그와 관련된 과학 탐구의 실행(scientific inquiry practices)에 대한 이해와 사용 능력이, 적절한 과학 교수활동에 의해 시간이 지남에 따라 성숙되고 연속적으로 점점 더 정교해지는 과정에 대한, 경험적 근거에 기반하고 검증 가능한 가설"을 의미한다(Corcoran et al., 2009: 맹승호 외, 2013, p. 161에서 재인용). 이를 개념학습에 국한하여 간단하게 말하면, 시간의 흐름에 따라 학생들의 개념이 정교화되어가는 가설적인 단계(즉, 성취수준)가 존재한다는 것이다. 대체 관점을 채택한 학습 발달과정 연구자들은, 학생들의 초기 가설적 학습 발달과정을 이론적 관점에서 하향식으로 제안한 뒤, 객관식 문항 등 표준화된 도구를 통해 학생 반응을 진단하여 시간에 따른 이해의 변화를 확인하는 데 초점을 둔다(Duschl et al., 2011). 이때 학습 발달과정은 검증 대상이지, 학습 경로를 다듬어 가는 도구는 아니다.

반면, 대안적 개념을 지적 자원으로 이용해야 한다는 관점 또한 점차 확산되고 있다. 오개념을 대안적 개념이라고 부르는 것은 그것이 비록 과학적 개념과는 다를지라도 그 자체로 교육적으로 의미가 있음을 표현하기 위함이다. 예컨대, 수업 전에 유형 1 대안적 개념(즉, 과거에 학습한 개념에 대한 대안적 개념)을 확인하는 것은 이것을 당장 수정하기 위해서일 수도 있으나, 이후 학습에 이것을 이용하기 위해서일 수도 있다. 이용 관점을 채택한 학습 발달과정 연구자들은 최종 학습 목표와 학생들의 중간 단계들을 식별하고, 학생들이 자신의 기존 지식과 경험을 바탕으로 점진적으로 의미를 구성하도록 교육과정을 설계한다(Duschl et al.,

2011). 학생들의 반응으로부터 학습 발달과정을 제시한다는 점에서 이는 증거 기반의 상향식 접근이며, 학생들의 기존 개념을 기반으로 하여 개념의 정교화를 시도한다는 점에서 진화적인(evolutionary) 접근이다.

대안적 개념의 이용 관점을 지지하는 학습 발달과정 연구자들의 흥미로운 주장 중 하나는 대안적 개념이 최종 학습 목표에 도달하는 데 도움이 된다면, 학습의 중간 단계에서 의도적으로 그러한 대안적 개념을 가르치자는 것이다(Gotwals, 2012). 예컨대, "모든 물질에는 무게(weight)가 있다"는 생각은 과학적으로 엄밀히 정확하지 않을 수 있지만, 이후 "모든 물질에는 질량(mass)이 있다"는 개념을 학습하기 위한 디딤돌로 활용될 수 있다(Wiser et al., 2012). 다만 이러한 부정확한 디딤돌이 교육과정에 포함될 경우 과학자나 과학교육자들이 문제를 제기할 수 있으므로(Gotwals, 2012), 이러한 접근에 대해서는 사회적 합의가 필요할 수 있다.

대안적 개념의 이용 관점을 지지하는 학자들은 학생들에게서 겉으로 드러나는 개념 이외에도 겉으로 드러나지는 않지만 학생들이 암묵적으로 가지고 있는 인식들을 밝혀야 한다고 생각한다. 예컨대, Gunckel et al.(2012)은 학습 발달과정의 중간 단계에서 학생들이 어떤 대안적 개념을 알고 있는지를 조사하는 것만으로는 학습이 이뤄짐에 따라 낮은 수준의 개념이 높은 수준의 개념으로 어떻게 바뀌어나가는지 알 수 없다고 말한다. Sevian & Talanquer(2014)는 학생들의 추론이 명시적 가정과 암묵적 가정에 의해 영향을 받으며, 학생들의 학습 발달과정에서 지적 자원을 생산적으로 이용하기 위해서는 간과되기 쉬운 학생들의 암묵적 가정에 집중할 필요가 있다고 주장한다. 이에 동조하여, Park et al.(2024)은 수업 직후에 유형 4 대안적 개념과 그것에 영향을 미치는 암묵적 가정을 조사하는 것이 낮은 수준의 개념이 이후 높은 수준의 개념과 어떻게 관련되는지를 드러내는 한 가지 방법이 될 수 있다고 주장한다.

3. 개념변화 이론

지금까지 2절에서는 대안적 개념의 의미, 유형, 특징, 그리고 대안적 개념의 교육적 관점에 대해서 살펴보았다. 3절에서는 학생 개념 및 개념변화를 설명하는 대표적인 이론들을 소개하고 이러한 이론들의 관점에 대해서 살펴볼 것이다.

3.1. 대표적인 이론들

구성주의는 학생들이 수업에 들어오기 전에 이미 다양한 사전 개념들을 가지고 있으며, 이러한 사전 개념들과 수업 활동이 상호작용하면서 새로운 개념이 구성된다고 본다. 그리고 학생이 새로운 개념을 구성할 경우 학생의 개념이 변화하였다고 말한다.

학생 개념과 개념변화를 설명하는 다양한 접근이 있다. Harrison et al.(1999: 이선경, 2015, p. 75에서 재인용)은 개념변화에 대한 일부 입장들을 〈표 1-4〉와 같이 요약한 바 있다.

〈표 1-4〉 다양한 저자들이 제안한 개념변화의 유형

저자	정보 첨가	쉬운 개념변화	어려운 개념변화
Kuhn(1970)		정상 과학	혁명 과학
Lakatos(1970)		약한(soft-core) 변화	강한(hard-core) 변화
Posner et al.(1982), Strike & Posner(1992)		동화	조절
Hewson(1981; 1982)		개념 획득	개념 교환
Carey(1986)	단순 첨가	약한 재구성	강한 재구성
Vosniadou(1994)	단순 축적	약한 재구성	급격한 재구성
Chi et al.(1994)	연관된 축적 (첨가된 정보)	재분류	존재론적 변화
Duschl & Gitomer(1991), Laudan(1984)	새 개념의 점진적 또는 진보적 발달		
Thagard(1992)	1 2 3 사례 첨가	4 5 6 연속	7 8 9 10 존재론적 변화

학생 개념 및 개념변화에 대한 고전적인 모델(예: Nussbaum & Novick(1982), Posner et al.(1982))은 Piaget의 동화와 조절 개념 또는 Kuhn의 패러다임과 과학혁명 개념을 사용한다(Potvin & Cyr, 2017; Vosniadou, 2013). 예컨대, 학생들은 환경과 상호작용하며 세상을 이해하는 자신만의 인지구조, 즉 대안틀(alternative framework)을 형성한다. 이러한 대안틀은 평소에는 문제가 되지 않지만, 대안틀로 설명할 수 없는 반례 상황을 마주하게 되면 인지갈등이 일어나 기존의 틀이 급진적으로 변하게 된다.

이러한 고전적인 모델은 전통적으로 과학교육에 많은 영향을 미쳤으나, 동시에 많은 비판을 받기도 했다(Vosniadou, 2013). 가장 중요한 비판 중 하나는 인지갈등 전략의 실효성에 대한 것이다. 예컨대, Chinn & Brewer(1998: 노태희 외, 2003, p. 25에서 재인용)는 실증 연구를 통해 반례에 대한 학생들의 가능한 반응을 8가지로 분류하였다(〈표 1-5〉). 이 분류틀에 따르면, 반례는 이론 변화(즉, 개념변화)의 반응만을 이끌어내는 것이 아니라 그 외에도 다양한 유형의 반응들을 이끌어낸다는 사실을 알 수 있다. 실제로 반례에 대한 반응 유형을 살펴본 Chin & Brewer (1993)의 연구와 Mason(2001)의 연구는 모두 반례에 대한 반응으로서 이론 변화 유형의 빈도가 적었다고 보고하였다. Limón(2001)은 관련 문헌들의 검토를 통해 인지갈등 전략이 개념변화에 그다지 효과적이지 않은 이유로서, ① 학습동기 부족, ② 사전 개념 부족, ③ 인식론적 신념의 영향, ④ 가치관 및 태도의 영향, ⑤ 학생의 학습 전략과 인지적 참여 부족, ⑥ 동료와의 상호작용 부족, ⑦ 추론 능력 부족 등을 제시하였다.

〈표 1-5〉 반례에 대한 반응 분류틀

반응 유형	변칙 사례를 믿을만하다고 받아들일 수 있는가?	변칙 사례에 대한 생각을 설명할 수 있는가?	기존 이론이 변하였는가?
무시	아니오	아니오	아니오
거부	아니오	예	아니오
불확실	결정 못 함	아니오	아니오

반응 유형	변칙 사례를 믿을만하다고 받아들일 수 있는가?	변칙 사례에 대한 생각을 설명할 수 있는가?	기존 이론이 변하였는가?
배제	예 또는 아니오	아니오	아니오
보류	예	결정 못 함	아니오
재해석	예	예	아니오
주변 이론 변화	예	예	부분적으로 예
이론 변화	예	예	완전히 예

고전적인 모델에 대한 비판과 함께, 다양한 학생 개념을 설명하는 대안 이론들이 제시되었다. 이러한 이론들은 오개념을 대체하려는 시도나 인지갈등의 효과보다는 개념 형성에 영향을 미치는 인지적 제약에 주목한다(Potvin & Cyr, 2017).

대표적으로 먼저 살펴볼 것은 Vosniadou의 틀 이론 접근(framework theory approach)이다(Vosniadou & Brewer, 1994; Vosniadou et al., 2008). 이 이론에 따르면, 학생들은 태어난 순간부터 세상과 상호작용하여 순진한 물리학을 구성하며, 이는 어느 정도 제한적이지만 세상을 이해하는 근본적인 골격인 틀 이론을 형성하게 된다. 존재론적, 인식론적 가정들로 이뤄진 이러한 틀 이론은 이후 학생들이 관찰 또는 문화로부터 얻은 정보를 해석하여 정신모형(즉, 개념)을 형성하게 하는데 영향을 미친다.

[그림 1-2]는 지구의 모양에 대한 초등학생들의 정신 모형을 틀 이론 관점에서 해석한 것이다(Vosniadou et al., 2008). 학생들은 지구에 관한 존재론적 가정과 인식론적 가정, 그리고 관찰적, 문화적 정보로부터 지구의 모습을 원반형 모양이나 사각형 모양 등으로 생각한다. 만약 이때 학생에게 지구가 구형이라는 정보를 제공하게 되면 가정들과 정보들이 조정되면서 새로운 개념을 구성하게 되는데 때때로 이러한 재조정(특히, 틀 이론이 재조정될 경우)은 느리고 점진적이기 때문에 학생들은 여러 대안적 개념들(예: 평평한 지구와 하늘에 떠 있는 지구가 동시에 존재하는 이중 지구, 속이 빈 지구 안에 평평한 땅이 있는 지구, 구형이 반쯤 납작해진 지구 등)을 구성하게 된다([그림 1-3]). 학생들의 새로운 정신모형(즉, 대안

적 개념)은 자신들의 전제를 가장 많이 지속시키는 방식으로 과학적 개념을 받아들인 결과이다.

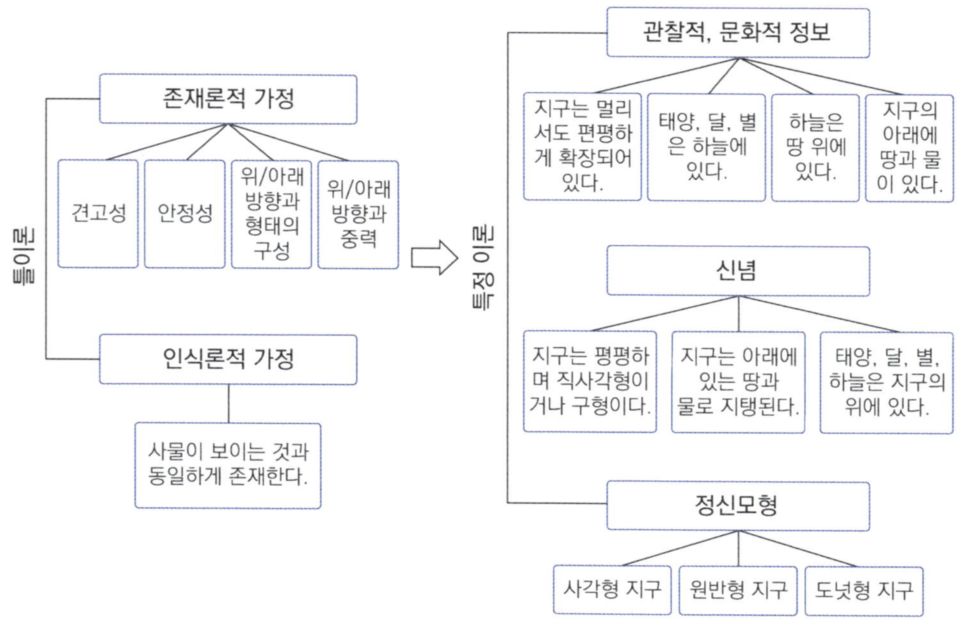

[그림 1-2] 지구에 대한 아동의 정신모형 아래에 있는 가설적 개념 구조

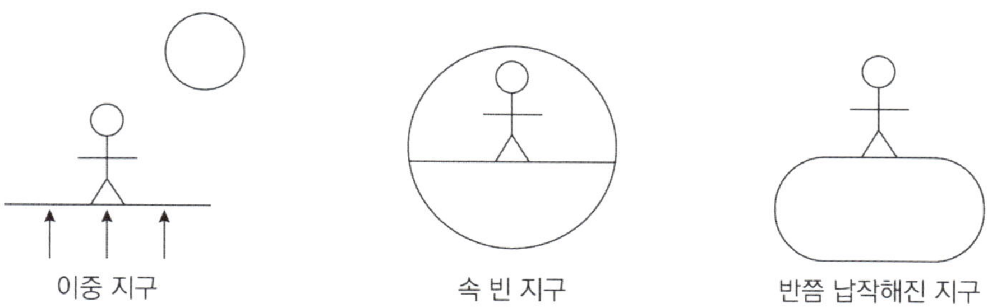

[그림 1-3] 지구에 대한 대안적 개념

학생 개념을 설명하는 두 번째 이론은 diSessa의 지식-조각(knowledge-in-pieces) 접근이다. diSessa(1993b)는 현상론적 초안(phenomenological primitive, 또는 p-prim) 개념을 통해 학생 개념을 설명한다. 현상론적 초안이란, 그 자체로 독립적인,

인지 메커니즘의 최소 단위의 지식 요소를 말한다. 현상론적 초안은 경험한 현실에 대한 피상적인 해석에서 기원하며, 일단 형성되면 평소에는 잠재되어 있다가 특정 맥락에 마주하게 되었을 때 활성화되어 개념을 구성한다. 예컨대, '힘을 가하는 방향으로 물체가 움직인다(force as a mover)'라는 현상론적 초안은 물체에 힘을 가하는 여러 물리적 상황을 해석하는 데 사용될 수 있다. 현상론적 초안은 다른 현상론적 초안들과 결합될 수도 있는데, 예컨대, '진자 운동하는 물체의 끈을 자르게 되면 물체가 수직으로 떨어진다'는 생각은 '풀린 물체는 떨어진다'는 현상론적 초안과 '힘을 가하는 방향으로 물체가 움직인다'는 현상론적 초안이 결합된 결과이다(diSessa, 1993b). 이처럼 지식-조각 입장에서는 개념이 인지구조라는 고정된 틀 속에 존재한다고 가정하기보다는, 맥락에 따라 지식 요소들이 네트워크를 이루며 즉흥적으로 구성된다고 가정한다.

이 이론에서, 학생 개념이 변화한다는 것은 현상론적 초안과 같은 지식 요소들이 새로운 방식으로 네트워크를 이루는 것을 말한다. 예컨대, 개념 학습을 통해 기존의 지식 요소들은 특정 맥락에서 더 활성화되거나 덜 활성화될 수 있고, 새로운 지식 요소들이 활성화될 수 있으며, 이러한 지식 요소들 간의 연결 관계가 점진적으로 재조정될 수 있다. 특정 개념에 대해서 개념변화가 어려운 까닭은 지식 요소들이 이루는 네트워크가 무작위적이지 않기 때문이다(diSessa, 2013). 달리 말하면, 학생들이 특정 맥락에서 특정 개념을 지속적으로 형성하는 것(예: 직관적인 개념)은 해당 맥락에서 기존의 지식 요소들을 신뢰롭게 활성화하여 구성한 개념이 생산적이고 기능적이기 때문이다.

학생 개념을 설명하는 세 번째 이론은 Chi의 존재론적 범주(ontological categories) 접근이다. Chi(2013; Chi et al., 1994)는 개념의 존재론적 범주를 통해 학생들의 개념을 설명한다. 예컨대, 학생들은 과정 범주인 힘(force)을 소모될 수 있는 일종의 물질적 실체로 생각하여 '힘을 다 써버려서 물체가 느려진다'고 종종 설명한다(McCloskey, 1983a). 존재론적 입장에서, 학생의 힘 개념은 잘못 범주화되었으므로, 대안적 개념이라고 취급할 수 있다. Chi(2013)는 학생들의 개념이 존재론적으로 '정신 상태' 범주, '실체' 범주 혹은 '과정' 범주에 속해 있다고 주장한다([그림

1-4]).[2] 그리고 각각의 범주에는 다음과 같은 하위 범주들이 있다. '감정'과 '의도'(정신상태), '물체'와 '물질'(실체), '순차적'과 '발현적'(과정).

Chi(2013; Chi et al., 1994)의 입장에서, 개념변화는 또한 개념의 존재론적 범주와 관련이 있다. 간단히 말해서, 개념의 존재론적 범주의 이동이 필요하지 않는 개념들은 상대적으로 변화되기 쉬운 반면, 존재론적 범주의 이동이 필요한 개념들은 상대적으로 변화되기 어렵다. 이에 따르면, 위의 '힘'에 대한 대안적 개념 사례는 변화되기 어려운 경우일 수 있다. Chi(2013)는 존재론적 범주를 이동하는 것이 어려운 까닭으로 두 가지 이유를 내세운다. 첫째는 학생 자신이 범주화 오류를 범했다는 사실을 인식하지 못하기 때문이며, 둘째는 학생들이 해당 개념이 실제로 속해야 할 올바른 대체 범주에 대하여 잘 모르기 때문이다.

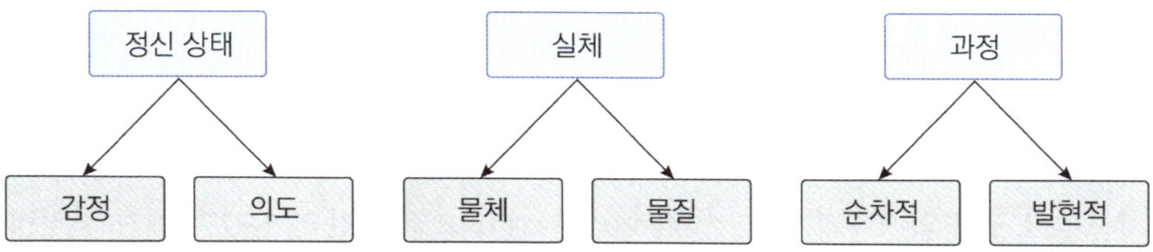

[그림 1-4] 개념의 존재론적 범주

3.2. 개념변화 이론에 대한 관점

학생 개념에 대한 여러 주요한 과학교육 이론들은 크게 ① 정합적 관점(coherent view)과 ② 분절적 관점(fragmented view), ③ 존재론적 관점(ontological view)으로 구분하여 바라볼 수 있다(diSessa, 2013; 2017).

정합적 관점에서는 학생 개념을 정합적이고, 체계적이고, 이론과 같다고(theory-like) 묘사한다. 즉, 학생들이 과학자들의 체계적인 이론과 같이 체계적인 이론을 머릿속에 품고 있다고 여긴다. 예컨대, McCloskey(1983a; 1983b)에 따르면, 학생들은 수업에 들어올 때부터 뉴턴 물리학과 직접 경쟁하는, 정합적이고 명료한 이론

2) Chi의 저술 시기에 따라 제안된 존재론적 범주의 틀이 다소 다르다. 여기서는 비교적 최근인 Chi의 2013년도 저작에 근거하였다.

을 이미 가지고 있다. 정합적 관점은 종종 Kuhn의 사상과 관련이 있는데(diSessa, 2006), 이는 학생 개념이 과학적 개념으로 변한다는 것은 거의 혁명과도 같은 일이기 때문이다(Carey & Smith, 1995). 학생 개념과 과학적 개념은 각각 정합적인 구조를 이루지만 공약불가능한 서로 다른 패러다임이기 때문에, 한 개념에서 다른 개념으로 변하는 것은 어려운 일이다.[3)]

분절적 관점에서는 분절적인 지식 요소들을 강조한다. 대표적인 옹호자는 diSessa이다(diSessa, 2006; 2017). 이 관점에서, 특정 지식 요소들은 특정 맥락에서 활성화되어 서로 연결되는데, 이때 지식 요소들이 이룬 네트워크를 개념이라고 부른다. 분절적 관점은 개념이 비일관적이고 느슨하게 구성된다고 가정하며, 이 점에서 개념의 정합성을 강조하는 관점과 차이가 있다. 분절적 관점은 과학사적으로 Toulmin의 사상과 관련된다(diSessa, 2006). Toulmin(1972)은 과학을 엄격하고 정합적인 체계보다는 국소적인 논리적 체계성을 지닌 개념들의 집합체로 바라봐야 한다고 주장했다. 이는 개념변화의 '전과 후'에 초점을 두기보다는 개념의 점진적이고 진화적인 변화 양상에 초점을 두어야 함을 시사한다.

마지막으로 존재론적 관점은 개념의 존재론적 속성을 강조하는 입장이다. 예컨대, Chi의 이론이 대표적이며, Vosniadou의 틀 이론도 일부 이 관점과 관련된다(diSessa, 2017; Vosniadou & Skopeliti, 2014). 존재론적 관점에서, 학생의 개념변화가 어려운 것은 그 학생의 개념의 존재론적 속성과 과학적 개념의 그것과 다르기 때문이다. 존재론적 관점은 많은 개념변화 이론들이 개념의 내용에 집중해 왔다는 측면에서 새로운 접근이라고 볼 수 있다. 그러나 이러한 관점은 때때로 비판에 휩싸이기도 하는데, 이는 존재론적 범주의 심리학적 설명(즉, 존재론적 범주가 어떻게 작동하고, 어떻게 발달되며, 어떤 기능을 하는지 등)과 학생들의 지적 자원 활용 방법에 대한 설명이 부족하기 때문이다(diSessa, 1993a).

3) 공약불가능성(incommensurability)이란, Kuhn(1970)의 패러다임 이론에서 제시된 개념으로, 서로 다른 과학 패러다임은 각자 고유한 이론적 언어와 평가 기준, 관찰 틀을 지니고 있기 때문에 본질적으로 상호 비교 · 평가 · 소통이 불가능하다는 것을 가리킨다.

4. 통합과학 개념 이해를 위한 관점

통합과학은 통합이라는 취지상 총체적인 접근 방식을 전제로 한다(강호감 외, 2007).[4] 이에 따라 통합과학 교과에서 각 분야의 개념들과 실천들은 이상적으로 서로 모나지 않게 잘 어우러져야 할 것처럼 보인다. 그러나 한편으로, 각각의 학문 분야는 고유한 패러다임을 갖기 때문에 완전한 통합은 불가능해 보이기도 한다. 이와 관련하여, 안효일(2009)은 학문 간에 지식의 형식(달리 표현하면 패러다임)이 다르기 때문에, 명시적 지식 위주의 교과통합은 심각한 인식론적 문제가 있다고 주장했다.

Cartwright(1994)는 과학의 조각보 모델을 통해 과학의 통합(integration)의 방향성을 제시한 바 있다. 이것의 핵심 테제는 "각각의 법칙들은 단지 그것들이 성공적인 영역에 있어서 성공적"이라는 것이다(Cartwright, 1994, p. 288). 예컨대, 대립하는 두 과학이 있다고 할 때, '이것들 중 하나가 옳고 다른 하나가 틀리다'는 식으로 바라볼 것이 아니라, 서로의 성공적인 영역이 있으므로 마치 조각보(patchwork)를 이루는 조각천(patch)처럼 협력자의 관계에 있는 것으로 봐야 한다는 것이다(고인석, 2000). 각각의 조각천, 즉 패러다임들은 서로 양립불가능하기에 환원주의적으로 통일(unification)하는 것은 요원하다.

이러한 Cartwright의 제안은 정합적이기보다는 다소 분절적인 관점이다. 즉, 완전히 정합적인 통합이라기보다는 느슨하고, 때때로 비일관적이며, 기능적인 통합이다. Cartwright의 제안을 받아들인다면, 통합과학에 대한 학생의 개념 이해도 정합적 관점보다는 분절적 관점을 받아들여야 할 것이다. 이는 본질적으로 통합과학에 대한 정합적인 이해가 불가능하기 때문이다.

교과통합의 일반적 목적을 고려할 때에도, 분절적 관점을 수용하는 것이 적절해 보인다. 통합교육의 핵심 목표 중 하나는 문제 해결력의 향상이다. 통합교육은

4) 통합의 방식이나 정도에 따라서 통합과학의 스펙트럼이 다양해질 수 있겠으나, 이 장에서는 통합과학을 각각의 하위 분야들이 완전히 분절적으로 제시되는 교과보다는 충분히 총체적으로 드러나는 교과로 바라본다. 여기서 '충분히 총체적'이라는 표현은 '완전히 정합적'이라는 의미보다는 '서로 기능적으로 연결됨'을 의미한다.

다양한 영역의 지식을 융합하여 특정 문제나 쟁점을 다루는 방식으로 이루어진다(김진수, 2013). 특히, 혁신적 융·복합 영역이 창출되는 미래사회에서는 창의적 문제 해결력이 더욱 중요해질 것이므로, 통합과학 교과에서도 점차 창의적 문제 해결력이 강조되어야 한다. 이러한 맥락에서 학생들의 개념변화를 정합적 관점에서 지도한다면, 학생들은 그들에게 주어진 문제마다 정합적인 인지구조를 형성하도록 노력해야 할 것이다. 그러나 관계되는 요소들이 많은 복잡한 문제 상황에서 알기도 어려운 모든 요소들을 고려하여 정합적인 체계를 세우는 것은 매우 어려운 일이다. 이때에는 문제를 해결하기 위해 기능적으로 개념들을 연결하여 개념을 유연하게 형성한다는 분절적 관점이 현실적인 대안이 될 것이다.

한편, 개념변화 이론에 대한 분절적 관점을 채택한다는 것은 학생들의 개념 요소를 학습에 고려하겠다는 것이며, 학생들의 대안적 개념을 대체되어야 할 것이 아닌 학습을 돕는 지적 자원으로 바라보겠다는 것이다(diSessa, 2013). 다시 말해서, 대안적 개념의 이용 관점을 또한 채택하겠다는 것이다. 학생들의 대안적 개념을 무조건 틀렸다고 여기고 교정만을 목표로 하는 수업 방식은 학생 사고의 복잡성과 맥락성을 무시하는 우를 범할 수 있다. 반면, 대안적 개념을 지적 자원으로 인정한다면, 교사는 대안적 개념을 바탕으로 하여 학생들로 하여금 점진적으로 새로운 개념을 구성하도록 안내할 수 있다. 통합과학의 주된 목적이 과학적 개념을 암기하는 것이 아니라 다양한 개념들을 조합하여 문제를 해결하는 능력을 향상시키는 것이라면, 대안적 개념의 이용 관점은 더욱 중요할 것이다.

5. 나가며

이 장에서는 통합과학 개념 이해를 촉진하기 위하여 개념과 개념이론에 대하여 어떤 관점을 채택해야 하는지를 논의하였다. 구체적으로는 대안적 개념의 의미와 특징, 대안적 개념에 대한 관점, 대표적인 개념변화 이론, 개념변화 이론에 대한 관점 등을 소개하고, 이를 바탕으로 통합과학교육의 맥락에서는 대안적 개념에 대한 이용 관점과 개념변화 이론에 대한 분절적 관점이 적절함을 주장하였다.

이러한 주장을 받아들인다면, 통합과학 수업을 위하여 다음의 사항들이 도움이 될 수 있다(diSessa, 2013). 첫째, 깊이 있는 학습에는 시간이 필요하다. 학습에 유용한 직관적 아이디어를 이끌어내고 이를 토대로 올바른 개념을 구성하기 위해서는 시간과 노력이 필요하다. 둘째, 깊이 있는 학습은 다양한 맥락에서 이루어져야 한다. 맥락성은 대안적 개념의 일반적인 특징이다. 과학적 이해는 아동에게 있어 '명백히' 다른 여러 맥락을 하나로 통합하는 것이다. 이를 위해서는 의도적 주의, 다양한 사용 맥락, 그리고 충분한 시간이 필요하다. 셋째, 학생들은 풍부한 지적 자원을 보유하고 있다. 학생들의 개념에 주의를 기울이고, 그중 가장 유용한 것을 발판 삼아 개념을 확장하도록 도울 필요가 있다. 학생들이 가지고 있는 개념 요소들(예: 현상론적 초안)은 '참'도 '거짓'도 아니며, 중요한 것은 개념 요소들의 조합이다. 순진한 개념을 일률적으로 무시하는 것은 바람직한 전략이 아니다.

참고문헌

강호감, 김은진, 노석구, 박현주, 손정우, 이희순(2007). 통합과학교육. 한국학술정보.

김진수(2013). STEAM 교육론. 양서원.

노태희, 김순주, 한재영(2003). 밀도 학습에서 변칙 사례의 특성이 인지 갈등과 개념변화에 미치는 효과. 사대논총, 66, 23-39.

맹승호, 성연선, 장신호(2013). 학습 발달과정 연구의 현황, 방법론적 특징 및 연구 사례. 한국과학교육학회지, 33(1), 161-180.

박지연, 이경호(2004). 과학개념변화 연구에서 학생의 개념에 대한 이해: 오개념(misconception)에서 정신모형(mental model)까지. 한국과학교육학회지, 24(3), 621-637.

송진웅, 김익균, 김영민, 권성기, 오원근, 박종원(2007). 학생의 물리 오개념地圖. 북스힐.

안효일(2009). Polanyi의 통합교육과정 이론. 원미사.

이선경(2015). 과학학습 개념변화. 서울대학교출판문화원.

Carey, S. (1986). Cognitive science and science education. *American Psychologist, 40*(10), 1123-1130.

Carey, S., & Smith, C. (1995). On understanding the nature of scientific knowledge. In D. N. Perkins (Ed.), *Software goes to school: Teaching for understanding with new technologies* (pp. 39-55). Oxford University Press.

Cartwright, N. (1994). Fundamentalism vs. the Patchwork of Laws. *Proceedings of the Aristotelian Society, 94*, 279-292.

Chi, M. T. (2013). Two kinds and four sub-types of misconceived knowledge, ways to change it, and the learning outcomes. In S. Vosniadou (Ed.), *International handbook of research on conceptual change* (pp. 49-70). Routledge.

Chi, M. T., Slotta, J. D., & De Leeuw, N. (1994). From things to processes: A theory of conceptual change for learning science concepts. *Learning and Instruction, 4*(1), 27-43.

Chinn, C. A., & Brewer, W. F. (1993). The role of anomalous data in knowledge acquisition: A theoretical framework and implications for science instruction. *Review of Educational Research, 63*(1), 1-49.

Chinn, C. A., & Brewer, W. F. (1998). An empirical test of a taxonomy of responses to anomalous data in science. *Journal of Research in Science Teaching, 35*(6), 623-654.

Corcoran, T., Mosher, F. A., & Rogat, A. (2009). *Learning progressions in science: An evidence-based approach to reform* (Consortium for Policy Research in Education Report #RR-63). Consortium for Policy Research in Education.

diSessa, A. A. (1993a). Ontologies in pieces: Response to Chi and Slotta. *Cognition and instruction, 10*(2/3), 272-280.

diSessa, A. A. (1993b). Toward an epistemology of physics. *Cognition and Instruction, 10*

(2-3), 105-225.

diSessa, A. A. (2006). A history of conceptual change research: Threads and fault lines. In R. K. Sawyer (Ed.), *The Cambridge handbook of the learning sciences* (5th ed., Vol. 2, pp. 265-282). Cambridge University Press.

diSessa, A. A. (2013). A bird's-eye view of the "pieces" vs. "coherence" controversy (from the "pieces" side of the fence). In S. Vosniadou (Ed.), *International handbook of research on conceptual change* (pp. 31-48). Routledge.

diSessa, A. A. (2017). Conceptual change in a microcosm: Comparative learning analysis of a learning event. *Human Development, 60*(1), 1-37.

Driver, R. (1988). Restructuring the science curriculum: some implications of studies on learning for curriculum development. In D. Layton (Ed.), *Innovations in Science and Technology Education* (Vol. 2, pp. 59-84). UNESCO.

Duit, R., & Treagust, D. F. (2003). Conceptual change: A powerful framework for improving science teaching and learning. *International Journal of Science Education, 25*(6), 671-688.

Duschl, R. A., & Gitomer, D. H. (1991). Epistemological perspectives on conceptual change: Implications for educational practice. *Journal of Research in Science Teaching, 28*(9), 839-858.

Duschl, R., Maeng, S., & Sezen, A. (2011). Learning progressions and teaching sequences: A review and analysis. *Studies in Science Education, 47*(2), 123-182.

Gotwals, A. W. (2012). Learning progressions for multiple purposes: Challenges in using learning progressions. In A. C. Alonzo, & A. W. Gotwals (Eds.), *Learning progressions in science: Current challenges and future directions* (pp. 461-472). Sense Publishers.

Gunckel, K. L., Mohan, L., Covitt, B. A., & Anderson, C. W. (2012). Addressing challenges in developing learning progressions for environmental science literacy. In A. C. Alonzo, & A. W. Gotwals (Eds.), *Learning progressions in science: Current challenges and future directions* (pp. 37-75). Sense Publishers.

Harrison, A. G., Grayson, D. J., & Treagust, D. F. (1999). Investigating a grade 11 student's evolving conceptions of heat and temperature. *Journal of Research in Science Teaching, 36*(1), 55-87.

Hewson, P. W. (1981). A conceptual change approach to learning science. *European journal of science education, 3*(4), 383-396.

Hewson, P. W. (1982). A case study of conceptual change in special relativity: The influence of prior knowledge in learning. *European Journal of Science Education, 4*(1), 61-78.

Kuhn, T. S. (1970). *The structure of scientific revolutions* (2nd ed.). University of Chicago Press.

Lakatos, I. (1970). Falsification and the methodology of scientific research programmes. In I. Lakatos, & A. Musgrave (Eds.), *Criticism and the growth of knowledge* (pp. 91-195). Cambridge University Press.

Laudan, L. (1984). *Science and values: The aims of science and their role in scientific debate*. University of California Press.

Limón, M. (2001). On the cognitive conflict as an instructional strategy for conceptual change: A critical appraisal. *Learning and instruction, 11*(4-5), 357-380.

Mason, L. (2001). Responses to anomalous data on controversial topics and theory change. *Learning and Instruction, 11*(6), 453-483.

McCloskey, M. (1983a). Naïve theories of motion. In D. Gentner, & A. L. Stevens (Eds.), *Mental models* (pp. 299-324). Lawrence Erlbaum Associates.

McCloskey, M. (1983b). Intuitive physics. *Scientific american, 248*(4), 122-131.

Nussbaum, J., & Novick, S. (1982). Alternative frameworks, conceptual conflict and accommodation: Toward a principled teaching strategy. *Instructional science,* 183-200.

Park, C., Mun, S., & Hong, H. G. (2024). High school students' evolving alternative conception related to the volume of gas: A Lakatosian perspective. *Journal of Research in Science Teaching, 61*(3), 674-705.

Posner, G. J., Strike, K. A., Hewson, P. W., & Gertzog, W. A. (1982). Accommodation of a scientific conception: Toward a theory of conceptual change. *Science Education, 66* (2), 211-227.

Potvin, P., & Cyr, G. (2017). Toward a durable prevalence of scientific conceptions: Tracking the effects of two interfering misconceptions about buoyancy from preschoolers to science teachers. *Journal of Research in Science Teaching, 54*(9), 1121-1142.

Sevian, H., & Talanquer, V. (2014). Rethinking chemistry: A learning progression on chemical thinking. *Chemistry Education Research and Practice, 15*(1), 10-23.

Strike, K. A., & Posner, G. J. (1992). A revisionist theory of conceptual change. In R. A. Duschl, & R. J. Hamilton (Eds.), *Philosophy of science, cognitive psychology, and educational theory and practice* (pp. 147-176). State University of New York Press.

Thagard, P. (1992). *Conceptual revolutions*. Princeton University Press.

Treagust, D. F., & Duit, R. (2008). Conceptual change: A discussion of theoretical, methodological and practical challenges for science education. *Cultural Studies of Science Education, 3*(2), 297-328.

Vosniadou, S. (1994). Capturing and modeling the process of conceptual change. *Learning and instruction, 4*(1), 45-69.

Vosniadou, S., & Brewer, W. F. (1994). Mental models of the day/night cycle. *Cognitive science, 18*(1), 123-183.

Vosniadou, S., & Skopeliti, I. (2014). Conceptual change from the framework theory side of the fence. *Science & Education, 23*, 1427-1445.

Vosniadou, S., Vamvakoussi, X., & Skopeliti, I. (2008). The framework theory approach to the problem of conceptual change. In S. Vosniadou (Ed.), *International handbook of research on conceptual change* (pp. 3-34). Routledge.

Wiser, M., Smith, C. L., & Doubler, S. (2012). Learning progressions as tools for curriculum development: Lessons from the inquiry project. In A. C. Alonzo, & A. W. Gotwals (Eds.), *Learning progressions in science: Current challenges and future directions* (pp. 359-404). Sense Publishers.

CHAPTER 02

인지편향 관점에서의 통합과학교육[1)]

1. 과학교육과 인지편향에 대한 이해

우리나라 초·중등학교 교육과정은 시대적 변화에 능동적으로 대응하며 지속적으로 개정되어 왔다. 특히 2022 개정 교육과정은 인공지능 기술의 발전, 감염병, 기후·생태 환경 변화 등 미래 사회의 불확실성과 복잡성이 증가하는 상황에서 교육의 역할과 방향을 정하기 위해 개정하였다. 사회적 다양성의 증대와 공동체적 협력의 필요성이 강조되고, 학생이 자기 주도성과 상호존중과 배려의 태도를 갖춘 시민으로 성장할 수 있도록 하는 교육적 토대가 요청되었다. 이에 따라 2022 개정 교육과정은 '포용성과 창의성을 갖춘 주도적인 사람'을 인간상으로 제시하고, 핵심역량으로 자기관리 역량, 지식정보처리 역량, 창의적 사고 역량, 심미적 감성 역량, 의사소통 역량, 공동체 역량을 제시하였다. 이러한 핵심역량은 급변하는 사회에서 학생들이 자신의 삶을 주체적으로 설계하고 타인과 협력하며 문제를 창의적으로 해결하는 데 필요한 기초가 된다. 역량기반 교육과정의 구성 원리는 학생 개개인의 주체성과 자율성을 존중하고, 학습과 삶을 연계하는 깊이 있는 학습을 촉진하며, 학생 참여 중심의 수업과 평가를 통해 사고의 과정을 중시하는 방향으로 설정되어 있다. 단순한 지식의 습득이 아닌 학생 스스로 인식하고 성찰하는 능력인 메타인지적 역량을 강조한다. 이러한 교육적 전환에 있어 관심을 가질 주제가 인지편향(cognitive bias)이다. 인지편향은 인간의 정보 처리 과정에서 발생하는 체계적 왜곡을 의미하며, 학습자의 사고와 판단, 문제 해결, 자기 성찰에 직·간접적인 영향

1) 이 챕터의 일부 내용은 하민수(2016)의 논문의 일부 내용을 재구성하여 작성됨.

을 미친다. 따라서 핵심역량을 효과적으로 함양하기 위해서는 인지편향이 어떻게 작동하며 학습자의 사고에 어떤 영향을 미치는지를 이해하고, 이것을 교육적으로 어떻게 접근해야 하는지 이해할 필요가 있다. 이러한 인지편향 조절 학습은 단순한 오류 교정의 차원을 넘어, 비판적 사고력과 성찰적 학습을 가능하게 한다.

2022 개정 교육과정에서 강조한 여섯 가지 핵심역량들과 관련된 인지편향은 다양하다. 자기관리 역량은 정체성과 자신감을 바탕으로 자신의 삶과 진로를 스스로 설계하는 능력이다. 그러나 자기 위주 편향(self-serving bias)이나 과신 편향(over-confidence bias)은 자기 인식에 대한 과도한 확신이나 자기중심적 해석이 만연하며, 자기관리 역량에 부정적인 영향을 미칠 수 있다. 자신의 한계나 오류를 성찰하지 못하게 하고, 잘못된 선택이나 학습 전략으로 이어질 수 있다. 두 번째는 지식정보처리 역량이다. 많은 지식을 효과적으로 처리하는 역량이 중요하지만 인간은 때로는 확증편향(confirmation bias)이나 가용성 편향(availability bias) 등에 따라 익숙하거나 기존 신념을 강화하는 정보만을 선택적으로 수용하기도 한다. 정보의 객관적인 판단을 방해하고, 증거 기반 탐구보다는 직관이나 순간적인 인상에 기반한 해석으로 문제 해결을 왜곡한다. 세 번째는 창의적 사고 역량이다. 창의적 사고를 방해하는 인지편향은 고정관념편향(stereotypical bias), 현상유지편향(status quo bias)과 같이 사고의 경계를 넘지 못하고, 현재 상태를 유지하는 방향으로 판단하고자 하는 편향들과 충돌한다. 다음으로 공감과 문화적 감수성을 바탕으로 하는 심미적 감성 역량은 타자에 대한 감정 이입이나 문화 해석 과정에서 인간의 사고를 왜곡하는 고정관념(stereotyping), '내집단-외집단 편향(Ingroup-outgroup bias)과도 충돌한다. 이와 같은 편향은 포용성을 강조하는 공동체 역량과도 밀접하다. 마지막으로 협력적 소통 역량은 집단 사고(group think), 밴드왜건 효과(bandwagon effect)와 같이 집단에서 개인의 역량이 발휘되지 못하게 하는 편향들과도 밀접한 관련성이 있다. 2022 개정 교육과정에서 강조한 것과 같이 핵심역량의 함양은 단순한 지식의 습득과 기능적 훈련으로 이루어지는 것이 아니라 인간 인지의 한계와 오류 가능성을 통합적으로 이해하고, 극복할 수 있는 비판적 성찰 역량과 함께 이루어져야 한다. 인지편향에 대한 교육적 접근은 이러한 역량 기반 교육이 실제

학생의 사고와 행동에 의미 있게 연결되도록 하는 데 도움이 될 것이다.

통합과학은 미래 사회를 살아갈 학생들이 과학적 소양을 바탕으로 창의적이고 책임 있는 민주 시민으로 성장할 수 있도록 하는 과목이다. 이 과목은 자연 현상에 대한 흥미와 호기심을 바탕으로, 과학적 탐구 능력과 핵심 개념 이해, 과학과 사회의 관계에 대한 인식을 함양하는 것을 목표로 한다. 특히 물리학, 화학, 생명과학, 지구과학 등의 전통적 학문 영역을 통합하는 구성은 과학 지식의 구조적 이해를 넘어, 과학을 실제 삶의 문제 해결에 적용하는 능력을 키우기 위한 전략이다. 이와 같은 통합과학의 교육 목표와 인지편향도 관련성이 높다. 통합과학에서 강조하는 기후변화나 백신 접종과 같은 사회적 과학 이슈를 이해하고 판단하는 과정, 직관적 오개념(intuitive misconceptions)에서 체계적인 개념 모델로 변화하는 과정 등에 다양한 편향이 영향을 미칠 수 있다. 통합과학교육이 지향하는 '과학을 통한 창의적 문제 해결'이나 '민주 시민으로서의 참여와 실천'을 가능하게 하기 위해 학생들이 과학적 사실을 수용하고 해석하는 과정에서 자신의 사고가 어떻게 왜곡될 수 있는지를 인식하고 성찰할 수 있어야 한다. 단순히 개념 오류를 수정하는 차원이 아니라 과학적 탐구과정에서 자신과 타인의 인지적 판단이 취약성을 이해하고 메타인지적 교육으로 확장되는 데 인지편향 교육이 역할을 한다.

가. 성격

'통합과학1'과 '통합과학2'는 '과학적 소양을 갖추고 더불어 살아가는 창의적인 사람'을 육성하는 것을 목적으로 한다. '통합과학1'과 '통합과학2' 과목에서는 모든 학생이 과학의 기본 개념을 익히고, 과학 탐구 능력과 태도를 길러, 자연과 일상생활에서 접하는 현상을 과학적으로 이해하고, 민주 시민으로서 개인과 사회 문제를 해결하고 참여·실천하는 역량 함양에 중점을 둔다. (하략)

나. 목표

자연 현상과 일상생활에 대하여 흥미와 호기심을 가지고 과학적 탐구를 통해 주변의 현상을 이해하고 개인과 사회의 문제를 과학적이고 창의적으로 해결하는 데 민주 시민으로서 참여하고 실천하는 과학적 소양을 기른다.

(1) 자연 현상과 일상생활에 대한 흥미와 호기심을 바탕으로, 개인과 사회의 문제를 인식하고, 이를 과학적으로 해결하려는 태도를 기른다.
(2) 과학의 탐구 방법을 이해하고 일상생활의 문제를 과학적으로 탐구하는 능력을 기른다.
(3) 자연 현상과 일상생활을 과학적으로 탐구하여 과학의 핵심 개념을 이해한다.
(4) 과학과 기술 및 사회의 상호 관계를 이해하고 이를 바탕으로 개인과 사회의 문제 해결에 민주 시민으로서 참여하고 실천하는 능력을 기른다.

2. 인지편향과 과학 핵심 역량

인지편향은 현대 심리학에서 폭넓게 논의되는 개념이지만, 그 기원은 근대철학까지 거슬러 올라간다. 과학혁명의 선구자 중 한 사람인 프랜시스 베이컨은 『노붐 오르가눔(Novum Organum)』에서 '종족의 우상(idol of the tribe)'이라 부르는 인간 인지의 근본적 오류를 지적했다. 베이컨이 말한 종족의 우상이란, 인간이 보는 모든 현상을 자기 종족이 겪은 경험과 믿음의 틀에 맞춰 해석하려는 성향을 뜻한다. 즉, 자신이 한 번 믿게 된 관념에 부합하는 정보만 선택적으로 수용하고, 불일치하는 정보는 애써 무시하거나 축소하려는 경향이다. 이는 현대 심리학이 말하는 '확증편향(confirmation bias)'과 일치한다. 확증편향은 사람들이 자신의 가설이나 신념을 확인해 줄 증거만 찾고 반대 증거를 간과함으로써 오판을 지속시키는 인지편향의 대표적 예로, 학습 상황에서도 학생들이 기존 개념을 강화할 자료만 취사선택하고, 새로운 정보나 반대 증거는 거부하게 만든다.

중세 철학자 아리스토텔레스는 자연 현상의 변화를 목적론적(teleological) 관점에서 설명했다. 즉, 모든 사물이나 생명체가 특정 목적을 향해 움직인다고 보았는데, 예컨대 식물의 잎이 햇빛을 향해 기울어지는 것은 '빛을 찾는 본능적 목적' 때문이라는 식이다. 그러나 근대 철학자들은 이 같은 목적론적 설명이 과학적, 논리적으로 타당하지 않음을 밝혀냈다. 현대 인지심리학에서는 이러한 설명 방식을 '목적론적 편향(teleological bias)'으로 분석한다. 목적론적 편향은 자연 현상이나 생물의 특성을 애초부터 계획되거나 설계된 결과처럼 이해함으로써, 무작위적

변화나 복잡한 원인-결과 관계를 간과하게 만든다. 이 역시 우리가 더 빠르고 이해하기 쉬운 설명을 선호하는 인지적 습관에서 비롯된다.

인지편향 전반을 관통하는 핵심 동기는 뇌의 정보 처리 한계와 효율성 추구에 있다. 인간의 뇌는 한 번에 처리할 수 있는 정보량이 제한적이어서, 빠르게 결정을 내려야 할 때는 복잡한 분석보다 직관적·경험적 방법에 의존한다. 연구자들은 이러한 현상을 '간편추론법(heuristics)'으로 설명했으며, 그 결과 생기는 체계적 오류를 '편향(biases)'이라고 정의했다(Tversky & Kahneman, 1974). 예컨대 가용성 휴리스틱(availability heuristic)은 머릿속에 떠오르기 쉬운 정보에 기반해 판단하는 경향을 말하며, 대표성 휴리스틱(representativeness heuristic)은 표본이 얼마나 '전형적'인지에 따라 확률을 과대평가하는 경향이다. 이처럼 인지편향은 빠르고 간편하지만, 복잡한 문제를 정확히 해결하기에는 부적절한 방식을 지속적으로 사용하게 만든다.

그럼에도 인지편향이 전혀 조절될 수 없는 것은 아니다. 다양한 교육 프로그램과 훈련을 통해 그 정도를 낮출 수 있다는 연구 결과가 축적되어 있다. 예를 들어, 금전적 보상이나 동료 간 상호 검토(peer review)를 도입한 실험에서 참가자들은 자신의 판단 과정을 더 신중히 점검하게 되어 편향 수준이 통계적으로 유의미하게 감소했다. 특히 과학교육에서는 자연 현상에 대한 실험이나 탐구 활동이 인지편향 조절에 유용한 도구로 활용될 수 있다. 예컨대 진화 개념을 다룰 때, 돌연변이나 자연선택의 무작위성과 다양성을 강조하는 활동을 통해 학생들은 목적론적 설명에서 벗어나 객관적인 사고방식을 키워 나갈 수 있다. 유전 개념 수업에서는 유전자와 환경의 상호작용 사례를 비교 분석하여 유전자 결정론적 오개념을 바로잡고, 확증편향 없이 다양한 실험 결과를 해석할 수 있는 능력을 길러 준다.

실제로 진화 수용(decision-making about evolution) 연구에서는, 학생들이 단순한 지식 전달보다 '내가 얼마나 이 개념을 이해한다고 느끼는가'에 영향을 받아 의사결정을 내린다는 사실이 확인되었다(Ha et al., 2012). 학습자가 주관적 자신감에 의존할 때 확증편향이 강화된다는 것을 보여주며, 과학교육이 단순히 사실을 암기시키는 것을 넘어 반성적 사고(reflective thinking)를 촉진해야 하는 이유를 제시한다. 교육과정에서 학생들이 자신의 직관적 판단을 의심하고, 증거를 바탕으로 재검토하도록 유도하는 메타인지 전략(metacognitive strategy)을 도입한다면, 인지편향을 인지하고 통제하는 역량을 향상시킬 수 있다.

2.1. 합리적 인과관계추론을 방해하는 인지편향

현상에 대한 원인은 추론하는 현시점을 기준으로 과거에 일어난 사건이다. 과거에 일어난 사건을 추측하는 것은 쉽지 않다. 예를 들어 창문이 깨진 것을 발견한다면 그 원인은 창문이 불량품일 수 있고, 새가 날아와서 부딪혔을 수도 있으며, 옆집 아이가 돌을 던졌을 수도 있다. 다양한 정보들을 고려해야만 합리적인 인과관계를 추론해 낼 수 있다. 다양한 정보를 고려하기 위해서는 인지부하가 생기기 때문에 생각하기 편한 쉬운 형태의 설명을 만들어 내려고 한다. 합리적 인과관계를 추론하는 데 방해하는 인지편향적 습관으로는 목적론적 설명, 가용성 편향(Availability heuristic), 착각적 상관(Illusory correlation), 클러스터 착각(Clustering illusion) 등이 있다. 이들은 모두 즉흥적으로 떠오르는 내용들을 활용하여 인과적 설명을 구성하는 습관들이다.

목적론적 설명은 철학에서 매우 중요하다. 중세철학자인 아리스토텔레스는 세상에 존재하는 네 가지 원인을 제시하였는데, 그중에서 목적인은 형상인, 질요인, 작용인과 함께 물체의 움직임을 설명하는 데 중요한 요소로 제시하였다. 목적론은 중세 세계관의 핵심 원리였지만, 근대철학을 통해 발전한 수학적 지식과 과학적 이해를 통하여 과학적 설명이 아님을 알게 되었다. 오래전에는 사물의 움직임의 원인으로 목적이 강조되었지만 수학과 과학의 발달로 물체가 자발적으로 운동하는 것은 불가능하다는 것을 알게 되었다. 목적이 원인이 될 수 없다는 것은 D. Hume이 제시한 인과성에 대한 분석에 기인한다. Hume은 인과가 성립하기 위해서는 시공간적 근접성과 함께, 결과에 대한 원인의 시간적 우선성을 강조하였다. 목적은 그 말에서도 알 수 있듯이, 현상이 있고 그 현상으로 인하여 발생할 수 있는 미래의 현상이다. 기린의 목이 긴 이유에 대하여 목적론적 설명은 "기린의 목이 긴 이유는 높은 곳의 나뭇잎을 따 먹기 위해서이다." 기린이 긴 목을 가진 사건과 높은 곳의 나뭇잎을 따 먹는 사건 두 가지 중에서 먼저 일어나야 되는 사건은 긴 목을 가지는 것이다. 그렇지 않고서 높은 곳의 나뭇잎을 따 먹지 못하기 때문이다. 그러므로 '높은 곳의 나뭇잎을 따 먹기 위해'라는 목적은 긴 목이라는 현상의 원인이 될 수 없는 것이다.

두 번째 인지편향은 가용성 편향(Availability heuristic)이다. 가용성 편향이란 의사결정이나 문제를 해결할 때 가장 많이 또는 빠르게 생각나는 것을 토대로 의사결정을 해버리는 습관이다. 예를 들어 알파벳 k가 첫 번째 나타나는 단어와 세 번째 나타나는 단어 중 어느 것이 더 많은지에 대한 물음에 대부분의 사람들은 첫 번째 나타나는 것이 더 많다고 하였다. 실제로는 세 번째에 k가 나타나는 단어가 더 많음에도 불구하고 사람들이 그렇게 생각하는 것은 첫 번째 알파벳 k가 나타나는 단어들이 더 많이 생각나기 때문이다. 순간적으로 많이 떠오르는 것뿐만 아니라 쉽게 떠오르는 생각에 집중한다고 하였다. 다양한 생각들이 있다고 하였을 때 가장 빨리 떠오르는 것을 바탕으로 문제해결을 하는 것이다. 잘 모르는, 확신이 없는 경우 가용성편향이 더욱 두드러지게 나타난다고 하였다. 앞서 설명한 바와 같이 인과관계 추론에서 원인은 과거에 있었던 일이므로 관찰이 아닌 추측으로만 생각해 내야 된다. 그 과정이 불확실할 경우 여러 가지 과거 경험들을 통하여 인과관계를 유추해 낸다. 그 과정에서 가용성 편향이 나타나는 것이다. 또한 그 과정에서 진화적 사고와 같은 복잡한 과학적 사고보다 목적론적 설명과 같은 인지부하가 적은 사고 체계가 문제해결에 먼저 활용되는 것이다.

세 번째로 클러스터 착각(Clustering illusion)은 무작위적으로 일어나는 일에도 어떤 경향성이 있을 것이라고 믿는 성향을 말한다. 이와 같은 인지편향이 생물학의 유전개념에서도 나타나는데, 학생들은 돌연변이가 무작위적으로 일어남에도 어떤 필요에 의하여 발생한다고 믿는다. 클러스터 착각과 비슷한 인지편향이 착각적 상관(illusory correlation)이다. 인과나 상관관계가 명확하지 않은 관계임에도 어떤 관계든지 만들어 내려고 하는 것이 착각적 상관이다. 착각적 상관의 대표적인 예가 징크스이다. 인과관계가 명확하지 않음에도 관련성이 있다고 믿는 것이다. 두 사건의 상관관계를 만들 때 사람들은 대부분 경험적 지식에 의존한다. Kahneman

(2013)은 인간은 빠르게 일부 정황들을 활용하여 인과관계에 관한 추론을 만들어 낸다고 하였다. 그가 책 Thinking, Fast and Slow에서 든 예를 살펴보자. "제인은 뉴욕의 붐비는 거리에서 아름다운 광경을 관람한 후 지갑을 잃어버린 것을 발견하였다."에서 대부분의 사람은 지갑을 잃어버린 이유로 소매치기를 생각한다. 그 이유는 이야기에서 뉴욕, 붐비는 거리, 잃어버린 지갑이 우리가 가지고 있는 소매치기라는 인상과 연합되어 있기 때문이다. 물론 소매치기도 여러 원인 중 하나일 수 있지만 이와 같은 현상 때문에 우리가 다양한 원인을 생각하지 못하게 된다. 또한 Kahneman의 책에서도 언급한 바와 같이 이와 같은 착각은 대부분 우리의 반복된 경험에서 오는 지식에서 발생한다. 앞서 설명한 기린의 목의 진화를 다시 예로 들어보자. 흔히 우리는 기린의 목이 높은 곳의 나뭇잎을 따 먹는 데 유리하기 때문에 긴 목이 자연선택 되었다고 생각한다. 하지만 다른 견해도 있다. 기린의 목의 진화는 성선택의 결과이며, 암컷을 두고 수컷과의 싸움에서 긴 목의 이점으로 인하여 긴 목의 기린으로 진화했다는 가설이다(Simmons & Altwegg, 2010). 그렇다면 우리는 왜 높은 곳의 나뭇잎만 생각하는가? Kahneman의 설명을 빌리자면 우리가 높은 곳을 보기 위해서 목을 빼는 행동은 해도 목을 가지고 다른 사람과 싸울 일은 없기 때문이었다. 어렵지 않게 생각해 낼 수 있는 가설은 우리가 평소 생각하는 것들에서 착안하기 때문에, 이런 사고의 제한은 합리적 인과관계 추론을 방해하고 있는 것이다.

2.2. 다양한 정보 탐색을 방해하는 인지편향

가설-연역적 과학탐구에서는 연구자가 세운 가설을 검증하기 위해 변인을 조작하고 실험을 설계한 뒤, 그 결과를 토대로 가설의 지지 여부를 판단한다. 이 과정에서 연구자는 의도치 않게 자신이 세운 가설에 유리한 정보만 수집하거나, 자신의 관점을 강화해 주는 증거에만 주목하는 편향에 빠질 위험이 크다. 특히 다양한 정보를 균형 있게 검토해야 함에도, 뇌의 처리 용량이 제한되면 우리는 자연스럽고 쉽게 찾아낼 수 있는 정보나 익숙한 정보에만 집중하게 된다.

첫째, 선택적 지각은 연구자가 사전에 가진 선개념이나 기대에 부합하는 관찰 결과만 의식적 또는 무의식적으로 골라 수용하는 현상이다. 예컨대 식물의 광합성 실험에서 "빛이 많을수록 광합성 속도가 반드시 빨라진다"는 가설을 갖고 있다면, 빛이 적은 조건에서 측정된 예외적인 데이터는 애써 무시하거나 재실험을 요청할 수 있다. 이처럼 제한된 인지 자원을 아끼기 위해 주로 관심이 가는 정보만 취사선택하는 습관이 객관적 탐구를 방해한다. 둘째, 실험자 편향은 연구자가 무의식적으로 자신의 기대에 부합하는 방식으로 실험 절차나 결과 해석을 이끌어 가는 경향이다. 예를 들어 약물의 효능을 검증하는 실험에서 실험군과 대조군을 구분하지 않거나, 데이터를 기록할 때 자신이 원하던 결과값을 더 신뢰하는 태도를 보인다면 연구 결과 전체의 타당성이 흔들릴 수 있다. 셋째, 확증편향은 자신이 옳다고 믿는 주장을 뒷받침하는 증거만 찾아내고, 반대 증거는 간과하는 오류이다. 범죄 수사에서 한 용의자를 특정해 놓고 그를 유죄로 입증해 줄 증거만 수집하거나, 세금 문제를 다룰 때 이미 결론을 정해 놓고 그에 맞는 조항과 판례만 검토하는 사례가 대표적이다. 과학연구에서도 "이 결과가 맞다"는 확신을 갖고 관련 데이터만 보면, 초기의 중요한 발견이나 예외적 현상을 놓쳐 가설이 전혀 다른 방향으로 흐를 위험이 있다. 확증편향을 완화하기 위한 전략으로는 의도적으로 예측하지 못한 정보나 반대 증거를 섞어 제공하는 방법이 효과적이다. 예를 들어 여러 정보 조각을 연속적으로 제공하지 않고 간헐적으로 제시하거나, 검색 결과에 원하지 않는 정보까지 포함시키면 연구자는 자신의 가설이 틀릴 수도 있다는 가능성을 더 자주 검토하게 된다. 이런 열린 형태의 탐구 활동은 예상 밖의 변수를 마주치게 함으로써 확증편향을 줄이는 데 도움이 된다.

넷째, 신념편향은 결론이 연구자 자신의 신념과 일치할 때 논증 과정을 충분히 살피지 않고 넘어가는 오류다. 결론이 마음에 들면 전제의 타당성을 충분히 검토하지 않고 지나치게 신뢰함으로써 비판적 사고 자체가 무력화된다. 마지막으로 실용오류는 어떤 지식이 실제로 유용하다고 판단되면, 그 지식이 만들어진 과정이나 근거를 충분히 따져보지 않는 편향이다. 예컨대 "이 화합물은 농작물의 수확량을 높여 주니까, 그 메커니즘이 정확히 어떻게 작동하는지는 중요하지 않다"라고 결론짓는 태도는 향후 예상치 못한 부작용이나 오류를 발견했을 때 적절한 대응을 어렵게 만든다.

이처럼 다양한 인지편향은 정보 탐색과 해석의 균형을 무너뜨려 가설 검증의 객관성과 정확성을 크게 저해한다. 과학교육 현장에서는 실험 설계 단계에서부터 "이 가설이 틀릴 수도 있다"는 반대 가설을 의도적으로 포함시키거나, 실험 결과 해석 시 메타인지 점검표나 반성적 질문을 활용해 학생 스스로 주요 편향이 개입되었는지 자가 점검하도록 해야 한다. 또한 서로 다른 관점을 가진 동료 그룹 토의를 통해 편향을 드러내고, 다양한 증거를 종합적으로 검토하는 습관을 길러 주어야만 진정한 의미의 합리적 과학탐구 역량을 키울 수 있다.

2.3. 자기반성적 탐구를 방해하는 인지편향

자기 주도적 학습을 위해서 학습자는 자신의 현재 상태를 객관적으로 이해하고 스스로 조절할 수 있어야 한다. 메타인지는 자기 조절적 학습의 핵심요소인데, 이 능력은 다양한 인지편향으로 인하여 쉽게 획득되지 않는다. 먼저 지나친 자신감 편향(overconfidence bias)은 자신의 능력을 객관적으로 판단하지 못하고, 과한 자신감이 생기게 하는 편향이다. 지나친 자신감 편향은 주식과 금융투자와 같은 경제학에서 주로 연구되어 왔으며, 최근에는 안전 불감증의 원인이 지나친 자신감 편향인 것으로 알려져 활발히 연구되고 있다. 안전관리에 미흡한 근로자의 특징으로 위험에 대처하는 자신의 능력을 과도하게 확신하여 위험이 발생하지 않을 것이라 믿고 있거나, 의료진에 의해서 발생하는 대부분의 실수도 의료진의 과도한 확신에서 기인한다. 지나친 자신감 편향을 줄이기 위한 프로그램도 개발되고 있는데, 인간 실수 자각훈련(human error awareness training)이 대표적이다. 교육에서도 최근 지나친 자신감 편향과 관련된 항목들이 다양할 수 있다. 예를 들어 정답이라고 자기 평가한 것이 정답이 아니거나, 자신이 할 수 없는 일을 할 수 있을 것으로 판단하는 것이다. 지나친 자신감 편향과 유사한 인지편향이 우월성 편향(better-than-average bias)과 계획 오류(planning fallacy)이다. 우월성 편향은 자신의 능력이 평균 이상이라 믿는 성향을 의미하며, 계획 오류는 계획을 세울 때 실제 소요되는 시간에 비하여 더 적은 시간에 일을 마칠 수 있을 것이라 판단하는 편향이다.

지나친 자신감, 우월성 편향, 계획 오류는 자신의 현재 상황을 객관적으로 판단하지 못하여 다양한 문제를 만든다. 예를 들어 학생들은 실험을 수행하기 전에 자신의 능력을 과도하게 인식하여 잘 할 수 있을 것이라는 기대를 가지고 무리하게 계획을 수립하기도 한다. 제시간에 마칠 수 있을 것이라 생각하지만 제때 마치지 못하기도 한다. 이와 같은 편향이 강할수록 실패할 가능성이 늘게 되지만, 실패에 대한 원인 분석을 방해하는 편향도 있다. 기본적 귀인 오류(fundamental attribution error)는 자신이 생성한 실패의 원인을 자신의 메타인지적 판단의 부족이 아닌 다른 원인으로 생각하게 한다. 이 편향은 자신의 문제점을 판단할 때는 그 원인을 자신이 아닌 상황이나 환경과 같은 외부에서 찾으려고 하는 성향이다.

과신 편향 등과 같은 인지편향은 실력이 낮은 사람에게서 더 많이 나타난다. 이것과 관련된 편향이 더닝-크루거 효과(Dunning-Kruger effect)이다. 능력이 부족하면 자신을 합리적으로 평가할 수 있는 능력도 부족하고, 따라서 더 많은 실수를 만들어 내는 것이다. 또한 판단 능력의 결여는 자신이 실수를 하였는지조차 인지하지 못하게 한다. 더욱이 자신이 편향이 있을 수 있음조차 인지하지 못하게 하는 편향맹점(blind-spot bias)은 자기반성을 방해하는 편향이다. 다양한 편향이 있을 수 있음에도 그것을 인지하지 못하면 자기반성적인 태도는 형성되기 어렵다. 사후확신편향(hindsight bias)도 자기반성을 막는 대표 편향이다. 자신이 틀렸다는 것을 후에 정답을 확인하고 알았지만, 처음부터 자신이 그것을 해결할 수 있었던 것처럼 이해하고, 여러 요인에 의해 우연히 맞추지 못하거나 해결하지 못한 상황으로 이해하는 것이다. 사후확신편향을 줄이는 방법은 과신 편향과 비슷하다. 학생들에게 정답을 고르게 하고 그것이 정답임을 확신하는 이유를 적게 하면, 사후에 오답임을 알았을 때 자신이 진짜 잘못 알고 있었음을 인지할 수 있다. 문제해결을 수행할 때 자신의 능력에 대해서 생각해 보는 활동을 한다면 자신의 능력에 대해서 더 메타적으로 확인할 수 있고 반성적인 사고를 가질 수 있을 것이다.

2.4. 자기주도적 의사결정을 방해하는 인지편향

과학교육에서 의사결정 능력과 과학적 논증 능력은 핵심역량 중 하나로 강조된다. 그러나 몇몇 인지편향으로 인해 학습자는 스스로 주장을 형성하기보다 타인의 의견에 쉽게 동조하거나 권위에 무비판적으로 의존하게 된다. 동조효과(acquiescence effect)는 질문을 던진 상대방의 요구나 기대에 부합하는 긍정적 답변을 하려는 경향이다. 이 편향이 작동하면 학습자는 자신의 생각을 충분히 검토하지 못하고 질문자의 의견에 순응하게 된다. 대인 갈등을 피하고자 하는 심리적 동기가 여기에 작용한다. 편승효과(bandwagon effect)는 다수의 의견에 단순히 따라가려는 경향이다. "많은 사람이 이렇게 말하니 틀림없다"는 생각에 기반해 스스로의 판단 근거를 탐색하는 과정을 생략한다. 이와 유사한 집단사고(groupthink)는 집단 내 갈등을 최소화하기 위해 반대 의견을 배제하거나 비판을 자제함으로써, 결론이 다수의 합의에만 의존하게 만든다. 논쟁이 일으키는 인지적·정서적 부담을 회피하려는 심리적 이유가 크게 작용한다. 이런 동조와 편승, 집단사고의 영향을 받으면 민감한 사회적·윤리적 쟁점에 대해 자신의 의견을 표현하기도, 다른 의견과 조율하기도 어려워진다. 결과적으로 학습자는 스스로 근거를 수립해 논리적으로 주장을 전개하기보다, 편안함을 느끼는 다수나 목소리가 큰 사람들의 의견을 그대로 수용하게 된다.

권위에 호소하는 편향(appeal to authority bias)은 권위 있는 인물이나 매체, 교과서 등에 제시된 정보를 비판 없이 믿고 자신의 주장으로 삼는 현상이다. 학생들은 교사의 설명을 의심 없이 받아들이거나, 교과서에 실린 내용을 검토 없이 옮겨 적으며, 권위가 있는 지식을 곧 진리로 착각한다. 이 경우 학습자는 스스로 증거를 탐색하거나 분석하지 않고, 권위가 제시한 결론을 자신의 생각처럼 사용한다. 이와 같은 인지편향을 극복하기 위해서는, 학습자가 의사결정 과정에서 "왜 나는 이렇게 판단하는가?"를 지속적으로 묻고, 반대 의견이나 예외 사례를 의도적으로 검토하는 연습이 필요하다. 또한 동료 토론과 피드백을 통해 자신의 주장을 논리적으로 점검하고, 권위자의 말이라도 근거 중심으로 비판·검증하는 습관을 길러야 한다. 그래야만 학습자는 자기주도적 의사결정 역량을 온전히 갖추고, 과학적 탐구의 주체로 성장할 수 있다.

2.5. 범주 제한적 사고를 조장하는 인지편향

인간은 개념의 존재보다 본질적인 특성이 선행된다고 전제하고, 개념을 구분할 때 본질적인 속성을 기준으로 삼으려 하는 태도가 있다. 이와 같은 사고방식을 '심리학적 본질주의'라고 한다. 예를 들어 '토끼'에 대해 '귀가 긴 동물'이라는 것을 토끼의 본질로 규정한다. 토끼라고 인식되기 위해서는 귀가 길어야 한다. 긴 귀는 토끼라는 동물의 한 특성일 뿐이지 토끼의 본질은 아니다. 귀가 짧은 토끼 종류도 상당히 많으며, 귀가 긴 다른 동물도 많다. 본질주의는 인지심리학과 과학교육에서 다양하게 연구되어 왔다. 본질주의적 사고를 가지면 집단 내 변이에 대한 인식이 어렵다. 예를 들어, 양계장에서 수천 마리의 닭을 보고 있다고 상상하자. 아마도 대부분의 닭은 머리 위에 빨간색 볏을 가지고 있는데, 그것이 닭의 본질로 이해될 수 있다. 그런 본질주의적 사고로 닭을 보면 닭은 모두 같게 보일 것이다. 본질주의적 사고에서 벗어나 닭을 관찰하면 모든 닭들이 가진 작은 차이점들이 보일 것이다. 집단의 고정된 생각을 키우게 하는 본질주의는 또 다른 편향인 고정관념편향(Stereotypical bias)과도 밀접하다. 남녀 차별에 관한 인식 연구에서 주로 연구되는 이 편향은 남성과 여성이 본질적으로 다르며, 남녀를 구분하는 본질이 존재한다고 믿는 것이다. 또한 그런 차이를 활용하면 남녀를 구분할 수 있고, 같은 성별끼리는 모든 면에서 동일하다고 판단한다. 예를 들어서 '남자가 여자보다 힘이 세다'라는 생각을 가지게 되면 남자 중에도 힘이 약한 사람이 있고, 여자임에도 힘이 강할 수도 있지만 그런 변칙된 사례에 대해 포용적인 생각이 어렵게 된다. 비슷한 예로 다양한 사회적 편견이 있다. 피부색은 단지 멜라닌 색소의 농도 차이에 기인한 것인데, 그것을 바탕으로 특정 집단에 대해 일반적인 인식을 가지는 것은 논리적이지 않다. 하지만 이런 고정관념은 우리가 특정 집단에 대한 반복적인 인상을 바탕으로 그것을 해당 집단의 본질로 인식하게 되어 생긴 추론 방법이다. 본질주의, 고정관념 편향은 학문 분야에 대한 인식에도 큰 영향을 준다. 학문에 대한 고정관념을 가지고, 해당 분야의 전문가들은 그런 특성이 있을 것으로 예단한다.

우리는 자신의 전공 이외에 다른 전공을 볼 때 세부 전공들을 구분하지 못하고 다 비슷하다고 생각한다. 예를 들어 교육학 내에도 상당히 많은 전공영역이 있으며, 물리교육, 화학교육이라는 전공이 따로 있다는 것을 다른 전공자에게 이야기하면 쉽게 이해하지 못한다. 마찬가지로 기계공학 비전공자의 생각에는 기계공학전공은 모두 기계와 관련된 비슷한 연구들을 하는 것으로 생각되지만 실제 해당 연구들을 살펴보면 상당히 다양한 세부전공들이 있다. 중요한 것은 이와 같은 범주제한적 사고로 인하여 학생들은 다양성을 이해하지 못하게 된다는 것이다. 예를 들어서 학생들이 과학자들이 직업적으로 큰 매력이 없다고 느낀다면 그것은 분명 자신이 규정한 '과학' 분야의 본질을 가지고 있으며, 그것에서 벗어나지 못하고 있기 때문일 것이다. 과학 분야는 매우 넓으며, 관련 직업은 수천 개가 넘을 것이다. 모든 직업군이 직업적으로 매력이 없진 않을 것이다. 과학 분야의 다양성을 모르고 '과학'이라는 영역의 본질을 재미없음이라 규정한다면 모든 과학은 재미없다고 판단할 것이다. 이와 같은 성향은 생물학의 이해에도 중요한데, 생물학에서 '모든'이라는 표현을 사용해서는 안 될 경우가 많다. 예를 들어서 '모든 박테리아는 원형의 DNA를 가지고 있다.'는 사실이 될 수 없다. 그 이유는 비록 소수이지만 분명히 선형의 DNA를 가진 박테리아가 있을 수 있고, 확인이 안 된 생명체의 숫자가 엄청나기 때문이다.

3. 인지편향을 조절하기 위한 교수전략으로서의 체크리스트 활용

인지편향(cognitive bias)은 인간의 인지적 처리 과정에서 발생하는 체계적인 오류로 학습자의 사고와 판단뿐만 아니라 교수자의 교육적 의사결정에도 영향을 미칠 수 있다. 특히 복잡한 문제해결이나 추론이 요구되는 교육 장면에서는 이러한 인지적 왜곡이 학습 내용의 오해, 오개념의 고착, 혹은 협소한 시각의 강화를 초래한다. 따라서 교수자는 수업 과정에서 인지편향을 최소화하고, 학습자가 스스로 자신의 판단을 검토하고 조절할 수 있도록 돕는 전략을 모색할 필요가 있다. 이러한 맥락에서 체크리스트는 유용한 교수적 도구이다. 체크리스트는 표면적으로는 확인 절차를 위한 수단에 불과해 보일 수 있으나, 교육적으로는 반성과 자기 점검을 유도하는 구조화된 사고틀로 기능한다. 즉, 학습자가 무비판적으로 받아들이는 직관적 판단이나 감정적 반응을 일시적으로 지연시키고, 자신의 판단 과정을 명확히 인식하게 하는 메타인지적 도구로 작용한다.

체크리스트를 활용한 수업은 학습자의 인지적 거리두기를 유도하고, 판단의 근거를 명료히 하며, 대안적 관점을 탐색하도록 촉진한다. 예를 들어 “내 판단의 근거는 충분한가?”, “다른 설명 가능성은 없는가?”, “나는 특정 정보만 선택적으로 수용하지는 않았는가?”와 같은 항목은 학습자가 자신의 사고를 단계적으로 검토하고, 무의식적 편향을 의식적으로 점검하게 한다. 교육현장에서 체크리스트를 효과적으로 적용하기 위해서는 단순한 항목 나열이 아니라 해당 맥락에 적합한 반성적 질문이 포함되도록 설계되어야 하며, 학생들이 단지 형식적으로 수행하지 않고, 실제 사고의 점검 도구로 활용할 수 있도록 교수자의 안내와 피드백이 병행되어야 한다. 특히 과학적 추론, 역사적 해석, 사회적 갈등 탐구 등 복합적 사고를 요구하는 수업에서 이러한 방식은 학습자의 비판적 사고력 향상에 기여한다.

3.1. 통합과학교육과 과학탐구실험 수업에서 인지편향 조절을 위한 체크리스트 활용 방안

통합과학교육은 생물, 화학, 물리, 지구과학 등 다양한 과학 분야의 개념과 원리를 통합적으로 연결하여 설명하고 탐구하는 것을 목표로 한다. 이러한 수업에서는 학습자가 복합적인 과학 현상을 해석하고 설명하는 과정에서 다양한 인지적 판단을 요구받게 되며, 이 과정에서 인지편향이 발생할 수 있다. 특히 과학탐구실험과 같이 문제를 정의하고 가설을 세우며 자료를 해석하는 과정에서는 직관적 추론, 경험에 기반한 판단, 혹은 기존 신념에 의존하는 경향이 강하다. 통합과학교육에서는 학습자의 사고를 객관적이고 비판적으로 조율할 수 있는 교수전략이 필요하며, 체크리스트는 이러한 요구에 효과적으로 대응할 수 있는 도구로 기능한다.

체크리스트는 학습자가 자신의 탐구 과정 전반을 구조화된 방식으로 점검하고, 편향적 사고에서 벗어나도록 돕는 메타인지적 수단이다. 예를 들어 통합과학 수업에서 “지구온난화와 생물 다양성 감소의 관계”를 탐구하는 활동을 수행할 때, 학생들은 다음과 같은 체크리스트를 활용할 수 있다.

- 내가 세운 가설은 다양한 가능한 원인을 고려하고 있는가?
- 수집한 증거는 가설을 뒷받침하는가, 혹은 반박하는가?
- 내가 선택한 자료는 특정한 관점을 강화하기 위해 편향되어 있지는 않은가?
- 대안적인 설명이나 해석은 충분히 검토했는가?

이러한 질문들은 학생들이 확증편향(자신의 가설에 유리한 증거만을 선택), 후광효과(강한 인상의 정보에 영향을 받아 전체 판단을 내리는 오류), 단순화 편향(복잡한 현상을 단일 원인으로 설명하려는 경향) 등의 인지편향을 인식하고 점검하도록 유도한다.

과학탐구실험에서도 체크리스트의 활용은 의미 있다. 예컨대 "빛의 굴절 실험"을 수행하면서 학생들은 자신의 실험 설계와 결과 해석 과정에서 다음과 같은 체크리스트를 활용할 수 있다.

- 실험 결과가 예상과 다를 경우, 실험 조건을 점검했는가, 아니면 가설을 즉시 폐기했는가?
- 내가 한 해석은 실험 오류의 가능성을 고려하고 있는가?
- 동일한 결과를 다른 방식으로 설명할 수 있는가?
- 개인적 직관이나 선입견이 실험 과정에 영향을 미치지 않았는가?

이러한 항목은 학습자가 탐구과정을 반성적으로 되돌아보게 하고, 실험을 결과 중심으로만 이해하지 않고 과정 중심으로 재구성할 수 있도록 돕는다. 특히 학생들이 결과를 자신이 예상한 방향으로 해석하려는 것을 줄이고, 자료에 근거한 과학적 설명을 구성하도록 이끈다. 교사는 이러한 체크리스트를 수업 전 과정에서 지속적으로 활용할 수 있도록 지도할 필요가 있다. 수업 전 사고 준비 단계에서는 탐구계획을 점검하는 체크리스트를, 실험 수행 중에는 실시간 점검 도구로, 그리고 수업 후 반성 단계에서는 사고과정의 성찰 도구로 활용함으로써, 체크리스트가 사고의 도식화 및 자기조절 학습의 핵심 도구로 사용한다. 다음은 과학탐구 상황에서 고등학생들이 자신의 탐구 과정에 대해서 의심하기 위해 활용하는 체크리스트이다(아리프, 하민수, 2018).

〈표 2-1〉 과학탐구 상황에서 활용하는 자가 점검 도구

세부 요인	문항 번호	문항 내용
문제 인식과 가설 생성	1	나는 두 번 생각하지 않고 성급하게 질문부터 하는 경향이 있다.
	2	나는 과학 실험을 할 때 제시된 문제 이외에 새로운 문제를 만들지 않는다.
	3	나는 내가 이해하지 못하는 문제가 있더라도 왜 그런지에 대해 고민하는 것을 좋아하지 않는다.
	4	나는 과학교과서나 수업에서 배운 내용과 다른 현상을 관찰하더라도 왜 그런지 주의 깊게 생각하지 않는다.
	5	선생님이 과학 문제에 대한 답을 생각해 보라고 했을 때 여러 정보를 확인하지 않고 내 생각에 근거해서 답을 쉽게 만든다.
실험 설계	1	나는 많은 요인들을 고려해야 되는 복잡한 실험을 싫어한다.
	2	나는 과학 실험에서 여러 요인들에 대해 고려하는 것이 중요하지 않다고 생각한다.
	3	나는 과학 실험을 할 때 선생님이 생각하라는 요인만 고려하는 편이다.
	4	모든 과학 현상은 정확한 절차가 하나만 있어도 탐색될 수 있다고 생각한다.
	5	나는 실험을 할 때 과학 선생님이 하라는 것만 하고 다른 것은 해보려고 하지 않는다.
	6	나는 실험을 하는 동안 과학교과서/학습지에 의해 제시된 것만 하고, 다른 것은 해보려고 노력하지 않는다.
관찰	1	나는 관찰을 할 때 관찰 대상에만 집중한다.
	2	나는 내가 확인하고자 하는 문제와 관련된 증거의 수집에만 관심이 높다.
	3	나는 내가 재미있다고 생각하는 것에만 관심을 두고 집중하여 관찰한다.
	4	나는 나의 의문에 대한 답을 보여주는 데이터를 찾았을 때 바로 수용한다.
설명과 해석	1	나는 수집된 데이터들이 단지 하나의 이론에 의해서도 설명이 될 수 있다고 생각한다.
	2	나는 적은 양의 데이터들로 하나의 이론을 만들어 낼 수 있다고 생각한다.
	3	나는 실험 결과를 해석할 때 나의 답과 관련성이 높은 데이터들 중심으로 생각해 본다.
	4	나는 과학 실험에서 내가 원하는 결과를 바로 얻었을 때 매우 만족한다.
	5	나는 내가 원하는 답을 찾았다면 그 과정에 특별한 오류는 없었을 것이라고 생각한다.
	6	나는 과학 선생님이 가르쳐 준 것은 옳다고 믿는다.
	7	나는 과학이론이 항상 옳다고 믿는다.
	8	나는 과학책을 읽는 것만으로도 과학지식을 이해하는 데 충분하다고 생각한다.

다음의 내용은 자율탐구 과정에서 학생들이 실제로 겪은 24가지 실패 사례를 정리한 점검 리스트이다(김가형, 하민수, 2019). 실제 고등학생들의 과학탐구 과정에서 그들이 계획에 미치지 못한 결과물을 생성한 이유를 탐색적으로 연구하여 얻은 결과이다. 탐구 주제의 난이도나 요구 지식이나 기술을 과소평가해 나중에 수행이 불가능해진 경우, 완성한 탐구 결과를 주위에 제대로 설명하지 못해 인정받지 못한 사례, 예기치 않은 장비나 도구 사용법을 익히느라 핵심 실험 수행이 지연된 경우, 그리고 관련 선행연구나 정보를 찾지 못해 일정이 늦어진 사례가 포함된다. 운영 단계에는 실험 장비 고장이나 실험실, 공간 부족 등 물리적 제약, 필요한 정보만 편식하거나 교사나 동료 의견에 무비판적으로 따르는 태도, 마감 기한, 또래 진척도, 부정적 피드백, 팀 내 갈등 등으로 인한 시간과 심리적 압박, 그리고 교사의 일정 조정이나 주제 변경으로 계획이 혼란에 빠진 사례가 수록되어 있다. 학습자는 이 목록을 탐구 시작 전·중·후의 체크리스트로 활용하여, 잠재적 장애 요인을 미리 확인하고, 진행 중에는 정기적으로 점검하며, 완료 후에는 실패 요인을 되짚어 보면서 탐구 과정을 개선할 수 있다.

〈표 2-2〉 자유탐구에서 경험할 수 있는 어려움에 관한 문항

항목	문항 번호	문항
역량	1	수행하던 자율탐구가 실현 가능할 것이라 믿었지만 나중에 실현 가능하지 않다는 것을 안 적이 있다.
	2	자율탐구가 시작할 때는 단순한 탐구인 줄 알았지만, 하다 보니 복잡하다는 걸 알게 된 적이 있다.
	3	자율탐구 주제에 대해서 잘 안다고 느꼈는데, 시작하고 보니 모르는 내용이 너무 많았다.
	4	자율탐구는 잘 수행하였으나 선생님과 친구들에게 제대로 설명하지 못하여 인정을 못 받은 적이 있다.
	5	자율탐구를 시작하고 난 뒤 처음에는 예상하지 못하였던 새로운 장비를 사용해야 되어 장비 사용법을 배우느라 탐구가 늦어진 적이 있다.
	7	잘 모르는 새로운 도구를 자율탐구에 사용해 보려고 사용법을 공부하느라 중요한 탐구 수행을 제대로 못 한 적이 있다.

항목	문항 번호	문항
	8	생각한 자율탐구 주제를 내가 할 수 있는지 또는 아닌지 판단하지 못한 적이 있다.
	9	수행하는 자율탐구 주제에 관련된 다양한 선행연구들을 어떻게 찾아내어 분석하는지 몰라서 자율탐구 수행이 늦어진 적이 있다.
	10	자율탐구 주제와 관련된 정보들을 찾고자 하였으나 어떻게 찾는지를 몰라 자율탐구 수행이 늦어진 적이 있다.
운영	6	자율탐구를 시작하고 난 뒤 갑자기 실험 장비들이 고장이 나서 탐구가 늦어진 적이 있다.
	11	자율탐구를 수행하면서 다양한 자료를 얻을 수 있었는데, 내 자율탐구와 관련 있는 자료만 수집하려고 한 적이 있다.
	12	선생님이나 교수님이 의견을 주시면 전문가 의견에 무조건 따른 적이 있다.
	13	모둠 내 나를 제외한 다른 친구들이 나와 다른 의견을 제시하면 무조건 따른 적이 있다.
	14	정해진 기간 내에 자율탐구를 마쳐야 된다는 압박을 느낀 적이 있다.
	15	다른 모둠이 내 모둠보다 더 빨리 자율탐구가 진행되어서 불안한 적이 있다.
	16	내가 수행하는 자율탐구에 대해 주변사람들이 부정적인 반응을 보여서 의욕이 떨어진 적이 있다.
	17	같은 모둠 내에 팀원들과 마찰이 생겨 사이가 좋지 않은 적이 있다.
	18	팀원들이 자율탐구가 성공할 것이라고 지나치게 확신하는 것을 의심했지만 어쩔 수 없이 수용한 적이 있다.
	19	선생님이 정해주신 자율탐구 일정이 내 자율탐구를 수행하는 데 맞지 않아 어려움이 있던 적이 있다.
	20	선생님이나 교수님이 의견을 주어서 자율탐구를 수행하던 중간에 탐구 주제를 변경한 적이 있다.
	21	학교 수업에 시간을 많이 사용해서 자율탐구를 수행하는 데 시간이 부족한 적이 있다.
	22	탐구 주제를 정해야 하는 시간이 짧게 주어져서 좋은 주제를 생각해 낼 시간이 충분하지 않은 적이 있다.
	23	학교 과학실의 시설이나 장비들이 내 자율탐구를 수행하는 데 적합하지 않다는 것을 나중에 알게 된 적이 있다.
	24	내 자율탐구를 수행하는 데 필요한 공간이 충분하지 않다고 느낀 적이 있다.

4. 인지편향을 줄이기 위한 과학교육 전략

과학교육은 학생들에게 단지 과학 지식을 전달하는 것을 넘어, 인지편향을 줄이고 합리적으로 사고하는 능력을 키워주는 데 중요한 역할을 할 수 있다. 아래에서는 통합과학교육을 통해 인지편향을 줄일 수 있는 다양한 방법과 그에 해당하는 구체적인 예시들을 소개한다.

4.1. 진화 개념을 활용한 목적론적 사고 줄이기

많은 학생들은 생물의 형질이 '살기 위해 꼭 필요한 것'이라고 생각한다. 예를 들어, "기린은 높은 나뭇잎을 먹기 위해 목이 길어졌다"는 설명은 자연선택의 원리를 잘못 이해한 것이다. 실제로 생물의 형질은 무작위적인 돌연변이로 생기며, 그중 일부가 환경에 잘 맞아 살아남는 것이다. 이러한 오해를 바로잡기 위해, 교사는 필요 없지만 존재하는 형질(예: 인간의 꼬리뼈), 혹은 필요하지만 존재하지 않는 형질(예: 인간은 날 수 없다)을 제시하며, 형질과 생존 사이에 목적론적인 필연성이 없다는 점을 강조할 수 있다.

4.2. 과학 모형 비교를 통한 가용성 편향 극복

학생들은 보통 더 익숙하고 이해하기 쉬운 설명을 선호한다. 예를 들어, 원자의 구조를 설명할 때는 보어 모형이 자주 사용되지만, 실제 과학에서는 오비탈 모형이 더 정확하다. 하지만 보어 모형은 단순해서 쉽게 떠오르고, 이를 사용하는 데 인지적 노력이 덜 들기 때문에 학생들이 자주 선택하게 된다. 이럴 때 교사는 다음과 같은 질문을 던져야 한다.

- 왜 더 정확한 모형을 두고 단순한 모형을 선택했을까?
- 그 설명이 현재 현상을 잘 설명해 줄 수 있는가?

4.3. 탐구 실험을 통한 확증편향 줄이기

과학 실험 수업에서는 학생들이 알고 있는 정답을 먼저 떠올리고, 그에 맞는 결과만 보려고 하기도 한다. 이를 확증편향이라고 한다. 예를 들어, 굴절 실험에서 "물속에서 빛은 꺾인다"는 사실을 알고 있는 학생은, 실험에서 그렇지 않은 결과가 나와도 무시할 수 있다. 이럴 경우 교사는 다음과 같은 방식으로 지도할 수 있다.

- 학생에게 관찰 결과가 예상과 다르다면, 왜 그런지 설명해 보게 한다.
- 일부러 실패한 실험을 제공하여 관찰 결과를 의심하고 다시 생각해 보도록 유도한다.
- 반대되는 사례(불일치)를 제시하여 기존 생각에 도전하게 한다.
- 이렇게 하면 학생은 자신이 이미 알고 있다고 믿는 지식을 반성적으로 점검하게 된다.

4.4. 집단 탐구에서 나타나는 동조 편향 인식시키기

과학 수업에서 집단 활동이 많아지면서, 다른 사람의 의견에 무작정 따르거나(동조효과), 다수의 의견을 무비판적으로 수용하는 경우(편승효과)가 발생할 수 있다. 예를 들어, 조별 실험에서 한 명이 강하게 주장한 의견에 나머지 학생들이 비판 없이 따를 경우, 오류가 반복될 수 있다. 이를 방지하기 위해서는 다음과 같은 전략이 필요하다.

- 모든 학생이 의견을 말하도록 순서를 정해 발표하게 한다.
- 다양한 가설을 비교하고 토론하는 구조를 만든다.
- 권위자의 말이라 해도 증거 중심으로 판단하도록 유도한다.

4.5. 자기주도적 학습에서 자신감 편향 줄이기

많은 학생들은 자신이 이미 알고 있는 내용이 과학적으로도 맞는다고 믿는다. 하지만 지식은 오개념일 수 있다. 예를 들어, "식물이 토양의 양분과 물을 먹고 자란다"는 식의 단순한 이해는 광합성을 잘못 이해한 것이다. 이처럼 잘못된 개념을 자신 있게 말하면 그 지식에 맞는 증거를 선택적으로 취할 수 있으며, 그것에 동조하는 동료들의 반응으로 더 확신을 할 수 있다. 이와 같은 학생들을 위해 교사는 다음과 같은 활동을 구성할 수 있다.

- 학생이 자신의 설명을 글로 쓰게 한 후, 과학적 개념과 비교하여 차이점을 찾게 한다.
- 자신이 왜 그렇게 생각했는지를 반성하게 하는 자기평가 활동을 실시한다.

4.6. 논증 활동을 통한 즉흥적인 판단 억제

자신의 주장에 대한 증거를 찾아보고 논리적인 설명을 구성하는 논증 활동은 인지편향을 줄이는 데 효과적이다. 논증이란 단순히 주장하는 것이 아니라, 증거를 바탕으로 타당한 결론을 이끌어내는 과정이다. 예를 들어, "지구온난화는 인간의 활동 때문"이라는 주장을 할 때, 학생은 다음과 같은 질문을 통해 생각을 정교화할 수 있다.

- 왜 그렇게 생각해?
- 그게 왜 중요한데?
- 그걸 어떻게 알 수 있어?
- 다른 의견은 없어?

4.7. 집단지성을 통한 편향 인식 강화

사람들은 자신의 편향은 잘 인식하지 못하지만, 다른 사람의 오류는 더 잘 확인한다. 맹점편향은 자신이 편향되었다는 것을 인지하지 못하게 하는 편향이며, 귀인오류 편향에서는 사람들은 타인의 잘못에 대해서 타인의 편향에서 찾으려고 하는 것을 알 수 있다. 따라서 우리는 동료평가를 통해 편향에 대한 인식을 강화할 수 있다. 예를 들어, 조별 토론에서 한 학생이 근거 없이 주장할 경우, 다른 학생이 다음과 같은 지적을 할 수 있다.

- 그 말에는 어떤 증거가 있어?

• 그건 네 생각이지, 과학적 설명은 뭐야?

과학교육은 지식을 전달하는 것을 넘어서, 학생들이 더 정확하게 사고하고 판단할 수 있도록 도와주는 중요한 역할을 한다. 다양한 인지편향을 수업 속에서 인식시키고, 이를 줄일 수 있는 전략을 활용함으로써, 학생들은 과학적 사고뿐 아니라 일상적인 판단에서도 합리적이고 근거 중심의 태도를 가질 수 있다.

5. 과신 편향 조절을 위한 KAAR 개입 모형의 이론적 틀

과신 편향, 지나친 자신감 편향은 흔히 나타나는 편향으로 자신의 능력이나 지식을 과신하는 편향이다. 이런 편향이 강하면 메타인지가 작동하지 않아 잘못된 의사결정을 하거나, 합리적인 판단이 어려울 수 있다. 이 절에서는 과신 편향을 줄이기 위한 중재 모델 개발에 필요한 이론적 배경을 설명한다. 이 모델은 단순히 과신편향만 해당하는 중재 모델은 아닐 것이다. 다른 인지편향에도 적용이 가능할 것이다.

과신 편향을 줄이기 위한 수업 개입에 관한 선행연구들은 일반적으로 중재 설계와 경험 기반 두 가지 접근법으로 나뉜다. 중재 설계는 학생들이 편향된 사고를 피하거나 줄일 수 있도록 설계된 일련의 활동을 중심으로 하며, 경험 기반 접근법은 풍부한 시험 경험이나 자기 평가를 통해 편향을 줄이려는 접근이다. 하지만 단순한 경험의 축적이 편향 인식에 효과적이지 않다는 점에 주목하여, 학생 스스로 자신의 과신 편향을 인식하고 그것에 대응할 수 있도록 돕는 중재에 초점을 맞췄다. 과신 편향이 대부분 무의식적이고 직관적인 사고에서 발생하기 때문에, 학생이 자기 판단의 오류를 스스로 인식하거나 조절하는 데 한계가 있기 때문이다. 따라서 이와 같은 편향을 줄이기 위해서는 외부에서 구조화된 중재 활동이 요구된다. 이러한 중재의 단계적 과정을 '지식-인식-행동-반성'의 네 요소로 구성된 KAAR 개입 모형을 중심으로 설명한다.

5.1. 지식(Knowledge)

첫 단계는 과신 편향 그 자체에 대해 이해하는 것이다. 학생들이 과신이라는 개념과 그 원인, 그리고 그것이 학업 성취에 미치는 부정적 영향을 학습하게 되면 편향의 존재에 대해 의식할 수 있다. 교육은 학생들의 자신감을 높이는 데 집중하지만, 과도한 자신감이 오히려 판단을 흐리고 학습에 부정적 영향을 미칠 수 있다는 점은 충분히 강조되지 않는다. 학생들이 과신이 바람직하지 않은 편향일 수 있다는 사실을 인식하지 못하면, 그들은 자신이 과신하고 있다는 사실조차 받아들이지 않을 가능성이 높다. 따라서 과신 편향의 존재와 그것의 위험성을 알리는 것은 편향 해소의 출발점이 된다.

5.2. 인식(Awareness)

두 번째 단계는 자신에게 과신 편향이 실제로 나타났는지를 자각하는 것이다. 편향에 대한 인식은 지식보다 더 깊은 수준의 자기 성찰을 요구한다. 과신 경험을 생각해 보고 그로 인해 어떤 실수가 있었는지 돌아보는 과정을 포함한다. 실제 사례를 통해 학생이 과신으로 인해 잘못된 판단을 했던 경험을 떠올리게 되면, 과신의 위험성을 실감할 수 있고, 그에 따라 자신의 판단을 신중하게 재검토하게 된다.

5.3. 행동(Action)

편향을 인식한다고 해서 행동 변화가 일어나는 것은 아니다. 편향을 줄이기 위한 행동은 인식 다음의 적극적인 단계로, 학생 스스로가 변화를 실천하고자 하는 의지가 있어야 한다. 만약 학생이 자신이 과신하고 있다는 것을 알면서도 이를 고치려는 노력을 하지 않는다면, 편향은 계속 반복될 수밖에 없다. 이러한 행동은 개인 차원뿐 아니라 집단 차원에서도 요구된다. 자신의 직관적 사고를 혼자 조절하기 어려우면 타인의 논리적이고 분석적인 사고를 통해 보완할 수 있다. 집단 내 피드백과 토론을 통해 다른 사람의 사고를 빌려 자신의 편향을 점검하는 과정은 과신 편향 해소에 효과적이다.

5.4. 반성(Reflection)

마지막 단계는 반성이다. 반성적 사고는 편향을 줄이는 데 핵심적인 역할을 한다. 학생들이 특정 행동을 하기 전이나 신념을 선택하기 전에 다양한 대안과 근거를 고려하는 과정이다. 반성은 감정에 이끌리기보다는 증거를 기반으로 판단하는 습관을 형성하게 하며 자기평가 시 자신의 오류를 더 잘 인식하고 과신을 줄이는 데 도움을 준다. 이러한 성찰적 사고는 궁극적으로 학생들의 자기평가 능력을 향상시키고, 학습 정확도를 높이는 효과를 낸다. 자기 성찰을 통해 학생은 자신의 인지와 행동을 조정할 수 있으며 학업 성과로 이어진다.

KAAR 모형에서 강조하는 것은 단순히 지식을 전달하는 것에 그치지 않고 인식과 반성, 실천을 통해 편향을 실제로 줄이는 과정이다. 궁극적으로 자기조절 학습 능력을 키우는 것을 목표로 한다. 학습자들이 인지 편향을 자각하고, 자신의 학습 전략을 점검하며, 필요할 경우 그것을 수정할 수 있는 능력을 갖추게 되면, 과신 편향을 포함한 다양한 편향이 점차 줄어들고 더 깊이 있는 학습이 가능해질 것이다.

5.5. KAAR 모형을 적용한 수업 사례

- 수업 주제: 유전자, 환경, 형질 발현
- 대상: 고등학교 2학년
- 수업 목표: 학생들이 유전 형질의 발현이 단순히 유전자만으로 결정되지 않으며, 유전자 결정론적 사고에서 벗어나도록 돕고, 자신의 판단에 대한 과신 편향을 인식하고 조절할 수 있도록 한다.

수업은 KAAR 모형에 따라 지식(Knowledge), 인식(Awareness), 행동(Action), 반성(Reflection)의 네 단계로 구성된다. 수업은 "성격은 유전으로 결정된다"라는 문장을 학생들에게 제시하며 시작된다. 학생들은 이 문장에 대해 '맞다' 혹은 '틀리다'로 선택하고, 그에 대한 자신감을 1점에서 5점까지 표시한다. 대다수의 학생이 '맞다'라고 응답하고 자신감 점수도 높게 나타난다. 교사는 학생들에게 "이 문장은 왜 맞다고 생각했는가?"라고 질문하면서, 학생들이 경험이나 주변 사람들의 말, 혹은 직관에 근거하여 이 문장을 판단했음을 확인한다.

이어 교사는 실제 과학적 관점에서 성격, 지능, 질병 등 대부분의 형질은 유전자와 환경의 상호작용의 결과로 나타난다는 사실을 설명한다. 쌍둥이 연구, 후성유전학 사례, 생활습관의 영향 등 구체적인 사례를 소개하며, 단일 유전자만으로 복잡한 형질이 결정된다고 생각하는 것이 잘못된 판단임을 강조한다. 이 과정을 통해 학생들은 유전자 결정론이라는 오개념과, 이에 대해 자신 있게 판단했던 스스로의 사고에 과신이 있었음을 자각하게 된다. 이는 KAAR 모형 중 지식 단계에 해당한다.

다음 단계인 인식에서는 학생들이 자신의 판단과 그 근거를 되돌아보게 한다. 교사는 학생들에게 다음과 같은 질문을 제시한다.

- 나는 왜 이 문장이 옳다고 확신했는가?
- 이 판단은 어떤 정보나 경험에서 비롯된 것인가?
- 혹시 이전에도 유전자와 관련된 개념에서 과도하게 단순화한 적이 있었는가?

학생들은 자신의 과거 판단을 되돌아보며, 과학적 근거 없이 유전자가 모든 형질을 결정한다고 믿은 경향을 반성하게 된다. 특히 "이건 그냥 그런 거잖아요"와 같은 직관적 표현을 사용했던 학생들은 자신이 그렇게 생각하게 된 사고 과정을 처음으로 의식화하게 된다. 교사는 유전자 관련 판단에서 자주 발생하는 대표성 휴리스틱, 단순화 편향, 과신 편향의 사례를 함께 제시하며, 학생들이 인식의 폭을 넓히도록 돕는다.

세 번째 단계인 행동에서는 학생들이 자신의 판단을 능동적으로 조정할 수 있도록 구조화된 활동을 진행한다. 학생들은 두 명씩 짝을 지어 '형질은 유전으로만 결정되지 않는다'는 주장을 뒷받침할 수 있는 다양한 사례를 찾아 발표한다. 예를 들어, 같은 유전자를 가진 일란성 쌍둥이가 다른 성격을 갖는 사례, 식습관 변화에 따른 질병 발생 여부 변화, 특정 유전자 보유자도 생활 환경에 따라 질병을 예방한 사례 등이 제시된다. 각 학생은 발표 전, '나는 이 주제에 대해 얼마나 자신 있는가?'를 5점 척도로 표기하고, 발표 후 상대방이 피드백을 통해 그 판단이 과신이었는지를 지적할 수 있는 구조를 갖춘다. 이러한 과정에서 학생은 자신의 판단을 외부의 논리적 사고를 통해 점검받게 되며, 공동 사고를 통해 과신 편향을 완화할 수 있다.

마지막 단계인 반성에서는 학생들이 수업에서 가장 인상 깊었던 판단 오류 경험이나 과신의 순간을 돌아보게 한다. "내가 너무 자신 있었지만 틀렸던 생각은 무엇인가?", "앞으로 어떤 사고 습관을 조심해야 할까?"와 같은 질문에 대해 글로 성찰을 정리한다. 교사는 학생들이 반성적 사고를 통해 단순한 '정답 외우기'에서 벗어나 사고의 방식 자체를 점검할 수 있도록 피드백을 제공한다. 이 반성 활동은 학생의 합리적 사고를 활성화하며, 향후 자기조절 학습 능력으로 이어질 수 있도록 하는 핵심 과정이다.

이 수업은 학생들이 유전 개념을 정교하게 이해하도록 돕는 동시에, 자신이 알고 있다고 믿었던 지식에 대한 과신을 점검하게 하는 데 중점을 둔다. 유전자 결정론적 사고에서 벗어나 복합적 사고를 유도하고, 과학적 증거 기반 설명을 선호하게 만드는 인지적 토대를 마련함으로써, 학생들의 메타인지적 능력과 자기 조절 학습력을 함께 증진시킬 수 있다.

참고문헌

김가형, 하민수(2019). 고등학생의 자기 주도적 과학탐구연구에서 나타난 어려움 탐색. 한국과학교육학회지, 39(6), 707-715.

아리프, 하민수(2018). 과학탐구 상황에서 고등학생들의 반회의주의적 태도 측정도구 개발 및 적용. 과학교육연구지, 42(3), 308-321.

하민수(2016). 합리적 문제해결을 저해하는 인지편향과 과학교육을 통한 탈인지편향 방법 탐색. 한국과학교육학회지, 36(6), 935-946.

Ha, M., Haury, D. L., & Nehm, R. H. (2012). Feeling of certainty: Uncovering a missing link between knowledge and acceptance of evolution. *Journal of Research in Science Teaching, 49*(1), 95-121.

Kahneman, D. (2011). *Thinking, fast and slow*. macmillan.

Simmons, R. E., & Altwegg, R. (2010). Necks-for-sex or competing browsers? A critique of ideas on the evolution of giraffe. *Journal of zoology, 282*(1), 6-12.

Tversky, A., & Kahneman, D. (1974). Judgment under Uncertainty: Heuristics and Biases: Biases in judgments reveal some heuristics of thinking under uncertainty. *science, 185*(4157), 1124-1131.

CHAPTER 03

과학기술관련 사회쟁점 교육 (Socio-scientific Issues Education)

1. 과학기술관련 사회쟁점 교육이란?

1.1. 과학기술관련 사회쟁점(SSI)

우리는 과학기술이 발달함에 따라 끊임없이 변화하는 사회에 살고 있다. 과거에는 햄버거를 사기 위해 직접 매장을 방문해야 했다면, 이제는 모바일 애플리케이션을 통해 손쉽게 주문하면 집까지 신속하게 배달되는 시대이다. 손목에 스마트워치를 차기만 해도 수면 시간이나 심박수, 걸음 수 등의 정보를 자동으로 측정해 주고, 이를 바탕으로 나의 건강 상태나 생활 습관까지 분석해 준다. 이처럼 과학기술은 우리의 일상을 점점 더 빠르고 편리하게 바꾸어 놓고 있다.

그러나 과학기술이 항상 우리에게 이익과 편리함만을 주는 것은 아니다. 우리가 미처 예상하지 못했던 위험이나 손실이 함께 나타나기도 한다. 문제는 우리가 이러한 부작용을 충분하게 인식하지 못하거나, 설령 인식하더라도 대수롭지 않게 넘기게 된다는 점이다. 실제 사고가 발생하고 나서야 과학기술의 이면을 돌아보게 되는 일도 적지 않다. 얼마 전 과도한 지하 개발과 지하수 과잉 사용으로 인해 서울 곳곳에 싱크홀이 생겨나는 문제가 있었다. 싱크홀로 인해 사상자가 나고 주변 일대가 마비되면서 사람들은 싱크홀의 위험성을 인지하게 되었지만, 일시적인 문제로 바라볼 뿐 어느 누구도 도시 개발의 방향을 근본적으로 재고하려는 움직임은 없었다. 설탕 대신 대체당을 이용해 칼로리를 낮춘 제로음료가 개발되면서 비만 예방과 혈당 관리에 도움이 되었으나, 일부 사람들에게는 소화장애를 일으키는 문제가 있었다. 그러나 대체당이 왜 설사를 일으키는지에 대한 이해보다는 단순히 해당 음료를 소비하지 않는 것으로 사고를 마감하는 경우가 많다. 인공지능 기술 역시 마찬가지이다. 생성형 인공지능이 나타나면서 일 처리에 어마어마한 속도를 더해 주었지만, 진위를 구별할 수 없는 정보가 새로운 사회문제로 떠오르면서, 정보의 신뢰성에 대한 우려를 일으켰다. 이처럼 새로운 과학기술이 등장할 때마다 우리가 미처 예상하지 못했던 문제들이 동반되며, 이러한 영향은 단순히 과학기술적 차원을 넘어 사회적, 윤리적 문제로까지 확장되고 있다.

이에, 과학교육에서는 과학기술이 야기하는 사회·윤리·도덕적 쟁점들을 '과학기술관련 사회쟁점(Socioscientific Issues, 이하 SSI)'으로 일컬으면서 이를 교육에 활용해 왔다. 앞서 언급한 싱크홀이나 대체당, 인공지능 문제 이외에도 다양한 쟁점들이 존재한다. 우리가 기존에 많이 다루어왔던 기후변화나 생물다양성, 원자력발전소 안전, 유전자 변형 생물, 미세먼지와 미세플라스틱, 나노기술의 안전성 등도 모두 SSI에 해당하는 주제이다. 그렇다면 우리 주변에서 살펴볼 수 있는 SSI 주제에는 또 어떤 것들이 있을까?

우리 주변에서 살펴볼 수 있는 과학기술관련 사회쟁점 예시

- 물리: 원자력 발전과 신재생에너지(건설, 방사성 폐기물 처리, 노후화된 원전, 풍력에너지, 태양광에너지), 전자기파와 유해성(전자제품, 무선충전기술, 송전선), 과속 안전, 전동킥보드와 안전, 나노 배터리, 싱크홀 문제
- 화학: 미세먼지, 대기오염, 생활 속 유해물질, 화학물질 유출사고, 신소재(플라스틱, 생분해성 플라스틱), 화학물질과 폐기물 처리, 환경호르몬(방향제, 섬유유연제 등), 미세섬유
- 생명과학: 유전자 조작 생물(GMO), 유전자 편집기술, 바이러스 및 질병, 백신과 집단면역, 복제기술(장기, 배아줄기세포), 동물실험, 뇌사 및 안락사, 인공장기 개발, 대리모, 다이어트와 비만, 생물다양성, 에너지 음료, 패스트푸드, 기록갱신을 위한 불법약물, 정신집중력 높이는 물질 복용, 배양육과 가축사육 방식, 호르몬 치료
- 지구과학: 기후변화, 탄소중립과 탄소발자국, 자연재해(지진, 화산, 홍수, 폭염), 해양쓰레기, 토양오염, 대기오염, 우주개발, 물 부족
- 정보: 빅데이터 활용과 개인정보 보호, 드론, 보안기술, 가짜뉴스

과학기술관련 사회쟁점(Socioscientific Issues)이라는 용어를 보면, socio와 scientific이 결합되어 용어 자체에 기술이라는 단어가 포함되어 있지는 않다. 그러나 현대 사회에서 과학은 기술이나 공학과 명확하게 구분하기 어려울 뿐만 아니라, 실생활에서 흔히 접할 수 있는 환경이나 에너지 문제들은 순수한 과학문제라기보다는 기술과 공학이 혼재되어 있는 문제라 볼 수 있다. 또한 단순한 주제(topic)나 문제(problem)라기보다는, 다양한 사람들의 이해관계와 가치관이 얽혀있어 하나의 정답이 존재하지 않고 끊임없이 논쟁이 일어날 수 있다는 특징을 지니고 있다. 이에 최근에는 과학기술을 포함하면서도 서로 다른 의견으로 인해 논쟁이 있다는 점을 강조하고자 '과학기술관련 사회쟁점'이라는 용어로 이용되고 있다(이현주, 2018).

1.2. SSI 교육의 특징

SSI는 과학적인 내용뿐만 아니라 기술, 공학, 환경 분야와 연계되며, 나아가서는 사회, 정치, 경제와 같은 인문사회학적 측면도 함께 포함한다. 따라서 SSI를 이용한 교육에서는 과학 법칙이나 이론을 이용하여 하나의 정답을 구하기보다는, 쟁점을 둘러싼 다양한 입장에 대한 이해를 바탕으로 의사결정과 가치판단을 내리는 것을 보다 중요하게 여긴다. 또한 쟁점을 탐색하고 판단하는 과정에서 학생들이 대화를 나누고 의견을 조율하는 것 역시 강조된다. 종합하면, SSI 교육은 미래 사회를 살아갈 학생들이 과학기술과 관련된 사회쟁점에 관심을 갖고, 합리적이고 책임감 있게 의사결정할 수 있는 역량을 지닌 시민으로 성장하는 데 목표를 둔다(Zeidler et al., 2005). SSI 교육의 특징을 정리하면 다음과 같이 요약해 볼 수 있다.

첫째, SSI 교육은 과학기술이 지닌 양면성을 이해하는 기회를 제공한다. 과학기술은 긍정적인 측면과 부정적인 측면을 모두 지니고 있지만, 우리는 대체로 긍정적인 면에 집중하는 경향이 있다. 원자력 발전은 다른 에너지원에 비해 발전단가도 저렴하고 폐기물만 적절하게 처리된다면 효율적이고 친환경적인 에너지원이다. 그러나 원자력 발전소에서 사고가 난다면 그 문제는 걷잡을 수 없이 크다. 지난 체르노빌과 후쿠시마 원전사고에서 발생한 피폭 문제는 돌이킬 수 없을 만큼 심각했다. 원자력 발전과 관련된 수업을 통해 학생들은 과학기술이 양면성을 함께 지니고 있음을 인식할 수 있다.

둘째, SSI 교육을 통해 사람들의 이해관계가 복잡하게 얽혀 있으며, 쟁점을 해결하기 위한 다양한 방법이 존재함을 알게 된다. 플라스틱은 편리하고 간편하지만, 잘게 부서졌을 때 심각한 해양오염을 야기한다. 플라스틱과 관련된 다양한 사람들을 살펴보면 과학기술 개발자, 플라스틱 소비자, 해양동물, 정부, 환경 운동가, 미세플라스틱을 섭취한 참치로 만든 캔을 사먹는 소비자 등 다양한 이해관계자가 존재한다. 이들이 주고받는 영향을 탐색해 보면, 플라스틱 이용을 금지하는 것이 미세플라스틱 문제를 해결하는 완벽한 방법이 될 수 없음을 알 수 있다. 여러 사람들의 입장을 고려한 문제해결방안이 필요하다는 것을 깨닫게 될 수 있다.

셋째, SSI 교육은 개인 차원에서의 의사결정뿐만 아니라 사회적 차원으로 경험을 확장시키는 경험을 제공한다. SSI는 개인적인 차원부터 사회적, 전 세계적 차원까지 그 범위가 다양하며, 다양한 입장과 가치를 바탕으로 의사를 결정하거나 판단해야 하는 경우가 생기게 된다. 우리는 일회용 플라스틱이 아닌 다회용 빨대를 지속적으로 이용할 것인가에 대한 아주 작은 개인의 선택부터, 노후화된 원전을 폐기하고 신재생에너지로 전환해 나가는 공적논의에 참여하는 것까지 SSI에 관심을 갖고 합리적으로 의사를 결정할 상황에 놓이게 된다. 또한 개인이 다양한 입장과 가치를 바탕으로 의사를 결정하는 것을 넘어, 사회가 함께 참여하고 실천함으로써 문제를 해결할 수 있는 기회를 제공하기도 한다.

이러한 SSI 교육은 과학기술의 본성에 대한 이해나 과학지식을 높일 뿐만 아니라(이현옥, 이현주, 2016; Dori et al., 2003; Sadler et al., 2016; Zohar & Nemet, 2002), 근거를 들어 주장을 제시하는 논증 능력(Berne, 2014), 의사소통역량이나 협업역량과 같은 시민역량(이현주 외, 2015; Chung et al., 2016), 인성과 가치관(고연주, 이현주, 2017; 김가형, 이현주, 2017) 등을 높이는 데 효과가 있다고 알려졌다. 그리고 이를 아우르는 과학적 소양을 함양할 수 있다는 점에서 각광받아 왔다(Millar, 2006; Sadler & Zeidler, 2005; Zeidler et al., 2005). 최근에는 SSI 교육이 다른 전통적인 수업방법에 비해 과학적 소양을 높이는 데 더 효과적이라는 연구가 발표되었다(Çalik & Wiyarsi, 2024). 사실 SSI 수업에 참여한 후 과학지식이나 논증 및 의사소통 역량이 높아졌다는 것은 학습효과를 생각해 볼 때 크게 놀랄만한 성과는 아닐 수 있다. 반드시 SSI를 중심으로 한 수업이 아니라 할지라도 과학수업을 진행한다면 과학개념에 대한 이해가 높아질 수 있고, 증거를 기반으로 주장하는 능력이 늘어날 수도 있기 때문이다. 이러한 점에서 과학지식이나 탐구, STS에 대한 이해, 인성과 가치관 등의 넓은 의미의 과학적 소양을 높이는 데 전통적인 수업에 비해 매우 큰 효과가 있었다는 연구 결과는 주목할 만하다. 특히 이들은 SSI 수업을 진행한 기간이 길수록 일반적인 수업과 더 큰 차이가 만들어진다는 것을 밝혀냈다. 즉, SSI 교육을 진행할수록 미래를 살아갈 학생들이 과학기술에 대한 이해를 바탕으로 현명하고 책임감 있게 사회쟁점에 대처할 수 있게 된다는 의미이다.

1.3. SSI 교육은 STS 교육과 어떻게 다를까?

과학기술과 사회의 연관성을 보여주는 대표적인 사례로 과학-기술-사회(Science-Technology-Society, 이하 STS) 교육을 들 수 있다. 지식의 구조와 탐구를 중요하게 여겼던 학문중심 교육과정에서 미국의 학업성취도가 지속적으로 하락하자, 과학기술 분야로 진로를 희망하는 학생들만을 위한 과학교육이 아니라 모든 이를 위한 과학을 제안하면서 등장한 것이 STS 교육이다. 우리나라에서는 제6차부터 STS 교육철학을 반영하기 시작하여 제7차부터 과학교육의 목표로 STS를 명시하고 있으며, 최근 개정된 2022 개정 과학과 교육과정에서도 과학교육의 목표 중 하나로 STS가 제시되고 있다.

그렇다면 STS 교육과 SSI 교육은 어떠한 차이가 있을까? 언뜻 보기에는 과학기술과 사회와의 연관성을 다룬다는 점에서 유사해 보인다. SSI 교육의 시작은 과학기술과 관련하여 생겨나는 많은 사회적 쟁점에 대해 책임 있는 의사결정을 내리고 행동으로 옮길 수 있는 역량에 대한 논의이다. 다시 말해, SSI 교육은 과학기술이 사회와 어떠한 연결되는지를 넘어, 사회적 윤리적 책임을 지닌 시민으로서 성장하여 도덕적이고 인성적인 발달을 도모하는 데 초점을 둔다(Driver et al., 1996; Sadler,

2004). SSI 교육의 대가인 Zeidler 교수는 STS 교육이 과학기술이 실생활에서 활용되는 부분이나 과학 관련 진로를 탐색하는 데에는 도움이 되었으나, 개인의 심리적, 도덕적 발달에 있어서는 다소 부족했음을 지적한 바 있다(Zeidler et al., 2005). 그러면서 그는 "SSI는 STS의 모든 것을 포괄하는 더 넓은 개념이며, 동시에 과학의 윤리적 측면, 학생의 도덕적 추론과 정서적 발달까지 고려하는 접근"(Zeidler et al., 2002, p. 344)이라 이야기한다. 즉, 과학기술이 지닌 사회, 윤리적인 측면뿐만 아니라, 쟁점이 지닌 복잡성과 다양성에 대한 이해를 바탕으로 개인의 추론을 중요하게 바라본 것이다. 이현주(2018) 또한 기존의 과학과 교육과정에서 STS의 상호관련성에 대한 인식은 강조하였으나 이를 일종의 지식으로 취급하였음을 지적하면서, 앎을 실천으로 옮기기 위해서는 인성을 함양하는 것이 필요하며 이를 위해 SSI 교육이 차별화된 방법이 될 수 있다고 보았다.

2. SSI 교육을 위해 필요한 지식과 역량

그동안 SSI 교육이 다양한 방면에서 학생들의 성장에 도움이 된다는 연구가 보고되어 왔으나, 교사들의 SSI 교육에 대한 자신감이나 적극성은 그에 비해 상당히 낮은 편이다. 교사들은 SSI 교육의 필요성이나 중요성에는 동의하지만, 본인 수업에 직접 도입하는 데에는 주저하는 모습을 보이는 것으로 알려진다(Aikenhead, 2006; Kilinç et al., 2013; Levinson et al., 2000; Witz & Lee, 2009). 교사들이 SSI를 다루는 데 불편함을 느끼는 데에는 여러 이유가 존재한다. 많은 교사들은 과학 교과를 객관적이고 중립적이라 생각하기 때문에, 과학 수업에서 가치판단이나 의사결정을 한다는 점 자체에서 불편함을 느낀다. 일부 교사들은 SSI 수업을 진행하고 싶으나 어떻게 교육과정과 연계하는 것이 좋을지 고민하기도 하며, 학생 중심의 수업전략을 활용하는 데 있어 실질적인 어려움을 겪기도 한다. 교수학습자료가 부족하고 과학 시수 부족이나 평가와 맞물리지 못하다는 점에서 SSI 교육을 주저하기도 한다. 이번 절에서는 SSI 교육에 대해 교사들이 겪는 어려움을 고려하여 여러 연구진들이 제안한 SSI 교육을 위한 지식에 대해 소개하고자 한다.

2.1. 교사에게 필요한 SSI 교육을 위한 지식

SSI 수업을 위해서는 어떠한 지식이 필요할까? 우리가 흔히 과학교사에게 요구되는 전문지식을 설명할 때, 내용지식(Content Knowledge, CK), 교육학지식(Pedagogical Knowledge, PK), 그리고 교과교육학지식(Pedagogical Content Knowledge, PCK)을 이야기하곤 한다. 그중에서도 PCK는 주제에 따라 다른 것으로 알려져 있기에, SSI 교육을 위해 필요한 교과교육학지식(SSI-PCK)에 대한 연구도 이루어져 왔다. 물론 사람마다 SSI-PCK의 요소를 다르게 바라보기는 하나 그 의미는 유사하다. SSI-PCK는 교사가 과학기술관련 사회쟁점을 가르칠 때 내용지식과 교육학지식을 통합하여 가르칠 수 있도록 하는 데 필요한 지식이라는 의미이다.

일례로 이현주(2018)는 SSI 교육을 위해 필요한 교사의 지식을 SSI와 관련된 내

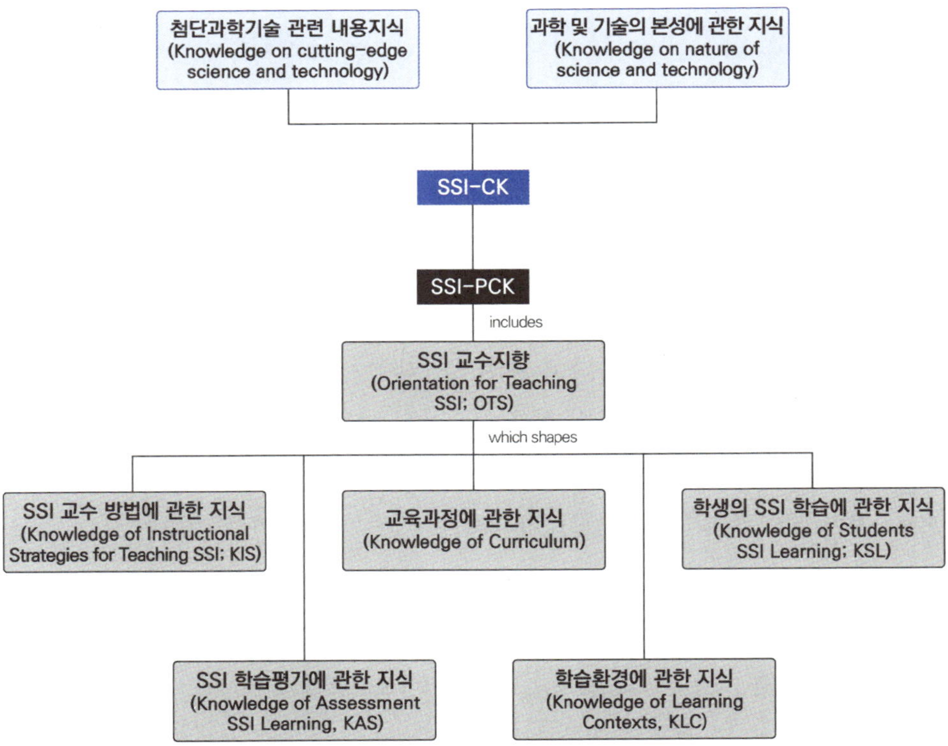

[그림 3-1] SSI 교육을 위해 필요한 지식

출처: 이현주, 2018, p. 199

용지식(Socioscientific Issues Content Knowledge, SSI-CK)과 SSI와 관련된 교과교육학지식(Socioscientific Issues Pedagogical Content Knowledge, SSI-PCK)으로 구분하여 제시하였다([그림 3-1]). SSI-CK에는 첨단 과학기술관련 내용지식과 과학 및 기술의 본성에 관한 지식을, SSI-PCK에는 SSI 교수지향, SSI 교수 방법에 관한 지식, 교육과정에 관한 지식, 학생의 SSI 학습에 관한 지식, SSI 학습 평가에 관한 지식, 학습 환경에 관한 지식의 여섯 가지 요소를 제안하였다. 이는 과학교사에게 요구되는 PCK를 요소별로 제안된 것에 바탕을 둔 것이다(Magnusson et al., 1999; Park & Oliver, 2006).

이현주(2018)가 제안한 SSI-PCK는 총 6가지 요소로 다음과 같이 안내된다. 첫째, SSI 교수지향은 교사가 학생들에게 SSI를 가르치는 목적 및 목표를 의미하는 것으로, 학생 중심 활동, 지식과 고등사고능력, 실생활과의 연결, 과학 및 기술의 본성, 시민역량 및 인성, 사회적 실천의 6가지 하위 요소로 구성된다. 둘째, SSI 교수 방법에 관한 지식은 SSI 수업을 운영하는 데 필요한 교수·학습 방법론적 지식을 의미하며, SSI 수업 설계, 진보적 교수전략, 협력적 수업 환경 조성의 3가지 하위 요소들이 있다. 셋째, 교육과정에 관한 지식은 SSI와 국가 수준의 교육과정과의 연관성에 관한 지식을 의미하며, 과학 교육과정과의 수평적/수직적 연계성, 타교과와의 연계성의 2가지 하위 요소들을 포함한다. 넷째, 학생의 SSI 학습에 관한 지식은 SSI 수업에 참여하는 학생들의 특성 및 학습 과정에 대한 지식으로, SSI 학습 경험, SSI 학습 시 겪는 어려움, SSI 추론의 특성에 관한 지식의 3가지 하위 요소로 구성되어 있다. 다섯째, SSI 학습 평가에 대한 지식은 SSI 수업에서는 어떠한 영역에 평가의 초점을 두어야 하며 어떠한 평가 방법을 적용할 수 있는지에 대한 지식으로, 평가 영역과 평가 방법에 대한 지식으로 구성되어 있다. 마지막으로, 학습 환경에 관한 지식은 SSI 교수를 위한 학습 환경에 관한 지식으로, 교실 환경, 학교 환경과 지역사회 환경의 3가지 하위 요소로 구성된다.

이와 유사하게 Bayram-Jacobs et al.(2019)은 SSI-PCK로 네 가지 하위요소를 제안한다. 학습목표 및 목적에 대한 이해(Knowledge of Goals and Objectives, GO), 학생의 과학에 대한 이해(Knowledge of Students' Understanding of Science, SU),

교수학습 전략(Knowledge of Instructional Strategies, IS), 평가 지식(Knowledge of Assessment, AS)의 네 가지이다. 이들은 요소를 제안한 것에서 나아가 유럽의 중고등학교 과학교사 30명을 대상으로 SSI 수업을 통한 SSI-PCK 발달수준을 파악하고, 구성요소 중 어떠한 요소에서 발전을 보였는지 탐색해 보았다. 교사들은 수업 후 대부분 최소 하나 이상의 PCK 요소가 발달하는 모습을 보였다. 또한 학생의 어려움에 대한 이해를 바탕으로(SU) 그에 맞는 전략을 선택하고(IS) 수업목표와 일치시키는 형태(GO)를 통해 SSI 수업을 진행해 나감으로써 각각의 요소를 잘 연결할수록 더욱 지식이 발달하였음을 보여주었다.

종합해 보면, SSI 교육을 위해서는 학생의 과학 이해에 대한 지식뿐만 아니라, SSI 교수학습 방법이나 교육과정에 대한 이해, 평가에 대한 이해가 필요하며, SSI 교육에 대한 교사의 지향점에 따라 다르게 활용되고 발달된다는 것을 알 수 있다.

3. SSI 교육을 위한 교수학습방법

3.1. SSI 교수학습모형

일반적으로 과학 수업에서 교수학습모형(instructional model)을 사용하는 이유는 단순히 수업의 순서를 제시하기 위함이 아니라, 학습목표와 학습자를 고려하여 보다 효과적으로 수업을 설계하기 위함이다. SSI 교육에서도 마찬가지로 수업의 맥락을 고려하고 목표를 달성할 수 있는 교수학습모형이 제안되어 왔다. 그중에서도 대표적인 SSI 교수학습모형으로는 미국에서 제안된 SSI-TL(Socioscientific Issue Teaching and Learning) 모형, 유럽연합의 SSIBL(Socioscientific Inquiry-Based Learning) 모형, 우리나라의 집단지성 기반 SSI 교수학습모형을 들 수 있다. 이들 모형은 학생들의 과학지식과 맥락에 대한 이해를 바탕으로 단계적인 학습 경험을 제공한다는 특징이 있다. 각각의 교수학습모형에 대해 알아보자.

3.1.1. SSI-TL 교수학습모형

SSI-TL(Socio-scientific Issues Teaching and Learning) 교수학습모형은 의미 있는 SSI 교육을 위해 마련된 것으로(Sadler, 2011; Sadler et al., 2017; Owens & Sadler, 2024), 프로젝트 기반 학습과 사례 기반 학습, 맥락 기반 학습과 같이 학생들에게 실제적인 맥락을 제공하여 의미 있는 경험을 제공한다는 데 특징이 있다. 특히 이 수업모형은 학생들이 SSI에 대해 여러 관점에서 탐색하고 토론하며, 과학적인 근거를 활용하면서도 과학 이외의 다양한 측면을 고려하여 의사결정을 내려야 한다는 점에서 의미가 있다.

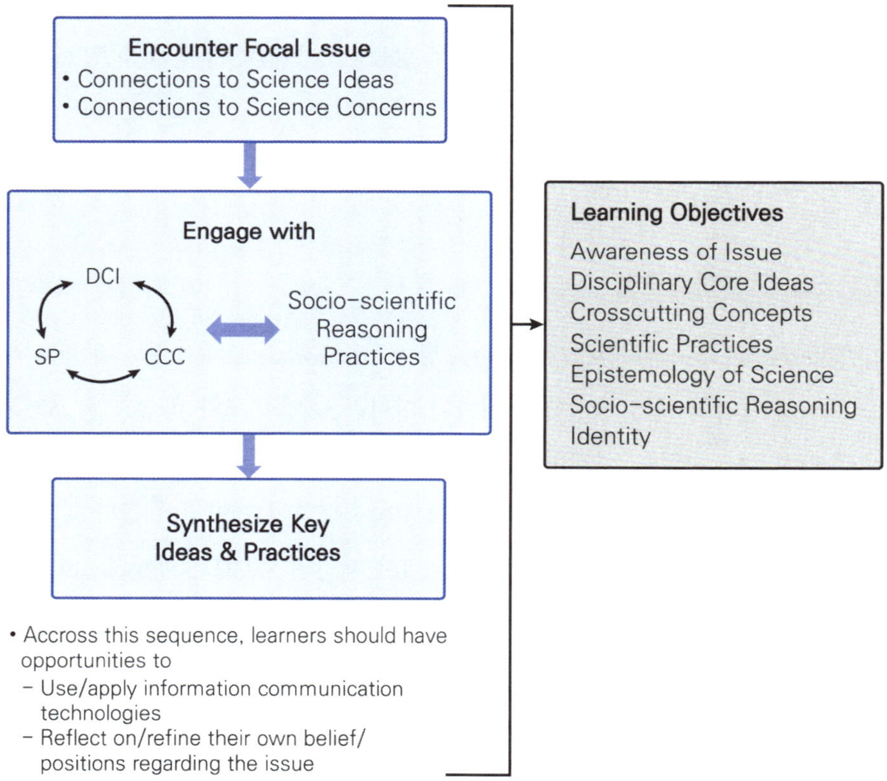

[그림 3-2] SSI-TL 교수학습모형(Sadler et al., 2017, p. 80)

SSI-TL 모형은 크게 (1) 쟁점 소개 및 참여 유도, (2) 과학적 내용 및 사회적 논의 탐구, (3) 정리 및 의사결정의 세 단계로 이루어진다([그림 3-2] 참조). 1단계에서는 학생들이 흥미롭게 생각하는 핵심 쟁점(focal issue)을 접하도록 하여 학습에 대한 맥락을 제공한다. 코로나19나 기후변화, 항생제에 대한 내성 등 실생활에서 살펴볼 수 있는 SSI를 제시하여 학습에 대한 필요성을 안내할 수 있다. 2단계에서는 해당 쟁점을 이해하는 데 필요한 과학개념과 탐구과정을 확인한다. 이 단계에서 학생들은 관련된 과학개념을 학습하고, 모델링(modelling)이나 자료분석, 증거에 기반한 논증 등 과학적 탐구실천(scientific and engineering practices)을 수행하면서 쟁점을 다각도로 탐색한다. 동시에 사회적인 측면에서의 탐구도 이루어진다. 3단계에서는 앞서 학습한 내용을 바탕으로 의사를 결정하거나 행동에 옮기며, 다른 사람들과 공유할 수 있는 산출물을 만들어내기도 한다.

일부 연구에서는 SSI-TL 모형을 5E 모형과 연계하여 수업으로 구성하거나(Owens & Sadler, 2024), 해당 모형에 기초하여 미래와 관련된 I SEE 교육프로그램을 개발하는 등(Branchetti et al., 2018) SSI-TL은 다양한 연구에 영향을 주었다.

3.1.2. SSIBL 교수학습모형

유럽연합에서는 다년간의 프로젝트를 통해 체계적인 SSI 교육을 위해 노력해 왔으며 그 대표적 예로 PARRISE(Promoting Attainment of Responsible Research and Innovation in Science Education) 프로젝트를 들 수 있다. PARRISE에서 책임있는 연구와 혁신(Responsible Research and Innovation, RRI)과 SSI 교육, 탐구기반 과학교육(Inquiry-Based Science Education)을 결합하여 개발한 모형이 바로 SSIBL(Socio-Scientific Inquiry-Based Learning)이다(Amos & Levinson, 2019; Ariza et al., 2021). SSIBL은 3단계로 진행되며, 이 과정에서 학생들은 실생활에서의 과학기술관련 사회쟁점을 질문하고 탐구하며 사회참여와 행동 변화까지 이루게 된다([그림 3-3]).

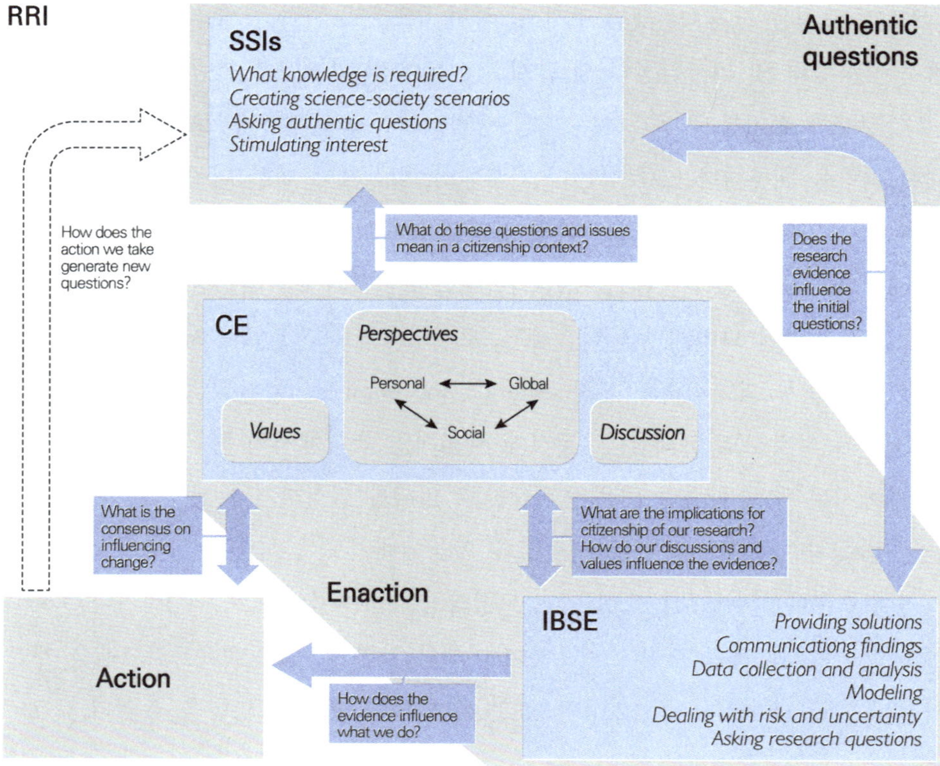

[그림 3-3] SSIBL 모형

출처: Amos et al., 2020

첫 단계(질문하기, Ask)에서는 학생과 교사가 실생활과 연관된 쟁점을 선정하고, 그 안에서 탐구가 필요한 진정한(authentic) 질문을 도출한다. 두 번째 단계(해결방법 찾기, Find out)에서는 학생들이 과학적 탐구 활동과 조사 활동을 통해 질문에 대한 답을 탐색한다. 예를 들어, 학생들은 관련 자료를 수집하고 실험이나 조사로 과학적 근거를 확보하며, 전문가나 지역주민을 인터뷰하거나 다양한 입장을 지닌 사람들을 조사함으로써 쟁점을 다각도로 분석해 본다. 이 단계에서는 과학적 탐구와 사회적 탐구가 통합되어 이루어지며, 위험과 불확실성에 대한 고려, 가치 토의 등이 함께 이루어진다. 세 번째 단계(행동하기, Act)에서는 탐구결과를 바탕으로 의사결정을 내리고 구체적인 실천 행동을 계획하고 실행한다. 학생들은 자신들의 해결방안을 현실 사회에 적용해 보는 활동(예: 기후 행동 캠페인, 관련 기관에 건의문 보내기 등)에 참여함으로써 책임 있는 시민으로서 역량을 기르게 된다. 새로운 쟁점을 인식하거나 문제를 발견함으로써 새로운 탐구가 이루어질 수 있다.

즉, 정리하면 SSIBL은 교사의 실제 수업을 향상시킬 수 있는 도구로써 이용될 수 있으며, 학교 교육과정 외 외부기관과의 협력이 가능하고 학생들이 스스로 흥미를 느끼는 질문을 제시해 보고, 실제 세계에 변화를 만들어갈 수 있도록 한다는 점에서 그 특징이 있다(Levinson et al., 2017).

3.1.3. 집단지성을 활용한 SSI 수업모형

SSI 수업모형은 수업의 목표나 방향성에 따라 달라질 수 있으며, 기존의 다양한 모형들도 함께 활용될 수 있다. 국내에서는 집단지성(Collective Intelligence)의 원리를 기반으로 발산적, 탐색적, 의사결정 모형의 세 가지 수업모형을 제안하였다(이현주 외, 2014, [그림 3-4]).

CI 기반 SSI 수업모형의 유형	수업모형의 목표 및 특성	수업모형
1 **발산적 모형** (Generative Model)	SSI에 대한 의견이나 해결방안을 다양하게 발산하도록 하는 데 초점을 둔 수업모형	a. 아이디어 생성 수업모형 (Idea-generating model) b. 미래 상황 예측 수업모형 (predictive story-generating model)
2 **탐색적 모형** (Exploratory Model)	SSI 실제 사례들이나 이를 둘러싸고 있는 다양한 논점들을 탐색하여 SSI의 복잡성을 이해하는 데 초점을 둔 수업모형	a. 쟁점 탐색 수업모형 (Perspective-exploring model) b. 실제 사례 탐색 수업모형 (Case-exploring model)
3 **의사결정 모형** (Decision-making Model)	의사결정을 합리적으로 하도록 집단의 의견을 수렴하고 조정하는 데 초점을 둔 수업모형	a. 집단적 합의 수업모형 (Consensus-making model) b. 대안 결정 수업모형 (Alternative-making model)

[그림 3-4] 집단지성을 활용한 SSI 수업모형(이현주 외, 2014)

첫째, 발산적 모형은 학생들이 주어진 SSI에 대한 의견이나 해결방안을 다양하게 발산해 보도록 하는 데 초점을 둔 수업모형이다. 즉, 찬반논쟁과 같이 서로 다른 입장을 첨예하게 대립시키거나 하나의 해결방안으로 수렴하는 데 초점을 두기보다 주어진 SSI와 관련된 상황이나 다양한 해결책을 자유롭게 연상해 보는 과정을 경험하도록 하는 데 초점을 둔다. 발산적 모형은 크게 아이디어 생성 수업모형과 미래 상황 예측 수업모형으로 구분되는데, '기후변화에 대한 대책'이라는 주제는 기후변화를 해결하기 위한 다양한 입장을 살펴보고 그 해결책에 대해 다양하게 생각해 보는 것이 더 합당할 수 있다. '나노기술의 미래'와 같은 주제는 이미 우리 생활 속에 나노기술이 스며들어 있기 때문에 나노기술에 대해 찬반입장을 논하는 것보다는 나노기술이 나아가야 할 미래 방향에 대해 생각해 보는 것이 더 효과적이라 할 수 있다. 학생들은 나노기술의 발달로 인한 긍정적인 미래와 부정적인 미래에 대해서 함께 인식하고, 미래의 과학기술발달의 올바른 방향에 대해서 함께 논의할 수 있다.

둘째, 탐색적 모형은 문제를 둘러싸고 있는 다양한 입장들에 대해 탐색하여 SSI의 복잡성을 이해하는 데 초점을 둔 수업모형이다. 실제 사례나 입장을 탐색해 보는 과정은 SSI의 본성을 이해하는 데 도움을 줄 뿐만 아니라, 주어진 SSI가 우리의 삶 속에서 직면할 수 있는 문제임을 느끼게 하여 학생들이 진지하게 SSI 담화에 참여하게 하는 장점이 있다(Zeidler et al., 2005). 그리고 의사결정에 초점을 두지 않기 때문에 학생들이 제한된 시간 내에 의사결정을 함으로써 경험하게 되는 심리적 갈등을 줄일 수 있으며, 개인적으로 주제에 대해 자유롭게 의사를 결정해 볼 수 있는 심적 여유를 제공할 수 있다. 탐색적 모형은 쟁점 탐색 수업모형과 실제 수업 탐색 수업모형으로 구분되며, 배아줄기세포 연구와 같이 찬반논쟁이 명확하고 여러 입장이 연관되어 있는 경우에 더욱 적합하다.

셋째, 의사결정 모형은 주어진 SSI에 대해 다양한 입장을 이해하고 가장 합리적으로 집단의 의사결정을 하도록 의견을 수렴하고 조정하는 데 초점을 둔 수업모형이다. 집단적 합의 수업모형과 대안 결정 수업모형으로 구분된다. 즉, 과학기술이 지닌 다양한 측면에 대한 여러 입장들을 조율하여 집단의 입장을 결정하거나, 이미 우리 생활에서 필수불가결하게 사용되고 있는 과학기술이어서 찬반논쟁보다는 새로운 대안을 마련해 보는 방향으로 의사결정을 해보는 데 의의가 있다. 의사결정 모형의 장점은 첫째, 의사결정을 내리는 과정에서 서로 다른 의견을 수렴하고 조정해 나가는 과정, 다양성에 대한 수용능력 등을 학습할 수 있다. 둘째, 다양한 가치관 사이에서 의사결정을 하도록 촉진하기 때문에 윤리적 갈등을 경험해 볼 수 있다. 셋째, 의사결정 과정을 통해 문제 해결을 위한 실천의지를 함양할 수 있다.

3.2. SSI 교수학습전략

교사들은 본인이 어떠한 수업을 지향하고 어떠한 교육관을 지니고 있느냐에 따라 SSI 수업의 방향과 교수학습전략을 활용하는 것으로 알려져 있다(Lee & Chang, 2010; Lee & Witz, 2009; Reis & Galvao, 2004). 일부 교사들은 학생들이 서로 다른 입장을 고려하여 합리적인 의사결정을 하는 것 또는 그 합의를 해나가는 과정을 중요시하는 경우가 있는 반면, 학생들이 다양한 관점들에 대해 노출되는 것만으로도 충분한 교육적 목적이 있다고 인식하기도 한다.

이처럼 교사들은 방향성에 따라 서로 다른 전략을 활용하지만, SSI 수업에서 빈번하게 활용되는 교수학습전략은 크게 토의·토론 활동, 표현 중심 활동, 탐구 설계 및 수행, 실천중심 활동으로 나누어 생각해 볼 수 있다([그림 3-5]).

[그림 3-5] SSI 수업에 활용할 수 있는 교수학습전략

먼저, 토의·토론은 쟁점을 둘러싼 찬반 의견이나 다양한 시각을 교실에서 토론하게 함으로써 학생들이 자신의 입장을 표명하고 상호 소통하도록 하는 전략이다. 아마 우리나라뿐만 아니라 세계적으로 SSI 수업을 위해 가장 빈번하게 활용되는 교수학습전략일 것이다. 다만 동일한 쟁점을 선택한다고 해서 토의토론이 항상 같은 방향으로 나아가는 것은 아니다. '원자력 발전소의 안전성'이라는 동일한 쟁점이라 하더라도, '노후화된 원전을 폐기할 것인지', 또는 '방사능 폐기물을 어떻게 처리할 것인지'라는 토의 주제에 따라 방향성이 달라질 수 있다. 소집단 토론과

전체 학급 토론이라는 큰 틀 이외에도 신호등 토론, 패널토의, 육각모자 토의 등 다양한 방법이 존재하므로, 토의·토론 주제와 목표에 맞게 방법을 마련할 필요가 있다.

표현 중심 활동으로는 영상을 제작하거나 글쓰기, 포스터 제작하기, 역할극 등을 들 수 있다. 멸종위기동물과 관련하여 생물다양성을 학습한 학생들은 포스터를 제작하면서 그 심각성을 인식하고 다른 사람들에게 중요성을 안내할 수 있다. 뿐만 아니라 역할극을 통해서도 쟁점과 관련된 이해관계자를 이해하고 각 입장이 아주 복잡하게 연결되어 있음을 인식할 수 있다. 북한산에 케이블카를 설치하는 문제에 대한 역할극을 진행하는 동안 학생들은 동물의 입장, 환경운동가의 입장, 다리가 아픈 노약자의 입장 등 다양한 사람들의 의견을 고려해 보면서, 자연스럽게 다른 관점을 경험하고 감정적으로 이입할 수 있게 된다.

탐구를 설계하고 수행하는 수업도 효과적으로 진행해 볼 수 있다. 지역별 실시간 미세먼지 농도를 이용하여 데이터를 수집하고 이를 시간별, 계절별로 비교해 봄으로써 우리 지역의 미세먼지 농도가 얼마나 심각하며, 이를 줄이기 위해 어떤 노력이 필요한지 생각해 볼 수 있다. 뒤에서 살펴볼 기후변화 역시 방대한 양의 데이터를 기반으로 해볼 수 있는 데이터 기반 탐구이다.

실천 활동으로는 캠페인, 설문조사, 모의 회의, 지역사회 봉사 등을 들 수 있다. 생리대 속 화학접착제가 여성의 건강뿐만 아니라 환경에 심각한 영향을 주고 있음을 알게 된 학생들은 생리대 속 화학접착제에 대해 알리는 홍보물을 부착하고 캠페인을 벌였을 뿐만 아니라, 중학생들을 대상으로 교육봉사를 진행함으로써 화학접착제 문제의 심각성을 안내하는 봉사를 진행하기도 하였다.[1] 이러한 실천 활동을 통해 책임감 있는 시민으로 자라날 수 있도록 도움을 줄 수 있다.

3.3. SSI 수업설계와 실행

SSI 수업을 구성하기 위해서는 쟁점 설정부터 평가까지 여러 단계에서 의사결정

1) 자세한 내용은 ENACT 프로젝트 도서(이현주 외, 2022)에서 확인할 수 있다.

이 필요하다. 먼저, SSI 수업을 위한 가장 첫 단계는 [1. SSI 문제 상황 설정 및 구체화]이다. 학생들에게 단순히 주제 하나를 던져주고 "이야기해 봐!"라고 한다면 똑똑한 학생도 쉽사리 답하기 어렵다. 이를 위해 교사가 가장 먼저 해야 할 것은 교육과정과 연계되면서도 학생들의 삶과 밀접하게 닿아있어 충분히 생각해 볼 수 있을만한 과학기술관련 사회쟁점을 선정하는 것이다. 과학기술과 사회가 서로 연결되어 있고 영향을 주고받는다는 것을 잘 드러내는 주제인지, 학생들이 손쉽게 생각해 볼 수 있는 문제인지, 교육과정과 연계되는지 등을 생각해 보고 선정할 필요가 있다. SSI를 선정한 후에는 상황의 범위를 구체화하는 것이 필요하다.

두 번째 단계는 [2. 수업목표 설정]이다. 교육과정과 연계가 되면서도 SSI 수업을 통해 이루고 싶은 학습목표를 제시하는 단계이다. 기존의 과학수업에서는 인지, 탐구, 정의, STS적 목표를 서술하는 것과 달리, SSI 수업에서는 다양한 역량이나 인성과 같은 부분을 서술해 볼 수 있다.

[3. 수업모형 선택 및 활동/전략 계획]에서는 교수학습모형을 선택하거나 다양한 활동, 전략을 구체화해 본다. 이와 관련된 설명은 앞에서 설명한 수업모형과 활동, 전략 등을 이용하여 설계해 볼 수 있다. 예를 들면, 토의토론을 하더라도 찬반 토론을 진행할 것인지, 또는 모둠에서 최선의 안을 마련하도록 할 것인지에 대해 결정할 수 있다.

마지막으로 [4. 평가 계획]은 수업의 목표를 달성했는지 파악하는 것으로, 교과내용에 대한 지식을 판단하는 평가도 될 수 있겠지만, SSI 수업에서는 과정에 대한 평가와 산출물에 대한 평가를 함께 진행하는 경우가 많다. 학생들이 얼마나 토의토론에 적극적으로 참여했는지, 학생들이 작성한 주장과 근거가 타당했는지, 제작한 포스터나 실천 방안이 얼마나 참신하고 의미 있었는지 등을 평가해 볼 수 있다.

SSI 수업의 예시로 '인공지능을 이용한 기후변화 예측하기'를 소개해 보고자 한다(〈표 3-1〉). SSI 수업을 진행할 수 있는 다양한 사례들이 있지만, 최근 주목받고 있는 데이터 기반 탐구와 연계할 수 있는 대표적인 사례라 생각된다. 해당 수업은 준비하기, 실행하기, 평가하기의 세 단계로 구성되며, 인공지능의 특징과 SSI 교육에서 강조되는 인성적 측면을 함께 고려하여 요인 탐색, 데이터 수집, 데이터 가공 및 시각화, 변인 관계 확인, 예측 모델링, 모델 정확성 점검, 모델에 근거한 실천의 일곱 단계로 구성된다.

〈표 3-1〉 기후변화 예측모델 만들기

단계		내용
단계1 준비하기	요인 탐색	• 기후변화에 영향을 주는 기상 · 기후 변인을 탐색 및 선정함
	데이터 수집	• 공공데이터 포털을 이용하여 선정한 기상 · 기후 데이터를 수집함 (예: 기상자료 개방포털, 기후정보포털)
	데이터 가공 및 시각화	• 기후요소(기온, 합계일사량, 메테인, 이산화탄소) 데이터를 수집하여 결측치와 이상치를 발견 및 처리함
단계2 실행하기	변인 관계 확인	• 선정한 변인과 미래 기온의 상관계수를 확인하여, 해당 변인이 기온변화에 미치는 영향을 판단함
	예측 모델링	• 기상 · 기후 데이터와 기후변화 시나리오를 인공지능에 학습시켜 우리나라 기온을 예측하는 모델을 제작함 • 기온의 증가 추이를 확인하여 기후변화의 심각성을 체감함
단계3 평가하기	모델 정확성 점검	• 본인이 제작한 인공지능 예측 모델과 실제 과학자들이 예상한 기온변화(기상청 RCP)를 비교하여 모델의 정확성을 점검하고 예측 모델의 적합성을 판단함
	모델에 근거한 실천	• 예측 결과를 바탕으로 기후위기에 대응할 수 있는 방안을 마련함

Note.: 데이터,: 인식,: 표현 및 추론,: 학습,: 자연스러운 상호작용,: 사회적 영향

[요인 탐색] 단계는 기후변화에 영향을 미칠 수 있는 다양한 변인들을 탐색해 보고, 기후변화 예측에 이용할 변인들을 선정하는 단계이다. 기후변화 예측을 확인할 수 있는 '기온'에 영향을 줄 수 있는 다양한 기상, 기후 변인들을 탐색해 보고, 그중에서 나만의 기후변화 예측모델에 포함될 주요 변인들을 3~4개가량 선정한다. [데이터 수집] 단계는 [요인 탐색] 단계에서 선정한 기상 · 기후학적 변인에 해당하

는 데이터를 수집하는 단계이다. 공공데이터를 제공하는 주요 웹사이트에서 원하는 기상·기후 데이터를 다운로드 받아 이용하게 된다. 수집한 데이터를 살펴보면 결측치나 이상치와 같이, 데이터 분석에 이용할 수 없는 데이터가 있다. 이러한 부분을 발견하고 처리하여 데이터 추이를 살펴보는 단계가 [데이터 가공 및 시각화] 단계이다.

인공지능 실행을 위한 준비가 끝났다면, 선정한 변인과 종속변수인 미래 기온의 관계를 살펴보는 [변인 관계 확인] 단계로 이어진다. 본인이 선정한 변인이 미래 기온을 잘 예측할 수 있을지 판단하기 위한 사전 단계로, 만약 이 단계에서 선정 변인이 현재 기온과 상관관계가 높지 않다면 다른 변인을 선정해야 한다. 이후에는 [예측 모델링] 단계를 통해, 기상·기후 데이터와 기후변화 시나리오를 인공지능에 학습시켜 우리나라 미래 기온을 예측하는 모델을 제작한다. 오렌지 플랫폼을 이용하여 모델링을 실시하고, 이를 통해 미래 기온이 어느 정도 증가하는지를 실제 눈으로 확인함으로써 기후변화의 심각성을 체감해 본다.

인공지능 실행 후에는 평가하는 단계로 진행된다. [모델의 정확성 점검] 단계에서는 본인이 제작한 인공지능 예측모델과 실제 과학자들이 슈퍼컴퓨터와 다양한 변인들로 예상한 기온예측 정도를 비교하여 나만의 모델의 정확성을 점검해 본다. 이를 통해 모델의 적합성을 높일 수 있는 방법을 생각해 본다. 이후에는 인공지능 모델에 근거하여 기후변화에 대응하는 방안을 마련하고 실천에 옮겨보는 [실천] 단계로 나아간다.

3.4. 국내외 SSI 교육 사례

최근에는 SSI 주제에 대한 토의토론이나 자료조사를 넘어, 참여와 실천을 강조한 교육프로그램이 증가하고 있다. 국내외에서 개발 및 운영된 SSI 교육프로그램을 살펴보면서 앞으로 나아갈 SSI 교육의 방향에 대해 논해보고자 한다.

3.4.1. ENACT 프로젝트

ENACT 프로젝트는 첨단 과학기술과 관련한 사회쟁점(SSI)에 관심을 갖고 쟁점 해결에 참여해 보는 경험을 통해 함께 지속가능한 사회를 만들어나가기 위한 역량과 사회적 책임감을 함양하는 교육프로그램이다(이현주 외, 2020, 2022). 특히 해당 프로젝트는 이공계 전문가가 될 이공계 대학생이나 중·고등학생들을 대상으로 진행하는 프로그램으로, SSI 교육과 문제해결학습을 연결하여 책임감 있는 시민으로 나아가도록 안내하는 데 목적이 있다. 이때 ENACT라는 단어는 ENACT 모형의 다섯 단계를 지칭하는 영어 단어의 첫 글자를 따서 만든 것으로, 단어 뜻과 같이 지속가능한 사회를 위한 "책임감 있는 실천"을 강조한다는 뜻을 담고 있다.

해당 모형은 단계뿐만 아니라 두 개의 Cycle을 포함한다. Cycle I은 과학기술의 본성을 이해하도록 하는 과정이며, Cycle II는 쟁점해결의 실행을 강조하고 있다. 즉, 과학기술로 인한 쟁점들을 해결하기 위해서는 과학기술의 본성에 대한 이해가 필요하며, 이러한 이해를 바탕으로 쟁점해결과정을 수행할 때 사회적 실천으로까지 이어질 수 있다는 것을 가정하고 있다. 두 Cycle은 '이해'와 '실행'이 밀접하게 연계되고 반복될 수 있도록 양방향으로 연결된 형태로 표현된다([그림 3-6]).

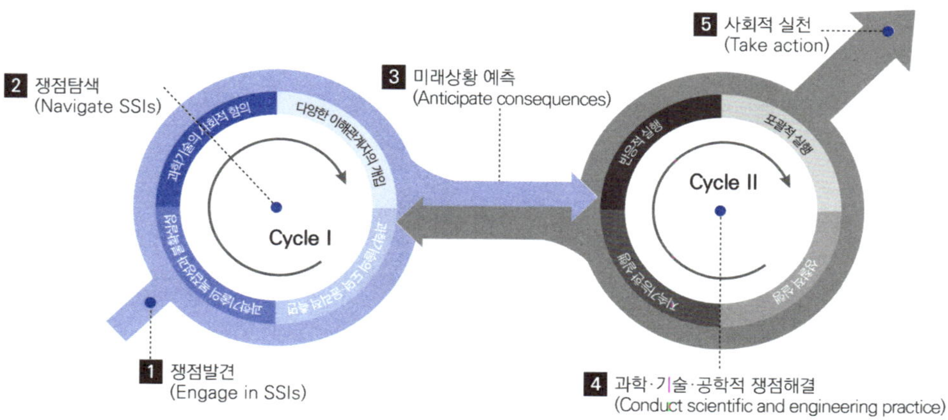

[그림 3-6] ENACT 프로젝트 모형

ENACT 프로젝트는 [그림 3-6]에서 제시한 바와 같이 쟁점발견(Engage in SSIs),

쟁점탐색(Navigate SSIs), 미래상황 예측(Anticipate consequences), 과학 · 기술 · 공학적 쟁점해결(Conduct scientific and engineering practice), 사회적 실천(Take action)의 5단계로 구성된다. 1단계 쟁점탐색 단계에서는 인터넷 검색을 통해 쟁점이 될 만한 과학기술을 선정하거나 과학기술로 인한 사회쟁점을 선정하며, 2단계 쟁점탐색에서는 SSI의 복잡성과 불확실성을 효과적으로 이해하도록 하기 위해 이해관계자 지도를 교수 전략으로 활용한다. 이를 통해 쟁점을 둘러싼 다양한 이해관계자와 그 영향력, 관련성을 파악할 수 있다. 3단계에서는 퓨처스 휠과 미래 시나리오 기법을 이용하여 문제가 그대로 진행되었을 때의 미래와 바람직하게 해결되었을 때의 미래를 예상해 본다. 4단계에서는 문제해결을 하기 위해 적용할 수 있는 자연과학적 방법, 공학적 방법, 데이터 분석방법 등을 소개하고, 본인의 주제에 맞는 방법을 선택해 효과적으로 해결할 수 있도록 안내한다. 마지막 5단계에서는 학생들이 마련한 쟁점해결방안을 실천에 옮겨보고 수행해 봄으로써, 쟁점에 대한 이해를 바탕으로 문제를 해결하고 참여와 실천을 통해 책임감을 지닐 수 있도록 안내한다.

다음은 노이즈 캔슬링의 안전을 주제로 ENACT 프로젝트를 진행한 하나의 사례이다. 관심 있는 독자들은 읽어보기 바란다.

예시) 노이즈 캔슬링, 안전한가?(이현주 외, 2022에서 발췌)

노이즈 캔슬링은 외부에서 발생하는 소음을 상쇄하거나 감소시켜 필요한 소리만 더 잘 들을 수 있도록 하는 기술이다. 최근 여러 기업에서 노이즈 캔슬링 기능을 탑재한 이어폰을 출시해서 인기를 끌고 있다. 주변을 둘러보면 무선 노이즈 캔슬링 이어폰을 끼고 다니는 사람들을 쉽게 찾을 수 있다. 외부 소음을 감지한 후 소음과 반대되는 파형을 발생시켜 상쇄시키는 액티브 노이즈 캔슬링 기술은 전투기 조종사들이 엔진 소음 속에서도 원활하게 소통할 수 있도록 군사용 목적으로 개발된 것으로, 이어폰뿐만 아니라 다양한 목적으로도 사용되고 있다.

그런데 이어폰이 외부 소음을 차단해 주는 것이 좋은 측면만 있는 것은 아니다. 만약 이어폰이 차단하는 외부 소음에 내가 사고를 피하기 위해 반드시 들어야 하는 소리도 포함되어 있다면? 예를 들어, 노이즈 캔슬링 이어폰을 끼고 음악을 들으며 걷고 있을 때, 내 뒤로 경적을 울리며 달려오는 자전거 소리를 듣지 못하게 될 수도 있다. 자전거 경적뿐만 아니라 자동차나 오토바이 소음, 그 외로 사고를 예측할 수 있는 소음들은 모두 노이즈 캔슬링 기술 앞에서 상쇄되어 버린다. 실제로 이와 관련된 사고들이 빈번히 일어나고 있다. 이 모둠은 노이즈 캔슬링 기술이 야기할 수 있는 안전문제에 관심을 갖고 다음과 같이 ENACT 프로젝트를 진행하였다.

[1단계] 쟁점 발견

최근 노이즈 캔슬링 기술을 이용한 무선 이어폰 사용자가 급증하고 있다. 다소 비싼 가격이긴 하지만, 외부 소음을 줄여 필요한 소리에만 집중하게 해주는 편리함 때문에 모둠원들도 모두 노이즈 캔슬링 기능이 있는 이어폰을 즐겨 사용하고 있다. 이들은 노이즈 캔슬링 이어폰이 안전을 위협할 수 있다는 보도를 본 경험을 이야기하기 시작했다. 모두 한두 번은 이어폰을 끼고 걷다 자전거나 오토바이 소리를 듣지 못해 깜짝 놀랐던 경험이 있었다.

모둠원들은 노이즈 캔슬링 이어폰에 대해 검색하던 중 안타까운 기사 하나를 발견했다. 미국의 한 지역에서 이어폰을 낀 채 공원을 뛰던 여성이 외부 소음을 듣지 못해 쓰러지는 나무를 피하지 못하고 목숨을 잃는 사고가 발생했던 것이다. 기사에는 보행 시 노이즈 캔슬링 기술 사용이 사고 위험을 높일 수 있기 때문에 주의를 당부하는 전문가의 의견도 제시되어 있었다.

모둠원들은 노이즈 캔슬링 기술이 우리 생활에 유용하고 필요한 기술이지만, 이로 인한 문제도 존재하는 양면성을 가지고 있다는 점에 주목했다. 그리고 소음 차단이라는 노이즈 캔슬링의 순기능 뒤에 숨겨진 위험성을 이어폰을 사용하는 대중들에게 알릴 필요가 있다고 생각했다. 그래서 듣지 못하면 다치거나 사망할 위험이 있어 꼭 인식해야 하는 소음을 '필수 위험 소음'이라 부르기로 하고, 보행 시 노이즈 캔슬링에 의해 이러한 필수 위험 소음이 차단되는 문제를 쟁점으로 선정했다.

[2단계] 쟁점 탐색

노이즈 캔슬링 기술이라는 쟁점과 관련된 이해관계자들을 떠올려보았다. 기술을 이용하는 사용자, 이어폰 등을 생산하는 제조업체와 판매업체, 기술 개발자, 정부 등을 가장 먼저 생각해 볼 수 있었다. 좀 더 구체적으로 사용자에도 음악 등을 듣기 위해 노이즈 캔슬링 이어폰을 사용하는 사람도 있지만, 고소음 환경에서 장시간 업무를 수행해야 하기 때문에 착용하는 노동자들도 생각해 볼 수 있었다. 또한 직접적으로 기술은 사용하지 않지만, 이어폰을 착용하고 보행하는 사람들을 피해 지나다녀야 하는 보행자나 운전자도 해당될 수 있을 거라고 생각했다.

관련된 이해관계자들을 적은 후 다양한 종류의 선을 사용하여 각 이해관계자 사이의 관계를 구분해 보았다. 파란색 굵은 선으로는 주요 이해관계자를 표시하고, 하늘색으로 간접적인 관계 또한 표현했다. 이들은 이해관계자 지도를 그리면서 대중과 정부, 기업이 서로 영향을 주고받는 복잡한 관계에 놓여있다는 것을 확인할 수 있었다.

다양한 이해관계자들 사이에서 모둠원들이 특히 주목한 이해관계자는 사용자였다. 이해관계자 지도에서 사용자와 연결된 선이 가장 많다는 것을 확인할 수 있었고, 이는 노이즈 캔슬링 기술 사용자가 가장 큰 위험에 처할 수 있다는 것을 의미했다. 모둠원들은 노이즈 캔슬링을 사용하는 사람들과 사용할 사람들에게 해당 과학 기술의 위험성을 알리는 것이 필요하다는 생각이 들기 시작했다.

[3단계] 미래상황 예측

노이즈 캔슬링 기술에 대한 사용이 지금처럼 계속 급증한다면 어떤 상황이 될까? 모둠원들은 퓨처스 휠을 그리면서 다양한 미래 상황을 예측해 보았다. 전자파에 대한 노출, 청력 관련 질병 증가, 물리적 충돌 사고 증가로 인한 인명피해 등이 1차적으로 예측해 볼 수 있는 미래 상황이었다. 2차적으로는 노이즈 캔슬링 습관화로 인한 외부 위험 감지 능력이 감소하고, 이러한 상황은 사회 전반적으로 건강하고 안전한 생활을 영위하는 데 방해요인이 될 수 있을 것으로 생각되었다.

부정적인 미래상황만 있는 것은 아니었다. 노이즈 캔슬링 기술 사용이 많은 소음에 노출되어 있는 현대인들의 피로를 줄여줄 수 있는 효과도 있었다. 바쁜 생활과 번잡한 환경 속에서도 소음을 듣지 않을 수 있는 선택의 자유가 생기고 자신만의 편안한 공간을 만들 수 있게 되는 미래도 예측해 볼 수 있었다.

모둠원들은 퓨처스 휠을 바탕으로 미래 상황에 대한 시나리오도 작성해 보았다. 아무런 개선 노력 없이 계속 노이즈 캔슬링을 사용하면 다가올 수 있는 미래와 현재의 쟁점이 바람직하게 개선되었을 때 예상되는 미래는 어떻게 다를까? 모둠원들은 노이즈 캔슬링 기술로 인한 문제를 해결하기 위해 가장 먼저 해볼 수 있는 것은 사람들에게 노이즈 캔슬링 기술이 필수 위험 소음까지 차단시켜 안전에 위협을 줄 수 있다는 사실을 알려주는 것이라는 결론에 이르렀다.

[4단계] 과학 · 기술 · 공학적 쟁점해결

사람들에게 노이즈 캔슬링 기술이 가져올 수 있는 위험을 어떻게 알려줄 수 있을까? 모둠원들은 여러 가지 방법을 생각해 봤다. 그중에서도 가장 효과적인 방법은 실제로 노이즈 캔슬링 이어폰을 착용했을 때 필수 위험 소음이 얼마나 차단되는지를 느껴보도록 하는 것이라고 생각했다.

모둠원들은 노이즈 캔슬링 사용 시 필수 위험 소음이 어느 정도 차단될 수 있는지를 테스트해 보기로 했다. 소음의 크기(데시벨)별로 어느 정도 차단되는지에 대한 정보는 논문이나 인터넷 검색을 통해 찾을 수 있었다. 하지만 중요한 것은 소음이 어느 정도 차단되는가가 아니라, 노이즈 캔슬링 기능의 유무에 따라 실제로 사람들이 어느 정도의 소음을 인식하게 되고, 그것이 방어 행동과 연결될 수 있는지가 궁금했다.

먼저 노이즈 캔슬링 기능이 있는 이어폰을 끼고 주변 소음들을 얼마나 들을 수 있는지 스스로 테스트해 보았다. 이어폰에서 노이즈 캔슬링 기능을 켰을 때 80db 미만의 소음들(예: 자전거가 지나가는 소리, 반려견 짖는 소리, 사람들의 대화소리, 전동 킥보드 소리)은 거의 들리지 않았다. 노이즈 캔슬링 기능을 사용해 음악을 듣는 경우에는 80db 이상의 소음들(예: 자동차 경적 소리, 자동차가 지나가는 소리, 오토바이 소리, 자전거 벨소리)까지 크게 차단되는 것을 경험할 수 있었다.

간단한 테스트만으로도 노이즈 캔슬링 이어폰을 사용했을 때 외부 소음을 듣지 못하고 사고가 일어날 확률이 높아질 수 있다는 것을 직감할 수 있었다.

모둠원들은 이 결과를 사람들에게 효과적으로 알릴 수 있는 방법을 생각해 보았다. 실험 콘텐츠를 제작해서 누구든지 쉽게 노이즈 캔슬링의 위험을 느껴볼 수 있도록 하고 싶었다. 이를 위해 '생존 확률'이라는 개념을 만들었다. 즉, 필수 위험 소음을 얼마나 잘 인식하는지에 따라 생존 확률이 달라지는 것이다. 이 생존 확률은 실제 위험 상황에서의 생존 확률과 상이하다. 정확한 계산보다는 시민들의 경각심을 유발하여 안전한 사용습관을 갖도록 하는 것이 주된 목적이었다.

누구나 쉽게 실험을 진행할 수 있도록 실험 과정을 간소화했다. 실험에 사용되는 필수 위험 소음은 3가지(사람들의 대화 소리, 오토바이 소리, 자동차 경적 소리), 소음을 듣는 거리는 2가지(2.5m, 5.0m)로 축소하여 총 실험 횟수는 6번, 전체 실험 소요 시간은 15분이 될 수 있도록 조정했다. 실험 참여자는 각 실험마다 소음 인식 정도를 0, 1, 2 중 하나를 선택하여 기록해야 한다. 실험이 끝나면 '생존 확률 도출' 버튼을 누르고 자신의 생존 확률이 무엇인지 확인할 수 있도록 했다.

[5단계] 사회적 실천

모둠원들은 개발한 실험 콘텐츠를 많은 사람들이 활용해 보고 노이즈 캔슬링이 필수 위험 소음을 얼마나 차단하는지 직접 느껴보며 해당 기술에 대한 경각심을 갖기를 원했다. 그래서 온라인으로 스스로 실험해 볼 수 있는 온라인 콘텐츠를 만들어 SNS를 통해 공유했다. 사용자가 쉽게 따라 할 수 있도록 가이드북도 만들었다. 참여한 사람들은 자신의 생존 확률을 캡쳐해서 SNS에 업로드하는 해시태그 챌린지를 진행하였다. 참여자들의 생존 확률은 다양하게 나왔지만 생존 확률 50% 미만이 약 62%로, 대체적으로 필수 위험 소음을 잘 인식하지 못한다는 것을 확인할 수 있었다.

참여자들을 대상으로 설문조사도 실시해 보았다. 실험 참여자들은 모두 실험 참여 후 노이즈 캔슬링 기술의 위험성을 인지하게 되었다고 답했다. 앞으로 노이즈 캔슬링 사용 빈도를 줄이겠다는 참여자들도 많았다. 또한 해당 상품 사용 설명서에 주의 문구를 추가하는 것에도 동의했다.

ENACT 프로젝트를 통해 학생들은 현대 사회에서 드러나는 과학기술의 본성을 이해하게 될 뿐만 아니라, 자신의 전문지식과 기술을 활용하고 다양한 이해관계자와 소통하면서 문제를 해결해 보는 기회를 갖게 된다. 그리고 본인이 제시한 해결 방안을 지역사회와 공유하고 실천해 보는 기회를 통해 미래 과학기술자로서의 사회적 역할에 대한 인식을 높이게 되었다고 보고된다(고연주 외, 2022; 이현주 외, 2022; 최유현 외, 2021; Hwang et al., 2023). 종합하면, ENACT 프로젝트를 통해 삶 속에서 직면하는 다양한 쟁점들을 탐색해 보면서 쟁점에 대한 이해를 높일 뿐만 아니라 시민으로서 쟁점을 해결하기 위한 방안들을 함께 제안하고 실천해 보는 경험을 하게 된다.

3.4.2. 국외: I SEE, 그리고 STEPWISE

I SEE(Inclusive STEM Education to Enhance the capacity to aspire and imagine future careers)는 과학교육과 미래학을 연계하여 STEM 분야로 진로를 모색하는 학생들에게 과학기술로 인한 미래를 상상하고 예측해 보는 기회를 제공함으로써 사회적 책임감을 함양하도록 하는 교육프로그램으로, 영국, 이탈리아, 핀란드 등에 활발하게 적용되었다(Levrini et al., 2019, 2021; Tasquier, Branchetti, & Levrini, 2019). 이와 유사하게 스웨덴에서는 RISKEDU를 통해 고등학생들이 원자력 발전, 방사선, 무선 통신, 생명공학 등의 분야에서 현대 기술이 가져올 수 있는 위협과 사회적 문제를 과학적 정보에 입각하여 분석 및 평가하고, 의사결정할 수 있는 역량을 개발하는 교육프로그램을 제공하고 있다(Schenk et al., 2019; Wojcik et al., 2019).

캐나다 역시 STEPWISE(Science & Technology Education Promoting Wellbeing for Individuals, Societies & Environments) 프로그램을 통해 과학기술에 내재된 자본주의 논리, 이해관계자 간의 불합리한 관계성 등을 강조하면서 SSI를 통해 과학기술의 본성을 이해하도록 하는 교육을 진행해 왔다(Bencze, 2017). 이상 제시된 SSI 관련 프로젝트는 각 프로젝트마다 차별화된 특징을 지니고 있지만, 모두 공통적으로 학생들이 과학기술과 관련된 쟁점이나 위험, 사회적 불합리성 등에 대해 이해하고, 사회가 직면한 SSI를 과학적 방법을 통해 해결할 수 있는 역량을 기르는 데 초점을 두고 있다.

4. 나가며

그동안 많은 학자들은 미래 세대를 살아갈 시민으로서 갖추어야 할 과학적 소양에 대해 끊임없이 논의해 왔으며, 최근에는 과학적 소양에 대한 정의가 점차 변화되고 확장되어 가고 있다. 기존에는 과학개념과 과정에 대한 학습을 중요시하는 과학적 소양 Vision I과 과학, 기술, 사회의 맥락과 과학의 활용을 강조하는 Vision

II가 주를 이루었다(Roberts, 2007). 최근에는 과학기술이 발달함에 따라 다양한 쟁점이 부각되고 그에 따른 참여가 필요해지면서 널리 알려져 온 과학적 소양의 Vision I과 II를 넘어, 비판적 과학교육, 즉 실천에 옮길 수 있는 과학교육을 의미하는 Vision III가 강조되는 상황이다. Sjostrom과 Eilks(2018)는 독일 교육에서의 Bildung이라는 개념에 근거하여 학생들이 사회·문화·정치·환경적 문제에 대한 실제적이고 민주적인 과학적 참여를 할 수 있어야 한다고 주장하였으며, 이와 유사하게 Santos(2009) 역시 이론과 실천이 서로 맞물려 이루어져야 한다는 프레이리(Freire) 이론에 영향을 받아 사회정치적 실천과 행동으로 나아갈 수 있는 과학교육을 주장한 바 있다. 이러한 과학적 소양의 변화를 고려해 볼 때, 앞서 살펴본 ENACT 프로젝트와 I SEE, STEPWISE 모두 Vision III의 과학적 소양에 근거한 교육프로그램이라 볼 수 있다.

그러나 참여와 실천을 강조하는 SSI 교육을 위해서는 단순히 교육프로그램을 개발하고 운영하는 것만으로는 쉽지 않다. 교사뿐만 아니라 학교 분위기, 나아가서는 사회적인 제도 등 이러한 변화를 받아들일 수 있는 장이 마련될 필요가 있다. 다행히 과학교육과정과 관련된 문서를 통해 조금씩 변화되고 있다. 2019년 개발된 미래세대 과학교육표준(Korean Science Education Standards, KSES)을 통해 "과학 관련 역량과 지식을 지니고 개인과 사회의 문제해결에 민주시민으로서 참여하고 실천하는 태도와 능력"으로 과학적 소양을 정의하면서 주요 차원으로 "참여와 실천"이 강조되었다(송진웅 외, 2019). 또한 2022 개정 과학과 교육과정에도 해당 내용이 그대로 반영되어, 우리나라 학생들이 갖추어야 할 과학적 소양으로 "참여와 실천"이 상당히 강조되었다. 과학 공동체에 참여하거나 과학리더십을 발휘하고 안전사회에 기여하는 것, 과학문화를 향유하는 참여적 측면뿐만 아니라, 과학기술로 인해 펼쳐지는 문제들에 대한 관심과 이를 적극적으로 실천에 옮기고 대응하려는 움직임을 포함한다고 볼 수 있다. 교육과정의 개편에서 나아가 보다 변화를 만들어낼 수 있기를 기대한다.

참고문헌

고연주, 이현주(2017). 과학관련 사회쟁점을 활용한 대학생 인성교육의 효과: 개인-집단중심성향에 따른 비교. 한국과학교육학회지, 37(3), 395-405.

고연주, 최윤희, 이현주(2022). ENACT 프로그램 참여를 통한 중・고등학생의 과학기술자의 사회적 책임에 대한 인식 및 과학기술 관련 사회쟁점에 대한 태도 탐색. 교과교육학연구, 26(6), 556-572.

김가형, 이현주(2017). 지역사회연계 미세먼지 교육프로그램이 중학생들의 이슈에 대한 이해와 시민으로서의 인성과 가치관 함양에 미치는 효과. 한국과학교육학회지, 37(6), 911-920.

송진웅, 강석진, 곽영순, 김동건, 김수환, 나지연, 도종훈, 민병곤, 박성춘, 배성문, 손연아, 손정우, 오필석, 이준기, 이현정, 임 혁, 정대홍, 정용재, 정종훈, 김진희. (2019). 모든 한국인을 위한 과학적 소양: 미래세대 과학교육표준. 서울: 한국과학창의재단.

이현옥, 이현주(2016). 과학기술관련 사회쟁점 수업을 통한 대학생의 기술의 본성에 대한 인식변화 탐색. 학습자중심교과교육학회지, 16(1), 961-985.

이현주(2018). SSI 교육이란 무엇인가. 서울: 박영스토리.

이현주, 고연주, 홍지연(2022). ENACT 프로젝트에 참여한 예비 과학교사들의 과학기술자의 사회적 책임에 대한 인식 변화 탐색. 한국과학교육학회지, 42(1), 111-125.

이현주, 최유현, 남창훈, 옥승용, 심성옥, 황요한, 김가형(2020). 이공계 대학생의 사회적 책임감 함양을 위한 ENACT 모형의 개발과 교육적 함의. 공학교육연구, 23(6), 3-16.

이현주, 최윤희, 고연주(2014). 집단지성 원리를 적용한 과학관련 사회・윤리적 쟁점 수업 모형의 개발. 한국과학교육학회지, 34(6), 523-534.

이현주, 최윤희, 고연주(2015). 집단지성을 강조한 과학기술 관련 사회쟁점 수업이 중학교 영재학급 학생들의 역량 함양에 미치는 효과. 한국과학교육학회지, 35(3), 431-442.

이현주, 황요한, 고연주, 최유현, 옥승용, 남창훈, 심성옥, 김가형(2022). 함께 해보는 과학기술 쟁점해결과 실천: ENACT 프로젝트. 서울: 박영스토리.

최유현, 고연주, 홍영지, 이현주, 황요한(2021). ENACT 프로그램 참여를 통한 예비 기술교사의 과학기술의 사회적 책임감과 교육 필요성에 대한 인식 변화 탐색. 교과교육학연구, 25(2), 1-13. doi:10.24231/rici.2021.25.2.1

Aikenhead, G. S. (2006). *Science education for everyday life: Evidence-based practice*. New York: Teachers College Press.

Amos, R., & Levinson, R. (2019). Socio-scientific inquiry-based learning: An approach for engaging with the 2030 sustainable development goals through school science. *International Journal of Development Education and Global Learning, 11*(1), 29-49.

Amos, R., Knippels, M. C., & Levinson, R. (2020). Socio-Scientific inquiry-based learning: Possibilities and challenges for teacher education. In Evagorou, M., Nielsen, J. A., & Dillon, J. (Eds.), *Science teacher education for responsible citizenship*. Switzerland: Springer.

Ariza, M. R., Christodoulou, A., van Harskamp, M., Knippels, M. C. P., Kyza, E. A., Levinson, R., & Agesilaou, A. (2021). Socio-scientific inquiry-based learning as a means toward environmental citizenship. *Sustainability, 13*(20), 11509.

Bayram-Jacobs, D., Henze, I., Evagorou, M., Shwartz, Y., Aschim, E. L., Alcaraz-Dominguez, S., Barajas, M., & Dagan, E. (2019). Science teachers' pedagogical content knowledge development during enactment of socioscientific curriculum materials. *Journal of Research in Science Teaching, 56*(9), 1207-1233.

Bencze, L. (2017). Stepwise: A framework prioritizing altruistic actions to address socioscientific issues. In *Science and technology education promoting wellbeing for individuals, societies and environments: STEPWISE* (pp. 19-45). Springer.

Berne, B. (2014). Progression in ethical reasoning when addressing socio-scientific issues in biotechnology. *International Journal of Science Education, 36*(17), 2958-2977.

Branchetti, L., Cutler, M., Laherto, A., Levrini, O., Palmgren, E. K., Tasquier, G., & Wilson, C. (2018). The I SEE project: An approach to futurize STEM education. *Visions for Sustainability, 9*, 10-26.

Çalik, M., & Wiyarsi, A. (2024). The effect of socio-scientific issues-based intervention studies on scientific literacy: a meta-analysis study. *International Journal of Science Education, 47*(3), 399-421.

Chung, Y., Yoo, J., Kim, S. W., Lee, H., & Zeidler, D. L. (2016). Enhancing students' communication skills in the science classroom through socioscientific issues. *International Journal of Science and Mathematics Education, 14*, 1-27.

Dori, Y. J., Tal, R. T., & Tsaushu, M. (2003). Teaching biotechnology through case studies: Can we improve higher order thinking skills of nonscience majors?. *Science Education, 87*(6), 767-793.

Hwang, Y., Ko, Y., Shim, S. S., Ok, S. -Y., & Lee, H. (2023). Promoting engineering students' social responsibility and willingness to act on socioscientific issues. *International Journal of STEM Education, 10*(11).

Kilinç, A., Kartal, T., Eroğlu, B., Demiral, Ü., Afacan, Ö., Polat, D., Guler M. P. D., & Gö rgülü, Ö. (2013). Preservice science teachers' efficacy regarding a socioscientific issue: A belief system approach. *Research in Science Education, 43*, 2455-2475.

Lee, H., & Chang, H. (2010). Exploration of experienced science teachers' personal practical knowledge of teaching socioscientific issues. *Journal of Korean Association for Science Education, 30*(3), 353-365.

Lee, H., & Witz, K. G. (2009). Science teachers' inspiration for teaching socio-scientific issues: Disconnection with reform efforts. *International Journal of Science Education, 31*(7), 931-960.

Levinson, R., Knippels, M. C., van Dam, F., Kyza, E., Christodoulou, A., Chang-Rundgren, S. N., et al. (2017) Science and society in education: Socio-scientific inquiry-based learning: connecting formal and informal science education with society.

Levrini, O., Tasquier, G., Branchetti, L., & Barelli, E. (2019). Developing future-scaffolding skills through science education. *International Journal of Science Education, 41*(18), 2647-2674.

Levrini, O., Tasquier, G., Barelli, E., Laherto, A., Palmgren, E., Branchetti, L., & Wilson, C. (2021). Recognition and operationalization of future-scaffolding skills: Results from an empirical study of a teaching-learning module on climate change and futures thinking. *Science Education, 105*(2), 281-308.

Magnusson, S., Krajcik, J., & Borko, H. (1999). Nature, sources, and development of pedagogical content knowledge for science teaching. In J. Gess-Newsome, & N. G. Lederman (Eds.), *Examining pedagogical content knowledge: The construct and its implications for science education* (pp. 95-132). Dordrecht: Springer Netherlands.

Millar, R. (2006). Twenty first century science: Insights from the design and implementation of a scientific literacy approach in school science. *International Journal of Science Education, 28*(13), 1499-1521.

Owens, D. C., & Sadler, T. D. (2024). Socio-scientific issues instruction for scientific literacy: 5E Framing to enhance teaching practice. *School Science and Mathematics, 124*(3), 203-210.

Park, S., & Oliver, J. S. (2008). Revisiting the conceptualisation of pedagogical content knowledge (PCK): PCK as a conceptual tool to understand teachers as professionals. *Research in Science Education, 38*, 261-284.

Reis, P., & Galvão, C. (2004). Socio-scientific controversies and students' conceptions about scientists. *International Journal of Science Education, 26*(13), 1621-1633.

Roberts, D. A. (2007). Scientific literacy/science literacy. In S. K. Abell & N. G. Lederman (Eds.), *Handbook of research on science education* (pp. 729-780). Mahwah, NJ: Lawrence Erlbaum.

Sadler, T. D. (2004). Moral sensitivity and its contribution to the resolution of socio-scientific issues. *Journal of Moral Education, 33*(3), 339-358.

Sadler, T. D. (2011). Socio-scientific issues-based education: What we know about science education in the context of SSI. In T. Sadler (Ed.), *Socio-scientific issues in the classroom: Teaching, learning and research* (pp. 355-369). Netherlands: Springer.

Sadler, T. D., Foulk, J. A., & Friedrichsen, P. J. (2017). Evolution of a model for socio-scientific issue teaching and learning. *International Journal of Education in Mathematics, Science and Technology, 5*(2), 75-87.

Sadler, T. D., Romine, W. L., & Topçu, M. S. (2016). Learning science content through socio-scientific issues-based instruction: A multi-level assessment study. *International Journal of Science Education, 38*(10), 1622-1635.

Sadler, T. D., & Zeidler, D. L. (2005). Patterns of informal reasoning in the context of socioscientific decision making. *Journal of Research in Science Teaching: The Official Journal of the National Association for Research in Science Teaching, 42*(1), 112-138.

Santos, W. L. D. (2009). Scientific literacy: A Freirean perspective as a radical view of humanistic science education. *Science Education, 93(*2), 361-382.

Schenk, L., Hamza, K. M., Enghag, M., Lundegard, I., Arvanitis, L., Haglund, K., & Wojcik, A. (2019). Teaching and discussing about risk: Seven elements of potential significance for science education. *International Journal of Science Education, 41*(9), 1271-1286.

Sjostrom, J., & Eilks, I. (2018). Reconsidering different visions of scientific literacy and science education based on the concept of Bildung. In Y. J. Dori, Z. Mevarech, & D. Baker (Eds.), *Cognition, metacognition, and culture in STEM education* (pp. 65-88). Dordrecht, Netherlands: Springer.

Tasquier, G., Branchetti, L., Levrini, O. (2019). Frantic standstill and lack of future: How can science education take care of students' distopic perceptions of time?. In E. McLoughlin, O. E. Finlayson, S. Erduran, & P. E. Childs (Eds.), *Bridging Research and Practice in Science Education* (pp. 205-224). Switzerland: Springer.

Witz, K. G., & Lee, H. (2009). Science as an ideal: Teachers' orientations to science and science education reform. *Journal of Curriculum Studies, 41*(3), 409-431.

Wojcik, A., Hamza, K., Lundegard, I., Enghag, M., Haglund, K., Arvanitis, L., & Schenk, L. (2019). Educating about radiation risks in high schools: towards improved public understanding of the complexity of low-dose radiation health effects. *Radiation and Environmental Biophysics, 58*(1), 13-20.

Zeidler, D. L., Sadler, T. D., Simmons, M. L., & Howes, E. V. (2005). Beyond STS: A research based framework for socioscientific issues education. *Science Education, 89*(3), 357-377.

Zeidler, D. L., Walker, K. A., Ackett, W. A., & Simmons, M. L. (2002). Tangled up in views: Beliefs in the nature of science and responses to socioscientific dilemmas. *Science Education, 86*(3), 343-367

Zohar, A., & Nemet, F. (2002). Fostering students' knowledge and argumentation skills through dilemmas in human genetics. *Journal of Research in Science Teaching, 39*(1), 35-62.

CHAPTER 04

정의지향 과학교육

1. 서론

당신에게 '정의'란 무엇인가?

과학교육 맥락에서 '정의'를 '지향'한다는 것은 과연 어떤 의미일까?

정의는 인간 사회의 보편적 가치로 간주되곤 하지만, 그 구체적 내용과 실천 방식은 시대와 맥락에 따라 달라진다. 사회 제도와 자원의 공정한 분배로 정의를 이해했던 초기 관점(John Rawls, 1971)은, 점차 사회 구성원의 다양성을 인정하고 그들의 대표성을 보장하는 방향(Nancy Fraser, 2007; 2009), 나아가 사회적 특권과 이득으로부터 배제되어 온 이들의 참여와 사회 변혁을 포함하는 방향으로 확장되어 왔다(Schlosberg, 2007). 이러한 다면적 개념화와는 별개로, 서로 다른 역사, 문화, 개인의 삶, 사회 구조 속에서 정의 개념은 다르게 해석된다. 특히, 국외의 이론과 담론을 바탕으로 구성된 '정의'와 '교육'을 연합하는 개념은 한국 교육의 구조, 교사 문화, 사회적 기대와 맞물릴 때, 전혀 다른 반향과 비판을 낳을 수 있다(Kim, 2024a). 이처럼 다양하게 해석될 수 있는 '정의'라는 가치를 과학교육에서 '지향'한다고 말할 때, 단순히 어떤 고정된 목표를 향해 나아간다고 말하는 것이 아니다. '정의지향'은 아직 가닿지 않았지만 끊임없이 탐색하고 추구해야 할 교육적 방향이며, 그 해석과 실천은 언제나 다시 묻고 재구성해야 할 열려 있는 과정이다.

과학을 배우고 가르치는 과정에서 정의의 가치를 인식하고 실천하는 것을 목표로 하는 정의지향 과학교육(Justice-Oriented Science Education, JOSE)은, 과학 지식의 습득을 넘어, 학습 과정 속에서 정당한 존재로서 학습자가 자신과 공동체의 삶과 연결된 의미 있는 탐구를 수행하고, 사회적 책임과 윤리적 감수성을 갖춘 시민으로 성장하도록 지원하는 교육적 접근이라 할 수 있다(Allchin, 2020; Tolbert et al., 2018). 최근 과학교육 연구들은 JOSE의 필요성(Kahn, 2022), 효과성(Archer et al., 2021), 그리고 결과적 의미(Morales-Doyle, 2017)에 대해 실증적 사례와 이론적 분석을 활발히 제시하고 있다.

JOSE 연구들은 가치중립적인 과학 학습은 충분하지 않으며, 정의의식을 함양하는 경험이 과학 학습의 필수적 요소임을 강조한다(Kahn, 2022; Tolbert & Bazzul, 2017). 또한, 정의를 중시하는 학습 경험이 학업 성취에 긍정적인 기여를 한다는 연구 결과(Archer et al., 2021)와 함께, 과학 학습이 학생들의 삶과 사회적 맥락 속에서 어떤 의미를 가지는지를 성찰하는 과정이 중요하다는 관점도 확산되고 있다(Morales-Doyle, 2017). 이러한 흐름은 교육의 목표가 지식 전달에 국한되지 않고, 학습자의 삶과 사회적 변화를 촉진하는 방향으로 확장되어야 한다는 보편적 가치로서의 교육의 관점을 반영한다.

1.1. 통합교육 및 교육과정과의 연계성

JOSE는 통합교육 및 2022 개정 교육과정이 지향하는 가치 및 목표와도 긴밀하게 연결된다. 2022 개정 교육과정은 '과학적 소양을 갖추고 더불어 살아가는 창의적인 사람'을 육성하는 것을 목표로 설정하고 있으며, '통합과학1'과 '통합과학2' 과목은 모든 학생이 과학의 기본 개념을 이해하고, 과학적 탐구 능력과 태도를 함양하여 자연현상과 일상생활을 과학적으로 해석하고, 민주 시민으로서 개인과 사회 문제 해결에 참여·실천하는 역량을 기르는 데 중점을 둔다. 특히, 과학과 기술, 사회의 상호 관계를 이해하고 이를 바탕으로 공동체 발전에 기여하는 능력을 강조함으로써, 과학 학습을 공동체적 책무성과 연결 짓고자 한다. 이러한 방향성은 과학을 통한 사회참여와 변혁을 지향하는 JOSE의 핵심 가치와 일치한다. 아울러, 2022 개정 교육과정이 제시한 핵심역량—자기관리 역량, 지식정보처리 역량, 창의적 사고 역량, 심미적 감성 역량, 협력적 소통 역량, 공동체 역량—은 과학 학습을 통한 학생 주도적 문제해결, 비판적 탐구, 그리고 민주적 참여를 적극적으로 요구하고 있으며, 이는 정의지향 과학교육이 실현하고자 하는 목표와 깊은 상관성을 가진다.

1.2. 신경과학적 정당성

학생들의 사회·정서적 안정성이 학업 성취의 근본적 토대임을 강조하고 있는 뇌연구(Osher & Pittman, 2024; Loftus, 2022)를 바탕으로, 정서적 안정감, 신뢰, 소속감을 중시하는 공정 및 정의지향의 교육적 경험은 학생들의 뇌 발달과 학습 능력을 촉진하는 조건을 제공한다고 볼 수 있다. 이러한 연구는 정의 중심의 교육 환경이 학생들의 전인적 성장뿐만 아니라, 학문적 성취에도 실질적인 영향을 미친다는 것을 뒷받침한다. 따라서 교육 현장에서 학생들의 정서적·사회적 안녕을 전면에 세우는 정의지향적 접근은 도덕적 필요성에 그치지 않고, 신경과학적, 학문적 관점에서도 강력한 타당성을 가진다고 할 수 있다. 이는 정의지향 과학교육이 교육의 윤리적 책무를 넘어, 학습의 질과 성과를 제고하는 효과적인 교육론임을 시사한다.

1.3. 한국 교육 맥락에서 정의지향 과학교육의 가능성

한국 과학 교사들의 정의지향 과학교육에 대한 인식을 탐색한 연구(Kim, 2024a)의 초반부, 교사들은 다음과 같은 회의적인 질문을 던졌다.

- "이거 너무 정치적인 거 아닌가요? 과학 수업에서 이런 주제를 다뤄도 괜찮은 건가요?"
- "좀 뜬구름 잡는 이야기 같아요. 수업에서 실제로 어떻게 구현할 수 있나요?"
- "학생들에게 어떤 효과가 있다는 근거가 있나요? 정말 도움이 되나요?"
- "과학 시간에 결국 뭘 배우는 거죠? 과학 개념이 빠지는 건 아닌가요?"

이러한 질문들은 '정의지향' 과학교육이라는 용어 자체가 한국 교사들에게 아직은 낯설고, 기존의 과학교육 패러다임과 다소 긴장 관계에 있다는 점을 보여준다.

한국 교육 맥락에서 JOSE를 실천하는 데에는 여러 도전과 기회가 병존한다. 표준화된 교육과정과 학년 간 성취도를 구분하는 엄격한 평가 체계는, 교사와 학생 모두로 하여금 학습의 목적을 시험 준비에 집중하도록 압박함으로써 가치중립적인 개념 또는 수행에 초점을 맞춤에 따라(Moon, 2012; Ro, 2019), 학부모와 학생들은 과학 수업에서도 시험 대비에 직접적으로 연계되지 않는 과학 관련 사회·역사 주제나, 과학에서 중시하는 비판적 사고의 성찰적 활용 등에는 부정적인 반응을 보일 수 있으며, 이는 JOSE를 실천하려는 시도를 제약할 수 있다. 또한 위의 교사 질문들에서 볼 수 있듯이, 과학 교사들 가운데 일부는 정의와 과학교육을 연결하는 것에 대해, '정의'라는 개념 자체가 지나치게 정치적이며, 과학 수업에 적합하지 않다는 견해를 보이기도 한다(Kim, 2024a). 과학교육을 객관적인 지식 전달로 이해하는 전통적 관점이 지배적, 보편적인 현실 속에서, 정의에 지향을 둔 교수학습은 교사들에게 '과학 수업의 본령'을 벗어나는 것처럼 느껴질 위험이 있다. 특히 교사들에게 부여되는 과중한 교과 진도 달성 및 평가 대비 요구 등은, 정의지향적 접근이 과도하게 비현실적인 요구로 받아들여질 수 있다.

그럼에도 불구하고, JOSE를 위한 가능성 또한 교사의 인식과 실천 동기 안에 존재한다. 연구 초반 정의지향 과학교육에 대해 회의적인 인식을 보였던 Kim(2024a)의 교사들은, 관련 연구의 사례와 자신들의 수업방식을 나누고 연결짓는 과정에서, 정의지향 과학교육에 대해 다음과 같이 인식을 변화, 확장하였다.

- 내가 이미 해왔고 하고 있는 교수학습 활동
- 좀 더 의식적으로 해볼 만한 의미 있는 시도

그들은 학생들의 다양한 배경과 관점을 이해하고, 이를 토대로 모든 학생에게 균등하고 공정한 학습 기회를 제공하고자 하는 동기를 가지고 있었다. 이들은 과학이 학생들의 삶과 시민적 참여와도 연결될 수 있어야 한다는 점에 공감했으며, 정의를 단순히 성적 격차를 해소하는 차원을 넘어, 학생 개개인의 강점, 흥미, 열망을 인정하는 과정으로 확장해 나가고 있었다. 또한 '정치적'이라는 개념을 재해석하면서, 학교 과학교육 내에서 학습 주제, 형식, 목적 설정에 있어 학생 참여와

주권을 강화하는 교육적 실천을 상상하거나 실험해 보는 움직임도 포착되었다. 이는 교사들이 과학교육의 정의지향 목표를 자신의 기존 실천과 점진적으로 연결지어 해석하고 수용할 가능성을 보여준다.

따라서, 한국 교육 맥락에서는 표준화된 제도적 환경 속에서도 교사들의 정의지향적 이해와 실천을 확장할 수 있는 '시작점'을 마련하는 전략이 필요하다. 공정한 기회 제공, 학생 다양성 존중, 과학과 시민성의 연결이라는 기존의 교사 인식 지형 위에, 점진적이고 실천 가능한 정의지향 과학교육의 접근을 구축해 나갈 수 있을 것이다. 본 장은 정의지향 과학교육이 '당신이 이미 하고 있는 실천'이자, '지금 여기에서 충분히 할 수 있는 일'임을 제안하며, 이를 확장해 나갈 수 있는 접근법, 적용 과제와 실제 사례들을 함께 나누고자 한다.

2. 정의지향 과학교육 접근법

앞서 언급했듯이, 과학 교사들이 정의지향 과학교육(Justice-Oriented Science Education, 이하 JOSE)을 이해하고 받아들이는 방식은 매우 다양할 수 있다(Kim, 2024a). 따라서 교사들의 JOSE 실천을 지원하기 위해서는, 기존 연구에 기반하여 넓은 범주의 접근 방식을 제시하는 것이 유익하다. 이에 본 장에서는 인식론적, 존재론적, 가치론적 관점에서 JOSE의 교수 접근법을 체계적으로 소개하고자 한다. 이 세 관점은 철학의 세 주요 분과에서 차용한 것으로(Smith et al., 2024; Varpio et al., 2020), 정의지향 과학교육의 핵심 철학적 차원을 조직하는 데 유용한 분석틀을 제공한다. 특히 중요한 점은, 이 세 가지 관점을 적용하고자 하는 대상이 '과학' 그 자체가 아니라, '정의지향 과학 교수학습(JOSE)'이라는 점을 명확히 인식하는 것이다. 과학과 과학교육은 밀접하게 연결되어 있지만, 그 목적과 실천 방식에서는 분명히 구별되는 두 학문이자 실천 체계이다. 따라서 철학적 관점을 '과학교육'에 적용하는 것은, 그것을 '과학'에 적용하는 것과는 다른 과제이며, 교육의 의미와 맥락에 중심을 둔 이해가 필요하다.

또한, 이 장의 주요 독자인 예비 및 현직 과학 교사와 과학교육자들을 위해,

본 장에 사용하는 문헌들 대부분은 주로 미국을 비롯한 글로벌 맥락에서 이루어진 연구들이며, 한국교육 맥락을 기반으로 한 연구로는 저자의 몇몇 연구들을 언급하고 있음을 밝힌다. 이는 이러한 접근법을 한국의 과학 학습 환경에 어떻게 적절히 적용할 수 있을지에 대한 중요한 질문을 제기한다.

따라서, 정의지향 과학교육(JOSE)을 한국 과학교육 맥락에 적용하는 데 있어, 독자들께 다음과 같은 점들을 함께 성찰해 보기를 제안한다.

- 세 가지 정의지향 접근(인식론적, 존재론적, 가치론적)이 어떻게 서로 유기적이고 통합적인 방식으로 실천될 수 있을지를 고려해 보자. 하나의 접근만을 적용하는 것도 가능하지만, 이들 접근은 상호 배타적인 것이 아니며, 오히려 함께 구현될 때 더 깊은 의미와 효과를 낼 수 있다.
- 정의지향 과학교육의 접근이 현재의 교육 제도와 구조, 예를 들어 교육과정 요구나 평가 일정과 같은 현실적 조건 속에서도 어떻게 실현될 수 있을지를 고민해 보자. 예컨대, 일상적인 교과 중심 수업 속에 어떻게 JOSE의 요소를 녹여낼 수 있을까? 만약 학생들에게 정의지향 학습 경험을 제공한다면, 언제, 어떤 방식으로 가능할까? 또한, 일상적인 교과 학습이 이러한 경험을 준비하는 기반이 될 수 있도록 하려면 어떤 설계가 필요할까?
- 우리는 학습자이자 교사로서 누구보다 한국 교육에 대해 다양한 경험과 견해를 가지고 본 장을 읽고 있다. 그렇다면, 우리의 교육 맥락에서 JOSE를 실천하는 데 있어 어떤 기회와 도전이 존재한다고 보는가? 그 도전 과제에 어떻게 대응하고 극복할 수 있을까?

2.1. JOSE의 인식론적 접근

인식론(epistemology)이란, 지식(knowledge)과 앎(knowing), 그리고 그것들의 본질에 대한 이론으로, 지식이 지향하는 목표, 이상, 그리고 신뢰할 수 있는 형성 과정에 대해 다룬다(Chinn & Rinehart, 2016). 인식론은 다음과 같은 질문을 제기한다. 무엇이 지식으로 간주되는가? 지식은 어떻게 생성되는가? 무엇이 지식을 신뢰할 수 있게 만드는가? 과학은 고유의 인식론을 내포하고 있으며, 이는 과학

지식이 생성되고 비판되며 정제되는 데 바탕이 되는 전제와 방법을 포함한다(Russ, 2014). 이러한 과정에는 관찰, 실험, 모형화, 동료 검토, 논증 등이 포함되며, 이는 단순한 기술적 절차를 넘어서, 합리성, 증거, 회의주의와 같은 철학적 기반 위에 놓여 있다(Kelly et al., 2011). 과학의 인식론에 대해 성찰하는 것은 교육자와 학습자 모두에게 과학을 단순한 사실의 집합이 아닌, 과학적 주장 및 지식의 신뢰성을 확보하기 위한 끊임없는 노력(예: 편향 및 오류의 보고 및 최소화, 동료 검증) 등을 통해 발전하고 변화하는 지식 체계로 이해할 수 있도록 돕는다.

인식론 개념을 JOSE에 적용하면, JOSE의 인식론적 접근은 과학이 강력한 인식적 체계(epistemic system)라는 점에 주목하며, 이러한 과학의 힘이 정의의 문제를 다루는 데 활용될 수 있음을 전제로 한다. 일반적인 인식론의 질문들(예: 무엇이 지식을 신뢰할 수 있게 만드는가?)은, JOSE의 인식론적 접근에서는 다음과 같이 다시 물을 수 있다.

- 과학은 어떻게 신뢰할 수 있는 지식을 구성하는가?
- 그리고 그 과정과 산물이 사회적 불공정(injustice)의 식별, 분석, 도전에 어떻게 활용될 수 있는가?
- 과학 지식 그 자체가 불공정한 구조 및 인식을 재생산하는 데 사용되지 않도록 하려면 어떻게 해야 하는가?

이러한 관점은 학생들로 하여금 과학을 강력하지만 동시에 비판에 열려있는 지식 체계로 인식하게 돕는다. 즉, 과학은 비판과 재해석의 대상이 될 수 있으며, 정의를 위한 도구가 될 수도 있고, 해를 끼칠 수도 있는 양면성을 지닌 체계라는 점을 인식하게 하는 것이다(Schulz, 2013).

2.1.1. 인식론적 접근에서의 정의 개념

이 접근에서 말하는 정의란, 지식과 정보가 역사적, 사회적으로 형성되어 온 차별의 체계를 문제화할 수도, 강화할 수도 있다는 것을 인식하고 신뢰할 수 있는 지식의 생성, 소비, 비판을 추구하는 것을 의미한다. Allchin(2020)은 과학이 정의

지향적 교육에서 수행할 수 있는 강력한 역할을 아래와 같이 기술한다.

> 정의는 과학 교실에서 다루기에 어울리지 않는 주제로 보일 수 있다. 과학 교사들은 윤리나 정치가 아닌 과학을 배움으로써 가르칠 준비를 한다. ... 그럼에도 불구하고, 순수한 과학 자체가 다양한 방식으로 사회적 정의를 촉진하는 데 기여할 수 있다. … 아이러니하게도, 과학은 직접적인 정치적 행동을 통해서가 아니라, 특권과 이익, 권력의 불균형이 있음을 드러내거나, 그에 대해 문제 제기를 하는 주장을 뒷받침하는 신뢰할 수 있는 지식을 제공함으로써 사회적 정의에 기여할 수 있다(Allchin, 2020, p. 24).

이 관점은 과학이 정의에 기여할 수 있는 힘이 신뢰할 수 있는 증거 기반의 세계 이해를 제공하는 능력에 있다는 점을 강조한다. 이러한 과학의 설명은 사회의 불평등을 드러내고, 지배적인 담론에 의문을 제기하며, 보다 정의로운 의사결정을 지원할 수 있다. 과학의 전통(신뢰성을 목표로 하는 과학적 방법)과 그 산물(과학 지식)은 불의를 드러내고, 정의를 강화하며, 불의를 지속시키는 과학의 오용을 비판하는 데 사용될 수 있다. 이러한 관점은 과학 교사의 역할 또한 재구성한다. 과학 교사는 인식적 주체성(epistemic agency)의 촉진자로서, 학생들이 일상과 사회적 삶에 영향을 미치는 다양한 주장들의 신뢰성을 평가할 수 있도록 돕는다.

2.1.2. JOSE의 인식론적 접근: 적용 과제

학교 과학은 과학 지식과 과학적 실천을 핵심적인 인식론적 요소로 강조하고 있으므로, JOSE의 인식론적 접근은 교실 현장에서 적용 가능성이 높다고 볼 수 있다. 그러나 이 접근 역시 한계가 없지는 않다. 주요한 우려는 현재의 교육과정 설계가 과학적 추론을 주로 과학 현상 안에서 다루는 데 중점을 두고, 과학 지식 및 과학 활동에 핵심적인 비판적 사고를 사회적·역사적 사례와 깊이 있게 연결하려는 시도는 상대적으로 부족하다는 점이다. 최근 성취기반 평가나 탐구 중심 학습의 강조에도 불구하고, 많은 과학 교육과정은 여전히 지식 생산을 중립적이고 비정치적인 것으로 다루며, 그 결과 학생들이 자신이 익힌 인식론적 역량을 실제 사회

문제나 불의의 구조(예: 환경 인종주의, 건강 불평등, 식민주의나 우생학과 관련된 과학의 오용)를 비판적으로 탐구하는 데 적용할 기회가 제한된다.

또한 '평가'가 필수인 학교교육 구조 속에서, 교사들은 이러한 인식론적 접근법을 (그뿐만 아니라 곧이어 논의하게 될 존재론, 가치론적 접근법 또한) 어떻게 평가 과제 안에 포함해야 하는가, 그럴 수 있을 것인가, 그렇다면 어떻게 정성 및 정량 평가할 것인가에 대한 논란을 야기할 수 있다. 이처럼 인식론적 실천이 과학이라는 교과 내부에서만 의미 있는 것으로 다뤄진다면, 학생들은 과학을 일상에서 접하는 다양한 지식이나 정보 주장을 비판적으로 탐색하고 지혜롭게 활용하는 도구로 삼는 습관을 기르기 어렵다. 그뿐만 아니라, 비판적 사고를 강조하는 교실조차도, 교사가 의도적으로 인식론적 탐구를 사회적·역사적 쟁점에 연결하지 않는 이상, 정의는 주변화된 주제로 남을 수 있다.

기존 교육과정의 구조적 제약 속에서도 JOSE의 인식론적 접근을 실질적으로 구현할 수 있는 방법은 무엇일까. 교사는 학생들이 실제 사회적 논쟁과 정의의 문제를 다룰 수 있도록 인식론적 실천을 활용한 학습 기회를 의도적으로 설계할 수 있다. 예를 들어, 과학적 논증 활동의 맥락을 사회·역사적 주제(예: 환경 인종주의, 건강 불평등, 식민주의나 우생학과 관련된 과학의 오용)로 삼고, 그 활동을 통해 학생들이 증거를 평가하고, 자료 출처를 비판적으로 검토하며, 타당한 주장을 구성하도록 유도할 수 있다. 이러한 과정에서 학생들은 과학이 어떻게 작동하는지를 배우는 것을 넘어, 과학을 공적 추론과 사회적 판단의 도구로 활용하는 방식을 익히게 된다. 또한 교사는 과학 권위의 역사적 사용을 비판적으로 검토하도록 유도하고, 지식 생산 과정에서 어떤 입장들이 포함되고 배제되어 왔는지 함께 탐색할 수 있다. 반론 자료를 통합하거나, 논쟁적인 주제에 대해 다양한 관점을 검토하게 하거나, 과학에서 신뢰가 어떻게 형성되는지를 명시적으로 가르치는 등, 작은 수업적 변화만으로도 인식론적 실천은 정의를 향한 경로로 확장될 수 있다. 이 접근이 기존의 구조적, 규범적 불평등을 완전히 전복시키지는 못하더라도, 무엇이 의미 있는 과학 학습인가에 대한 범위를 넓히고, 학생들이 사회 속에서 과학을 비판적으로 활용하고 참여할 수 있는 추론의 도구를 갖추도록 도울 수 있다.

2.1.3. JOSE의 인식론적 접근: 예시

사회과학적 쟁점(socioscientific issues, SSI)에 대한 연구는 정의지향 과학교육(JOSE)의 인식론적 접근과 맥락을 같이한다. 이는 과학과 관련된 사회적 쟁점들이 종종 구조적 불공정과 맞물려 있다는 점을 인식하고, 그러한 쟁점을 다루는 데에 비판적 탐구를 요구한다는 점에서 그렇다. Tolbert et al.(2018)은 사회과학적 쟁점이 학생들로 하여금 데이터를 비판적으로 해석하고, 주장의 결함을 반박하며, 대안적 설명을 고려할 수 있게 한다는 점을 보여준다. 이러한 수업에서 학생들은 단순히 과학의 작동 방식을 배우는 데 그치지 않고, 과학을 공정하게 활용할 수 있는 인식적 주체성(epistemic agency)을 기르게 된다. 이와 유사하게, Kim(2025)은 Duncan et al.(2018)이 제안한 Grasp of Evidence라는 과학적 증거파악사고의 틀을 활용하여, 방사능 오염수 해양 방류에 따르는 환경 및 건강 관련 위험성 및 불확실성에 대해 상충하는 지식 주장들의 신뢰성과 주장 제기자의 입장을 비판적으로 탐구하는 인식론적 활동을 시사하였으며, 이는 JOSE의 인식론적 접근으로 간주될 수 있다.

이러한 선행 연구들을 바탕으로 하여, 통합과학 수업을 과학적 증거의 타당성을 평가하고 연구에 내재한 편향 가능성을 인식하는 인식적 실천을 기를 수 있도록 설계할 수 있다. 예를 들어, 학생들이 DNA, 유전, 유전 형질 등의 핵심 과학 개념을 학습함과 동시에, 인종과 지능에 대한 유사과학적 주장을 비판적으로 검토하고 반박하는 학습 경험을 제공할 수 있다. 이러한 실천은 개인적이거나 시민적 맥락에서 과학과 관련된 문제에 대해 정의지향적 의사결정을 가능케 하는 기반이 된다. 나아가, 학생들은 이러한 인식적 도구를 활용하여 실제 언론 및 사회에서 접하는 과학적 주장—특히 특정 공동체에 불공정한 영향을 미칠 수 있는 정책적 함의를 가진 주장—을 분석, 해석, 비판적으로 검토할 수 있다. 이 접근은 학생들로 하여금 과학적 주장이라 하여 무조건 수용하는 것이 아니라, 그 진위를 따져 묻고 비판적으로 수용하는 태도를 기르도록 장려한다. 궁극적으로 이 방법은 학생들에게 단순한 과학 지식뿐만 아니라, 기존의 불공정한 사회 구조 및 편견에 도전하고 과학을 공정성과 사회 변화를 위한 도구로 활용할 수 있는 비판적 추론 역량을 함께 길러주는 데 목적이 있다.

2.2. JOSE의 존재론적 접근

존재론(ontology)은 존재와 실재의 본질에 대한 탐구로, 과학교육에서는 과학 교실은 어떤 성격을 지닌 공간인가? 누가 그 공간에 참여할 수 있는가? 교수-학습 관계를 규정하는 힘은 무엇이며, 그것은 어떻게 작동하는가? 등의 질문을 할 수 있다. JOSE의 존재론적 접근은 이러한 질문을 통해 지식에서 존재로 관심을 전환시킨다. 즉, 학습 환경의 구조와 담론, 권력 역동, 그리고 정체성과 존재의 인정(또는 부정) 문제를 중심에 둔다(Schulz, 2013; Varelas et al., 2015).

JOSE를 이해하는 데 있어 존재론적 관점을 적용한다는 것은, 과학이 생산해 내는 지식 자체로부터 학습에 참여하는 사람들과 그들 사이의 관계 본질에 초점을 옮겨 맞추는 것을 의미한다. 이 접근은 "현실을 구성하는 존재들 사이의 관계성과 상호작용은 무엇인가?"와 같은 일반적인 존재론적 질문을 JOSE 맥락에서 아래와 같은 질문으로 확장할 수 있다.

- JOSE를 구성하는 교사와 학생 사이의 관계와 상호작용은 어떤가?
- 이 관계는 공정하고 민주적인가, 아니면 차별적이고 결핍 중심적인가?
- 교사, 학생, 과학 사이의 관계를 어떻게 설계해야 보다 정의롭고 평등한 학습 경험을 만들 수 있을까?

이처럼 관계 중심의 정의(relational justice)를 중심에 두는 존재론적 접근은 학생들을 교사가 제공하는 지식의 수동적 수용자가 아닌, 학습의 적극적 참여자, 기여자, 그리고 궁극적으로는 자신과 자신이 속한 공동체의 삶에 의미 있는 학습 기회를 공동 구성하는 창조자로 위치시킨다(Birmingham & Calabrese Barton, 2017; Calabrese Barton & Tan, 2020).

2.2.1. 존재론적 접근에서의 정의 개념

이 접근에서 말하는 정의는, 학생들의 사회경제적 수준, 언어, 인종, 외부 평가 등에 의해 조건화될 수 없는, 그들의 학습자로서의 권리와 책임을 보장하는 것으로, 학습 경험을 형성하는 관계적, 문화적, 구조적 조건들에 주목한다. 이는 교육이 단지 교과 내용 숙달에 그치지 않고, 학습 내용과 환경을 구성 및 설정하는 권력이 누구에게 있으며, 어떻게 작동하는가에 대한 성찰 또한 포함되어야 함을 전제한다(Carlone et al., 2011). 존재론적 관점은 정의가 사람들 간의 상호작용(학생, 교사, 가족 등), 행동과 성취를 규정하는 규범(참여 방식이나 담화에 대한 기대 등), 사회적 구조(교육과정, 평가 체계, 진로 접근성) 간의 역동적 관계 속에서 그 의미가 구성된다는 점을 강조한다. 이는 Delpit(1988)이 말한 권력의 문화(culture of power)라는 개념으로 설명될 수 있다. 즉, 가시적이든 비가시적이든, 특정 집단은 그 집단에서 특권, 권위, 이득을 지닌 이들에게 소구되는 '권력의 문화'가 형성이 되고, 그 문화에서 인정되고 보상되는 존재 방식(code of rules)이 있다는 것이다.

존재론적 관점에서의 JOSE는 학교교육에서 유효한 권력의 문화 및 특정 존재 방식이 있음을 인정하며, 학업적·사회적 성공 경험에 필수적인 그러한 특정 행동 및 존재 방식, 그리고 기반 지식 및 기술을 학습할 기회뿐 아니라, 그 문화와 방식을 비판적으로 성찰하고 재구성할 수 있는 기회와 역량을 함께 길러주는 것이라 할 수 있다. 특히, 과학교육 맥락에서의 성공적 특정 존재 방식들은 실험 수행, 과학적 주장 구성, 탐구 참여 등 과학 지식 및 수행과 밀접한 관련이 있으므로, 이를 성공적으로 수행할 수 있는 기회와 동시에, 교사 또는 학교가 제공하는 특정 과학학습 내용 및 방식에 대해 질문하고 재조정할 수 있는 참여의 기회를 제공하는 방식으로 JOSE를 실천할 수 있다. 학생들은 단지 제시된 규칙에 적응하는 수동적 존재가 아니라, 그 규칙의 형성과 작동 방식, 그리고 그 규칙이 누구를 포함하거나 배제하는지를 함께 탐색하고 재구성할 수 있는 주체로 기능할 수 있다.

이러한 접근에서 교사는 자신의 권위나 책임을 포기하는 것이 아니라, 학생들과 함께 JOSE를 위한 재구성된 책임과 권한을 공유한다는 점이 중요하다. 이는 교사를 학생을 위한 절대적 지식 전달자가 아니라, 학생과 함께 의미 있는 학습 경험을 공동 구성하는 촉진자로 그 존재를 재정립하는 것을 의미한다. 이 과정에서 학생들은 기존의 규칙을 탐색하거나 재구성하고, 자신들의 가치, 정체성, 전문성, 인식 방식, 그리고 삶의 열망을 반영하는 학습 경험을 교사와 함께 공동으로 만들어

간다(Thompson, 2022). 이러한 참여적 실천 과정을 통해 학생들은 수동적인 수용자에서 벗어나, 보다 공정한 과학 학습과 실천의 비전을 만들어 가는 능동적인 주체로 성장하게 된다.

2.2.2. JOSE의 존재론적 접근: 적용 과제

JOSE의 인식론적 접근이 과학적 인식 실천을 정의를 위한 작업으로 간주하는 데 비해, 존재론적 접근은 그 개념이나 실천의 측면에서 상당한 회의적 비판이 있을 수 있다. 그중 하나는 정의라는 개념이 개인의 위치성과 맥락에 따라 다르게 해석될 수 있어, 규범적으로는 동의하더라도 실제 수업에서는 적용이 어렵다는 비판이다(Kim, 2024a). 예를 들어, 한 교사는 수업 중 학생들에게 조용히 하라고 요청하면서, 산만한 대화가 다른 학생의 학습 기회를 방해한다고 말한다. 이 교사는 정적인 학습활동을 타인의 학습 기회를 방해하지 않는다는 점에서 정의로운 행동으로 해석한다. 반면, 어떤 학생은 질문이 생겼을 때 교사나 친구에게 묻는 것이 자신의 학습은 물론, 다른 이의 이해에도 도움이 될 수 있다고 여기며, 학습권을 행사하는 정의로운 행동이라 해석한다. 이처럼 동일한 상황이 서로 다른 방식으로 정의될 수 있다는 점은, 존재론적 접근이 수업 안에서 정의를 어떻게 실천할 것인가에 대해 지속적인 논의와 해석이 필요하다는 것을 보여준다. 이때, '정의'라는 유동적 개념이 교사와 학생 각자의 입장과 편의를 도모하기 위해 해석될 위험성이 있다는 것이다. 또 다른 비판의 근거는 존재론적 접근의 핵심 질문인 '과학 학습이 우리에게 왜 중요한가?'를 던질 수 있는 공간 자체가 제도적으로 축소되어 있다는 점에서 비롯된다. 특히 한국 교육 맥락에서는 수능 대비, 입시 준비, 진로 연계 등의 구조적 압력이 과학 수업의 정당성과 범위를 결정짓는 경향이 강하다. 이로 인해 교사와 학생 모두에게 학습의 의미를 재구성하거나, 관계성과 존재를 중심으로 수업을 설계할 수 있는 여지가 좁아진다.

이러한 긴장과 제약은 존재론적 정의 실천에 있어 정해진 정답이나 일률적인 접근이 존재하지 않음을 시사하며, 오히려 각 학습 공동체의 고유한 사회적 역동 속에서 정의를 해석하고, 협상하며, 재구성하는 과정이 필요함을 강조한다. 학생,

교사, 학부모 등 다양한 이해관계자들이 살아온 경험과 제도적 위치에 따라 정의를 다르게 바라볼 수 있으며, 정의에 대한 합의는 고정된 것이 아니라 지속적으로 협의되고 재형성되어야 한다. 따라서 존재론적 접근은 이러한 복잡성과 다원성에 민감하게 반응하고, 때로 상충하는 정의의 관점을 함께 수용하려는 개방성을 요구한다. 이러한 도전은 오히려 과학교육에서 학생의 호기심, 삶의 맥락, 문화적 지식을 탐구의 출발점으로 삼고, 학습의 의미를 되찾는 중요한 계기가 될 수 있다.

이와 같은 존재론적 접근은 교사와 학생 사이에 지속적인 권력 협상(power negotiation)을 전제로 한다. Kim et al.(2025)은 이를 정의지향 과학교육이 가능한 환경의 조성(space-making)으로 개념화하며, 학생들이 정당한 학습 주체 권력으로서 교수학습 과정에 참여할 수 있도록 유도하는 세 가지 교수 행동 유형을 제시하였다. (1) 교사 주도 학습 내용 설계, (2) 학생 주도의 학습 내용 비판 및 재구성, (3) 교사와 학생이 함께 새로운 학습 기회 공동 구성.

이 중에서도 (1) 교사 주도 학습 내용 설계는 가장 보편적이고 일상적인 교수활동이며, 나머지 두 실천((2) 비판적 재구성과 (3) 공동 설계)을 가능하게 하는 출발점이자 기반이 된다. 이는 정의지향 과학교육(JOSE)이 특별한 활동이나 사건에만 해당되는 것이 아니라, 교사의 일상적 실천 속에 자리할 수 있는 접근임을 시사한다. 이러한 일상적이고 반복적인 교수행동을 통해 교사는 학생을 자신의 학습에 결정권을 가진 존재로 인정하고, 학생이 교육과정을 구성하고 수정하는 과정에 실질적으로 참여할 수 있는 기회와 역량을 꾸준히 제공해야 한다. 그 목적은 단지 학생의 참여를 확대하는 데 그치지 않고, 협력적인 교실 문화를 형성하고, 자원과 기회의 공평한 접근을 보장하며, 나아가 '정의'를 교실의 일상적 관계와 루틴 속에 내재된 원칙으로 정착시키는 데 있다. JOSE는 이처럼 교사와 학생이 함께 만들어 가는, 작지만 지속적인 실천 속에서 구현될 수 있다.

2.2.3. JOSE의 존재론적 접근: 예시

JOSE의 존재론적 접근은 교사들에게 학생 참여의 다양한 형태에 대한 수용성과 상상력의 폭을 넓힐 것을 요구한다. 예상된 방식이든 예기치 못한 표현이든, 학생들이 보이는 호기심은 과학과의 관계를 형성하고 배움을 시도하려는 존재의 방식으로 간주되어야 하며, 이는 소중한 인식의 창이 될 수 있다.

예를 들어, Kim(2024b)은 한국의 중학교 교실에서 학생들이 교과서의 내용과 자신의 삶을 연결하며 과학 수업에서 자신의 존재와 관련성을 적극적으로 표현한 사례를 보고하였다. 학생들은 에라토스테네스가 지구 둘레를 계산한 역사적 사례를 다루는 중에 "두 도시 간 직선거리를 걸어서 측정했다고 하는데, 실제로 누가 걸어갔는가?"와 같은 과학의 덜 조명된 측면에 대한 질문을 던지거나, 여성 호르몬 주기 그래프를 자신의 신체적 경험과 비교하며 그 차이점 및 교과서에는 언급되지 않는 주기적 신체 변화에 대해 질문하기도 하였다.

이러한 질문들은 형식적으로 허용된 참여 방식이 아니라, 또래와의 속삭임이나 수업 중간의 끼어들기와 같은, 교사에 의해 종종 '산만한 행동'으로 해석될 수 있는 순간을 통해 등장하였다. 이러한 행동이 다른 학생권을 침해하는 불공정한 행동으로 보는 교사들도 있을 것이나, 학생의 입장에서는 자신의 방식대로 과학을 이해하고 의미를 구성하려는 정당한 시도일 수도 있다. 물론 교사는 학생의 의도적 수업 방해를 방임해서는 안 되지만, 그러한 순간조차도 학생의 학습권 추구와 관련된 탐구적 표현일 수 있음을 인지하고, 해당 상황에서 특정한 행동 방식의 의미와 한계를 학생과 함께 성찰하며, 그 속에 담긴 질문과 제안을 학습의 중요한 순간으로 전환하고 확장할 수 있는 교육적 여유와 감수성이 필요하다. 이러한 실천은 과학을 학생의 삶과 다시 연결하는 기회를 만들고, 학생 주도 탐구가 과학 학습의 주변이 아닌 중심이 되는 교실 문화를 조성하는 데 기여할 수 있다.

JOSE의 존재론적 접근은 정의가 교육과정의 내용에만 있는 것이 아니라, 학생들이 과학 속에서 어떻게 존재하고, 소속될 수 있는가의 문제에 놓여 있다고 본다. 따라서 통합과학 교과 내 존재론적 접근은 수업의 관계적 구조를 재구성하고, 다양한 인식 방식과 문화적 자산을 인정하며, 모든 학생에게 소속감을 부여하는 것을 목표로 한다. 교사는 학생들이 수업의 내용, 절차, 구조를 함께 구성하고 재구성하는 과정을 지원할 수 있다. 이는 학생의 정체성과 정당한 존재감을 존중하고 수업 설계에 반영하려는 JOSE의 최근 연구 흐름에서 활발히 논의되고 있다. 예를 들어,

Carlone et al.(2014)은 교사들이 수업 담론 구조를 의도적으로 변화시키고, 권한을 공유하며, 학생의 목소리—특히 역사적으로 주변화된 학생들의 목소리—를 정당화함으로써 참여의 형평성을 촉진한 수업 사례를 제시한다. Varelas et al.(2015) 또한, 교실 경험과 정체성 형성이 상호작용하는 존재론적 관점을 제안하며, 도시 지역 흑인 초등학생들이 자신의 문화적 자원을 존중받고 전인적 존재로 인정받는 과정 속에서 과학과의 새로운 관계를 형성하게 되는 사례를 보여준다.

이와 유사하게, Kim(2019)은 한국 과학교육 사례를 통해 정의가 학생의 존재를 학습 기회의 창조자로 재정립하는 과정에서 구현될 수 있음을 보여준다. 이 사례에서 교사는 학생들은 K-팝에 대한 문화적 관심과 댄스 안무에 대한 전문성을 인정하고, 과학교과 내용을 춤으로 표현하는 프로젝트를 제안하였다. 학생들은 이를 확장하여, 중학교 3개 학년 교과 내용 분석을 통해, 광합성의 구성 요소와 과정을 표현하는 플래시몹 댄스 프로젝트를 기획하고, 안무, 공연, 영상 제작에 이르는 일주일간의 공동 활동을 주도하였다. 이를 위해 자원한 각 학년의 학생들이 모여 과학 교과서를 분석하고, 광합성, 원자와 분자, 화학 반응을 개념적으로 연결되는 주제로 정리했으며, 시험 이후 학습 시간을 활용한 수업 흐름을 제안하였다. '춤을 다 같이 추고 싶다'라는 학생들의 열망과 동기에서 출발한 이 계획을 실현하기 위해 학생들은 과학 교사, 비과학 교사, 학교 관리자와 여러 차례 협상을 주도하며, 수업 설계에 직접 참여하는 역량을 보여주었다. 이 사례는 교사의 지원 아래 학생들이 자신의 문화와 역량, 인식 방식에 근거한 개념적으로 풍부하고 의미 있는 학습 경험을 공동 설계하고 실천할 수 있다는 사실을 강력히 입증한다.

2.3. JOSE의 가치론적 접근

가치론(axiology)은 무엇이 좋은가, 무엇에 가치를 두어야 하는가와 같은 질문을 중심으로 가치에 대한 철학적 탐구를 수행하는 분야이다. 과학교육 맥락에서 이는 우리가 과학을 왜 가르치는지, 과학 수업을 통해 어떤 가치를 길러내고자 하는지를 성찰하는 데까지 확장된다. 전통적으로 과학교육은 대학 진학, 직업 준비와 같은 도구적 목표를 중심으로 구성되어 왔다. 그러나 가치론적 접근은 이 틀을 재구성할 것을 요청한다. 우리는 학생들이 어떤 세상을 만들어 가도록 준비시키고 있는가? 과학교육은 어떤 가치를 중심에 두고 설계되어야 하는가? 이러한 질문은 종종 충분히 다루어지지 않지만, 정의지향적 실천의 근간을 이루는 핵심적인 문제들이다 (Feinstein & Meshoulam, 2014).

JOSE를 이해하는 데 있어 가치론 개념을 적용하면, 가치론적 접근은 과학 학습의 근본적 가치에 주목하며, 과학을 왜 배워야 하는가라는 질문에 답하려는 시도라고 할 수 있다. "무엇이 선이며 추구할 만한가?"와 같은 일반적인 가치론적 질문은 JOSE의 가치론적 접근에서는 아래와 같은 질문으로 재구성될 수 있다.

- 왜 정의가 과학교육에서 핵심적인 가치가 되어야 하는가?
- 과학교육은 어떻게 보다 정의롭고 평등한 사회를 지향하는 가치를 촉진할 수 있는가?

이러한 질문을 중심에 두는 가치론적 접근은 교사들이 단순히 지식을 전달하는 것을 넘어서, 윤리적 책임감과 공동체적 안녕을 함께 길러내는 교육 실천으로 나아가야 함을 강조한다. 이는 과학교육을 단순한 진로 준비가 아니라, 정의에 기반한 도덕적·시민적 실천으로 상상할 수 있도록 도전한다.

2.3.1. 가치론적 접근에서의 정의 개념

JOSE의 가치론적 접근에서 정의는 과학 학습의 가치를 인간 및 환경, 생물계에 만연한 차별적 구조, 인식, 결과적 상태 등을 이해하고, 변화를 추구하는 데에 사용하는 것을 의미한다. 그러나 과학 교실은 이러한 정의의 문제들이 중심에 놓이는 공간으로 흔히 인식되지 않는다. 특히 과학 교사 양성 과정에서는 과학의 사회적, 환경적, 가치적 중요성보다는 과학 내용 지식과 경험적 탐구를 강조하는 경향이 있기 때문이다. 특히 이는 과학을 왜 가르치는가, 그리고 과학의 사회적 기능은 무엇인가를 묻는 가치 실현으로 이해할 수 있다. 과학교육 안에서 가치론적 접근은 본질적으로 신뢰할 수 있는 지식 생산이라는 인식론적 가치를 포함하고 있지만, 여기에서 한 걸음 더 나아가, 과학교육이 보다 정의롭고 평등한 세상을 만들어

가는 데 기여하는 가치를 어떻게 구현하고 촉진할 수 있는지를 묻는다.

따라서 가치론적 접근은 학생들에게 과학 지식과 탐구 실천을 활용하여 구조적 불공정을 드러내는 데 그치지 않고, 변화를 상상하고 실현하는 경험을 제공할 필요가 있다. 과학 학습은 곧 세상을 변화시키는 도구가 되며, 학생들은 이를 통해 실제 사회 문제에 비판적으로 참여하고, 정의와 돌봄에 기반한 대안적 미래를 상상하고 그려나가는 주체로 성장하게 된다. 이러한 의미에서 정의는 과학이 그 자체로 긍정적 또는 부정적 영향을 미칠 수 있는 대상이라는 인식론적 관점을 넘어, 과학교육의 목적 그 자체를 방향 짓는 교육적 의사결정의 중요한 잣대가 된다.

2.3.2. JOSE의 가치론적 접근: 적용 과제

과학교육을 중립적으로 보는 입장에서는 JOSE의 가치론적 접근은 회의적이며, 심지어는 부적절한 것이라는 비판을 할 수 있다. 표준화된 교육과정을 따르는 과학교육을 고려할 때, 가치 중심의 교수법을 실천하는 데 드는 추가적인 시간, 노력, 자원에 대한 현실적인 부담이 문제가 될 수 있다(Kim, 2024c). 또한, 교사 입장에서는 가치 중심의 수업이 아무리 교육적으로 중요하다고 하더라도, 정치적으로 민감하거나 과학 교실에 적절하지 않은 주제로 여겨질 수 있다는 점에서 위험하게 느껴질 수도 있다. 특히 가치라는 개념이 사회적·정치적 신념과 연결되는 경우가 많기 때문에, 일부 교사들은 학부모의 항의나 관리자들의 우려를 예상하여, 과학 수업에서 이러한 주제를 다루는 것에 소극적이게 된다(Kim, 2024a).

또 다른 비판은 과학교육의 경계에 대한 인식에서 비롯된다. 예를 들어, 인식론적 접근을 통해 교사는 학생들이 핵 오염수 방류와 같은 논쟁적 과학 이슈에 대해 비판적으로 사고하고, 근거를 평가하며, 주장을 구성하는 훈련은 잘 지도할 수 있다(Kim, 2025). 그러나 학생들이 이러한 비판을 넘어 실천적 행동—예컨대 해당 정책에 반대하는 목소리를 내고자 할 때—으로 나아가려 할 경우, 학교 안에서 행동주의나 정치적 표현을 억제하는 제도적 장벽에 부딪히게 된다. 이때 아무리 정의를 중시하는 교사라 하더라도, 자신이 어디까지 개입할 수 있는지, 학생들을 시민적 실천의 길로 안내하는 것이 과연 허용되는 일인지 확신을 갖기 어려울 수 있다.

이러한 현실을 고려할 때, JOSE의 가치론적 접근은 신중한 계획, 지속적인 지원, 세심한 소통을 필요로 한다. 예를 들어, 가치로서의 정의를 중심으로 하는 과학 학습 경험은 충분한 시간을 확보해 공유된 이해와 신뢰를 바탕으로 수행되는 장기 프로젝트를 통해 의미 있게 제공할 수 있다. 국어, 사회 등 다른 교과 교사들과 협업하여 학문 간 관점을 통합하거나, 학생·학부모·학교 리더들이 주제 선정이나 프로젝트 설계에 참여하도록 함으로써, 수업을 함께 만들어 간다는 소속감을 형성하고, 편향적이거나 일방적인 결정이라는 인식을 줄일 수 있다. 교사 교육자와 연구자들에게 이러한 논의는, 교사들에게 교수법적 도구뿐 아니라, 정의지향적 과학교육을 안전하게 실천할 수 있도록 돕는 보호적 구조와 관계 기반의 지원 체계가 필요하다는 점을 시사한다. 이는 교사들이 보다 안심하고, 역량 있게 정의지향 수업을 실천할 수 있는 환경을 조성하는 데 필수적인 요소이다.

2.3.3. JOSE의 가치론적 접근: 예시

통합과학 교과에서 JOSE의 가치론적 접근은 학생들이 단지 교과 지식뿐만 아니라 자신의 문화적 지식, 전문성, 그리고 공동체 의식을 바탕으로 불공정한 사회의 문제를 해결하기 위한 미래지향적 과학탐구 및 과학의 활용을 제안하는 경험을 포함할 수 있다. 이러한 활동은 과학 학습이 단지 인지적인 과정에 그치지 않고, 도덕적이며 정치적인 실천이 될 수 있음을 보여준다. 이와 같은 실천의 구체적인 예는 Calabrese Barton과 Tan(2010)의 연구에서 찾을 수 있다. 해당 연구에서 학생들은 쓰레기 소각(waste incineration)과 관련된 단원을 통해, 기업이 주장하는 환경 안전성을 과학적 증거를 바탕으로 비판(epistemic focus)하고, 지역 공동체의 건강을 고려한 대안적 방안을 제안(community value focus)하였다.

이러한 가치론적 접근이 한국의 과학 교실 및 방과 후 프로그램에서 어떻게 실현될 수 있는지를 보여주는 사례로, Kim(2024c)은 환경정의를 주제로 한 프로젝트에서 한국 과학 교사들과 함께한 실천을 소개한다. 한 중학교의 방과 후 프로그램에서는 학생들이 주도적으로 '채식 점심 데이(veggie-honoring lunch day)' 캠페인을 기획하였다. 교사는 학생들에게 다양한 환경 문제를 조사할 기회를 제공하였고, 학생들은 육류 중심 식단이 기후에 미치는 영향에 주목하게 되었다. 이를 바탕으로 학교 차원에서 식물성 식단의 필요성을 알리는 캠페인을 제안하게 된 것이다. 학생들은 이를 위해 설문을 설계하고, 또래 친구들과 교사, 학부모를 인터뷰하였으며, 그 결과를 바탕으로 환경적 관점을 반영한 점심 행사를 학교에 제안하였다. 이 제안은 교장, 급식 담당자, 학부모 대표들과의 논의를 거쳐 시범 실시로 이어졌고, 이후에는 매주 채식 점심을 도입하는 학교 차원의 결정으로 확장되었다.

이들 사례는 JOSE의 가치론적 접근에서 말하는 정의의 실현이란, 학생들이 과학을 통해 단순히 세상을 이해하는 데 그치지 않고, 더 나은 세상을 상상하고 실천하는 데 활용할 수 있도록 하는 학습 경험을 창출하는 것임을 보여준다. 이는 과학교육을 통해 학생들의 가치와 돌봄, 책임감이 살아 숨 쉬는 공적 실천의 장으로 확장시키는 데 중요한 교육적 의미를 지닌다.

2.4. JOSE의 세 가지 접근법: 유기적 실행

이 세 가지 철학적 관점(인식론적, 존재론적, 가치론적 접근)은 정의지향 과학교육(JOSE)을 개념화하고 실천하기 위한 생산적인 틀로 작용한다. 각각은 독립된 출발점으로 활용될 수 있지만, 서로 고립된 영역이라기보다는 유기적으로 연결된 JOSE의 서로 다른 진입점(entry point)들로 이해할 수 있다. 이 틀은 과학 교사, 교육 연구자, 학생 모두가 과학교육 속 정의의 복합적이고 다층적인 성격을 이해하는 데 도움을 준다. 특히 사회과학적 쟁점(SSI) 수업이나 청소년 참여형 행동연구(YPAR)와 같은 강력한 교수학습 모델은 이 세 관점을 모두 담아낼 수 있으며, 상황이나 설계에 따라 강조점은 달라질 수 있다. 이 철학적 틀의 가치는, 다양한 진입점을 조명할 뿐 아니라 교육 실천의 확장 경로를 함께 제시해 준다는 데 있다.

예를 들어, 인식론적 측면에서 시작하는 SSI 학습은, 교사가 선정한 사례를 통해 학생들이 상충하는 과학적 주장들의 신뢰성과 증거의 질을 비판적으로 검토하도록 유도한다. 존재론적 관점에서 출발할 경우, 학생들을 지역 사회의 문제를 탐색할 수 있는 지식의 주체이자 문화적 실천자로 위치시키며, 그들의 삶의 지식과 문화적 역량을 바탕으로 SSI 문제를 탐색하도록 지지할 수 있다(Zeidler & Sadler, 2011). 또한, 이러한 탐구 과정은 시간이 지남에 따라 가치론적 차원으로 확장되며, 학생들이 과학적 분석을 바탕으로 지역 사회에 과학적으로도 타당한 실천 방안을 제안하고, 윤리적 판단과 증거 기반의 실천을 연결할 수 있게 된다. YPAR은 학성 참여를 학습의 과정 및 성과로 보는 존재론적 전제에 기반을 둔다(Morales-Doyle & Frausto, 2021). 이 접근은 청소년이 단지 지식을 배우는 존재를 넘어, 자신의 탐구를 주도하고 사회 변화를 이끌 수 있는 주체임을 전제한다. 동시에 YPAR은 인식론적 엄밀함 또한 요구한다. 학생들은 자신이 속한 공동체와 관련된 데이터를 수집, 분석, 해석하는 과정에 참여하며, 이는 단지 탐구 자체에 머무르지 않고, 가치론적 결과, 즉 과학을 시민 참여와 정의 증진을 위한 실천으로 전환시키는 데 목적을 둔다. 즉, SSI나 YPAR 등의 과학교수학습모델의 속에서 JOSE를 가능하게 하는 각각의 철학적 접근을 유기적으로 엮어 강력한 실천 기반을 형성할 수 있음을 시사한다.

보다 구체적인 사례로, Morales-Doyle(2017)의 연구는 AP 화학 수업에서 학생들이 수행한 프로젝트를 중심으로 JOSE의 세 가지 철학적 접근이 통합적으로 실현된 과정을 보여준다. 이 수업에서 학생들은 지역 사회의 납 오염 문제를 다루기 위해 토양 프로젝트와 지역 커뮤니티 발표 활동에 참여하였다. 학생들은 교사와 함께 지역 주민과 시 공무원을 대상으로 한 타운홀 미팅을 기획하고, 이 자리에서 자신의 조사 결과를 발표하였다.

학생들은 해당 지역의 환경 인종주의와 직결된 사회적 쟁점으로, 토양 샘플을 채취하고 납과 수은 오염을 분석하였으며, 이를 통해 주장 생성, 정량적 자료 분석, 과학적 방법에 대한 비판적 검토, 증거 기반 결론 도출 등 깊이 있는 인식론적 실천에 참여하게 되었다(인식론적 접근). 하지만 이 수업은 단순히 과학적 기술을 익히는 데 그치지 않았다. 학생들은 과학은 왜 중요한가, 과학은 어떤 가치를 지향해야 하는가와 같은 질문을 중심으로, 자신들의 연구 결과가 지역 사회에 어떤 의미를 지니는지를 점검하며, 자신들의 탐구가 기존 환경 규제를 재조명하고, 지역 지식을 공론화할 수 있는 기회로 삼았다(가치론적 접근).

또한 학생들은 지역 과학 전문가의 역할을 수행하며 공식 회의 자리에서 지역 공무원에게 직접 정책적 대응을 요구하였다(존재론적 접근). 이 과정에서 학생과 교사 간의 관계는 단순한 지식 전달의 틀을 넘어, 제도 과학과 지역 운동, 학생의 주체성 사이의 긴장을 공동으로 조율하는 관계로 전환되었다. 이는 교실 내부에서의 권력 협상(power negotiation)의 중요성을 강조하는 동시에, 학생이 시민적 주체로 성장하는 과학교육의 가능성을 실질적으로 보여준다. 이 사례는 JOSE의 인식론적, 존재론적, 가치론적 접근이 단절된 방식이 아니라, 서로 보완적으로 작동할 수 있음을 보여주는 사례로, 학교 과학교육 맥락에서도 학생들이 정의지향적 학습에 의미 있게 참여할 수 있는 여지가 충분함을 보여준다.

2.4.1. JOSE를 위한 교사 성찰 틀: 인식, 존재, 가치의 질문들

JOSE를 실천하고자 하는 교사들에게 인식론, 존재론, 가치론이라는 세 가지 범주는 교사의 목표, 전략, 긴장 지점을 성찰하기 위한 접근 가능한 사고의 틀로 기능할 수 있다. 예를 들어 교사는 다음과 같은 질문을 스스로 던질 수 있다.

- 나는 학생들이 과학 지식과 실천을 통해 편향되거나 차별적인 주장, 또는 과거의 역사적 해악을 정당화했던 왜곡된 과학의 사용을 비판적으로 검토할 수 있는 도구로 이해하도록 돕고 있는가?
- 나는 교실 내 관계, 담론 구조, 권력 분포가 누가 과학 학습자로 인식되고 누가 배제되는지에 어떤 영향을 미치는지 주목하고 있는가?
- 나는 학생들이 과학을 활용하여 보다 정의롭고 평등한 세상을 상상하고 실현해 나가는 여정에 참여할 수 있도록 돕고 있는가?

이러한 질문들은 단지 교사의 성찰적 실천을 촉진하는 데 그치지 않고, 과학교육을 보다 깊은 철학적 지향성과 정렬시키는 역할을 한다. 즉, 과학 교실을 비판적, 관계적, 윤리적 전환이 일어나는 공간으로 재구성하는 데 기여한다.

3. 비판적 과학 주체성(CSA): 정의지향 과학교육의 핵심 역량

앞에서는 JOSE를 인식론적, 존재론적, 가치론적 접근을 통해 각각 그리고 상호 연결적으로 실천할 수 있는 방식을 설명하였다. 이제 시선을 전환하여, JOSE를 통해 학생들에게 어떤 역량을 함양하고자 하는가에 대해 논의하고자 한다. 정의지향 과학교육의 중요성과 가능성에 주목한 여러 연구들은, JOSE를 통해 학생들이 비판적 또는 사회정치적 의식(critical or sociopolitical consciousness, Upadhyay et al., 2020), 과학에 대한 비판적 관점(critical perspectives of science, Mutegi et al., 2022; Kim, 2024b), 그리고 비판적 과학 주체성(critical science agency, CSA, Basu & Calabrese Barton, 2009)과 같은 역량을 키울 수 있음을 보여주고 있다. 이 중에서 본 절에서는 비판적 과학 주체성이라는 개념을 중심으로 소개하고자 한다. 이 개념은 세 가지 측면—지식과 탐구, 전문가로서의 학습자, 변화를 위한 실천—을 포함하며, 앞서 다룬 인식론적, 존재론적, 가치론적 접근과 개념적으로 잘 맞물린다.

비판적 과학 주체성(critical science agency)이라는 개념은 과학 학습을 단순한 지식과 기능 습득을 넘어서는 의미 있는 사회적 실천으로 바라보는 틀을 제공한다(Basu & Calabrese Barton, 2009; Schenkel et al., 2019). 즉, 학생들이 과학 학습을 자신의 삶과 연결된 것으로 인식할 뿐만 아니라, 자신과 자신이 속한 공동체에 영향을 미치는 구조적 불평등이나 암묵적 규범을 이해하고 도전하는 수단으로 활용할 때, 학습은 보다 깊이 있고 지속적인 의미를 갖게 된다(Birmingham & Calabrese Barton, 2014; Gutiérrez, 2023). 이러한 관점에서 볼 때, 과학교육은 과학적 문해력(scientific literacy)을 함양하는 것뿐만 아니라, 학생들의 삶의 맥락과 열망이 반영된 학습 공간을 마련하는 방향으로 설계될 수 있다. 이는 특히 학생 스스로가 무엇이 중요한지, 자신의 정체성, 공동체, 미래와 어떤 관련이 있는지를 주체적으로 정의하고 탐색할 수 있도록 지원하는 교수 전략을 포함한다(e.g., Kim, 2019).

3.1. CSA의 첫 번째 측면: 지식과 탐구-JOSE의 인식론적 접근과의 연계

비판적 과학 주체성(Critical Science Agency)의 첫 번째 측면은 학생들의 과학 지식과 탐구 역량으로, 이는 JOSE의 인식론적 접근과 깊게 연결된다. 본 역량은 학생들이 현상 탐구, 설명 구성, 데이터 분석 등과 같은 인식론적 실천을 통해 과학적 이해를 형성하고, 과학적 주장, 정보, 지식의 신뢰도를 점검하는 활동을 포함할 수 있다. 예를 들어, 환경 과학을 주제로 탐구활동에서, 학생들이 토양 샘플을 채취하고 오염 물질을 분석하거나 에너지 소비 현황을 조사하는 활동을 통해(Ballard et al., 2017; Harris & Ballard, 2021), 어느 데이터가 중요한가, 과학 지식은 어떻게 구성되는가, 어떤 증거가 정당한 것으로 간주되는가와 같은 질문을 제기하면서, 인식론적 실천 자체를 정의 실현의 행위로 경험하게 된다.

Clark et al.(2020)과 Quiroz-Martinez(2023)가 지적하듯이, 이러한 인식론적 실천은 단지 과학 관련 주제를 다루는 수준의 피상적 참여에 머물러서는 안 되며, 과학과 정의의 사회정치적 차원에 대한 깊은 탐구로 이어지는 출발점이 되어야 한다고 주장한다. 즉, 학생들이 수행하는 탐구는 과학 학습을 넘어서, 지식의 형성과 활용이 사회적 권력, 불평등, 정의와 어떻게 얽혀 있는지를 성찰하는 계기가 되도록 교수학습 경험을 계획할 필요가 있다.

3.2. CSA의 두 번째 측면: 전문가로서의 학습자-JOSE의 존재론적 접근과의 연계

CSA의 두 번째 측면은 학생들을 전문가로 대하는 것(positioning students as experts)에 중심을 두며, 이는 JOSE의 존재론적 접근과 긴밀히 맞닿아 있다. 이 역량은 과학 학습 경험에서 의미, 관계성, 현실을 학생들이 능동적으로 구성해 나가는 존재로서 참여하는 역할을 강조한다. 이러한 관점에서, 학생들이 지닌 삶의 지식을 과학적 이해 형성의 핵심 자원으로 인정하는 것을 통해 실현된다. 예를 들어, 학생들이 스스로 관심 있는 과학 관련 사회 문제를 선정하고, 자신의 경험을 통해 데이터를 해석하며, 그 분석을 의미 있는 통찰로 제시할 때 이러한 실천이 잘 드러난다(Ballard et al., 2017; Tan & Faircloth, 2023). 이 과정은 교사의 역할을 지식 전달자에서 공동 학습자이자 공동 설계자로 전환시키며, 학생의 전문성을 정당하게 인정하는 관계적 공간을 창출하는 데에 중점을 둔다. 학생에 대해 부족해 가르쳐줘야 하는 대상이라는 가정(deficit-based assumptions)에 저항하여, 학생을 정당한 존재(rightful presence)로 인정, 존중하는 교육 실천을 가능하게 한다.

즉, 학생을 수동적 수용자가 아닌 탐구와 지식 생산의 주체로 재구성하는 것이다. 이를 위해 교사는 자신의 권한을 학생과 나누는 것이 필요하다. 이는 단순히 권한을 포기하는 것이 아니라, 학생의 비판을 수용하고, 교육과정을 공동으로 개발하며, 학생의 문화적·지역적 지식을 존중하는 실천을 통해 이루어진다. 이러한 권한의 공유는 상호 인정과 권력 협상의 과정을 통해 정의의 존재론적 조건을 마련한다.

3.3. CSA의 세 번째 측면: 변화를 위한 실천-JOSE의 가치론적 접근과의 연계

비판적 과학 주체성(Critical Science Agency)의 세 번째 측면인 변화를 위한 실천(actions for change)은 JOSE의 가치론적 접근을 잘 반영한다. 이 역량은 학생들의 과학 학습의 성과를 윤리적 책임과 사회적 가치 추구와 관련짓고, 학습이 단지 알고 있는 것(knowledge)이나 존재하는 것(being)에 그치지 않고, 행하는 것(doing)을 통해 실현된다고 간주한다. 이는 보다 정의로운 평등한 미래를 상상하고 실현하기 위한 도구로서의 과학 학습 역량을 의미한다. 예를 들어, 환경정의 문제를 탐구하는 과제 상황 속에서, 학생이 개인적으로 환경친화적 습관을 실천하는 것부터 시작하여, 지역 사회의 문제 해결을 위한 공동체 중심 프로젝트나 시민 참여 활동을 주도하는 집단적 실천까지를 포함할 수 있다(Ballard et al., 2017; Mayes, 2024). 또는, 학생들이 주체적으로 기후 인식 캠페인을 기획하거나, 학교의 친환경 정책 도입을 요구하는 청원, 자신의 연구 결과를 지역 사회 이해관계자에게 발표하는 등의 활동을 수행할 수 있다. 이러한 실천은 학생과 공동체가 직면한 현실의 문제에 맞서고자 하는 학습이 실제로 의미 있는 행위임을 보여준다.

학교 과학교육에서는 여전히 지식 전달 중심의 교육과정이 우선되기 때문에, 이러한 가치 기반의 실천 측면은 종종 간과되곤 한다(Quiroz-Martinez, 2023). 이에 CSA의 세 번째 역량, 변화를 위한 실천은, 과학교육이 학생들이 어떤 세상에서 살고 싶은가라는 질문을 던지고, 그 비전을 실현해 가기 위한 수단으로 과학을 사용할 수 있도록 돕는 과정에 발전할 수 있다. 이것은 연대(solidarity), 공동의 희망(collective hope), 도덕적 책임감(moral responsibility)을 기르는 과정이기도 하다(Vamvalis, 2023).

4. 결론

이 장에서는 정의지향 과학교육(Justice-Oriented Science Education, JOSE)의 개념과 필요성, 그리고 이를 인식론적, 존재론적, 가치론적 접근으로 구체화하는 틀을 중심으로 살펴보았다. 각각의 접근은 과학 학습을 통해 정의를 어떻게 사고하고 실천할 수 있을지를 탐색하는 데 서로 다른 출발점을 제공하지만, 실제 교육 현장에서는 상호 연결되며 함께 작동하며, 함께 작용할 때 정의지향 과학교육이라는 본 의미를 충실히 경험하게 할 수 있다. 이러한 철학적 틀은 교사와 연구자, 학생 모두가 과학교육 속에서 정의의 복합적 의미를 인식하고, 그 실천 가능성을 모색하는 데 유용한 시사점을 제공한다.

이러한 접근들을 통합적으로 실천하는 과정에서, JOSE는 학생들에게 단지 과학 지식과 기능을 익히는 것을 넘어서, 비판적 관점, 사회적 책임, 실천적 개입의 역량을 길러주는 것을 목표로 한다. 본 장에서는 JOSE가 지향하는 핵심 역량 중 하나로 비판적 과학 주체성(Critical Science Agency)을 소개하고, 이를 (1) 지식과 탐구, (2) 전문가로서의 위치 부여, (3) 변화를 위한 실천의 세 측면으로 구체화하였다. 이 세 가지는 각각 JOSE의 인식론적, 존재론적, 가치론적 접근과 밀접하게 연계되며, 과학 학습이 학생 자신의 삶, 공동체, 미래와 연결될 수 있도록 돕는 실천적 가능성을 보여준다.

JOSE는 고정된 모델이라기보다, 교사와 학생이 함께 만들어 가는 과정에 가깝다. 정의의 의미가 문화적·사회적 맥락에 따라 다르게 형성되고 해석되는 만큼, JOSE 또한 다양한 교육 맥락에서 유연하게 적용되어야 한다. 과학교육이 보다 정의롭고, 학생 중심적이며, 사회 변화에 기여할 수 있는 방향으로 나아가기 위해, JOSE는 현재와 미래의 과학교육을 새롭게 구성하기 위한 지속적 실천의 여정으로 자리매김할 필요가 있다.

참고문헌

Allchin, D. (2020). From nature of science to social justice: The political power of epistemic lessons. In *Nature of Science for Social Justice* (pp. 23-39). Springer, Cham. https://doi.org/10.1007/978-3-030-47260-3_2

Archer, L., Moote, J., Francis, B., DeWitt, J., & Yeomans, L. (2021). The impact of equity-oriented science education on students' engagement and achievement. *International Journal of Science Education, 43*(7), 1012-1033.

Ballard, H. L., Dixon, C., & Harris, E. M. (2017). Youth-focused citizen science: Examining the role of environmental science learning and agency for conservation. *Biological Conservation, 208*, 65-75. https://doi.org/10.1016/j.biocon. 2016.05.024

Basu, S. J., & Calabrese Barton, A. (2009). Critical physics agency: Further unraveling the intersections of subject matter knowledge, learning, and taking action. *Cultural Studies of Science Education, 4*, 387-392. https://doi.org/10.1007/s11422-008-9155-4

Birmingham, D., Calabrese Barton, A., McDaniel, A., Jones, J., Turner, C., & Rogers, A. (2017). 'But the science we do here matters': Youth-authored cases of consequential learning. *Science Education, 101*(5), 818-844. https://doi.org/10.1002/sce.21293

Calabrese Barton, A., & Tan, E. (2010). We be burnin! Agency, identity, and science learning. *Journal of the Learning Sciences, 19*(2), 187-229. https://doi.org/10.1080/10508400903530044

Calabrese Barton, A., & Tan, E. (2020). Beyond Equity as Inclusion: A Framework of Rightful Presence for Guiding Justice-Oriented Studies in Teaching and Learning. *Educational Researcher, 49*(6), 433-440. https://doi.org/10.3102/0013189X20927363

Carlone, H. B., Haun-Frank, J., & Webb, A. (2011). Assessing equity beyond knowledge- and skills-based outcomes. *Journal of Research in Science Teaching, 48*(5), 459-485. https://doi.org/10.1002/tea.20413

Carlone, H. B., Johnson, A., & Eisenhart, M. (2014). Cultural and social positioning in science education. *International Journal of Science Education, 36*(18), 3057-3082. https://doi.org/10.1080/09500693.2014.943998

Clark, H. F., Sandoval, W. A., & Kawasaki, J. N. (2020). Teachers' uptake of problematic assumptions of climate change in the NGSS. *Environmental Education Research, 26*(8), 1177-1192. https://doi.org/10.1080/13504622.2020.1748175

Delpit, L. (1988). The silenced dialogue: Power and pedagogy in educating other people's children. *Harvard Educational Review, 58*(3), 280-299. https://doi.org/10.17763/haer.58.3.c43481778r528qw4

Duncan, R. G., Chinn, C. A., & Barzilai, S. (2018). Grasp of evidence: Problematizing and expanding the next generation science standards' conceptualization of evidence.

Journal of Research in Science Teaching, 55(7), 907-937. https://doi.org/10.1002/tea.21468

Feinstein, N. W., & Meshoulam, D. (2014). Science for what public? *Science Education, 98*(4), 577-601. https://doi.org/10.1002/sce.21108

Fraser, N. (2007). Identity, exclusion, and critique: a response to four critics. *European Journal of Political Theory, 6*(3), 305-338. https://doi.org/10.1177/1474885107077319

Fraser, N. (2009). *Scales of justice: Reimagining political space in a globalizing world* (Vol. 31). Columbia University Press.

Gutiérrez, K. D. (2023). When learning is made consequential: A methodological note on repertoires. *Review of Research in Education, 47*(1), 84-99. https://doi.org/10.3102/0091732X23121

Harris, E. M., & Ballard, H. L. (2021). Examining student environmental science agency across school science contexts. *Journal of Research in Science Teaching, 58*(6), 906-934. https://doi.org/10.1002/tea.21685

Kahn, J. (2022). Toward a Justice-Oriented Science Education: Rethinking Scientific Literacy for Equity. *Science Education, 106*(2), 345-368.

Kelly, G. J., McDonald, S., & Wickman, P. O. (2011). Science learning and epistemology. In *Handbook of Research on Science Education*. Springer. https://doi.org/10.1007/978-1-4020-9041-7_20

Kim, W. J. (2019). Teacher as Change Agent for Consequential Learning: One Korean Teacher's Autoethnography on the Dance-with-science Project. *Forum for International Research in Education, 5*(2), 79-96. https://doi.org/10.32865/fire201952156

Kim, W. J. (2024a). 'At First They Felt Barely Relevant': Teacher Reflective Sensemaking of Justice-oriented Science Teaching. *International Journal of Science Education*, 1-22. https://doi.org/10.1080/09500693.2024.2344128

Kim, W. J. (2024b). Critical Perspectives of School Science: A Science Teacher's Self Reflective Study of Science Classroom Interactions with Students. *Journal of Science Teacher Education*, 1-20. https://doi.org/10.1080/1046560X.2024.2380187

Kim, W. J. (2024c). Community-Engaged Research Projects in School Settings: Science Teachers' Practices and Reflections. *Social Sciences, 13*(12), 661. https://doi.org/10.3390/socsci13120661

Kim, W. J. (2025) Nuclear Wastewater Release to the Pacific Ocean: an Environmentally Critical Socio-scientific Issue to Promote Students' and Teachers' Grasp of Evidence. *Interdisciplinary Journal of Environmental and Science Learning*. https://doi.org/10.29333/ijese/15938

Kim, W. J., Calabrese Barton, A., & Archer, L. (2025). Making Space in Support of Youths'

Rightful Presence in Informal STEM Learning. *Journal of Research in Science Teaching*. https://doi.org/10.1002/tea.70000

Loftus, S. (2022). The Social Brain and Learning: Why Relationships Matter in Education.

Mayes, E. (2024). Young people learning climate justice: Education beyond schooling through youth-led climate justice activism. In Wyn, J., Cahill, H., & Cuervo, H. (eds) *Handbook of children and youth studies* (pp. 943-956). Singapore: Springer Nature Singapore. https://doi.org/10.1007/978-981-99-8606-4_99

Moon, S. (2012). Cultural translation: Curricular discourse with/in internationalization of curriculum studies. *Transnational Curriculum Inquiry, 9*(1), 1-19. http://nitinat.library.ubc.ca/ojs/index.php/tci

Morales-Doyle, D. (2017). Justice-centred science pedagogy: A catalyst for academic achievement and social transformation. *Science Education, 101*(6), 1034-1060. https://doi.org/10.1002/sce.21305

Morales-Doyle, D., & Frausto, A. (2021). Youth participatory science: A grassroots science curriculum framework. *Educational Action Research, 29*(1), 60-78. https://doi.org/10.1080/09650792.2019.1706598

Osher, D., & Pittman, K. (2024). *Creating Conditions for Learning: A Neurodevelopmental Approach to Educational Equity*.

Quiroz-Martinez, D. (2024). Chemistry teachers' perspectives and understanding in integrating sustainability into teaching: the case of Chile. *Environmental Education Research, 30*(3), 432-449. https://doi.org/10.1080/13504622.2023.2193688

Rawls, J. (1971). *A theory of justice*. Cambridge, MA: Belknap Press of Harvard University Press.

Ro, J. (2019). The meaning of teacher education in an exam-oriented education system: Lessons from novice secondary teachers in Korea. *Asia-Pacific Journal of Teacher Education, 47*(4), 399-413. https://doi.org/10.1080/1359866X.2018.1499013

Russ, R. S. (2014). Epistemology of science vs. epistemology for science. *Science Education, 98*(3), 388-396. http://doi.org/10.1002/sce.21106

Schlosberg, D. (2007). *Defining environmental justice: Theories, movements, and nature*. OUP Oxford.

Schenkel, K., Calabrese Barton, A., Tan, E., Nazar, C. R., & Flores, M. D. G. D. (2019). Framing equity through a closer examination of critical science agency. *Cultural Studies of Science Education, 14*, 309-325. https://doi.org/10.1007/s11422-019-09914-1

Schulz, R. M. (2013). Philosophy of education and science education. In *International Handbook of Research in History, Philosophy and Science Teaching*. https://doi.org/10.1007/978-94-007-7654-8_39

Smith, M., McCulloch, T., & Daly, M. (2024). Being, knowing and doing: Aligning ontology, epistemology, and axiology to develop an account of social work as practice. *Social Work Education*, 1-16. https://doi.org/10.1080/02615479.2024.2330598

Tan, E., & Faircloth, B. (2023). One World: Refugee youth incubating epistemologies toward rightful presence with/in community-driven STEM. *Journal of Research in Science Teaching, 60*(8), 1627-1656. https://doi.org/10.1002/tea.21846

Tolbert, S., & Bazzul, J. (2017). Toward the sociopolitical in science education. *Cultural Studies of Science Education, 12*, 321-330. https://doi.org/10.1007/s11422-016-9737-5

Tolbert, S., Schindel, A., & Rodriguez, A. J. (2018). Relevance and relational responsibility in justice-oriented science education research. *Science Education, 102*(4), 796-819. https://doi.org/10.1002/sce.21446

Thompson, J. (2022). Joining the campaign to center justice-oriented theory and practice in science education. *Science Education, 106*(6). http://doi.org/10.1002/sce.21767

Upadhyay, B., Atwood, E., & Tharu, B. (2020). Actions for sociopolitical consciousness in a high school science class: A case study of ninth grade class with predominantly indigenous students. *Journal of Research in Science Teaching, 57*(7), 1119-1147. https://doi.org/10.1002/tea.21626

Vamvalis, M. (2023). 'We're fighting for our lives': Centering affective, collective and systemic approaches to climate justice education as a youth mental health imperative. *Research in Education, 117*(1), 88-112. https://doi.org/10.1177/00345237231160090

Varelas, M., Martin, D. B., & Kane, J. M. (2015). Content learning and identity construction. *Human Development, 58*(3), 145-168. https://doi.org/10.1159/000433502

Varpio, L., & MacLeod, A. (2020). Philosophy of science series: harnessing the multidisciplinary edge effect by exploring paradigms, ontologies, epistemologies, axiologies, and methodologies. *Academic Medicine, 95*(5), 686-689. http://doi.org/10.1097/ACM.0000000000003142

Zeidler, D. L., & Sadler, T. D. (2011). An inclusive view of scientific literacy. In *Promoting Scientific Literacy: Science Education Research in Transaction* (pp. 176-193). Routledge.

CHAPTER

05 통합과학 평가를 위한 평가 방법

1. 서론

통합과학 교과는 학생들이 일상과 사회 속 현상을 과학적으로 이해하고 적극적으로 문제를 해결하고 참여하는 민주 시민으로 성장하도록 돕는 교과이다. 통합과학 교육 목표를 실현하기 위해서 평가가 수업 설계와 과정에서 통합되어야 한다. 평가가 교육 목표와 일치할 때 학생의 과학적 소양, 탐구역량, 문제 해결력 및 태도가 타당하게 평가되고, 학습을 촉진할 수 있다. 본 장에서는 통합과학의 성격을 고려하여, 평가의 타당도 확보와 타당화 과정을 시작으로 심층 학습을 지원하는 평가 기능을 살펴본다. 또한 서술형 평가와 선택형 평가를 '개별 맞춤형 교육'과 '심층 학습'이라는 두 관점에서 비교하고, 평가 도구의 특징을 살펴본다. 또한 평가 결과의 기록 및 활용 방안, 학생 성장 경로를 체계적으로 모니터링하고 학교 현장의 교육적 의사결정에 반영하는 구체적 전략을 탐색한다. 통합과학 교과에서 평가가 단순한 성취 판단의 도구가 아닌 학습 촉진을 위한 핵심 요소가 되는 데 필요한 다양한 이론을 살펴본다.

2. 평가의 타당도와 타당화 과정

교육에서 평가 도구의 질을 판단하는 핵심적인 기준은 타당도(validity)이다. 타당도는 평가 도구가 측정하려는 대상을 실제로 얼마나 잘 측정하는지에 관한 정도를 의미한다. 예를 들어, 학생의 과학적 탐구능력을 평가하려는 시험이 단순한 암기 문제로 구성되어 있다면 해당 도구는 탐구 능력의 실제 수준을 제대로 반영하지 못하므로 타당도가 낮다고 판단한다. 그러나 타당도는 단순히 문항의 형식이나 내용 적절성만으로 판단되지 않는다. 평가 도구 자체가 '타당하다'는 표현은 엄밀히 말해 부정확하다. 타당도는 평가 도구를 통해 얻은 결과를 어떤 맥락에서 어떻게 해석하고 사용하는가에 따라 달라지기 때문이다. 따라서 "타당한 평가 도구"는 존재하지 않으며, 평가 도구가 사용될 때마다 그 타당성을 확인하는 것이 필요하다. 타당성을 확인하면서 점점 타당하게 만드는 과정이 타당화(validation)이다.

타당화는 평가 도구가 목적에 맞게 작동하고 있는지를 검토하고, 그 증거를 축적해 나가는 과정이다. 예를 들어 통합과학 시간에 '다윈의 자연선택의 원리'를 이해하는 능력을 평가하려는 문항이 있다면 이 문항이 실제로 다윈이 말한 자연선택 개념을 측정하는지, 학생들이 해당 문항에 어떻게 반응하는지를 분석하여 타당성을 검토해야 한다. 이러한 분석을 통해 증거를 축적하는 것이 타당화이다. 한 번 타당화 과정을 거쳐 평가 도구가 개발되었더라도 이후의 사용 상황에서 그 타당도를 보장할 수 없다. 동일한 문항이라도 적용되는 수업 환경, 학년, 학생 집단의 특성에 따라 다른 반응이 나타날 수 있다. 예를 들어 수도권의 일반 중학교에서 실시한 개념 이해 평가 문항이 소외 지역 중학교 학생들에게는 적절하지 않을 수 있으며, 평가 결과 해석이 달라질 수 있다. 타당도는 비용 및 효율성의 관점에서도 고려되어야 한다. 예를 들어, 과학 개념의 깊은 이해나 오개념의 원인을 밝히는 데에는 개별 면담이나 포트폴리오 분석 같은 질적 평가가 높은 타당도를 보일 수 있다. 하지만 이러한 방식은 시간과 인력이 많이 소요되기 때문에, 현실적인 교육 현장에서는 선택형 문항이나 서술형 평가가 대안으로 사용된다. 이 같은 경우에는 절대적인 타당도는 낮을 수 있으나, 평가의 실현 가능성과 비용 대비 효율성을 고려한 합리적인 선택이 될 수 있다. 중요한 것은 평가 도구를 개발한 연구자나 활용하는 사용자 모두가 평가 도구의 타당도에 대한 책임을 진다는 점이다. 평가 결과를 수용하기 위해 사용한 문항이 무엇을 측정하며, 그 결과를 어떤 의미로 해석할 수 있는지를 밝혀야 한다. 타당도에 대한 분석과 보고 없이 이루어진 평가는 그 결과를 수용하기는 어렵고, 자칫 잘못된 교육적 판단으로 이어질 수 있다.

2.1. S. Messick의 타당도 이론

S. Messick은 미국의 심리학자로 평가 도구의 타당성 이론에 큰 공헌을 남겼다. Educational Testing Service(ETS)에서 타당도 연구를 주도했다. 그는 시험을 통해 얻은 추론이 타당한지 재검증해야 한다는 관점을 제시했으며, 평가 도구 사용의 사회적, 교육적 결과에 주목하였다. Messick이 제시한 타당도 이론은 이후 국제적인 평가 기준의 기초가 되었다. 현재는 미국교육 및 심리평가 기준서(Standards for Educational and Psychological Testing)에 그의 이론이 반영되어 있다. Messick은 타당도를 여섯 가지 측면에서 종합적으로 평가할 것을 제안하였다(Messick, 1995). 내용 타당도(content validity)는 문항이 교육과정과 평가 목표를 적절히 반영하고 있는지를 판단한다. 실제 타당도(substantive validity)는 학생들이 문제를 해결할 때 실제로 사용하는 사고 과정이나 인지 전략이 평가 도구의 의도와 일치하는지를 살펴본다. 일반화 타당도(generalizability)는 평가 문항이 특정 집단에 편향되지 않고 동일하게 작동하는지를 확인한다. 구조 타당도(structural validity)는 문항이 측정하고자 하는 개념적 구조(construct)를 충실히 반영하는지를 분석한다. 외적 기준 타당도(external validity)는 평가 결과가 외부의 다른 측정 도구나 성취 지표와 얼마나 연관되는지를 의미한다. 마지막으로 결과 타당도(consequential validity)는 평가 결과가 학생과 교사, 교육 환경에 미치는 영향을 포함하여, 평가 도구의 사용이 바람직한 교육적 결과로 이어지는지를 분석하는 항목이다. 이 여섯 가지의 타당도에 관한 내용을 하나씩 살펴볼 것이다.

2.2. 내용에 기초한 타당도(content validity)

내용 타당도는 평가 문항이 측정하고자 하는 지식, 기능, 태도 등과 같은 구인을 얼마나 충실히 대표하는지를 검토하는 과정이다. 다시 말해, 평가가 다루려는 교육 목표와 학습 내용을 문항이 얼마나 정확히 반영하고 있는지를 판단하는 것이다. 예를 들어, 통합과학에서 '과학적 탐구 역량'을 평가하는 목적을 가진 시험에서 '식물의 구조'와 관련된 지식 문항이 포함되어 있다면, 해당 문항의 내용 타당도가 낮다고 판단할 수 있다. 이 경우 문항은 학생이 가진 식물 구조에 관한 이해나 지식을 평가할 수는 있으나, 관찰이나 추리와 같은 과학 탐구 능력을 평가하는 데 필요한 구인과는 직접적으로 관련되지 못한다.

내용 타당도는 평가의 목적이 교육 목표와 일치하는지도 함께 고려해야 한다. 예를 들어 평가의 궁극적인 목적이 학생의 '비판적 사고 능력 향상'임에도 불구하고, 평가 문항이 단순한 사실 암기나 용어 정의에 집중되어 있다면 내용 타당도가 낮다고 판단한다. 평가가 학생에게 어떤 학습 행동을 유도하고, 교육 과정의 어떤 목표를 실현하려는지를 명확히 해야 한다. 내용 타당도는 주관적인 판단에 기반할 수밖에 없으므로 해당 분야의 전문가 집단의 검토를 통해 확인된다. 전문가들은 문항이 교육과정, 수업 내용, 학습 목표와 일치하는지를 분석하고, 문항들이 전체적으로 측정하고자 하는 구인을 대표하고 있는지 확인한다. 또한 해당 평가가 어떤 전문 문헌이나 이론적 틀과 일치하는지를 검토하는 방법도 병행될 수 있다. '과학에 대한 흥미'를 평가하고자 할 경우, 흥미라는 심리적 특성은 그 정의와 구성 요소가 학자마다 다를 수 있으므로 어떤 이론에 따라 흥미를 정의하고 평가하는지를 분명히 해야 한다. 이와 같은 절차는 내용 타당도를 확보하기 위한 핵심으로, 다양한 해석이 가능한 추상적 개념을 다룰 때 중요하다. 평가문항을 개발하는 사람들은 대부분의 경우 해당 분야의 교육과정과 내용에 전문가이기 때문에 내용 타당도는 큰 문제 없이 확보되는 경우가 많다. 하지만 평가 개발자는 자신이 구성한 문항이 무엇을 기반으로 설계되었고, 어떤 근거로 적절성을 판단했는지에 대해 문서화하고 보고해야 할 필요가 있다. 이와 같은 과정은 타당도뿐만 아니라 교육평가의 투명성과 신뢰성을 확보하기 위한 중요한 과정이다.

2.3. 실제에 기초한 타당도(substantive validity)

실제에 기초한 타당도는 문항을 해결할 때 피평가자가 사용하는 실제 인지적 사고 과정이 문항 개발자가 의도한 사고 과정과 얼마나 일치하는지를 검토하는 과정이다. 다시 말해, 학생이 문제를 풀며 어떤 생각을 했는지와 사고의 흐름이 문항 설계자가 기대했던 내용과 사고 흐름과 얼마나 유사한지를 확인하는 과정이다. 예를 들어, 통합과학 수업에서 '광합성' 개념을 이해했는지를 평가하기 위한 문항이 있다고 하자. 이 문항에서 '광합성은 식물이 햇빛을 이용하여 영양분을 만드는 과정이다'라는 설명에 이어, '광합성의 작동과 관련성이 낮은 원인 중 잘못된 것을 제외하고 모두 고르시오'라는 보기 문항이 출제되었다고 가정하자. 이 문항은 쉽게 이해되지 않는다. 이 문항에 대해 교사가 의도한 답과 학생의 답이 다르다면 교사는 학생이 광합성의 핵심 개념을 정확히 이해하지 못했다고 판단할 것이다. 그런데 만약 학생이 오답을 선택한 이유가 문항의 문장 구조가 혼란스러워서이거나, 문항의 의도를 오해한 결과였다면 이 문항은 실제에 기초한 타당도가 낮다고 판단할 수 있다. 학생이 자신의 인지적 판단에 따라 답을 고른 것이 아니라, 문항의 구조적 특성 때문에 혼란을 겪은 것이기 때문이다.

실제에 기초한 타당도를 확인하는 가장 효과적인 방법은 학생의 실제 반응을 관찰하거나, 임상 면담을 통해 문항에 응답하는 사고 과정을 확인하는 것이다. 몇몇 학생을 대상으로 문항에 답한 이후 "왜 이 보기를 선택했는가?", "문항을 어떻게 이해했는가?"와 같은 질문을 활용한 면담을 진행하면 문항이 의도한 인지 과정이 평가 설계자의 의도와 일치하는지 판단할 수 있다. 실제에 기초한 타당도는 평가의 질을 결정짓는 중요한 요소임에도 불구하고, 실제 교육 현장에서는 비교적 간과되거나 생략되는 경우가 많다. 특히, 대규모 시험에서는 시간과 인력의 제약으로 인해 모든 문항에 대해 학생의 인지 반응을 직접 확인하는 것이 어렵다. 일부에서는 문항 반응 이론(Item Response Theory)을 활용한 통계적 분석을 통해 문항이 기대한 대로 작동하는지 확인하는 방법을 사용하기도 한다. 예를 들어, 문항 적합도(fit index)를 분석하여 문항에 대한 평가자의 반응의 적절성을 정량화하기도 한다.

실제에 기초한 타당도는 특히 학생들의 오개념을 평가하거나, 고차 사고력을 측정하는 문항에서 매우 중요하다. 문항이 복잡한 사고를 유도하려는 목적을 가졌지만 실제로는 단순한 요령이나 추론으로도 정답을 유도할 수 있다면 해당 문항은 본래 목적과 다른 사고 과정을 유도한 것이 되며 타당도는 낮게 평가된다. 문항을 설계할 때는 단순히 정답률이나 내용 적합성만이 아니라, 학생이 어떻게 사고하며 응답하는가에 대한 면밀한 검토가 병행되어야 하며, 특히 중요한 문항일수록 이러한 확인 과정을 지속적으로 수행해야 한다. 이와 같은 과정은 평가가 단순히 결과를 수치화하는 작업이 아닌 학생의 실제 사고 과정과 그 깊이를 평가하려는 평가 본연의 목적을 실현하는 과정이기 때문이다.

2.4. 일반화에 기초한 타당도(generalizability aspect of validity)

일반화에 기초한 타당도는 평가 문항이 특정 집단에 편향되지 않고, 다양한 학습자 집단에게 공정하게 작동하는지를 검토하는 타당도의 유형이다. 문항이 어느 학생 집단에 대해 유리하거나 불리하게 작용하지 않고, 평가 결과를 모든 집단에 대해 동일한 기준으로 해석할 수 있는지를 확인하는 것이다. 통합과학 수업에서 일반화 타당도를 저해하는 대표적인 사례로는 문화적 맥락이나 언어적 표현에 따라 집단 간 유불리가 발생하는 문항을 들 수 있다. 예를 들어, 물리 단원에서 운동 개념을 설명하기 위해 야구공의 투구 속도나 타격 각도를 활용한 문항이 출제되었다고 하자. 이 경우 야구에 익숙한 학생들은 문항의 상황을 직관적으로 이해할 수 있지만, 야구에 대한 경험이 거의 없는 학생들은 물리 개념 자체보다 문항 상황을 이해하는 데 어려움을 겪을 수 있다. 결과적으로 평가의 본래 목적과 무관하게 특정 집단에 유리하게 작용하며, 일반화 타당도를 떨어뜨리는 원인이 된다. 또는 과학적 사고 능력을 평가하는 문항에 지나치게 어려운 국어 지문을 포함시켜 언어 능력이 부족한 학생이 과학 개념이 아닌 언어 이해 능력 때문에 불이익을 받는 경우도 일반화 타당도가 낮은 사례이다. 다문화 배경의 학생이나 언어 습득과정에 있는 학생들에게 불공정한 결과를 초래할 수 있다. 일반화 타당도는 문항이 평가하려는 구인 외의 변인이 문제해결에 영향을 미치지 않도록 모든 학생에게 동일한 조건을 제공하는지를 중심으로 판단한다. 문항의 소재, 표현 방식, 배경지식 요구 수준 등을 검토할 필요가 있다.

이러한 편향 여부는 전문가의 질적 분석으로 판단할 수도 있지만, 체계적인 검증을 위해 통계적 기법이 활용되기도 한다. 대표적인 방법은 차별문항 기능분석(Differential Item Functioning, DIF)이다. DIF분석은 동일한 능력을 가진 학생들이 소속 집단에 따라 특정 문항에서 유의미하게 다른 반응을 보이는지를 확인하는 방식으로, 특정 집단에게 유리하거나 불리한 문항을 통계적으로 탐지할 수 있다. 예를 들어, 한 통합과학 평가에서 남학생과 여학생, 또는 일반 학생과 다문화 학생 간에 특정 문항의 정답률 차이가 반복적으로 발생한다면, 해당 문항은 DIF분석에서 확인될 수 있다. 일반화에 기초한 타당도는 평가가 모든 학생에게 동등한 기회를 제공하고, 평가 결과가 학습자의 특성과 관계없이 일관된 해석을 가능하게 하는지를 확보하는 데 중요하다.

2.5. 내적 구조에 기초한 타당도(structural aspect of validity)

내적 구조에 기초한 타당도는 평가 도구가 측정하려는 심리적 구인이 이론적으로 가정된 구조와 실제로 일치하는지를 검토하는 것이다. 평가 문항들이 특정 구인을 구성하는 하위 요소들과 어떻게 연결되어 있으며, 이 요소들이 전체적으로 어떤 구조를 이루고 있는지를 분석하는 것이다. 예를 들어, '과학 학습 동기'라는 구인을 측정하고자 하는 평가 도구가 있다고 하자. 과학 학습 동기는 단일 요소로만 구성되지 않으며, 다양한 하위 요소들을 포함한다. 한 연구에서 과학 학습 동기를 ① 과학 관련 직업 동기, ② 과학에 대한 내적 흥미, ③ 자아 효능감, ④ 자기 의지, ⑤ 시험 점수에 대한 외적 동기라는 다섯 가지 하위 요인으로 정의하였다면, 이 평가 도구는 5차원 구조를 전제한다. 이 경우 평가 문항들은 각각의 하위 요인에 균형 있게 분포되어 있어야 하며, 분석 결과에서도 이 다차원 구조가 통계적으로 드러나야 내적 구조에 대한 타당도가 확보된다. 또한 이론적으로 단일 차원만을 측정해야 하는 평가 도구에서 문항들이 여러 하위 영역으로 분리되는 경향이 나타난다면 이는 내적 구조 타당도가 낮다고 평가할 수 있다. 이러한 내적 구조에 대한 검토는 특히 심리적 요인이나 정의적 특성을 측정할 때 중요하다. 다차원 구조를 가진 평가 도구라 하더라도 각 하위 요인별 문항 구성은 1차원 구조를 전제로 해야 한다. 예를 들어 '과학시험에 대한 점수 동기'라는 하위 영역은 일관된 개념이어야 하며, 해당 영역을 측정하는 문항들은 하나의 축에서 일관된 반응 패턴을 보여야 한다.

내적 구조에 기초한 타당도는 이론과 실제 평가 도구 간의 일치도를 확인하는 과정이므로, 전문가에 의한 질적 분석으로도 수행될 수 있다. 그러나 대부분의 경우 탐색적 요인분석(EFA)이나 확인적 요인분석(CFA)과 같은 양적 통계 기법을 활용하여 구조적 타당도를 검증한다. 이를 통해 문항들이 어떤 요인에 속하며, 각 요인이 전체 구인을 어떻게 설명하는지를 수치적으로 파악할 수 있다.

2.6. 외적 준거에 기초한 타당도(external aspect of validity)

외적 준거에 기초한 타당도는 평가 점수가 관련 있는 외적 변수(외부 준거)와 의미 있는 상관관계를 가지는지를 분석함으로써 평가의 타당도를 검증하는 방법이다. 평가 결과가 해당 구인이 연관된 다른 측정 결과와 예상 가능한 상관관계를 보여야 한다는 것이 핵심이다. 예를 들어, 통합과학 수업에서 '과학 역량'을 측정하기 위해 새로운 평가 도구를 개발하였다면, 이 도구의 점수는 학생의 과학 성취도 평가 점수, 과학 성적, 혹은 수학 역량 평가 점수 등과 일정 수준 이상의 양의 상관관계를 보여야 한다. 이와 같은 이유는 과학 역량이 과학 학업 성취 및 수학적 사고력과 개념적으로 연결되어 있기 때문이다. 반대로, 이 평가 점수가 음악, 미술 등의 예술 과목 성적과도 특이하게도 높은 상관관계를 보인다면, 해당 평가가 과학 역량만을 측정한다고 보기 어려우며, 관련된 외생 변수가 있음을 시사한다. 다른 예로, 평가 도구가 인지 능력을 측정한다면 학생의 나이 또는 학년과도 상관관계를 보여야 한다. 학년이 올라갈수록 사고력이 성숙해지는 것이 일반적인 발달 경향이라면 동일한 평가 도구에서 고학년 학생이 저학년 학생보다 평균적으로 더 높은 점수를 받아야 한다. 이러한 외적 변수들과의 관계는 평가가 단순히 무작위적인 점수를 산출하는 것이 아니라 실제 능력이 관련된 정보를 반영하고 있다는 증거가 된다.

외적 준거 타당도는 대부분 양적 분석을 통해 검증된다. 가장 일반적인 방법은 상관분석으로, 평가 점수와 외부 준거 변인 간의 관계를 통계적으로 분석하여 예측 가능한 방향과 수준의 상관이 존재하는지를 확인한다. 이러한 외적 준거 타당도의 검토는 특히 평가 도구의 신뢰성과 활용 가능성을 입증하는 데 필수적인 절차이다.

평가 점수가 외부 지표와 일관되게 연결되어 있다면, 해당 도구는 유용한 정보를 제공할 수 있다. 반면, 외적 준거와의 관계가 없거나 예측과 정반대의 결과가 나타난다면, 평가 도구의 구인 정의 또는 문항 구성에 근본적인 문제가 있을 가능성이 크다. 외적 준거에 기초한 타당도는 평가가 현실 세계에서 어떻게 해석되고 활용될 수 있는지를 보여주는 중요한 지표이며, 평가 도구를 개발하거나 채택할 때 반드시 고려해야 할 요소다.

2.7. 결과에 기초한 타당도(consequential aspect of validity)

결과에 기초한 타당도는 평가 점수가 실제로 어떻게 활용되는지, 그리고 그 활용이 원래 의도된 평가 목적과 일치하는지를 검토하는 과정이다. 평가 결과의 해석과 사용이 교육적으로 바람직한 방향으로 이루어지고 있는지, 그리고 평가가 교육 현장에 미치는 의도치 않은 부작용은 없는지를 종합적으로 판단하는 것이다. 예를 들어, 형성평가는 학생의 현재 성취 수준을 확인하고 수업을 조정하는 데 목적이 있다. 그런데 이러한 형성평가 점수를 학기 말 수행 점수로 반영하거나, 비교적 고부담의 방식으로 학생을 구분하는 데 활용한다면 이는 평가의 본래 목적과는 다른 용도로 결과가 사용된 것이며 결과에 기초한 타당도에 문제가 있다고 볼 수 있다. 이러한 오용은 학생에게 불필요한 경쟁을 유발하거나, 평가 자체에 대한 부정적 인식을 형성할 수 있다.

또 다른 예로는 대학수학능력시험과 같은 대규모 고사에서 나타나는 점수의 과도한 일반화를 들 수 있다. 수능 점수는 특정 시점의 학업 성취를 비교하기 위한 것이지만 현실에서는 이 점수가 학생의 종합적 인지 능력이나 잠재력까지 판단하는 데 사용되기도 한다. 평가 점수가 교육 외적 판단에 사용됨으로써, 결과적으로 평가 도구의 타당성을 훼손하는 사례가 된다. 결과에 기초한 타당도는 단지 평가 점수의 직접적 사용만이 아니라, 평가로 인해 발생하는 심리적, 행동적 영향까지 포함하여 판단한다. 형성평가는 본래 학생의 학습 개선을 위한 도구임에도 불구하고, 학생들이 이를 '시험'으로 인식하고 과도한 스트레스를 경험한다면, 이것은 평가의 목적과 실질 효과 간의 차이를 보여주는 부작용이다. 이러한 경우에도 결과에 기초한 타당도는 낮다고 평가할 수 있다. 평가 도구를 개발할 때는 해당 평가가 어떤 목적으로 설계되었고, 그 점수가 어떤 방식으로 사용되어야 하는지를 명확히 해야 한다. 평가 결과가 처음 설정한 목적 외의 용도로 사용될 가능성이 있다면, 그 영향과 해석에 대한 검토가 반드시 동반되어야 한다. 또한 실제 사용 이후에는 평가로 인해 발생하는 의도하지 않은 결과들에 대한 관찰과 피드백 수집도 필수적이다.

결과에 기초한 타당도는 대부분 질적 방법을 통해 검토된다. 설문조사, 면담, 수업 관찰, 평가 이후 학생 및 교사의 반응 분석 등을 통해 평가의 사회적, 교육적 영향에 대한 증거를 수집하게 된다. 특히 교육 현장에서는 평가 도구가 수업 문화를 어떻게 변화시키는지, 학습자에게 어떤 태도 변화를 유발하는지를 살펴야 한다. 결과에 기초한 타당도는 평가의 마지막이자 가장 넓은 차원의 타당도로, 평가가 궁극적으로 학생에게 어떤 영향을 주는가라는 질문으로 수렴한다. 이 타당도는 문항의 질이나 구조의 문제를 넘어 평가가 지닌 교육적 책무성과 윤리성에 대한 검토이기도 하다.

3. 평가와 개별 맞춤형 교육: 완전학습을 위한 필수 조건

현대 교육은 모든 학생에게 동일한 내용을 동일한 속도로 학습하도록 요구하던 방식에서 학생 개개인의 특성과 수준에 맞도록 하는 개별 맞춤형 교육(individualized learning)으로 변화하고 있다. 이러한 맞춤형 교육에서 평가는 핵심적인 역할을 한다. 최근의 평가는 학습의 결과를 측정하는 도구가 아닌 학습 과정을 탐색하여 개별 학습자의 학습을 설계하고 조정하는 도구로 기능한다. 이와 같은 관점은 Bloom의 완전학습(mastery learning) 이론에서 확인한다. 완전학습 이론은 모든 학생이 충분한 시간과 적절한 교수학습 조건이 갖추어지면 주어진 학습 목표를 완전히 성취할 수 있다는 이론이다. 평가가 완전학습 이론에서 중요한 기능을 한다.

먼저, 진단 평가는 수업 전 학습자가 갖추고 있어야 할 선행 개념을 확인하고 수업을 위해 필요한 지식이나 기능이 있는지를 확인한다. 진단평가 결과를 활용하여 학생이 무엇을 이해하지 못하는지, 어떤 기능이 부족한지 등을 수업 전에 확인하고 그에 맞는 학습을 제공한다. 예를 들어, 통합과학에서 '다윈의 자연선택 이론'을 배우기 전에 학생들은 생태환경과 생물의 형질 사이에 관련성이나 생물이 환경과의 상호작용에 관한 이해를 갖추고 있으면 좋다. 학습자가 이와 같은 선행 개념을 가지고 있는지에 따라 수업이 내용이나 수준이 달라질 수 있다.

둘째, 평가와 연계된 수업목표의 명시는 학생의 자기주도 학습을 돕고, 학습 방향에 대한 안내를 제공한다. 학습자는 자신이 어떤 능력을 습득해야 하는지를 사전에 알고 학습에 몰입할 수 있으며, 이후 평가 결과를 통해 그 목표 도달 여부를 점검하게 된다. 셋째, 형성평가는 학습 중간에 학생의 성취 수준을 점검하고, 개별적인 피드백과 추가 안내를 받는 데 필요하다. 예를 들어, 과학 개념 평가에서 오개념이 발견되면 추가 설명 자료나 대체 활동을 제공하여 학습의 방향을 조정한다. 넷째, 적절한 학습단서와 학생의 능동적 참여는 평가와 밀접하다. 학습자가 피드백을 바탕으로 반복 연습에 참여하고, 그 결과를 다시 평가받는 과정에서 이해와 기능이 정교해진다. 이 과정은 학습자가 자신의 부족한 점을 인식하고, 적절한 자원을 활용할 수 있도록 하는 등 순환 구조를 형성한다. 다섯째, 평가 결과는 학생 간 소집단 협력학습의 구성에도 활용된다. 예를 들어, 형성평가 결과를 활용하여 유사한 학습 수준을 가진 학생들끼리 조를 구성하거나, 또는 상호 보완적인 학습 스타일을 고려한 조합을 구성하면 개별 학습을 넘어 맞춤형 협력학습이 가능해진다. 개별 맞춤형 교육에서 평가는 학생을 선별하거나 순위를 결정하는 목적이 아니라 학습을 지원하고, 교사가 교수 전략을 조정하며, 학습 경험을 최적화하기 위한 실행 수단으로 이해된다.

4. 심층 학습을 지원하는 평가의 기능

2022 개정 교육과정은 지식 이해 중심 교육에서 학생이 지식을 탐구하고 내면화하며, 통합적으로 이해하고 성찰하는 과정을 중심으로 하는 '심층 학습'을 강조한다. 심층 학습이 이루어지기 위해서는 교수학습 방법의 변화뿐만 아니라, 평가의

역할 역시 변화해야 한다. 평가는 학습의 끝이나 결과에서 이루어지는 것이 아니라 학습을 유도하고 확장하는 과정 중심의 도구로 작동해야 하며, 이것은 평가가 심층 학습을 위한 중요한 기능이다.

4.1. 학습자 스스로 탐구하여 생성, 적용, 비판할 수 있는 학습

심층 학습은 학습자가 지식을 수동적으로 수용하는 것이 아니라, 주체적으로 탐구하고 새롭게 구성할 수 있어야 한다. 이러한 능력을 길러주기 위해 정답을 찾는 문제 중심의 평가에서 벗어나, 개방형 문항, 수행 평가, 탐구 보고서 등의 다양한 형태의 평가가 활용되어야 한다. 예를 들어, 통합과학 수업에서 학생이 '기후변화'라는 주제를 스스로 탐색하고, 관련 데이터를 분석하여 인과적 설명을 구성하도록 하는 수행 과제는 학생의 창의력과 비판적 사고력을 촉진하며, 평가 자체가 학습의 연장이 되는 구조를 만든다.

4.2. 삶과 연계되어 지식을 내면화할 수 있는 학습

지식을 단순히 이해하는 것이 아니라 삶의 맥락 속에서 지식을 재구성하고 의미를 부여하는 과정은 심층 학습의 핵심이다. 이러한 학습을 지원하는 평가는 학생의 실생활 맥락과 연결된 문항을 활용하여 학습자가 경험 속 문제에 학습 내용을 어떻게 적용하는지를 확인할 수 있어야 한다. 생활 속 화학 물질을 주제로 한 수행 평가에서, 학생이 가정용 세제 성분을 분석하고 그 위험성을 설명하도록 요구하는 문항은 학습이 실제 생활과 밀접하게 연결되어 있음을 느끼게 하고 지식의 내면화를 유도하는 평가의 기능을 수행한다.

4.3. 다양한 상황과 지식을 통합하여 총체적으로 이해하는 학습(전이)

학습한 지식을 고립된 상태로 기억하는 것이 아니라 새로운 상황에 적절하게 전이할 수 있는 능력은 심층 학습의 중요한 목표이다. 이러한 전이 능력을 촉진하기 위해 평가는 단일 개념 중심의 문항이 아닌 다양한 개념이나 상황을 연결하는 문항이어야 한다. 예를 들어, '생체 내 에너지 생성'에서 생물학적 에너지 대사를 물리적 에너지 전환과 통합하여 비교 분석하게 하는 문항은 학생이 개별 개념의 이해를 넘어서 에너지 개념을 통합적으로 이해하고 있는지 평가하는 예이다.

4.4. 반성적 사고를 통한 메타학습

심층 학습은 학생이 자신의 학습 과정을 성찰하고 조절할 수 있는 능력, 메타학습을 포함한다. 이때 평가는 학생에게 피드백을 제공하고, 학습 성찰을 유도하는 도구로 기능한다. 단순히 정답 여부만을 확인하지 않고 학생이 어떤 개념을 이해했고, 어떤 부분에서 혼동하고 있는지를 진단할 수 있는 서술형의 형성평가와 자기평가, 동료 평가 등이 활용된다. 학생이 과학 보고서를 제출한 후 가장 자신 있는 개념과 추가 설명이 필요한 개념을 스스로 확인하는 자기 성찰 문항은 학생의 학습을 스스로 확인하고 조정할 수 있는 기능을 한다.

5. 서술형 평가와 선택형 평가

최근 교육에서 중요하게 고려하는 것은 학생이 자신의 수준과 속도에 맞추어 의미 있는 학습을 경험할 수 있도록 하는 것이다. 2022 개정 교육과정은 개별 맞춤형 교육과 심층 학습을 주요 방향으로 제시하고 있으며, 평가의 목적과 방식도 개별 맞춤형 교육과 심층 학습을 지원하는 방향으로 준비한다. 개별 맞춤형 교육과 심층 학습이라는 관점에서 어떤 평가방법이 적절한지 알아보고자 한다. 선택형 평가는 교육 현장에서 가장 널리 사용되는 평가 방법이지만, 서술형 평가가 학습자 이해의 깊이, 진단 가능성, 피드백 제공 방식에서 월등한 효과를 가진다(Ha, 2013).

5.1. 진단 기능 관점에서 선택형 평가의 한계

선택형 평가는 주어진 보기 중에서 정답을 고르게 하는 방법으로, 채점의 효율성과 객관성이 크다. 그러나 이러한 형식은 학생의 실제 인지 구조나 오개념, 학습의 단계를 진단하기 어렵다. 우선, 선택형 문항의 보기는 학생이 스스로 생성한 응답이 아니라, 교사가 사전에 구성한 응답지이다. 따라서 학생이 보기를 선택했다 하더라도, 그것이 학생의 고유한 생각인지, 혹은 정답에 가까운 보기를 추론해 고른 것인지 확인할 수 없다. 예를 들어, 다음의 문항을 살펴보자.

> 8. 어떤 원인에 의하여 다른 모양과 크기의 부리를 가진 새들이 각각의 섬에서 독립된 종이 될 수 있었나요?
>   ① 핀치새는 매우 다양했으며 각각의 섬에서 먹이에 적합한 특징을 가진 새들만 대부분 성공적으로 번식을 해서
>   ② 모든 핀치새는 본질적으로 같고, 실질적으로 14가지 종류의 다른 종들은 존재하지 않는다.
>   ③ 섬에 따라 먹이 종류가 다르기 때문에 각 섬의 핀치새는 자신이 필요한 부리를 점점 발전시켰다.
>   ④ 각 계통의 핀치새는 먹이를 획득하기 위하여 필요했기 때문에 다른 형태의 부리를 발전시켰다.

학생이 '① 핀치새는 매우 다양했으며 각각의 섬에서 먹이에 적합한 특징을 가진 새들만 대부분 성공적으로 번식을 해서'를 선택하면 정답이지만, 이 선택이 정확한 과학적 이해에 기반한 응답인지, 또는 보기에 따라 소거법으로 추론한 결과인지를 확인할 수 없다. 선택형 문항은 '정답을 맞혔는가'는 알려주지만, '왜 그 정답을 선택했는가'에 대한 정보는 제공하지 못한다. 또한, 오답을 선택한 경우에도 학생이 왜 그 보기를 고른 것인지 명확히 파악하기 어렵다. 예컨대 '① 핀치새는 매우 다양했으며 각각의 섬에서 먹이에 적합한 특징을 가진 새들만 대부분 성공적으로 번식을 해서'를 선택한 학생이 단순히 해당 보기에 과학적 단어들이 많다고 느꼈거나, '② 모든 핀치새는 본질적으로 같고, 실질적으로 14가지 종류의 다른 종들은 존재하지 않는다.'에는 '모든'이라는 표현이 과학적 설명에는 어울리지 않는다고 생각하여 피했을 수 있다.

서술형 평가는 학생의 사고 구조와 개념 구성을 확인할 수 있다. 학생은 자신의 언어로 생각을 표현하고, 개념을 조직하며, 논리를 전개해 나간다. 이러한 응답은

단순히 맞고 틀린지를 확인할 수도 있지만 학생이 해당 문항을 어떻게 이해하고 있으며, 어떻게 설명을 구성해 내었는지도 볼 수 있다.

※ 다음 질문에 대해 자신의 설명을 서술하시오.

오래전에 달팽이들은 독이 없었습니다. 하지만 현재 여러 달팽이 종들은 독이 있습니다. 현재 독이 있는 달팽이 종들이 어떻게 생겨났나요?

- 답변 1: 오래전에는 달팽이가 독을 가지고 있지 않았지만, 시간이 흐르면서 주변에 먹으려 드는 포식자가 늘어나자 생존을 위해 독을 만들어 내는 돌연변이 개체들이 나타났습니다. 이 돌연변이 달팽이들은 포식자에게 쉽게 잡아먹히지 않았고, 결과적으로 더 오래 살아남아 번식할 기회를 얻었기 때문에 독을 만드는 능력이 점차 퍼져나갔습니다. 또 어떤 달팽이들은 독을 이용해 작은 동물이나 미생물을 마비시켜 새로운 먹잇감을 확보할 수 있었는데, 이는 다른 개체보다 더 많은 영양을 얻어 건강하게 자라고 더 많은 자손을 남기는 데 도움이 되었습니다. 이렇게 "포식자로부터 자신을 지키고, 더 다양한 먹이를 구해 번식에 유리한 위치를 차지하자"는 방향으로 자연선택이 작용하면서 오늘날 다양한 독을 지닌 달팽이 종들이 생겨난 것입니다.
- 답변 2: 달팽이는 포식자로부터 자신을 보호하기 위해 독을 지니게 되었다. 독은 자신을 위협하는 상대를 무력화하여 안전한 서식 환경을 확보하기 위한 수단이다. 또한 독은 먹이 경쟁에서 우위를 차지하여 보다 풍부한 영양을 얻고 건강하게 성장하기 위한 도구로 기능한다. 이로써 달팽이는 보다 많은 자손을 남기고 종족을 번성시키려는 목적을 이루게 되었다. 이러한 목적을 달성하기 위해 달팽이들은 점차 독을 생성·저장하는 능력을 갖추어 오늘날 다양한 독 달팽이 종으로 발전하게 된 것이다.
- 답변 3; 달팽이가 여러 세대를 걸쳐 자연선택을 통해 진화해서
- 답변 4: 달팽이 개체군 내 무작위 유전자 변이로 일부 개체가 독소를 합성하는 능력을 갖추었고, 이들 개체는 포식자에게 잡아먹힐 확률이 낮아져 생존률이 높아졌습니다. 생존한 독성 개체가 더 많은 자손을 남기며 독소 생성 유전자가 세대에 걸쳐 점차 퍼졌습니다. 이 과정을 반복하면서 오늘날 다양한 독달팽이 종이 진화하게 되었습니다.

달팽이 진화 문항을 예로 들어보자. 학생들은 달팽이의 진화에 관한 자신의 생각을 활용하여 다양한 설명을 구성할 수 있다. 또한 답변에는 과학적 개념뿐만 아니라 비과학적 개념이 혼합될 수도 있으며, 과학적 단어와 함께 일상적인 언어도 포함될 수 있다. 답변 1의 경우 상당히 과학적인 설명이지만 이 답변에는 목적론적

인 전제가 일부 확인된다. 이 학생은 진화에 관한 과학적 설명을 구성할 수 있지만 목적론적 설명을 일부 혼합하여 진화가 특정 방향이 있는 것으로 오인하고 있음을 추론할 수 있다. 답변 2는 오개념으로 매우 그럴듯한 설명을 구성한 경우이다. 이런 학생은 자신의 응답이 대부분 정답이라고 믿고 있을 가능성이 높다. 답변 3은 과학적 언어로 축약해서 작성한 경우로 오답이라고 판정하기는 어렵지만 정확한 개념을 가지고 있는지는 추가 질문을 통해 확인해야 한다. 또한 이와 같이 과학적 언어로 짧게 표현하는 학생은 현상을 풀어서 설명하도록 유도함으로써 과학적인 의사소통의 의미를 이해할 수 있도록 할 수 있다. 답변 4는 과학적 개념을 적절히 활용한 과학적 설명이다. 돌연변이, 유전, 자연선택의 개념이 모두 포함되어 있다.

5.2. 심층 학습을 촉진하는 서술형 평가의 구조

심층 학습이란 단순한 정보의 암기와 재생이 아니라 학생이 지식을 탐구하고, 생성하고, 통합하며, 자신의 이해를 반성적으로 점검하는 인지적 과정을 의미한다. 단편적인 사실의 습득이 아닌, 지식 간의 연결, 상황에의 적용, 의미 재구성, 자기 조절 학습을 포함하는 고차적 사고를 포함한다. 심층 학습은 선택형 평가가 전제로 하는 정답 중심, 제한적 사고의 구조와는 근본적으로 다르다. 선택형 문항에서는 학습자가 주어진 보기 중에서 답을 고르는 수준에서 사고가 멈추는 경우가 많고, 사고의 과정은 평가 대상이 되지 않는다. 반면, 서술형 평가는 학생이 자신의 언어로 생각을 표현하고, 문제를 구조화하며, 새로운 관계를 도출하는 과정이 필요하다. 이때 학습자는 다양한 사고를 경험하게 된다. 먼저 탐구적 사고이다. 문제를 이해하고, 다양한 정보를 탐색하며, 적절한 개념을 적용한다. 다음은 지식을 생성한다. 기존 지식을 바탕으로 자신의 새로운 설명을 구성한다. 세 번째는 개념 통합이다. 복합 개념이나 다양한 사례를 연결하여 총체적인 관점에서 설명한다. 마지막으로 반성적 점검이다. 자신의 응답을 되돌아보며 이해의 정도를 스스로 판단한다.

예를 들어, 다음과 같은 서술형 문항을 고려해 보자.

- 문항: 탄소 순환의 개념을 설명하고, 인간의 활동이 탄소 순환에 어떤 영향을 미치는지 구체적 사례를 들어 서술하시오.
- 학생 A 응답: 탄소는 대기, 해양, 생물, 토양 등을 순환하면서 존재한다. 예를 들어, 식물은 광합성을 통해 이산화 탄소를 흡수하고, 동물은 호흡이나 분해 과정에서 다시 이산화 탄소를 대기 중으로 방출한다. 하지만 인간이 화석연료를 태우면서 대기 중 이산화 탄소 농도가 지나치게 많아지게 되었다. 온실효과가 심해지고 지구 온난화가 가속화된다.
- 학생 B 응답: 탄소는 공기 중에서 돌기도 하고, 땅속에도 있다. 인간이 공장에서 연기를 많이 만들면 공기가 나빠지기도 한다. 이런 게 탄소 순환에 안 좋다.

이 문항은 '탄소 순환'이라는 과학 개념을 단순히 정의하지 않고 지식의 실제 적용, 현실과의 연결, 학습자의 사고 구조 표현을 요구한다. 학생 A의 응답을 보면, 학생이 '탄소 순환'이라는 개념을 정의(탐구)하고, 다양한 단계 간 관계를 조직(통합)하며, 실제 사례를 통해 개념을 적용(생성)하고, 과학적으로 인과 관계를 설명(비판)하고 있음을 보여준다. 학생 B의 응답을 보면 학생은 개념의 일부는 이해했지만, 순환의 단계나 인간 활동과의 구체적 연결은 미흡하다. 교사는 이 응답을 바탕으로 개별 피드백을 제공하거나, 추가 수업을 설계할 수 있다.

또 다른 예를 들어, 다음과 같은 문항을 제시할 수 있다. 문항은 "물의 상태 변화 과정을 설명하고, 이 개념이 냉장고의 성능 개선에 어떻게 활용될 수 있는지 서술하시오."이다. 이 문항은 단순히 '고체-액체-기체'의 순서를 암기했는지를 묻는 것이 아니라, 학생이 개념을 새로운 맥락에 전이할 수 있는가를 평가한다. 이때 학생은 냉장고 내 냉매의 기화-응축 과정을 물의 상태 변화에 빗대어 설명하거나, 에너지 흡수/방출 개념을 적용할 수 있다. 이러한 문항은 학생이 이해한 지식을 새로운 상황에 적용하고, 이를 바탕으로 현실 문제를 설명해 내는 능력, 통합적 사고와 응용 능력을 평가한다. 설명한 바와 같이 서술형 평가는 문제해결 능력, 개념 연결, 지식 전이, 반성적 점검이라는 심층 학습의 네 가지 핵심 구성 요소를 통합적으로 요구한다. 학생은 단순히 평가를 '통과'하기 위해 답을 찾는 것이 아니라, 학습 과정에서 자신의 생각을 표현하고 구성하면서 평가 자체가 곧 학습의 기회가 된다. 서술형 평가는 학생의 사고를 있는 그대로 드러내고, 학습과정을 평가와 연결시키며, 교사의 개별화 수업 설계를 위한 정교한 정보를 제공한다는 점에서 개별 맞춤형 교육과 심층 학습을 효과적으로 구현한다. 서술형 평가에는 채점의 신뢰도 문제, 교사의 시간 부담 등이 존재하지만, 채점 기준의 마련, AI 기반 채점 지원 시스템 도입 등으로 일부 해결될 수 있다. 또한 교육 현장에서는 단순한 효율성이 아닌 학생의 학습 성장과 의미 있는 성찰을 이끄는 평가가 중심이 되어야 하며, 서술형 평가는 그러한 변화를 이끄는 평가이다.

〈표 5-1〉 선택형 평가와 서술형 평가의 비교

구분	선택형 평가	서술형 평가
진단 기능	낮음-보기를 고른 이유 확인 어려움	높음-학생의 고유한 사고와 개념 구조 확인 가능
심층 학습 유도	제한적-정답 찾기 중심	적극적-탐구, 생성, 통합, 반성 유도
개별화 교육 활용	제한적 정보 제공	교정 및 맞춤 피드백에 효과적
피드백 가능성	결과 중심(정답 여부)	과정 중심 (이해의 정도, 논리 전개, 표현력 등)
채점 효율성	높음	낮음(그러나 기술 지원 가능)

6. 평가 트라이앵글: 심층적 이해와 설계를 위한 평가의 세 요소

효과적인 평가는 단순히 문항을 만드는 것만으로 완성되지 않는다. 학생의 사고와 이해를 드러내기 위해 무엇을 평가할 것인가, 어떤 방식으로 학생의 사고를 관찰할 것인가, 그 결과를 어떻게 해석할 것인가에 대한 전체적인 설계가 필요하다. 이를 설명하는 개념이 '평가 트라이앵글(Assessment Triangle)'이다. 미국국립과학원(National Research Council, 2001)의 보고서 'Knowing What Students Know'에서는 교육 평가를 설계할 때 반드시 고려해야 할 세 가지 핵심 요소를 '삼각형' 구조로 정리하였다. 이 세 요소는 인지(Cognition), 관찰(Observation), 해석(Interpretation)이며, 삼각형의 각 꼭짓점을 차지한다. 이 세 요소는 독립적이지 않고,

서로 긴밀하게 연결되어 평가의 타당성과 신뢰도를 함께 구성한다.

6.1. 인지(Cognition): 무엇을 아는지를 이론적으로 정의

인지 요소는 학생이 도메인(예: 통합과학)에서 어떻게 개념을 배우고, 어떤 오개념을 가지며, 학습이 어떤 경로로 발달하는지에 대한 이론적 토대이다. 즉, "학생은 무엇을 알고 있어야 하는가?"에 대한 인식이다. 예를 들어, 통합과학에서 '물질의 상태 변화'를 가르칠 때 학생은 고체-액체-기체로 변화하는 과정뿐만 아니라, 분자 운동, 에너지 변화, 밀도 변화에 대한 다양한 이해를 가져야 한다. 인지 모델이 잘 설정되어 있으면, 교사는 평가 문항을 통해 학생이 어느 단계에서 오개념을 가졌는지, 어떤 추론 전략을 사용하는지를 분석할 수 있다.

6.2. 관찰(Observation): 학습을 드러내는 평가 장면의 설계

두 번째는 관찰이다. 학생이 자신의 지식과 사고를 보여줄 수 있도록 평가 상황을 어떻게 설계할 것인가를 정의한다. 단순히 문항을 제시하는 것이 아니라, 학생이 사고를 표현하고, 구성하며, 설명할 수 있도록 구조화된 활동을 말한다. 예를 들어, "에너지 전환의 예를 생활 속에서 찾아 설명하고, 해당 전환이 열역학 제1법칙과 어떤 관련이 있는지를 쓰시오."라는 서술형 문항은 학생이 단순한 정의를 넘어서 삶과 연결된 사례를 제시하고, 그 개념을 해석할 수 있도록 유도한다. 이처럼 평가 과제는 학생의 인지 구조를 관찰 가능한 방식으로 변화시킨다. 또한 이 과정은 인지 이론을 기반으로 설계된다.

6.3. 해석(Interpretation): 수집된 반응의 해석

세 번째 요소는 해석이다. 수집된 학생의 반응(응답, 행동, 결과)을 해석하여 신뢰할 수 있는 결론을 도출하는 과정이다. 해석은 단순히 정답/오답을 구분하는 수준이 아니라, 학생이 어떤 지식 상태에 있는지를 추론해 내는 것이다. 예를 들어, 한 학생이 에너지 전환 문항에서 '휴대폰 충전기를 통해 전기가 배터리에 저장된다'

고 응답했다면, 에너지의 형태 변화(전기→화학)에 대한 구체적 언급이 없는 상태이다. 다른 학생이 '전기가 화학 에너지로 저장되며, 이 전환 과정에서도 에너지 총량은 보존된다'고 설명했다면, 이 응답은 열역학 법칙을 구조적으로 이해하고 관련된 화학개념의 설명을 잘 수행한 결과로 해석할 수 있다.

6.4. 평가 트라이앵글의 실제 적용

평가 트라이앵글의 세 가지 요소가 어떻게 함께 작동하는지를 통합과학 수업 예시로 설명해 보자. 주제는 '기후변화와 인간 활동의 관계'다.

> 기후변화와 인간 활동의 관계
>
> - 인지(Cognition): 학생이 알아야 할 핵심 개념은 온실가스의 역할, 이산화 탄소 증가 원인, 생태계 영향, 인간의 대응 전략
> - 관찰(Observation): 기후변화의 원인과 결과를 설명하고, 당신이 사는 지역에서 관찰할 수 있는 예시를 들어, 인간이 기후변화에 어떻게 대응해야 하는지 제안하시오.
> - 해석(Interpretation): 기후변화의 원인을 과학적으로 설명했는가?
>   지역 맥락을 반영한 예시를 들었는가?
>   인간 대응 방안을 실현 가능하고 근거 있게 제시했는가?

이러한 평가 방법은 학생의 개념 구성, 응용 능력, 통합적 사고를 확인할 수 있다. 평가 트라이앵글이 시사하는 교육적 의미는 평가는 곧 교육임을 의미한다. 평가 트라이앵글은 평가를 단순한 결과 도출 수단이 아닌, 교육 설계의 중심축이다. 특히 통합과학과 같이 융합적, 역량 중심 교육과정에서는 더욱 중요하다. 인지 요소를 통해 평가가 교육과정과 학습자의 실제 사고 발달 경로에 맞닿아야 하며, 관찰 요소를 통해 학생의 능력이 드러나는 활동을 설계해야 하며, 해석 요소를 통해 교사는 학생의 성장을 위한 정확한 피드백을 제공해야 한다. 이 세 가지가 조화롭고 정렬되었을 때 효과적인 평가가 이루어졌다고 할 수 있다.

〈표 5-2〉 학생의 성장을 위한 정확한 피드백

요소	핵심 질문	평가 설계 시 고려 사항
인지	무엇을 알아야 하는가?	학습자의 개념 이해, 발달 수준
관찰	어떻게 드러나게 할 것인가?	사고를 표현할 수 있는 수행 과제
해석	어떻게 판단할 것인가?	루브릭, 질적 해석, 과정 중심 채점

7. 수행평가의 채점 방식: 전체 채점과 분석 채점의 비교

수행평가는 학생의 복합적 사고와 문제해결 과정을 평가하는 데 적합한 방식으로, 선택형 평가가 확인하거나 평가하기 어려운 사고력, 설명력, 통합적 이해를 진단할 수 있다. 수행평가를 채점하는 방법은 다양할 수 있는데, 가장 일반적으로 활용되는 두 가지 방식이 전체 채점(Holistic Scoring)과 분석 채점(Analytic Scoring)이다. 이 두 방식은 평가의 목적, 채점의 효율성, 해석의 수준에서 서로 다른 특징을 지니며, 통합과학교육의 실제 맥락에서 적용할 때 각각 고유한 교육적 함의를 제공한다.

전체 채점은 응답 전체를 하나의 단위로 보고, 그 전반적인 질과 완성도를 종합적으로 판단하여 점수를 부여하는 방식이다. 채점자는 응답의 구조, 명확성, 개념의 깊이 등을 직관적으로 통합하여 판단하며, 문항에 대해 단일 점수만을 부여한다. 이 방식의 장점은 채점의 속도와 단순성에 있다. 다수의 학생 과제를 신속하게 평가할 수 있고, 전반적인 인상 중심의 판단이 가능하다는 점에서 대규모 수업이나 반복적인 채점 상황에서 유용하다. 분석 채점은 하나의 수행 과제를 여러 평가 항목으로 나누고, 각 항목에 대해 별도의 채점 기준과 점수를 설정하여 평가하는 방식이다. 예를 들어, 하나의 과제를 '개념의 정확성', '사고의 논리성', '예시의 적절성', '과학적 표현력' 등으로 나누어 각각 평가한 뒤, 이를 종합하여 최종 점수를 도출한다. 이 방식은 학생의 강점과 약점을 세부적으로 파악할 수 있어 구체적인 피드백 제공에 유리하며, 평가의 공정성과 객관성을 높일 수 있다는 장점을 지닌다.

예를 들어, “기후변화가 생태계에 미치는 영향을 하나의 예시를 들어 설명하시오.”라는 문항이 있다고 하자. 학생은 생태계의 구조, 기후변화의 원인, 인간 활동과의 연관성을 종합적으로 서술한다. 이때 채점자는 응답의 전반적인 과학적 타당성, 설명력, 구성력을 종합적으로 판단하여 1점에서 5점 사이의 점수를 부여할 수 있다. 그러나 전체 채점은 특정 항목에서 학생이 뛰어난 사고를 보여주었는지, 어느 부분에서 미흡했는지를 구체적으로 분리하여 진단하기 어렵다는 한계를 지닌다. 따라서 학습자에게 세부 피드백을 제공하거나 교사가 진단적・형성적 평가의 근거로 활용하기에는 다소 제약이 된다.

분석채점의 예를 살펴보자. “에너지 전환의 사례를 생활 속에서 제시하고, 해당 현상이 에너지 보존 법칙과 어떻게 관련되는지 설명하시오.”

이 과제에 대해 교사는 다음과 같은 루브릭을 구성할 수 있다.

- 과학 개념의 정확성(4점): 에너지 전환의 종류와 보존 개념을 정확히 이해하고 있는가?
- 현실 적용력(3점): 생활 속 사례가 과학적으로 타당하고 구체적인가?
- 설명 구조의 논리성(3점): 개념과 사례 간 인과관계가 논리적으로 연결되어 있는가?
- 표현과 구성력(2점): 문장 구성과 과학적 용어 사용이 명확한가?

이러한 방식은 학생의 사고 과정과 성취 수준을 세분화하여 진단할 수 있으며, 교사가 추후 보충 학습이나 개별 피드백을 계획하는 데 있어 구체적인 정보로 활용된다. 또한 평가 기준이 명확하게 공개될 때 평가 결과에 대해 수긍하고, 반성하여 개선할 수 있다. 그러나 분석 채점은 채점 기준을 사전에 정교하게 설계해야 하며, 채점에 상당한 시간과 노력이 소요된다. 또한 평가 요소 간의 경계가 명확하지 않을 경우, 항목 간 중복 평가가 이루어질 수 있다.

〈표 5-3〉 채점 용도 및 효율성

항목	전체 채점(Holistic Scoring)	분석 채점(Analytic Scoring)
채점의 용도	수행 결과의 전반적인 인상을 빠르게 판단할 때 적합	학생의 세부 역량을 구체적으로 판단할 때 적합
채점 효율성	채점 속도가 빠르고 단순함	시간과 노력이 요구됨
해석의 수준	결과 중심의 종합적 판단 가능, 원인 진단은 어려움	세부 요소별 해석이 가능하여 피드백 제공에 유리
피드백 제공	구체적 피드백 제공이 어려움	강점 · 약점에 대한 정밀한 피드백 제공 가능
채점 공정성	평가자의 직관에 좌우될 가능성 있음	명확한 기준이 있다면 일관성 있는 채점 가능

8. 예비교사를 위한 학교 현장 평가

8.1. 형성평가와 피드백의 실질적 활용

형성평가는 단순히 학습 결과에 점수를 부여하는 절차가 아니라, 학생의 사고 과정을 진단하고, 수업을 조정하며, 학습을 향상시키기 위한 실천적 도구로 이해해야 한다. 형성평가는 학습 중간에 학생의 이해도를 점검하고, 적절한 피드백과 추가 수업 내용이나 전략을 생각하게 하는 것이 핵심이다. 예를 들어, 통합과학 수업에서 '물질의 상태 변화' 단원에서는 수업 중간에 개념도를 작성하게 하여, 학생이 입자 개념을 얼마나 정확히 이해하고 연결했는지를 진단할 수 있다. 또는 '기후변화와 인간 활동' 주제에서 짧은 에세이를 통해 학생이 원인-결과-대안의 구조를 얼마나 논리적으로 구성하는지를 확인한다. 수업 전후로 실시하는 진단문항은 학생의 오개념을 발견하거나, 수업 효과를 판단하는 데 유용한 자료가 된다. 형성평가의 효과는 피드백의 질에 따라 달라진다. 피드백은 "잘했다/못했다"는 단순한 평가가 아니라, "무엇을 이해했고, 무엇을 수정해야 하며, 다음에는 어떻게 해야 하는가"를 포함하는 구체적이고 실행가능한 정보여야 한다. 그럴 때 학생의 자기조절 학습이 촉진되며, 학습자는 자신의 학습을 성찰하고 주도적으로 조절할 수 있는 기회를 갖는다.

8.2. 수업-평가 연계 설계 능력

효과적인 평가는 수업과 분리되어 존재하지 않는다. 오히려 교육과정-수업-평가가 유기적으로 연결되어야 한다. 평가를 단순히 '수업 후 수업의 효과를 측정(평가)하는 도구'가 아닌, 수업 설계의 시작점으로 이해하고 평가로부터 수업을 역설계할 수 있어야 한다. 예를 들어, 통합과학에서 '에너지 전환'이 학습 목표라면, 단순히 "에너지의 형태를 쓰시오"와 같은 문항이 아니라, "생활 속에서 에너지 전환 현상을 찾아 설명하고, 해당 현상이 열역학 법칙과 어떻게 연결되는지 서술하시오"와 같은 문항이 잘 연결된 평가이다. 이러한 문항은 학생의 개념 적용, 전이, 실제 문제해결 능력을 함께 평가한다. 이와 같은 활동은 성취기준, 학습목표, 평가기준, 수업활동이 일관성을 가지도록 설계하는 능력을 의미한다.

8.3. 공정하고 신뢰할 수 있는 평가 환경 조성

학생이 자신의 능력을 공정하게 드러낼 수 있는 평가 환경을 만드는 것은 중요하다. 학생의 문화적 배경, 언어 수준, 학습 장애, 정서적 상태 등은 평가에 큰 영향을 미칠 수 있어 평가에 반영해야 한다. 예를 들어, 통합과학 수업에서 '야구공의 운동'이라는 문항이 스포츠 경험이 많은 학생에게는 익숙하지만, 그렇지 않은 학생에게는 이해가 어려울 수 있다. 이와 같이 특정 집단에게 유리할 수 있는 맥락은 평가에서 지양해야 된다. 다문화 학생이나 언어적 불리함을 가진 학생에게는 어휘 난이도를 조정하거나, 시각 자료를 활용한 대체 과제를 제공함으로써 평가의 공정성을 확보할 수 있다. 공정성(fairness)은 평가 설계에서 중요한 기준이며, 타당도와도 밀접하다.

8.4. 성장 중심 평가에 대한 인식과 실천

학교 평가의 방향은 학습자의 '성적'이 아닌 '성장'이 중심이어야 한다. 등급화나 서열화가 아니라 학생이 얼마나 발전했는지, 어떤 노력을 통해 개선되었는지를 확인하고 적절하게 피드백하여 격려하는 평가 문화가 필요하다. 예를 들어 실험 보고서를 작성할 때 1차 초안과 2차 수정본을 비교하여 학생이 어떤 점을 반성하고 개선했는지를 중심으로 평가한다. 자기 평가 도구를 활용하여 "이번 활동에서 내가 잘한 점과 더 배우고 싶은 점"을 기술하게 하고, 점수 일부를 조정하는 방식도 성장 중심 평가이다. 이러한 방식은 학생의 자기 성찰, 자기 효능감, 지속적 학습 동기를 증진하는 데 효과적이다.

8.5. 기록과 평가 결과의 활용

평가의 끝은 점수의 입력이 아니라 수업의 반성과 재구성이다. 평가 결과를 단지 보관하는 것이 아니라, 분석하고 해석하여 교육적 결정을 내리는 자료로 활용해야 한다. 예를 들어, 단원별 수행평가에서 오류율이 높았던 문항을 분석하여 해당 개념에 대한 수업내용 또는 활동에서 어떤 문제가 있었는지 확인해야 한다. 중요한 정보는 다음의 수업에 반영될 수 있다. 해당 개념을 중심으로 하는 탐구 활동, 시각적 자료, 학생의 질문을 유도하는 개방형 과제를 강화하는 방향 등 다양하게 수업을 재조정할 수 있다. 또한 평가 결과는 학부모와의 상담, 동료 교사와의 협의, 학생 본인의 자기 점검에도 활용되므로 기록의 정리, 공유, 활용 방식 역시 중요하다. 예를 들어, 학생의 서술형 응답을 종단으로 기록하면 시간 흐름에 따른 학습 변화를 이해할 수 있다.

8.6. 디지털 도구와 기술 기반 평가의 활용 역량

디지털 기술의 발전으로 평가가 효율적으로 변화하고 있다. AI 기반 자동 채점 시스템, 학습관리시스템(LMS), 디지털 포트폴리오, 클라우드 기반 협업툴 등은 교사의 평가 실천에 새로운 가능성을 제공한다. 학습자의 사고를 드러내고, 피드백을 개인화하며, 평가를 정교화하는 데 다양한 기술이 활용될 수 있다. 예를 들어, 흔하게 활용되는 구글폼을 활용하여 수업 전 진단 문항을 실시하고 그 결과를 실시간으로 분석해 학생 그룹을 나누어 협동학습을 설계할 수 있다. 패들렛(Padlet)에 자신의 설명을 올리고 동료 평가를 통해 상호 피드백을 주고받는 방식은 학생 중심의 평가를 가능하게 한다. 디지털 도구의 활용은 학생 참여를 확대하고, 교사가 정성적 평가 자료를 빠르게 수집하는 데 도움이 된다. 하지만 기술은 교육적 판단과 연계되어야 하며, 피상적인 도구 활용이 되지 않도록 교사의 성찰이 함께 이루어져야 한다.

참고문헌

Messick, S. (1995). Validity of psychological assessment: Validation of inferences from persons' responses and performances as scientific inquiry into score meaning. *American psychologist, 50*(9), 741-749.

Pellegrino, J. W., Jones, L. R., & Mitchell, K. J. (Eds.). (1999). *Grading the nation's report card: Evaluating NAEP and transforming the assessment of educational progress*. Washington, DC: National Academies Press.

Ha, M. (2013). *Assessing scientific practices using machine learning methods: Development of automated computer scoring models for written evolutionary explanations*. The Ohio State University.

PART 2

과학교수 전략

CHAPTER 06

자연현상에 대한 학생들의 설명 발달에 초점을 두는 스토리라인 단원 모형

교사의 관점에서 짜임새 있는 단원의 흐름이 과연 학생 입장에서도 그러할까? 예로 전형적인 광합성 단원에서 교사는 광합성의 개념을 정의하고, 광합성이 일어나는 장소, 광합성에 필요한 물질과 산물, 양분의 이동에 대해 차례로 설명하거나, 각 개념에 대한 탐구 활동을 진행한다. 학문적 개념 간 위계를 생각할 때 이는 자연스러운 순서이다. 하지만 많은 경우 학생들은 어떤 개념을 왜 배우는지, 지난 시간에 배운 개념과 오늘 배우는 개념이 어떻게 연결되는지 이해하지 못한다. 또한 탐구 활동에 참여할 때에도 교사의 지시에 따라 활동을 수행하기는 하지만, 탐구 활동을 단원 흐름이나 단원의 주요 아이디어와 연결 짓는 것을 어려워할 때가 많다. 많은 교사는 학생들이 여러 개념을 다 배우고 나면 그 연결성을 볼 수 있으리라 믿는다. "지금 당장 이 활동을 왜 하는지 모를 수 있지만, 선생님을 믿어봐. 이걸 왜 배우는지 나중에 다 이해하게 될 거야."라며 학문적 위계와 목표에만 초점을 맞추어 단원을 진행하고는 한다. 하지만 어떠한 개념을 왜 배워야 하는지 이해하지 못한 채 개념을 무조건 받아들이고 배워야 한다는 사실은 학생들의 배움에 대한 의지를 꺾을 수 있다.

스토리라인 단원(storyline units; Reiser et al., 2021)은 학생의 관점에서 연결성 있는 단원을 조직하는 것을 목표로 제안된 단원 모형이다. 학생들은 일방적으로 교과서나 교사의 지시를 따르는 것이 아니라, 단원의 핵심이 되는 특정 자연현상에 대한 이해를 심화하기 위해 학습 활동에 참여한다. 기존 과학 교실에서 자연현상은 대부분 단원의 시작 부분에서 학생들의 흥미를 끌거나, 끝부분에서 학생들이 배운 내용을 적용하도록 하는 데 활용되었다. 스토리라인 단원에서 자연현상은 단원의 흐름을 이끄는 중심으로 작용한다. 단원 초기에 학생들은 자연현상을 접하고, 일상에서의 경험과 지식 자본을 활용해 현상에 대한 초기 설명을 제안한다. 그리고 그 과정에서 다양한 질문을 생성한다. 교사는 이후 단원을 진행할 때, 자연현상에 대한 학생들의 질문에 답하고, 학급공동체의 설명 발달을 돕기 위한 여러 활동을 진행한다. '스스로의 질문에 답한다'는 목적은 새로운 개념 학습이나 활동 참여의 이유가 된다. 학급공동체에서 현상에 대한 설명을 구성하고, 질문에 답하고, 설명을 수정해 나가며 학생들은 학습하는 여러 개념과 활동을 자신의 관점에서 짜임새 있게 연결 지을 수 있다. 스토리라인 단원의 목적을 명확히 이해하고 활동에 참여하는 학생들에게 "왜 이 활동에 참여하고 있어?"라고 질문하면, 학생들은 그들이 설명하고자 하는 자연현상이나 답하고자 하는 구체적 질문에 관해 이야기할 수 있을 것이다. 이는 단순히 교사나 교과서가 시키는 대로 활동에 참여하는 학생의 경우와 대조적이다. 이러한 과정을 통해 학생들은 탐구 활동을 포함한 지식 구성 과정에서 주체성을 가질 수 있다.

다음에서는 먼저 과학 단원을 조직할 때 자연현상에 대한 설명을 구성하는 과정을 중심으로 '학생 관점에서의 연결성'을 추구하는 것이 중요한 이유를 논한다. 다음으로는 스토리라인 단원의 설계 원칙과 구조를 설명하고, 여러 예시를 통해 단원을 조직하고 운영하는 방법을 소개한다.

1. 과학 단원에서 '학생 관점에서의 연결성'을 추구하는 것은 왜 중요한가?

과학 단원을 구성하고 조직할 때, 학문적 위계와 일관성에만 초점을 맞추는 것이 아니라 학생의 관점에서 연결성 있는 흐름을 만드는 것이 중요한 이유에는 크게 세 가지가 있다. 첫째, 과학 학습 과정에서 학생들이 주체성을 가질 수 있다. Jimenez-Aleixandre et al.(2000)은 과학교실에서 학생들이 단순히 교사의 지시나 절차에 따르는 '수업하기(doing lesson)'가 아니라, 과학자의 실행과 사고 과정을 경험하며 협력적으로 지식을 구성하는 '과학하기(doing science)'의 과정에 참여해야 한다고 하였다. '과학하기'에서 학생들이 주체성을 가지려면, 그 과정이 학생들에게 의미 있어야 한다. 이를 위해서는, 학생들이 명확한 목적을 가지고 활동에 참여하는 것이 중요하다. 자연현상을 설명하고 자신의 질문에 답하는 스토리라인 단원은 학생들에게 목적과 나아가야 할 방향성, 동기를 제공한다. 학생들은 짜인 학습 과정을 수동적으로 따르는 것이 아니라, 학급공동체의 지식 구성 과정과 경로를 공동으로 설계하는 설계자가 된다. 단원을 진행하며 학급공동체 구성원들은 함께 탐색할 질문을 선택하고, 학습 내용을 바탕으로 자연현상에 대한 이해를 심화해 나간다.

둘째, 이 과정에서 학생들은 과학 학습의 세 가지 주요 영역인 지식・이해, 과정・기능, 가치・태도를 종합적으로 함양할 수 있다. 국가 교육과정과 주요 과학교육 문헌들은 학생들이 이 세 가지 영역을 분리하여 배우는 게 아니라, 다양한 탐구 중심 학습을 통해 통합적으로 학습할 것을 강조하고 있다. 전통적 교실에서 학생들은 과학 지식을 수동적으로 받아들이고, 그것을 확인하기 위한 실험이나 탐구 활동을 진행하고는 했다. 이 방식으로는 '탐구를 통해 자연 세계에 관한 지식을 구성하는' 과학의 과정을 경험하고 과학적 태도를 기르기 어렵다. 탐구의 목적이 지식 확인에 치우쳐 과학적 과정・기능 및 가치・태도의 본질이 아닌 지식・이해만이 강조되거나, 때로 지식이나 가치와 분리된 탐구의 과정・기능만이 절차로서 강조되기 때문이다. 이에 반해, 스토리라인 단원에서 학생들은 선행 지식만으로는 설명할 수 없던 자연현상에 대한 이해와 설명을 심화하고자 하는 목적을 가지고 탐구나 학습 활동에 참여하기 때문에, 과학적 과정・기능을 함양하는 동시에 지식・이해를 발전시키고, 그 과정에서 가치・태도를 통합적으로 기를 수 있다.

마지막으로, 자연현상을 탐색하며 학생 관점에서 연결성을 구축하는 과정은 다양한 학습자들의 경험과 지식 자본을 존중할 수 있게 한다. 교사가 일방적으로 수업을 구성하고 수업 내용을 전달하는 교실에서는 학생들의 자원이나 기여가 중요하게 여겨지지 않는다. 그리고 학생들의 선지식이나 일상 경험은 많은 경우 교정해야 할 오개념으로 여겨진다. 하지만 스토리라인 단원에서는 학생들이 자연현상에 대한 설명을 협력적으로 발달시켜 나가는 것에 초점을 맞추므로, 학생들의 초기 생각과 일상 경험은 시작점이 되고, 아이디어와 생각하는 방식은 단원 전반에서 계속해서 중요하게 여겨진다. 이때 다양성은 교정하거나 통일해야 할 것이 아닌, 학생들의 이해 구성 과정을 풍부하게 하는 자원이 된다. 학생들이 일상에서 가져오는 호기심과 질문은 단원을 이끄는 동력이 되고, 설명을 제안하고 수정해 나가며 학생들은 계속해서 자신의 이해와 시각을 확장해 나간다. 물론 이 과정은 스토리라인 단원을 실행한다고 해서 저절로 일어나진 않는다. 교사는 다양한 학생의 관점과 생각, 경험을 존중하고, 학생들이 서로서로 그러할 수 있도록 이끄는 학급 문화를 조성하기 위해 노력해야 할 것이다. 다음에서는 실제로 스토리라인 단원을 설계하고 진행함에 있어 고려해야 할 단원 설계 원칙을 소개한다.

2. 자연현상에 대한 설명 발달을 중심으로 한 단원 설계 원칙 (Windschitl 등, 2018)

자연현상에 대한 학생들의 설명 발달을 목표로 하는 단원을 설계하고 진행함에 있어 고려해야 할 일곱 가지 설계 원칙은 다음과 같다. 이 일곱 가지 원칙은 Windschitl 등(2018)이 'Ambitious Science Teaching'이라는 책에서 제안한 내용이다.

2.1. 단원의 주요 아이디어를 반영하는 흥미로운 자연현상을 중심으로 학습 경험 조직하기

스토리라인 단원에서 학생들은 단원의 주요 아이디어를 반영하는 자연현상에 대한 초기 설명과 질문을 제시한다. 그리고 단원이 진행됨에 따라, 여러 과학적 아이디어를 탐색하며 설명을 수정하고 자신의 질문에 답해 나간다. 이때 자연현상은 단편적 내용만 포함하기보다 단원에서 주요하게 다루는 여러 아이디어를 통합할 수 있어야 한다. 또한 학생들에게 흥미와 호기심을 불러일으켜 학생들이 단원 전체에 걸쳐 지속적으로 현상을 탐색할 동기를 제공해야 한다. 중요한 것은 이 초점 자연현상이 단원 초기에 호기심을 불러일으키는 용도로만 쓰이고 사라지거나, 단원 말 적용 활동에서 새롭게 등장해서는 안 된다는 점이다. 학생들은 단원 전체에 걸쳐 초점 현상을 반복적으로 접하고 설명하며, 자신의 설명에서 부족한 부분을 찾고, 설명이 발달해 나가는 과정을 돌아볼 수 있어야 한다. 예로 통합과학 '생태계와 환경' 단원에서 학생들은 "꿀벌(혹은 다른 핵심종)이 사라지면 생태계에는 어떤 일이 일어날까?", "산불이 발생한 뒤 생태계는 어떻게 다시 회복될까?" 등의 자연현상에 대해 탐색할 수 있다. 이 단원의 성취기준은 학생들이 생태계 구성 요소와 생물과 환경 간 상호 관계, 먹이 관계와 생태계 평형 등의 개념을 이해하고 그에 관해 추론하는 것을 포함한다. 이처럼 다양한 개념을 탐색하며 학생들은 초점 자연현상에 대한 자신들의 설명을 점차 발달시켜 나갈 수 있다.

2.2. 학생들의 가설, 경험, 문화적 지식, 질문을 자원으로 활용하기

스토리라인 단원에서는 '교사가 전달할 내용'이 아닌 '학생들의 변화하는 생각과 질문'이 교수학습의 중심이 된다. 교사는 단원 초에 자연현상에 관한 학생들의 초기 생각과 질문을 끌어낸다. 이때 대다수 학생은 현상에 대한 부분적이고 불완전한 설명을 제시한다. 또한 현상과 관련 있다고 생각하는 학교 밖 경험이나 문화적 지식을 가져오기도 한다. 스토리라인 단원에서는 이 모든 것이 '자원'이 된다. 이러한 자원에는 때로 교사가 예상하지 못한 것들이 포함될 수 있지만, 그것은 학급공동체가 함께 추론하는 데 있어 새로운 시각을 제공할 수 있다. 교사의 역할은 학생들이 '지금 우리가 가진 생각과 질문'을 밖으로 표현하고, 그에 관해 추론해 볼 수 있도록 돕는 것이다. 교사의 입장에서 과학적으로 옳지 않은 개념을 토론의 장에서 나누도록 하는 것이 우려될 수도 있다. 하지만 그러한 생각을 드러낼 기회를 제공하지 않고 교사가 일방적으로 옳은 개념을 제공하는 것보다는, 학생들이 함께 설명을 제안하고 토론하며 수정해 나가도록 돕는 것이 더 효과적이다. 교사는 학생들이 다양한 생각, 학교 밖 경험, 질문을 자원으로 활용하여 자연현상에 대한 설명을 수정해 나가도록 도울 수 있다.

2.3. 과학적 실행을 통해 자연현상에 대한 설명과 모형을 구성하도록 이끌기

스토리라인 단원에서 학생들은 여러 차시에 걸쳐 초점 자연현상에 대한 증거 기반의 논리적 설명을 구성하는 것을 목표로 한다. 이를 위해서는 '검증할 수 있는 질문하기', '모형을 구성하고 사용하기', '탐구를 설계하고 수행하기', '증거를 활용하여 논변하기' 등 다양한 과학적 실행에 참여하는 것이 중요하다. 교사는 학생들이 이와 같은 다양한 실행에 적극적으로 참여하여 자연현상에 대한 설명을 구성하고 수정하기 위한 개념과 증거를 모으고, 그에 관해 추론할 수 있도록 지원해야 한다. 그뿐만 아니라 학생들이 이러한 실행에 참여할 때 각 실행의 절차를 형식적으로 따르는 것이 아니라, 자연현상을 설명하고자 하는 큰 목적에 비추어 각 실행의 역할을 이해하도록 돕는 것이 중요하다. 누군가 어떤 과학적 실행을 왜 수행하고 있냐고 물었을 때, 학생들은 설명하고자 하는 현상이나 답하고자 하는 질문에 비추어 자신의 활동을 설명할 수 있어야 한다. 학생들이 처음부터 과학적 실행의 모든 측면을 주체적으로 수행하기는 어려울 수 있다. 교사는 단계적으로 학생들을 지원하고 점차 학생의 역할을 늘려, 학생들이 주체적으로 지식 구성 과정에 참여할 수 있도록 도와야 한다.

2.4. 교실 담화를 통한 추론 지원하기

학생들은 교실 담화에 꾸준히 참여하며 과학적 이해를 표현하고, 동료 학생들과 함께 자연현상에 대한 설명을 구성해 나갈 수 있다. 교사는 담화를 이끌 때 학생들의 참여를 세심하게 살펴, 학생들이 담화의 목적과 규범을 이해하고 생산적으로 참여할 수 있도록 도와야 한다. 예로 학급공동체는 서로의 생각에 대해 질문하는 법이나, 서로의 의견에 동의하지 않음을 표현하는 방법 등에 대해 논하고 함께 규칙을 정할 수 있다. 또한 교사는 학생들이 짝끼리 나누는 대화나 소집단 토론, 전체 학급 논의 등 여러 형태의 교실 담화에 참여할 기회를 제공하여, 다양한 학생들이 생각을 나눌 수 있도록 해야 할 것이다. 전체 학급 논의에 참여하기 어려워하는 학생도 소규모 집단에서는 활발히 자신의 생각을 나눌 수 있다. 전통적 교실에서 학급 논의는 주로 교사가 몇몇 학생들에게 '정답'을 요하는 형태로 이루어졌다. 하지만 스토리라인 단원에서 교실 담화의 목적은 학생들의 생각과 질문을 듣고, 과학적 이해를 구성하는 과정을 돕는 것이다. 교사는 항상 이 점을 염두에 두어 담화를 안내하고, 때로 학생들과 이러한 목적에 대해 돌아보며 담화와 참여에 대해 성찰해 볼 수 있을 것이다.

2.5. 학생들의 과학적 말하기, 글쓰기, 참여를 돕는 비계 제공하기

모든 학생이 처음부터 능숙하게 자신의 과학적 이해와 생각을 표현할 수 있는 것은 아니다. 특히 전통적 수업 방식을 통해 지식을 받아들이는 데 익숙한 학생들은 생각과 질문을 표현하라는 요청을 낯설어할 수 있다. 하지만 표현이 서툴다고 해서 학생들의 생각의 깊이가 얕다고 속단해서는 안 된다. 교사는 스토리라인 단원 전반에 걸쳐 학생들이 어떤 생각을 하고 있는지 알아내기 위해 세심한 주의를 기울여야 하고, 이를 위해 충분한 기회와 비계를 제공해야 한다. 비계에는 여러 가지 형태가 있을 수 있다. 예를 들어, 교사는 학생들이 협력할 때 서로 질문하는 것을 돕기 위해 질문 템플릿을 제공할 수도 있고, 새로운 증거를 바탕으로 과학적 설명을 수정하는 것을 돕기 위해 다양한 예시를 제공할 수도 있다. 교사는 모든 상황에 일괄적으로 적용할 수 있는 효과적 비계를 찾으려 하기보다, 세심하게 학생들의 진전을 살피며 적절한 때에 필요한 비계를 제공하기 위해 노력해야 할 것이다.

2.6. 학생들이 표현한 생각을 학급공동체에서 논의하도록 하기

교사는 주기적으로 학생들이 학급공동체에서 아이디어를 논의하도록 하여, 개인 수준에서 하기 어려운 비판적 사고와 발전을 촉진해야 한다. 이때 학생들의 생각을 말로만 논의하는 것보다, 생각을 나타낸 시각적 산출물이나 활동지를 활용하는 것이 효과적이다. 예로 학생들은 초점 자연현상에 대한 자신의 설명을 그림이나 글, 모형 등으로 나타낼 수 있다. 교사는 이러한 학생 산출물 중 일부를 의도적으로 선택하여, 전체 학급 담화에서 논의하도록 이끌 수 있다. 학생들은 이러한 논의를 통해 같은 현상에 대한 여러 설명을 비교하며 비판적으로 사고할 수 있고, 특정 개념에 대해 깊이 있게 토론할 수 있으며, 새로운 증거를 바탕으로 함께 설명을 수정해 나갈 수 있다. 이 과정에서 학생들은 동료 학생들이 어떻게 생각하는지 알 수 있고, 과학적 주장과 설명을 어떻게 수정해 나가는지 배울 수 있으며, 어떻게 탄탄한 증거 기반 설명과 모형을 구성할 수 있는지 직접 경험할 수 있다.

2.7. 여러 학습 활동을 통해 학생들이 주요 과학적 아이디어를 이해하도록 돕기

스토리라인 단원에서 학생들은 아이디어와 설명이 시간이 지남에 따라 변화하고 발전해 나간다는 전제를 바탕으로 학습 활동에 참여한다. 이는 '옳은' 답을 전달받아 외우거나 교과서의 답을 그대로 재생산하는 데 집중하던 기존 교실에서의 접근과 대조적이다. 교사는 학생들이 교사가 '정답'을 말해줄 때까지 기다리는 것이 아니라, 여러 학습 활동을 통해 모은 새로운 증거와 배움을 바탕으로 점차 논리적인 설명을 구성해 나갈 수 있도록 도와야 한다. 이 과정에서 학생들은 탐구 활동, 토론, 읽기, 강의 듣기 등의 과정에 활발히 참여하며, 증거를 수집하고 설명의 타당성을 평가한다. 교사는 학습 활동을 하나하나 별개로 운영하는 것이 아니라, 초점 자연현상에 대한 설명을 수정하고자 하는 큰 목적에 따라 순차적으로, 논리적으로 연결하여 진행해야 한다. 이때 각 활동은 자연현상에 포함되는 주요 과학적 아이디어에 대한 새로운 배움이나 생각할 거리를 제공해야 한다. 학생들은 차례로 이루어지는 여러 가지 학습 활동을 통해 주요 과학적 아이디어에 대해 배우고, 그 내용을 유기적으로 연결하며 적용하여 자연현상에 대한 설명을 발달시켜 나가야 한다.

위에서 소개한 일곱 가지 원리는 개별적으로 작동하는 것이 아니기 때문에, 스토리라인 단원을 설계하고 적용할 때는 이 원리들을 통합적으로 고려할 필요가 있다. 예로 교사는 단원의 초점 자연현상을 선정할 때(원리 1) 학생들이 단원 학습을 통해 이해해야 할 주요 과학적 아이디어를 고려하여야 하고(원리 7), 이를 바탕으로 탐구, 논변 등 과학적 실행과 학습 활동을 조직해야 한다(원리 3). 또한 소집단 논의, 전체 학급 토론 등의 교실 담화를 통해 학생들의 추론을 지원하고자 할 때(원리 4), 학생들의 과학적 말하기, 글쓰기, 참여를 돕는 비계를 제공하기 위해 노력해야 하고(원리 5), 학생들이 표현한 생각을 공동체 수준에서 지속적으로 논의할 방안을 모색해야 한다(원리 6). 이 모든 과정에서 학생들의 가설, 경험, 문화적 지식, 질문을 자원으로 활용하기 위해 노력해야 할 것이다(원리 2). 다음에서는 스토리라인 단원 진행을 위한 구체적인 네 가지 교수학습 전략을 소개한다.

3. 스토리라인 단원 진행을 위한 교수학습 전략(Reiser 등, 2021)

스토리라인 단원 모형을 제안한 Reiser 등(2021)은 단원을 전개할 때 활용할 수 있는 네 가지 교수학습 전략을 다음과 같이 소개하였다. (1) 중심 자연현상 탐색하기, (2) 학습 경로 공동 설정하기, (3) 조각 모으기, (4) 남아 있는 문제 찾기. 이 네 가지 전략은 단원에서 순차적으로 쓰이거나 한 번만 쓰이는 것이 아니라, 여러 단계에서 반복적으로 쓰이며 학생들의 유기적 학습을 도울 수 있다. 〈표 6-1〉은 이 네 가지 교수학습 전략에 대한 설명, 목표 및 기대효과를 보여준다.

〈표 6-1〉 스토리라인 단원 전개를 위한 네 가지 교수학습 전략(Reiser 등(2021)의 Table 2를 각색하여 제시)

교수학습 전략		목표 및 기대효과
1. 중심 자연현상 탐색하기 (Anchoring Phenomenon Routine)	학생들이 초점 자연현상에 대해 탐색하며, 단원 활동과 학습 내용을 현상과 연결 짓도록 돕는 전략	• 학생들이 학습 내용을 실제 자연 세계에서 일어나는 현상 및 자신의 학교 밖 경험과 연결하며, 학습 활동과 내용의 의미를 스스로 구축할 수 있음 • 학급공동체에서 현상에 대해 논의하며, 단원 학습을 통해 함께 답하고자 하는 질문 목록을 생성할 수 있음
2. 학습 경로 공동 설정하기 (Navigation Routine)	자연현상에 대한 학생들의 질문을 중심으로, 다음 학습 활동을 소개하거나 학습 경로를 함께 구상하는 전략	• 학생들이 탐구를 통해 스스로의 질문에 답하는 과정을 설계하고 돌아볼 수 있음 • 학급공동체가 함께 질문에 답하고자 하는 목적으로 학습 경로를 설계하며 책임감을 가질 수 있음

교수학습 전략		목표 및 기대효과
3. 조각 모으기 (Putting Pieces Together Routine)	학생들이 다양한 학습 활동을 통해 배운 내용을 연결 지어 초점 자연현상에 대한 설명, 모형을 발달시키도록 돕는 전략	• 학생들이 다양한 활동(예: 탐구, 실험, 읽기, 강의 듣기)을 통해 수집한 증거를 바탕으로 자연현상에 대해 추론하고 설명을 심화할 수 있음 • 학생들이 여러 활동에서 학습한 내용을 통합적으로 연결 지을 수 있음
4. 남아 있는 문제 찾기 (Problematizing Routine)	자연현상에 관한 어떤 질문에 이미 답했고, 어떤 질문이 남아 있는지 돌아보며 현재까지 구성한 설명을 점검하고 나아갈 방향을 모색하도록 돕는 전략	• 학생들이 자연현상에 대한 설명에서 부족한 부분이나 아직 답하지 못한 질문을 찾아내며 성찰할 수 있음 • 학생들이 설명 발달 과정을 돌아보며, 자신들이 학습하는 내용과 구성하는 지식의 유용성을 깨달을 수 있음 • 학생들이 함께 나아갈 방향을 설정하며 주도적으로 설명을 수정·보완해 나갈 수 있음

3.1. 중심 자연현상 탐색하기

스토리라인 단원을 진행함에 있어 교사는 먼저 단원의 주요 학습 내용을 반영하는 중심 자연현상을 설정하고, 그에 관한 학생들의 초기 설명과 질문을 이끌어내야 한다. Windschitl et al.(2018)은 이를 진행하기 위한 네 단계의 교수 실행을 제안했다. 첫 세 단계는 단원을 계획하고 중심 현상을 설정하는 과정에 관한 것이고, 마지막 단계는 학생들의 초기 생각과 질문을 이끌어내기 위한 실행이다.

3.1.1 단원의 주요 아이디어 식별하기

교사는 교육과정과 교과서를 바탕으로 진행하고자 하는 단원의 스토리라인을 개발해야 한다. 이를 위해 먼저 단원의 주요 아이디어를 파악해야 한다. 주요 아이디어는 단순한 과학적 사실이나 용어의 나열이 아니라, 과학적 메커니즘이나 관계에 관한 것이어야 한다. [그림 6-1]은 교육과정과 교과서의 내용을 바탕으로, 통합과학 '생태계와 환경' 단원의 주요 아이디어 중 일부를 식별한 예시를 보여준다.

교육과정 (2022 개정) 성취기준	• [10]통과08-01] 생태계 구성 요소 및 생물과 환경의 상호관계 이해, 생태계 보전의 필요성 추론 • [10]통과08-02] 생태계 평형 유지 과정 이해, 환경변화가 생태계에 영향을 미치는 사례 토의
단원 주요 아이디어	• 생태계에는 다양한 생물(생산자, 소비자, 분해자)이 개체군, 군집을 이루고 상호작용하며 살아간다. 생물과 환경(빛, 온도, 물 등)은 서로 영향을 주고 받는다. • 생태계 내 생물종들은 먹이 관계를 통해 연결되어 있어, 서로의 개체 수에 영향을 미치며 생태계 균형을 유지한다. • …
교과서 활동	• 생물다양성 파괴가 생태계 보전에 미친 영향 조사 • 마른 멸치 해부를 통해 먹이 관계 분석 • 생태 피라미드를 중심으로 생태계 평형 유지 원리 토의

[그림 6-1] 통합과학 '생태계와 환경' 단원의 주요 아이디어 중 일부를 식별한 예시

3.1.2 중심 자연현상 설정하기

이 단계에서 교사는 단원에서 식별한 주요 아이디어를 통해 메커니즘이나 인과관계를 설명할 수 있는 자연현상을 설정한다. 이때 현상은 단일한 과학적 사실이나 아이디어만 반영해서는 안 되고, 여러 주요 아이디어를 연결 지을 수 있어야 한다. 학생들은 단원 전체를 통해 이 중심 현상에 대한 설명을 발달시켜 나감으로써, 주요 과학적 아이디어, 개념, 사실, 이론, 용어 등을 연결 지어 이해하고, 그 과정에서 통합적 탐구 역량을 기를 수 있다. 〈표 6-2〉는 서울대학교 생물교육과 학부생, 과학교육과 대학원생, 생물교수학습연구실 구성원들이 제안한 중심 자연현상의 예시를 보여준다.

〈표 6-2〉 중심 자연현상 예시

과목, 단원	자연현상	성취기준
통합과학, 생태계와 환경	• 꿀벌(혹은 다른 핵심종)이 사라지면 생태계에는 어떤 일이 일어날까? • 산불(혹은 다른 자연재해)이 일어난 후 생태계는 어떻게 다시 회복될까?	[10통과08-01] 인간을 포함한 생태계의 구성 요소와 더불어 생물과 환경의 상호 관계를 이해하고, 인류의 생존을 위해 생태계를 보전할 필요성이 있음을 추론할 수 있다. [10통과08-02] 먹이 관계와 생태 피라미드를 중심으로 생태계 평형이 유지되는 과정을 이해하고, 환경 변화가 생태계에 영향을 미치는 다양한 사례를 토의할 수 있다.
중학교 과학, 생물의 다양성	• 우리 학교에 사는 다양한 생물들은 어떻게 상호작용할까? • 도시 재개발은 생물다양성에 어떤 영향을 미칠까? • 도시의 민들레와 시골의 민들레는 어떤 점이 비슷하고 어떤 점이 다를까?	[9과03-01] 생물의 다양성을 이해하고, 변이의 관점에서 환경과 생물다양성의 관계를 설명할 수 있다. [9과03-02] 생물 종의 개념과 분류 체계를 이해하고 생물을 계 수준에서 분류할 수 있다. [9과03-03] 생물다양성 보전의 필요성을 이해하고, 생물다양성 유지를 위한 활동 사례를 조사하여 발표할 수 있다.
중학교 과학, 식물과 에너지	• 어린 새싹이 어떻게 거대한 메타세쿼이아 나무로 자랄 수 있을까? • 사과나무에선 어떻게 맛있는 사과가 열릴까?	[9과11-01] 식물이 생명 활동에 필요한 에너지를 얻기 위해 양분을 만드는 광합성 과정을 이해하고, 광합성에 영향을 미치는 요인을 설명할 수 있다. [9과11-02] 광합성에 필요한 물의 이동과 증산 작용의 관계를 이해하고, 잎의 증산 작용을 광합성과 관련지어 설명할 수 있다. [9과11-03] 식물의 호흡을 이해하고, 광합성과의 관계를 설명할 수 있다. [9과11-04] 광합성 산물의 생성, 저장, 사용 과정을 모형으로 표현할 수 있다.
중학교 과학, 동물과 에너지	• 손에서 생긴 노폐물은 어떻게 몸 밖으로 빠져나갈까? • 격렬한 달리기를 할 때, 우리 몸에선 어떤 일이 일어날까? • 우리가 먹은 햄버거의 영양소는 어떻게 우리 몸을 구성하는 구성 요소가 될 수 있을까?	[9과12-02] 음식물이 소화되어 영양소가 흡수되는 과정을 소화 효소의 작용과 관련지어 설명할 수 있다. [9과12-03] 순환계의 구조와 기능을 이해하고, 혈액의 순환 경로를 나타낼 수 있다. [9과12-04] 호흡 기관의 구조와 기능을 이해하고, 호흡 운동의 원리를 모형을 사용하여 설명할 수 있다. [9과12-05] 배설 기관의 구조와 기능을 알고, 노폐물이 배설되는 과정을 표현할 수 있다.

과목, 단원	자연현상	성취기준
		[9과12=06] 동물이 세포 호흡을 통해 에너지를 얻는 과정을 소화, 순환, 호흡, 배설과 관련지어 설명할 수 있다.
중학교 과학, 생식과 유전	• 아빠 판다와 엄마 판다가 낳은 새끼 판다의 귀와 손에 있는 세포는 같은 유전자를 가질까? • 일란성 쌍둥이와 이란성 쌍둥이는 어떻게 다를까? • 손에 난 상처는 어떻게 회복될까?	[9과21-01] 세포 분열을 개체의 성장과 관련지어 설명할 수 있다. [9과21-02] 체세포 분열과 생식 세포 형성 과정의 특징을 염색체의 행동을 중심으로 설명할 수 있다. [9과21-03] 수정란으로부터 개체가 발생되는 과정을 모형으로 표현할 수 있다.

3.1.3 중심 자연현상 설명을 위한 여러 학습 활동 구상하기

교사는 중심 자연현상을 설정한 후, 현상을 설명하기 위한 주요 아이디어를 가르칠 수 있는 여러 학습 활동을 구상해야 한다. 이때 학습 활동을 한 종류(예: 강의)로 한정 짓지 않고, 유형을 다양화하는 것이 중요하다. 학습 활동 유형의 예에는 과학적 실험, 토의, 영상 시청, 강의, 읽기, 모형 만들기, 논변 활동 등이 있다. Windschitl et al.(2018)은 단원을 구상할 때, [그림 6-2]의 세 가지 요소(교육과정 성취기준, 중심 자연현상에 대한 설명, 학습 활동) 간 관계를 고려하는 것이 중요하다고 하였다.

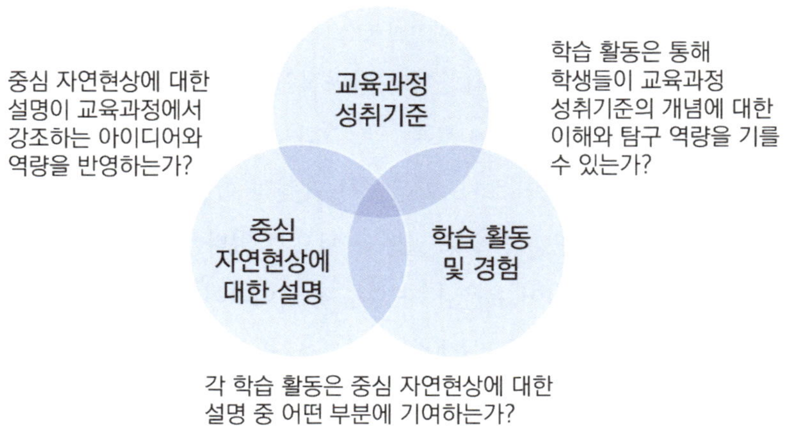

[그림 6-2] 단원 설계에서 고려해야 할 세 가지 요소(Windschitl 등(2018)의 Figure 2.5를 각색하여 제시)

[그림 6-3]은 중학교 과학 '식물과 에너지' 단원의 학습 내용과 활동을 "어린 새싹이 어떻게 거대한 메타세쿼이아 나무로 자랄 수 있을까?"라는 자연현상을 중심으로 계획한 예시이다.

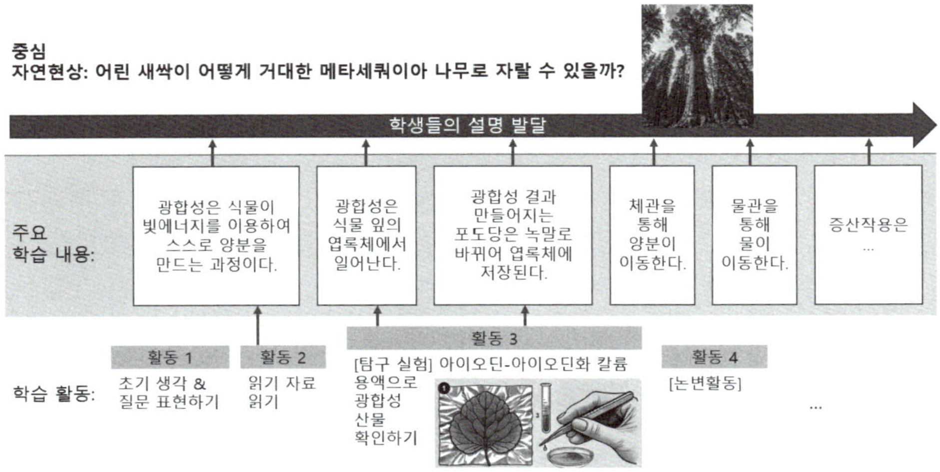

[그림 6-3] 자연현상을 중심으로 학습 내용과 활동을 조직한 예시(중학교 '식물과 에너지' 단원)

3.1.4 중심 자연현상에 대한 학생들의 초기 생각과 질문 이끌어내기

이 단계에서 교사는 학급공동체에 중심 자연현상을 소개하고, 단원에서 다루는 내용과 관련된 학생들의 초기 생각과 질문을 이끌어낸다. 분명히 해야 할 것은 이 과정이 학생들의 오개념을 조사하거나 단편적인 선행 지식을 확인하기 위함이 아니라는 것이다. 교사는 학생들이 토론, 글, 그림을 통해 자유롭게 초점 자연현상에 대한 설명을 표현하게 함으로써, 학생들이 단원의 학습 내용과 관련하여 어떤 생각과 질문이 있는지 열린 마음으로 알아볼 필요가 있다. 이는 이후 교사가 단원과 학습 활동을 진행함에 있어 유용한 자원이 될 것이다. [그림 6-4, 6-5]는 학생들이 단원의 중심 현상에 대한 초기 생각과 질문을 표현한 예시를 보여준다. [그림 6-4]는 초등학교 5학년 학생들이 '생물과 환경' 단원 초기에 "꿀벌이 사라지면 생태계에 어떤 일이 생길까?"라는 물음에 대해 소집단으로 논의한 뒤, 초기 생각과 질문을 표현한 예시이다. [그림 6-5]는 중학교 1학년 학생들이 '생물의 다양성' 단원 초기에 "우리 학교에는 어떤 생물들이 상호작용하며 살아갈까?"라는 물음에 대한 초기 생각과 질문을 표현한 예시이다.

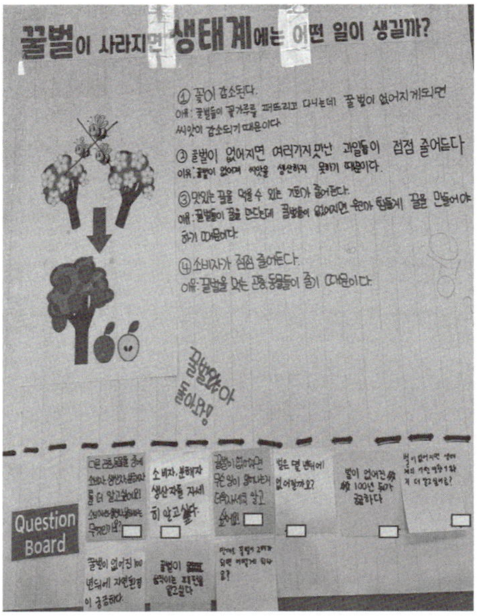

[그림 6-4] "꿀벌이 사라지면 생태계에 어떤 일이 생길까?"라는 물음에 대한 초등학교 5학년 학생 들의 초기 생각과 질문 예시('생물과 환경' 단원)

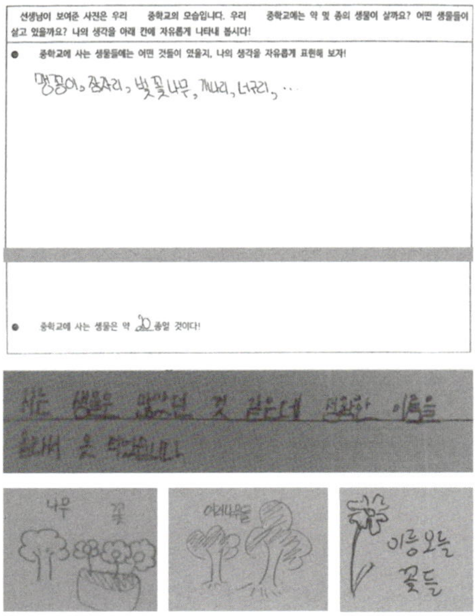

[그림 6-5] "우리 학교에는 어떤 생물들이 상호작용하며 살아갈까?"라는 물음에 대한 중학교 1학년 학생들의 초기 생각과 질문 예시('생물의 다양성' 단원)

교사는 이 초기 단계에서 학생들이 표현한 생각과 질문을 단원 진행에 있어 꾸준히 활용하며, 학생들이 자연현상에 관한 설명을 발달시켜 나가도록 도울 수 있다. 초기 생각과 질문을 이끌어내는 과정에서 교사는 특정 정답을 요구해서는 안 되고, 다양한 생각과 경험을 듣는 것에 집중해야 한다. 학생들의 자유로운 생각 표현을 돕기 위해 활용할 수 있는 담화 진행 전략에는 크게 다섯 가지가 있다(Windschitl 등, 2018). 〈표 6-3〉은 이 다섯 가지 전략에 대한 설명과 예시를 보여준다.

〈표 6-3〉 학생들의 초기 생각과 질문을 이끌어내기 위한 담화 진행 전략

담화 진행 전략		예시
관련 경험 이끌어내기 (probing)	학생들이 제시한 아이디어와 관련된 경험, 관찰을 공유하도록 하기	• "그와 관련된 경험이 있니? 얘기해 줄래?"
더 자세히 말하도록 하기 (follow-ups)	학생들이 제시한 아이디어/주장에 대한 생각을 더 공유하도록 하기	• "더 자세히 말해줄래?" • "그렇게 생각하게 된 과정에 대해 더 얘기해 줄래?"
기다리기(wait time), 개별 글쓰기 시간 주기	학생들이 조용히 생각할 시간을 주기	(기다리는 시간 가지기) • "개별적으로 생각하고 글로 정리해 봅시다."
학생 응답 재구성해 말하기(revoicing)	학생 응답을 다시 말하기(필요시 일부를 강조하거나 용어를 더하는 방식으로)	• "내가 이해한 바로는 네가 ~라고 했는데, 이게 맞니?"
학생들이 서로 이야기하도록 하기 (opening up cross-talk)	학생들이 서로 이야기하며 생각을 공유하고 발전시키도록 하기	• "~와 생각이 비슷한 친구 있어요? 말해볼래요?" • "짝과 함께 이야기해 볼까요?"

출처: Windschitl 등, 2018

3.2. 학습 경로 공동 설정하기

스토리라인 단원의 핵심은 학생들의 질문을 중심으로 단원을 진행하여, 학생들이 초점 자연현상에 대한 설명과 이해를 발전시키도록 돕는 것이다. 학생들은 초점 현상에 대한 설명을 중심으로 단원의 여러 학습 활동과 내용을 연결하며, 학습의 의미를 스스로 구성해 갈 수 있다. 이상적인 상황은 자연현상에 대한 학생들의 초기 설명과 질문을 중심으로, 학생들과 함께 모든 학습 활동과 경로를 직접 구상하는 것일 것이다. 장기간에 걸쳐 진행되는 프로젝트나 동아리 활동에서 유동성을 발휘할 수 있는 경우, 학생들이 자신의 탐구 경로를 하나부터 열까지 직접 설계하는 경험은 매우 유용할 것이다. 하지만 대부분의 정규 수업에서 교사가 모든 학습 활동을 학생들과 함께 기획하기는 쉽지 않다. 스토리라인 단원 진행 시에도 모든 단원 활동을 학생들과 함께 계획할 필요는 없다. 하지만 중요한 점은 학생들이 학습 활동의 의미를 스스로 구축하고, 현상에 대한 설명을 중심으로 학습 내용을

짜임새 있게 연결 지을 수 있도록 돕는 것이다. 이를 위해 교사는 학습 활동을 소개하고 구상할 때 최대한 학생들의 초기 설명과 생각, 질문을 활용하고 이를 학생들과 명확히 소통해야 한다. 또한, 필요시 학습 활동의 순서를 바꾸거나 내용을 조정하여, 학급공동체가 스스로의 질문에 답하고 필요로 하는 내용을 배울 수 있도록 해야 한다. 예로 [그림 6-6]의 수업을 진행한 교사는 중학교 1학년 '생물의 다양성' 단원을 스토리라인 방식으로 전개하였다. 이때 "우리 학교에는 어떤 생물들이 상호작용하며 살아갈까?"라는 현상에 대해 학생들이 제시한 질문([그림 6-6]

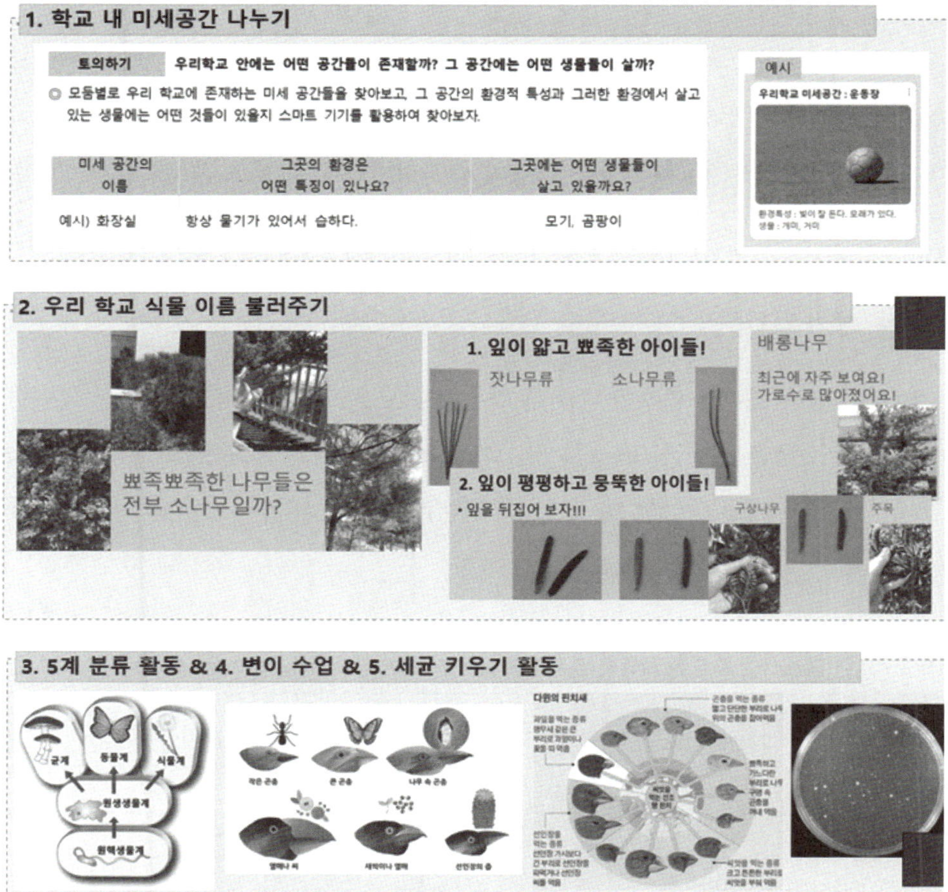

[그림 6-6] 중학교 과학 '생물의 다양성' 단원을 스토리라인 방식으로 조직하여 진행한 예시("우리 학교에는 어떤 생물들이 상호작용하며 살아갈까?"라는 현상에 대한 학생들의 생각과 질문을 중심으로)

참조)을 활용하여 활동을 소개하고, 그에 답하는 방식으로 활동을 진행하였다. 예로 학생들이 초기 생각을 표현한 활동지에서 학교 내 생태계를 단일하게 본 예와 여러 공간으로 나누어 본 예를 소개하며, "학교 내 미세공간 나누기" 활동을 진행하고 각 미세공간에 서식하는 생물들을 조사하도록 하였다. 그리고 "사는 생물은 많은 것 같은데, 정확한 이름을 모르겠다.", "이름 모를 꽃들이 많다."([그림 6-6] 예시 참조) 등의 학생 질문을 학급공동체에 소개하며, 그에 답하기 위해 "우리 학교 식물 이름 불러주기" 활동을 진행하여 학생들이 학교 내 식물을 동정하도록 하였다. 학생들은 이렇게 조사한 학교 내 생물 목록을 활용하여 이어지는 "5계 분류 활동"에 참여하였다. [그림 6-6]은 이 교사가 중심 현상에 대한 학생들의 생각과 질문을 바탕으로 조직하여 진행한 스토리라인 단원 흐름을 보여준다. 단원 전체에 걸쳐 학생들은 친숙하지만 잘 알지 못했던 학교 생태계에 대한 이해를 넓혀 나가며, 여러 학습 내용(예: '종', '생물 다양성', '5계 분류', '생태계 보전')과 활동의 의미를 주도적으로 구축할 수 있었다.

3.3. 조각 모으기

이 단계에서 교사는 학생들이 여러 활동에서 모은 증거를 통합하여 중심 자연현상에 대한 설명을 수정하도록 돕는다. Windschitl et al.(2008)은 이를 위해 매 학습 활동이 끝날 때마다 활용할 수 있는 교수학습 도구인 "요약표(summary table; 〈표 6-4〉)"를 제안하였다.

〈표 6-4〉 매 활동 내용을 중심 자연현상과 연결하는 것을 돕는 요약표(summary table) 양식

활동	우리는 무엇을 관찰했는가?	우리는 무엇을 배웠는가?	이 배움은 중심 자연현상에 대한 설명에 어떻게 기여하는가?
활동 1			
…			

출처: Windschitl 등, 2018

또한 교사는 학생들이 매 활동이 끝난 후 학습한 주요 내용 및 중심 현상과의

연결점을 포스트잇 등에 작성하도록 하여 설명을 수정할 때 활용하도록 할 수 있다. [그림 6-7]은 미국 북서부 지역의 한 고등학교에서 이 전략을 활용한 경우를 보여준다. 교사는 삼투와 항상성에 관한 고등학교 생명과학 단원에서 "급격하게 물을 많이 마시고 사망한 Ms. Strange의 몸에서는 어떤 일이 일어났는가?"라는 현상을 중심으로 스토리라인 단원 모형을 진행하였다. Ms. Strange의 사망 사건은 실제 일어났던 일로, 단원 내내 학생들의 흥미를 불러일으키고 학습 동기를 부여하였다. 이 단원에서 학생들은 현상을 설명하기 위해 컴퓨터 시뮬레이션, 실험, 읽기 등 다양한 활동을 수행하였다. 매 활동을 마무리할 때, 교사는 학생들에게 활동에서 배운 점과 중심 현상과의 연결점을 포스트잇에 작성하도록 했다. 그리고 2~3차례에 걸쳐 학생들이 여러 활동에서 모은 포스트잇을 바탕으로, 중심 현상에 대한 설명을 수정하도록 하였다. [그림 6-7]은 한 학생이 작성한 포스트잇과 설명의 예를 보여준다.

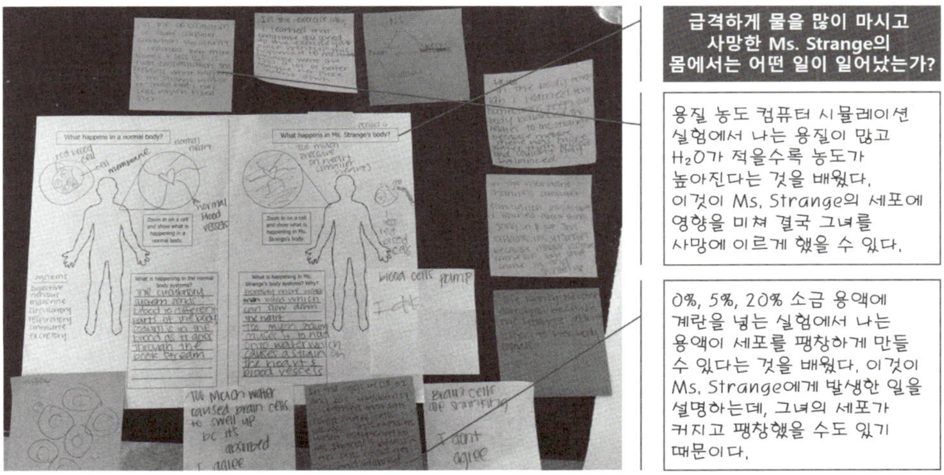

[그림 6-7] 삼투와 항상성에 대한 고등학교 생명과학 단원에서 매 학습 활동 후 작성한 포스트잇을 바탕으로 중심 자연현상에 대한 설명을 수정한 학생 사례

학생들이 증거를 바탕으로 중심 현상에 대한 설명을 수정하도록 돕는 담화 전략에는 크게 네 가지가 있다(Windschitl 등, 2018). 〈표 6-5〉는 그에 대한 설명과

예시를 보여준다. 이와 더불어 〈표 6-3〉에서 소개한 '기다리기', '학생 응답 재구성해 말하기', '학생들이 서로 이야기하도록 하기'는 단원의 여러 단계에 걸쳐 계속해서 학생들의 생각을 끌어내고 사고를 촉진하는 데 유용하게 사용할 수 있다.

〈표 6-5〉 증거 기반 설명을 돕기 위한 담화 진행 전략

담화 진행 전략		예시
학습 경험 이끌어내기(probing)	• 학생들이 학습 활동에서 관찰하거나 경험한 내용 공유하도록 하기	• "~ 활동에서 무엇을 관찰했니?" • "~에 대해 배운 점을 얘기해 볼래?"
학생 아이디어에 도전하기(challenging follow-ups)	• 학생들이 제시한 아이디어에 도전하거나 정교화 요청하기	• "그것과 아까 이야기했던 것이 어떻게 다른지 더 자세히 말해줄래?" • "무슨 의미인지 더 말해줄래?"
사고 촉진하는 질문하기(pressing)	• 다음과 같은 방식으로 학생 사고 촉진하기 • 예시 요청하기 • 설명의 빈 부분 채우도록 하기 • 일관성 고려하도록 하기 • 증거나 정당화 요청하기 • 주장이나 가설 검증 요청하기 • 가정적 상황에 관한 질문하기	• "데이터를 활용해서 설명해 볼래?"
특정 부분에 집중하도록 돕기(focusing)	• 복잡한 과제나 설명에서 특정 부분에 집중하도록 돕기	• "모형의 이 부분에 대해서만 먼저 얘기해 보자."

출처: Windschitl 등, 2018

3.4. 남아 있는 문제 찾기

단원이 진행되는 틈틈이 학급공동체는 중심 자연현상에 대한 자신들의 설명이 어떻게 발달하고 있는지 돌아보고, 남아 있는 문제를 논의하며 계속해서 설명의 깊이를 더해나갈 수 있다. 교사는 학생들이 현재까지 수집한 증거를 바탕으로 설명을 정당화하고, 서로 동의하거나 동의하지 않는 부분을 확인하고, 설명에서 남아 있는 질문이나 해결되지 않은 부분을 탐색하게 하며, 때로는 현상에서 학생들이 주목하지 않았던 부분에 집중하게 하는 등의 방식으로 학생들이 나아갈 방향을 모색하는 것을 도울 수 있다.

3.5. 종합

이처럼 '(1) 중심 자연현상 탐색하기, (2) 학습 경로 공동 설정하기, (3) 조각 모으기, (4) 남아 있는 문제 찾기'를 반복하며, 학생들은 중심 자연현상에 대한 이해와 설명을 심화하는 방식으로 단원의 주요 아이디어를 주체적으로 학습하고 연결 지을 수 있다.

[그림 6-8]은 [그림 6-5]에서 공유했던 중학교 1학년 '생물의 다양성' 스토리라인 단원에서 학생들이 작성한 최종 산출물의 예시를 보여준다.

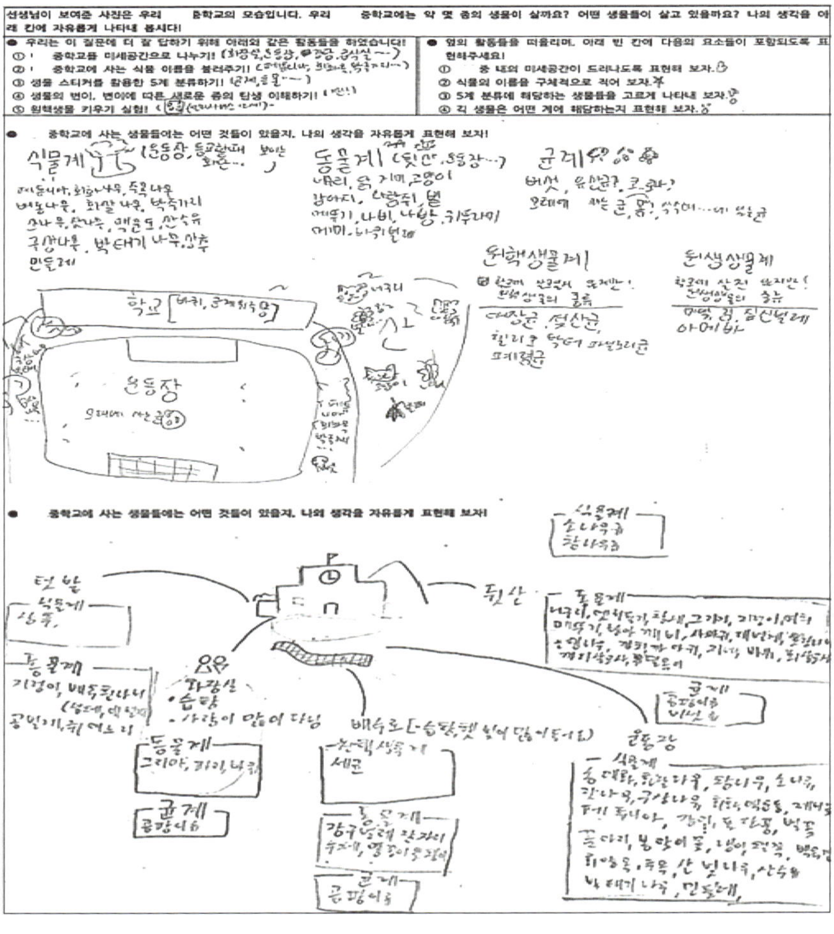

[그림 6-8] 중학교 1학년 '생물의 다양성' 스토리라인 단원에서 "우리 학교엔 어떤 생물들이 상호작용하며 살아갈까?"라는 물음에 대한 학생들의 최종 답변 예시

"우리 학교에는 어떤 생물들이 상호작용하며 살아갈까?"라는 중심 질문에 대해, 단원 초 대체로 [그림 6-5]와 같이 약 20종 미만의 생물을 나열하는 데 그쳤던 것과 달리, 단원 말 학생들은 [그림 6-8]과 같이 미세공간과 생태계, 5계 분류, 식물 분류, 균계 등에 대해 단원에서 학습한 주요 아이디어들([그림 6-6] 참조)을 종합적으로 반영하여 질문에 답하는 모습을 보였다. 교사는 이 과정에서 학생들에게 단원에서 진행했던 활동과 최종 답안에 포함해야 할 아이디어들을 상기시키며([그림 6-8]의 활동지 참조), 학생들이 단원의 주요 아이디어를 연결하여 답안을 구성하고 자신의 답안에 대해 성찰하는 것을 도왔다. 이 단원을 통해 학생들은 교과서 내의 지식을 분절된 사실로 암기하는 것이 아니라, 친숙한 주변 생태계(학교 생태계)에 대한 시각과 이해를 넓히는 자원으로 활용하여 유기적으로 학습할 수 있었다.

한편 [그림 6-9]는 [그림 6-4]에서 공유했던 초등학교 5학년 '생물과 환경' 스토리라인 단원에서 "꿀벌이 사라지면 생태계에 어떤 일이 생길까?"라는 현상에 대해 학생들이 작성한 최종 설명 예시를 보여준다. [그림 6-4]의 초기 설명과 비교했을 때, 단원 말 학생들은 생산자/소비자/분해자, 먹이사슬, 먹이그물, 먹이피라미드,

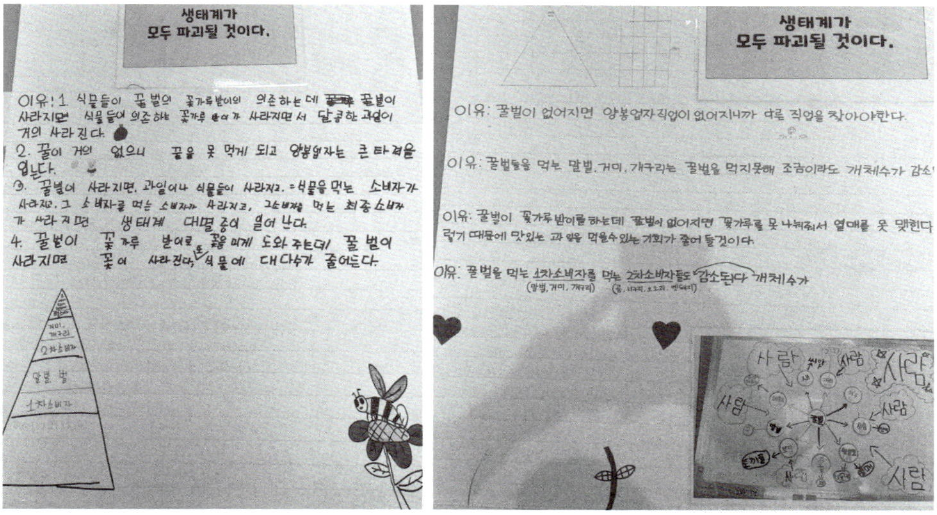

[그림 6-9] 초등학교 5학년 '생물과 환경' 스토리라인 단원에서 "꿀벌이 사라지면 생태계에 어떤 일이 생길까?"라는 현상에 대한 학생들의 최종 설명 예시

생태계 평형, 생태계 보전에 관한 단원의 주요 아이디어를 통합하여 중심 현상에 대한 설명을 발전시킨 모습을 보였다. 학생들은 단원 활동에서 만든 산출물(예. 먹이그물, 먹이피라미드)을 그리거나 붙여넣는 형태로 활용하기도 하였다([그림 6-9] 참조). 앞서 보인 중학교 학생들의 예에서와 같이, 학생들은 스토리라인 단원을 통해 생태계와 관련된 여러 생물학적 지식을 분절된 사실이 아닌, 실제 자연에서 일어나는 현상을 설명하기 위한 자원으로 유기적으로 활용하며 주체적으로 학습하는 모습을 보였다.

이처럼 스토리라인 단원 모형은 학생들이 자연 세계의 현상을 설명하는 과정에서 단원의 학습 내용과 자신의 경험, 이해를 연결 지어 의미 있는 학습을 하도록 돕는다. 이때 학생들의 다양한 생각, 학교 밖 경험, 질문은 대체해야 할 오개념이 아니라 설명의 자원으로 활용되며, 학생의 관점에서 일관성 있는 방식으로 과학적 지식과 연결되어 정교해져 나간다.

참고문헌

Jiménez-Aleixandre, M. P., Bugallo Rodríguez, A., & Duschl, R. A. (2000). "Doing the lesson" or "doing science": Argument in high school genetics. *Science Education, 84*(6), 757-792.

Reiser, B. J., Novak, M., McGill, T. A., & Penuel, W. R. (2021). Storyline units: An instructional model to support coherence from the students' perspective. *Journal of Science Teacher Education, 32*(7), 805-829.

Windschitl, M., Thompson, J., & Braaten, M. (2018). *Ambitious Science Teaching*. Harvard Education Press.

CHAPTER 07

학생의 시각적 표상 구성 활동의 과학교육적 활용

1. 서론

차가운 물이 담긴 유리컵 표면에 물방울이 맺히는 현상에 대해 과학적으로 설명해야 하는 상황을 가정해 보자. 과학교실에서 학생들에게 흔히 요구되는 설명 방식은, 이 현상에 대해 글이나 말로 과학적 원리를 기술하는 것이다. 만약 컵 표면에 물방울이 맺힌 사진이 함께 제시된다면, 우리는 사진의 특정 부분을 손으로 가리키거나, 손동작으로 수증기나 물방울의 움직임을 표현하는 등, 제스처(gesture)와 말을 함께 활용하여 열 현상이 발생하는 과정을 더 풍부하게 설명할 수 있을 것이다. 글로만 열 현상을 설명할 수도 있겠지만, 제스처와 말을 함께 사용하는 경우에 비해 표현의 풍부함과 설명의 세밀함은 상대적으로 제한될 것이다. 즉, 과학 개념을 글이나 말과 같은 언어적 양식으로만 전달하는 데에는 한계가 있기 때문에 (Lemke, 1998) 언어적 방식을 넘어선, 보다 풍부한 과학적 설명을 가능하게 하는 다양한 표현 방식을 탐색해 볼 필요가 있다.

오늘날 멀티미디어의 발달로 학생들은 애니메이션, 시뮬레이션, 동영상 등 다양한 시청각 자료를 활용하여 과학 개념을 학습한다. 과학교사가 온라인 공간에서 정교하게 잘 만들어진 과학 설명 영상을 찾아 수업 시간에 활용하는 것은 이제는 일상적인 일이 되었다. 이로 인해 학생들은 차가운 물이 담긴 유리컵에 물방울이 맺히는 과정을 글이나 말뿐만 아니라 시각적 정보까지 통합하여 이해할 수 있는 기회를 충분히 얻는다. 하지만, 교수자 측에서 다양한 양식(mode)의 표상(representation)을 제공하는 것과 달리, 과학교실에서 학생들이 스스로 구성하는 설명

양식은 여전히 언어적인 것으로 국한되는 경우가 많다. 앞서 제시한 사례에서 알 수 있듯이, 과학적 아이디어를 언어적 양식으로만 소통하는 것은 충분하지 않다. 이러한 한계를 보완할 수 있는 교수-학습 전략 중 하나로, 이 장에서는 학생의 시각적 표상 구성 활동의 과학교육적 활용에 대해 논의하고자 한다.

2. 시각적 표상 구성 활동의 유용성

과학자들은 과학적 추론을 하고, 연구를 수행하는 데 언어적 양식뿐만 아니라 다이어그램, 그래프, 비디오, 사진 등 다양한 시각적 표상을 사용한다. Maxwell과 Faraday의 연구노트에도 나타나는 것처럼, 과학자들은 과학적 아이디어를 생성하고 정교화하며, 아이디어들의 관계를 탐색하기 위해 지식을 시각적으로 나타내곤 한다(Gooding, 2006). 따라서 시각적 표상의 구성은 단순히 시각적 개체만으로 이루어진 산물이 아니라, 언어적 양식과 시각적 양식이 필요와 목적에 따라 적절히 결합된 형태의 표상으로 보아야 한다. 과학교실에서의 활동이 여전히 과학자들이 하는 일과 닮도록 지향한다면, 학생들 또한 이러한 경험을 과학교실에서 할 수 있도록 학습 환경이 더 적극적으로 조성될 필요도 있을 것이다. 다음은 과학적 아이디어의 시각적 구성 활동이 가지는 유용성을 과학적 추론 촉진, 의사소통 촉진, 과학적 실행, 능동적 참여 촉진의 관점에서 살펴보겠다(S. Ainsworth et al., 2011).

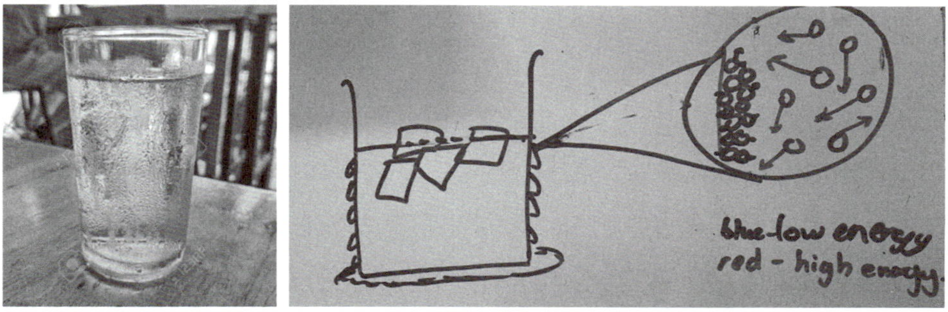

[그림 7-1] 차가운 컵에 맺힌 물방울과 이에 대한 시각화된 과학적 설명

2.1. 과학적 추론 촉진

과학적 아이디어는 본질적으로 다중양식성(multimodality)을 지닌다. 각 표현 양식이 전달할 수 있는 의미는 질적으로 동일하지 않기 때문에, 과학 개념을 보다 정확히 표현하기 위해서는 다양한 양식을 결합하는 것이 필수적이다(Lemke, 1998). 따라서 학생들 역시 과학적 아이디어를 표현할 때 언어적 양식과 시각적 양식을 함께 사용할 필요가 있다(Lemke, 1998). 예컨대, 차가운 컵에 맺힌 물방울과 관련된 개념을 학생들에게 시각적으로 표현하게 한다면(그림 7-1), 단순히 언어로 설명하는 것보다 열 현상의 과정을 더 구체적이고 자세하게 설명하려는 시도가 이루어 질 수 있다. 이러한 과정은 시각적 추론(visual reasoning)을 포함함으로써 보다 활발한 과학적 추론 활동으로 이어질 수 있다. 입자의 운동을 시각화하는 과정에서 학생들은 입자들이 어떤 상태로 존재하는지, 온도 변화에 따라 입자의 운동 상태가 어떻게 달라지는지 등을 표현할 수 있는 기회를 가지게 된다. 더 나아가, 열의 이동이 입자 간에 어떻게 발생하며, 그로 인해 입자의 상태가 어떻게 변하는지, 물방울이 특정한 부위에만 맺히는 이유는 무엇인지, 그리고 공기 중 수증기량이 이 과정에 어떤 영향을 미치는지 등 보다 정교한 과학적 설명을 시도할 수 있다. 이처럼 학생들이 과학 현상을 시각적으로 표현해 보는 활동은 과학적 의미를 더 상세하게 구성해 보는 기회를 가져봄으로써, 보다 탐구적인 과학적 추론을 촉진하는 데 기여할 수 있다.

2.2. 의사소통 촉진

학생들은 열 현상에 대해 시각적으로 구성하는 위와 같은 과정을 통해 그 현상에 대한 자신들의 과학적 추론을 교사와 다른 학생들과 나눌 수 있다(Tang, 2020). 서론에서 소개한 예시처럼, 열 현상을 글이나 말로만 표현하는 것보다 컵 표면에 물방울이 맺힌 사진을 함께 사용할 수 있다면 더 구체적인 과학적 아이디어를 교환해 볼 수 있을 것이다. 즉, 시각화된 정보는 의사소통의 매개 역할을 하여, 글이나 말에 의존한 의사소통보다 더 다양하고 구체적인 과학적 아이디어를 나눌 수 있도록 기회를 부여할 수 있다. 또한 활동지 또는 교실 칠판에 시각화한 정보는 말처럼 휘발되는 정보가 아니라 기록된 형태로 남기 때문에, 여러 사람에게 공유되며 과학 교실에서 보다 일관성 있는 의사소통을 촉진하는 데 기여할 수 있다(Linn et al., 2000). 예를 들어, 교사는 학생이 구성한 시각적 정보를 실물화상기를 통해 반 전체 학생과 공유하고, 그에 대한 질문을 던짐으로써 학생들의 아이디어에 대한 과학 교실 담화를 활성화할 수 있을 것이다.

2.3. 능동적 참여 촉진

과학적 아이디어를 시각적으로 구성하는 활동은 학생들의 능동적 참여를 더욱 촉진할 수 있다(Ainsworth & Chounta, 2021). 과학적 아이디어를 그림으로 표현해 보도록 하는 활동은, 글로 과학적 설명을 구성하는 것보다 상대적으로 자유도가 높다. 글로 설명을 구성할 때 학생들은 과학적 아이디어들 사이의 논리적 연결이나 과학 용어의 선택 등에서 어려움을 겪는 경우가 많다. 반면, 과학적 아이디어를 그림으로 표현하는 경우에는 이러한 제약으로부터 비교적 자유롭고, 자신의 생각을 더 넓게 펼쳐 표현할 수 있기 때문에, 학생들은 보다 수월하게 자신의 사고를 시각적으로 나타낼 수 있다. 예를 들어, 과학적 설명을 글로 구성하기 위해서는 설명의 전제가 되는 개념, 관찰된 현상, 그리고 그 사이의 논리적 연결을 과학 용어를 활용하여 선형적으로 서술해야 한다. 그러나 과학 용어는 종종 추상적인 개념을 포함하고 있기 때문에, 과학적 설명을 글로 구성하는 일은 인지적, 인식론적, 언어적, 기호학적으로 상당한 노력이 요구된다(Yeo & Gilbert, 2014). 이로 인해 학생들은 글쓰기 중심의 설명 활동에서 상대적으로 큰 어려움을 느낄 수 있다. 반대로, 그림을 통해 설명할 경우에는 학생이 가진 생각을 공간적으로 배치할 수 있으며, 사용하는 기호 역시 과학 용어만큼 엄격하지 않다. 또한 과학 현상에 대한 관찰을 도식화하여 설명의 구조로 활용할 수 있기 때문에, 학생들은 과학적 설명을 글로 구성하는 것보다 훨씬 더 용이하게 시각적으로 표현할 수 있다(Park, 2024). 나아가 앞에서 논의한 바와 같이, 시각적 표상이 의사소통을 촉진하는 수단으로 작용함으로써, 학생들은 과학 수업에 보다 상호작용적이고 적극적으로 참여할 수 있다.

3. 학생의 시각적 표상 구성 활동의 활용

위와 같은 유용성을 바탕으로, 시각적 표상 구성 활동은 과학교실에서 다양한 목적으로 활용될 수 있다. 이 절에서는 과학적 아이디어에 대한 시각적 표상 구성 활동이 과학교실에서 활용될 수 있는 두 가지의 구체적인 접근에 대해 살펴본다. 첫째, 과학적 아이디어를 2차원 평면의 종이에 표현하는 과정은 학생들의 생각을 잘 드러낼 수 있기 때문에(Fan, 2015), 평가 도구로서 학생들이 가진 과학 및 과학자에 대한 인식, 과학의 본성에 대한 인식을 조사하거나 과학 개념에 대한 이해 수준을 파악하는 데 널리 활용되어 왔다. 둘째, 과학적 아이디어는 언어적·시각적 추론이 동시에 작용하는 경우가 많기 때문에, 시각적 표상 구성은 과학적 설명을 구성하는 접근으로도 유용하게 활용되어 왔다.

3.1. 평가 도구로서의 시각적 표상 구성 활동

시각적 표상 구성 활동 또는 과학적 그림 그리기 활동은, 학생들의 과학 및 과학자에 대한 인식 조사와 과학 개념 이해 조사를 위한 평가 도구로 오랜 기간 활용되어 왔다. Draw-a-Scientist Test(DAST)는 학생들이 과학과 과학자에 대해 어떻게 인식하고 있는지를 조사하기 위한 도구로, Chambers(1983)가 제안한 이후 많은 연구자들(예: Farland, 2006)에 의해 지속적으로 사용되어 왔다. 구체적으로, Chambers (1983)는 DAST를 통해 5~11세 어린이들이 가지고 있는 과학자에 대한 정형화된 인식 특징을 조사하였다. 어린이들이 생각하는 과학자들은 실험실 코트를 입고 안경을 썼으며, 얼굴에 수염이 있었고, 과학책과 실험 기구가 놓인 실험실에서 과학 공식이나 기술을 탐구하고 있는 모습으로 표현되었다. 이후의 후속 연구들을 통해 학생들이 가지고 있는 정형화된 과학자 이미지뿐만 아니라 과학 자체에 대한 고정된 이미지 또한 밝혀졌다. 예를 들어, 초기 연구에서는 여성 과학자를 그린 학생이 거의 없었던 반면, 최근의 연구에서는 여성 과학자를 묘사한 학생이 증가하는 경향을 보였다(Miller et al., 2018). 이와 관련하여, 학생들이 STEM(Science, Technology, Engineering, Mathematics)에 대해 가진 정형화된 이미지를 조사하는 연구도 진행되고 있다(예: Starr, 2018).

한편 최근에는 과학의 본성(Nature of Science; NOS)에 대한 학생들의 인식을 시각적 표상 구성 활동을 통해 조사하는 연구도 등장하고 있다. 이전의 연구들(예: Lederman et al., 2002)에서는 주로 언어적 양식을 통해 학생들의 인식을 파악해 왔다. 하지만, 학생들이 가진 과학의 본성에 대한 관점은 언어적 양식만으로는 충분히 드러내기 어렵기 때문에, 이를 보완하고자 다양한 양식을 활용한 접근이 시도되고 있다. 예를 들어, Cheung et al.(2024)은 7학년, 12~13세 학생들에게 가뭄, 염분, 영양 결핍 등의 요인이 전 세계 작물 성장에 어떠한 영향을 미치는지를 설명해 보도록 하였고, 이를 통해 학생들이 과학이 사회 제도적으로 어떠한 영향을 받는지를 설명하여 보도록 하였다. 학생들은 2차원 평면 위에 과학자들이 처한 상황, 관련 과학 개념 간의 관계 및 상호작용을 시각적으로 구성하였다. 이 외에도 Erduran과 Kaya (2018)는 예비교사들이 과학의 본성을 학습하고, 이에 대한 인식을 조사하는 데 있어 시각적 표상 구성 활동의 유용성을 밝히며, 예비과학교사 교육에 이러한 시각화 활동이 필요함을 주장하였다.

시각적 표상 구성 활동은 과학 개념에 대한 학생들의 이해를 평가하는 데에도 오랫동안 활용되어 왔다. 특히, 학생들의 정신 모델(mental model)이나 개념변화(conceptual change)와 관련된 연구에서는 시각적 사고를 드러내기 위한 주요 방법으로 널리 사용되었다(Carey, 2000). 예를 들어, Chang et al.(2013)은 학생들에게 화학 작용이 일어나는 과정을 컴퓨터 기반 그리기 도구인 Chemation을 통해 표현하게 하였고, 이를 바탕으로 학생들이 화학 반응 과정을 어떻게 개념화 하였는지를 분석하였다. 이를 통해 학생들이 가진 개념적 이해의 취약 지점을 확인하고 교육적 지원이 필요한 부분을 시사하였다. 또한, Ehrlén(2008)은 시각적 표상 구성 활동과 인터뷰를 통해 6~9세 어린이들이 지닌 지구 모형에 대한 인식을 조사하였다. 그는 이 연구를 통해, 과학적 그림 그리기를 통해 학생들의 시각적 추론을 어느 정도 파악할 수 있지만, 그림만으로는 학생들이 가진 개념을 완전히 이해하기에는 한계가 있다고 주장하였다. 이는 곧 시각적 표상 구성 활동이 단순한 시각 정보 표현을 넘어서, 언어적 이해와 시각적 이해가 결합되어 나타나는 통합적 공간으로 작동해야 함을 시사한다.

요약하면, 평가 도구로서의 시각적 표상 구성 활동은 학생들이 가진 과학 및 과학자에 대한 이미지 인식, 과학 개념에 대한 이해, 그리고 과학의 본성에 대한 관점을 파악하는 데 널리 활용되어 왔다. 그러나 이 활동은 대부분 연구 목적으로만 사용되었고, 실제 교실 수업에서는 충분히 활용되지 못한 측면이 있다. 만약 교사들이 시각적 표상 구성 활동을 교육 현장에서 적절히 활용한다면, 학생들이 가진 과학적 아이디어를 보다 명확히 드러낼 수 있으며, 학생 수준에 맞춘 수업 내용의 조정과 교육적 대응 또한 가능해질 것이다.

3.2. 과학적 설명 구성의 방법으로서 시각적 표상 구성

학생들의 시각적 표상 구성 활동은 과학적 설명을 구성하는 한 가지 방법으로도 활용되어 왔다(Park et al., 2020; Yeo & Gilbert, 2022). 앞서 논의한 것처럼, 전통적으로 교실에서 사용되는 과학적 설명 구성은 주로 언어적 양식인 말과 글을 통해 이루어져 왔다. 과학 교사는 수업에서 다양한 시청각 자료와 실물을 활용하여 과학 현상과 과학적 아이디어를 통합해 설명하는 경우가 많지만, 학생들은 여전히 주로 말과 글을 통해 설명을 구성하기를 요구받는 경우가 많다. 그러나 과학적 아이디어는 본질적으로 다중양식성을 지닌다는 점을 고려할 때, 학생들이 구성하는 과학적 설명 또한 다양한 양식을 활용해 표현할 수 있도록 장려할 필요가 있다. 과학자들 역시 과학적 발견을 대중에게 출판할 때 그림, 도식, 글 등 다양한 양식을 결합하여 사용하는 점을 감안하면(Gooding, 2006), 과학교실에서도 학생들이 다양한 양식을 사용할 수 있는 환경을 조성해 줄 필요가 있을 것이다.

Park(2024)는 시각적 표상을 활용한 과학적 설명의 특징을 언어적 표상과 비교하여 제시하였다(표 7-1). 시각적 표상을 활용한 과학적 설명은 일반적으로 언어적 표상과 결합된 형태로 나타난다. 시각적 표상만으로는 의미를 명확히 전달하기 어려운 경우가 많기 때문에, 언어적 표상이 함께 사용되어 설명이 보완된다(Tang, 2023). 또한 시각적 표상의 선택과 구성은 과학 용어의 사용에 비해 상대적으로 자유도가 높은 편이다. 예를 들어, 원과 화살표(○ →)나 원과 곡선 여러 개(◌))))

를 이용하여 입자가 움직이는 방향과 빠르기를 표현할 수 있고, 점선을 사용하여 입자의 이동 경로도 표현할 수 있는 등 다양한 기호를 활용하여 입자의 움직임을 표현할 수 있다. 이처럼 시각적 표상은 과학적 설명으로서 언어적 설명보다 표현 기준이 덜 엄격하다고 볼 수 있다. 반면, 언어적 표상이 사용된 과학적 설명은 정확한 과학 용어 사용을 통해 의미를 보다 명확하게 전달할 수 있는 강점이 있다.

한편, 설명 구조의 측면에서도 두 양식은 차이가 나타난다. 언어적 표상을 활용한 설명은 개념 중심의 논리적 연결 구조가 핵심이지만, 시각적 표상을 이용한 설명은 과학 현상의 시각적 구조를 반영하는 경우가 많다. 예를 들어, 현상의 전후 관계, 원인과 결과, 전체와 부분과 같은 구조적 요소들이 시각적 설명의 기본 틀이 될 수 있다. 학생들은 일반적으로 먼저 눈에 보이는 현상을 시각적으로 표현한 뒤, 이후 그 현상에 내재된 메커니즘을 추가함으로써 설명을 정교화 한다(Park et al., 2020). 이러한 점에서 시각적 설명은 언어적 설명에 비해 상대적으로 쉽게 구성될 수 있다.

〈표 7-1〉 과학교실에서 구성되는 과학적 설명의 특징

언어적 표상을 활용한 과학적 설명의 특징	시각적 표상을 활용한 과학적 설명의 특징
• 정확한 의미 표현을 위해 과학적 용어 사용을 강조함 • 객관적이고 권위적임 • 과학적 아이디어 사이의 논리적 연결이 설명의 구조를 이룸	• 시각적 표상과 언어적 표상에 결합되어 나타남 • 과학교실에서 받아들여질 수 있는 시각적 표현을 사용함 • 설명의 구조가 실제 과학 현상과 닮아 있으며, 전/후, 원인/결과, 전체/부분과 같이 시각적임

출처: Park, 2024

4. 시각적 표상 구성 활동의 이론적 배경

과학교실에서의 시각적 표상 구성 활동 또는 과학적 그림 그리기 활동에 대한 이론은 인지이론, 사회기호학 등 각 여러 학문의 뿌리로부터 이어져 온 연구들과 함께 복합적으로 논의되고 발전되어 왔다. 이 절에서는 멀티미디어 학습 인지 이론(cognitive theory of multimedia learning, CTML), 그림 구성 인지 모델(cognitive model of drawing construction), 사회기호학(social semiotics) 관점에서 시각적 표상 구성 활동의 특징에 대해 살펴보고자 한다.

4.1. 멀티미디어 학습 인지 이론

텍스트와 그림이 함께 제공되는 교육 자료를 활용할 때 학습자가 내용을 더 잘 이해할 수 있다는 점은 일반적으로 잘 알려져 있으며, 이는 멀티미디어 학습 인지 이론의 핵심 개념 중 하나다. 이 이론은 인지과학(cognitive science)의 주요 개념에 기반하여 다음의 세 가지 가정을 통해 학습의 원리를 설명한다. (1) 이중 채널, (2) 제한된 용량, (3) 능동적 처리. 첫째, 인지 처리는 시각적(visual/pictorial) 채널과 언어·청각적(verbal/auditory) 채널이 동시에 관여하며, 작동 기억(working memory)의 각 채널은 제한된 용량을 지닌다고 본다. 따라서 두 채널을 동시에 활용하여 정보를 처리할 수 있을 때 학습 효과가 높아질 수 있다. 이중 채널의 정보 처리가 가능한 이유는 각 채널을 통해 입력되는 정보가 질적으로 다르기 때문이다. 예를 들어, 지도를 가리키며 목적지를 말로 설명하는 상황을 떠올리면, 말로 전달되는 정보와 그림으로 제시되는 정보가 서로 보완적으로 작용함을 이해할 수 있다. 즉, 말로 표현된 정보와 그림으로 나타난 정보는 부분적으로 공통된 의미를 가지면서도, 각기 다른 방식으로 정보를 전달한다. 이처럼 입력된 질적으로 상이한 정보가 작동 기억 내에서 통합될 수 있을 때 학습이 더 효과적으로 일어난다고 이 이론은 설명한다. 셋째, 능동적 처리(active processing)는 눈과 귀를 통해 인식된 정보, 즉 두 채널을 통해 입력된 정보가 선택(selection)되고, 기존의 장기 기억(long-term memory)과 조직화(organization) 및 통합(integration)되는 과정을 의미한다. 아래의 도식(그림 7-2)은 두 채널을 통해 정보를 인지적으로 처리하는 과정을 시각화한 것이다. 이 이론은 과학교실에서 동영상 등의 시청각 자료를 빈번하게 활용하는 수업 방식의 의미와 효과를 이해하는 데 중요한 이론적 토대를 제공한다.

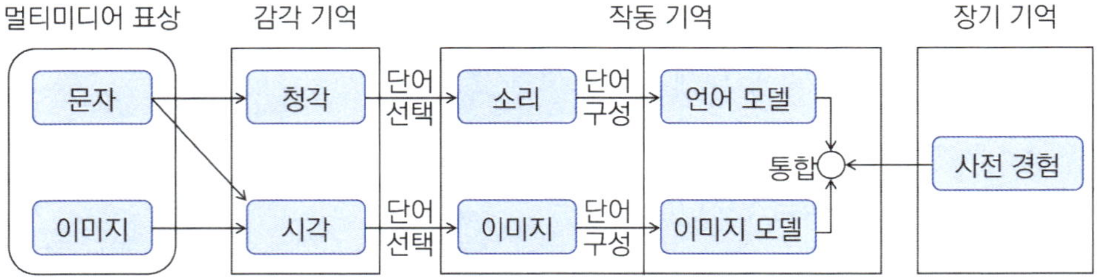

[그림 7-2] 멀티미디어 학습 인지 이론

멀티미디어 학습 인지 이론은 시각적 구성 활동에서 선택, 조직화, 통합을 포함하는 정보처리 과정을 설명한다. 과학적 설명을 그림으로 나타내는 과정은, 학생의 정신 모델 내에서 과제 수행에 필요한 정보를 선택하고 조직하여 통합하는 과정과, 정신 모델 외부에서 명시적으로 모델을 구성하는 과정을 포함한다(Quillin & Thomas, 2015). 구성 활동이 진행되는 동안 이 두 과정은 지속적으로 상호작용하기 때문에, 학생은 시각 정보와 언어 정보를 보다 효과적으로 통합할 수 있는 기회를 갖게 된다. 과학교실에서 학생들이 짝을 지어 과학적 설명을 그림으로 구성하는 과정을 상상해 보자. 두 학생은 자신의 정신 모델을 외부로 시각화하는 작업을 하게 되고, 말과 그림을 통해 서로의 정신 모델을 발전시키며 외적 모델을 공동으로 구성하게 된다.

4.2. 그림 구성 인지 모델

그림 구성 인지 모델은 멀티미디어 학습 인지 이론을 기반으로 발전된 이론으로, 학습자가 특정 개념을 표현하기 위해 시각화하는 과정을 설명하는 이론적 모델이다(Meter & Firetto, 2020). 멀티미디어 학습 인지 이론이 학습 효과에 초점을 두고 언어와 시각 정보의 통합을 강조하였다면, 그림 구성 인지 모델은 학습자가 그림을 생성하는 구체적 과정에 초점을 둔다. 이 이론은 Winne와 Hadwin(1998)의 자기조절(self-regulation) 이론과 Schotz(2005)의 통합 텍스트 및 그림 이해 모델(Integrated Text and Picture Comprehension, ITPC)을 근간으로, 그림 생성 과정을 이론적으로 설명한다.

그림 구성 인지 모델에서는 자기 조절의 이론적 관점에서 학습자가 지식 표현과 상호작용하는 과정을 다음의 세 단계로 설명한다. (1) 수행 기준 설정, (2) 전략적 운영 적용, (3) 목표 진행 상황 모니터링. 먼저, 학습자는 '그림을 그리라'는 지시를 받을 때 과제 목표를 설정하고, 이에 따른 수행 기준을 정한다. 수행 기준에는 표현의 구체성, 각 구성 요소의 적합성 등에 대한 판단이 포함될 수 있다. 다음 단계에서는 학습자가 메타인지적 인식을 바탕으로 과제에 적합한 전략을 선택하고 이를 적용하여, 설정한 기준을 충족하려고 노력한다. 마지막으로, 학습자는 메타인지적 모니터링을 통해 자신의 그림 결과물을 기준과 비교하고, 기준에 도달하지 못한 경우 계획과 전략을 조정한다. 이러한 목표 설정-전략 적용-진행 상황 모니터링의 반복적 과정은 학습자가 그림을 효과적인 학습 전략으로 활용하도록 돕고, 학습 내용에 대한 이해와 기억을 증진시킨다.

한편, 그림 구성 인지 모델은 ITPC 모델이 제시한 언어 정보와 시각 정보의 통합 과정 또한 강조한다. ITPC 모델에 따르면, 학습자는 먼저 언어적으로 입력된 정보를 선택하고 조직하며, 기존 지식을 활용해 이를 명제적(propositional) 지식으로 구성하고 통합한다. 이 언어 기반 구성의 뼈대 위에 학습자는 시각적 이미지를 덧붙여 그림을 통해 외적으로 표현하게 된다. 이 모델은 학습자가 그림을 구성하는 과정에서, 내적 정신 모델과 외적 시각적 표현 사이의 인지적 상호작용이 어떻게 작동하는지를 설명하며, 이러한 상호작용을 학습의 한 과정으로 이해할 수 있는 틀을 제공한다.

4.3. 사회기호학의 관점에서 보는 학생의 의미구성 과정

사회기호학적 이론에 따르면, 학습을 위한 시각적 구성 활동은 단순히 그림을 그리는 미적 활동이 아니라, 학습자가 과학 개념을 능동적으로 구성하고 재해석하는 핵심 과정으로 간주된다(Ainsworth, Prain, & Tytler, 2011). 또한 시각적 구성 활동은 학습자가 과학적 현상이나 개념을 가시화하는 동시에, 이를 둘러싼 다양한 문화적이고 맥락적인 기호를 활용하여 의미를 재구성(re-design)하는 다중양식(multimodal)적 실천을 의미한다(Kress & van Leeuwen, 2006). 예를 들어, 광합성이나 운동 법칙과 같은 추상적 개념을 선, 기호, 화살표 등의 시각적 요소로 구체화함으로써, 학생들은 지식을 구조화하고 내면화할 뿐만 아니라, 다른 학습자 및 교사와의 상호작용을 통해 사회적 기호들을 활용하여 의미를 함께 구성하게 된다. 이는 시각화를 단순한 학습 보조 도구가 아닌, 과학 개념 학습에 필수적인 인지적이고 사회적인 도구로 인식할 수 있음을 시사한다.

나아가 이러한 시각적 구성 활동은 반복적인 수정과 상호작용을 통해 학습자의 이해를 더욱 깊고 유연하게 발전시키는 역할을 한다. 예를 들어, 과학 수업 중 학생들이 서로의 과학적 그림을 비교하고 의견을 주고받는 과정에서, 각 개인의 의미 구성은 과학 교실이라는 집단적·사회적 맥락 속에서 공유되고 검증될 수 있다(Kress, 2010). 이는 곧 시각적 구성물이 한 개인의 산출물에 그치지 않고, 특정한 집단 속에서 함께 의미를 협상하고 구성해 나가는 의미 구성의 장(場)으로 작용함을 보여준다. 이처럼 사회기호학적 관점은 학습자를 단순히 교과 지식을 전달받는 수동적 존재가 아닌, 텍스트·이미지·상호작용이 어우러진 다중양식(multimodal) 환경 속에서 적극적으로 의미를 구성해 나가는 능동적인 기호 생산자로 바라본다.

한편, 사회기호학에서는 표상(representation)에 관한 연구에서 다양한 사회기호학적 양식이 존재하며, 각 표상 양식은 고유한 의미적 어포던스(affordances)를 지닌다는 점을 강조한다(Lemke, 1998). 또한 이러한 양식들을 통합함으로써 각 표상 양식이 나타낼 수 있는 의미가 서로 보완적으로 작용하게 된다. 예를 들어, 언어적 표상 양식은 파동(waves), 힘(forces), 상호작용(interactions)과 같은 개념을 다루는 범주적(categorical) 의미를 효과적으로 제공하는 반면, 시각적 표상 양식은 많음과 적음, 큼과 작음 등 정도(degree)를 나타내는 위상적(topological) 의미나, 위치(location)와 같은 공간적 의미를 더 효과적으로 전달한다(Lemke, 2002). 이러한 이유로 두 표상 양식을 병치하여 사용하는 것은, 기호 생산자가 의도한 의미의 구체성과 정밀성을 크게 높여주는 효과를 가진다(Lemke, 2003). 예컨대, 자유 낙하하는 공을 설명할 때 중력과 공기 저항의 방향을 화살표로 나타내고, 그 화살표의 의미를 보충 설명하는 텍스트와 함께 제시한 다이어그램은 설명의 명료성을 높이는 대표적인 사례가 될 수 있다. 특히, 물체가 종단 속도(terminal velocity)에 도달하는 상황처럼 운동 상태의 설명이 필요한 경우에는, 범주적 의미와 위상적 의미를 동시에 활용하는 것이 더욱 중요하다. 이처럼 과학교실에서의 시각적 구성 활동은 사회기호학적 관점에서, 언어적 기호와 시각적 기호를 통합하여 생산하고 이를 통해 의미를 구성하고 정교화해 나가는 학습의 과정으로 이해될 수 있다.

5. 학생의 과학 그리기 활동의 패턴

4절에서는 학생의 시각적 구성 활동 기저에 존재하는 메커니즘을 이론적으로 살펴보았다. 5절에서는 학생들이 과학적 설명을 시각적으로 나타내는 과정에서 외적으로 드러나는 특징적 패턴에 대해 살펴보고자 한다. 학생들의 과학적 그림 구성 과정의 패턴은 크게 두 가지로 나눌 수 있다. 하나는 외적으로 표현된 표상들 사이의 상호작용에 대한 패턴이고, 다른 하나는 구성에 참여한 학습자들 사이에 나타나는 상호작용 패턴이다. 개별 학습자가 독립적으로 구성하는 활동에서는 표상 간 상호작용 패턴에 중점을 두고(Park et al., 2020), 협동적으로 시각적 표상을 구성하는 활동에서는 두 가지 유형의 상호작용 패턴을 모두 살펴 본 연구 사례를 소개하겠다(Park et al., 2021).

5.1. 개별 과학 그리기 활동에서 나타나는 상호작용 패턴의 특징

과학 교육의 다중 표상(multiple representations) 연구에서, 과학적 아이디어를 시각적으로 표현할 때 표상의 수준을 구분하여 접근하는 방식은 매우 유용하게 활용되어왔다(Talanquer, 2011). 화학교육 연구에서 시작되어 발전된 거시적(macro), 미시적(submicro), 기호적(symbolic) 수준의 구분(Gilbert & Treagust, 2009)은 과학교육 전반(e.g., Yeo & Gilbert, 2014)에서 폭넓게 활용되고 있다. 이러한 표상 수준 구분의 교수-학습적 핵심은, 서로 다른 수준의 표상 간에 일관된 연결이 이루어지도록 교사가 비계(scaffolding)를 제공하는 것이다. 이 절에서는 물리학 학습에서의 표상의 수준 간 상호작용에 대하여 예를 들어 설명하겠다. 물리학 학습에서는, 과학교육 전반에서 사용되는 표상의 세 가지 수준에 대한 분류가 화학교육만큼 명확히 적용되지 않는다. 예를 들어, '힘'은 물질적 대상이 아니기 때문에, 거시·미시·기호 수준 간의 전형적인 세 가지 수준 연결 구조로 설명하기 어렵다. 이에 따라 Park et al.(2020)은 물리 개념을 질적으로 이해하는 데 보다 적합한 세 수준 분류를 제안하였다(그림 7-3). 이 모형은 감각적(Sensory, SS) 수준, 보이지 않는 물질(Unseen Substance, US) 수준, 보이지 않는 비물질(Unseen Non-substance, UN) 수준으로 구성된다. SS 수준은 눈으로 관찰할 수 있는 물질과 그 움직임(예: 굴러가는 공)을, US 수준은 보이지 않는 입자(예: 공기 분자)의 존재와 운동을, UN 수준은 힘과 같은 상호작용과 비물질적 개념을 의미한다. 실제로 물리 현상을 깊이 이해하기 위해 수학적 표현이 필수적이지만(Redish & Kuo, 2015), 질적 이해를 도모하는 초기 단계에서는 SS-US-UN 수준을 활용한 접근이 효과적일 수 있다.

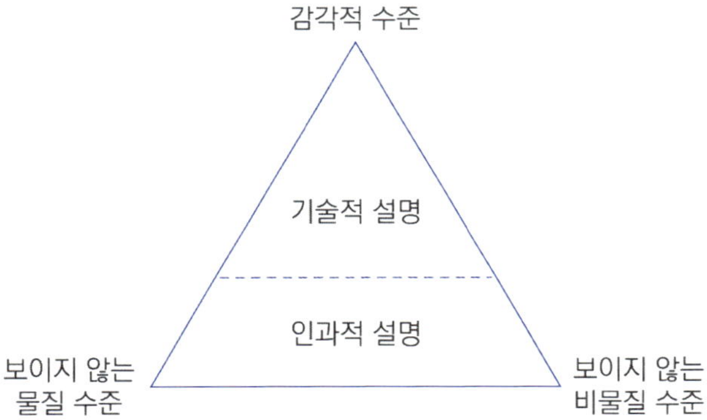

[그림 7-3] 질적 이해를 강조한 물리학 학습에서의 세 가지 표상 수준

Park et al.(2020)의 연구는 학생들이 시각적 표상을 활용하여 과학적 설명을 구성하는 과정을 세 수준(SS, US, UN)의 관점에서 분석하였다. 분석 결과, 대부분의 학생이 관찰 가능한 SS 수준에서 시각적 설명 구성을 시작하였으며, 이후 다섯 가지 유형의 순차적 패턴이 확인되었다. 일부 학생은 SS 수준에 머물러 현상을

단순 묘사하는 데 그쳤고, 다른 학생들은 US 또는 UN 수준으로 확장하여 입자적 표현이나 힘 개념을 통합하였다. 가장 일반적인 패턴은 SS에서 US 수준으로 발전하여 입자 수준의 상호작용을 설명하는 경우와, SS에서 US와 UN을 모두 포함하여 인과적 관계까지 나타내는 경우였다. 세 수준을 성공적으로 통합한 학생들은 시각적 표상을 통해 충분히 정교한 인과적 설명을 구성하였으며, 과학 개념에 대한 깊이 있는 이해를 나타냈다. 이 연구는 서로 다른 표상 수준이 과학적 설명 구성에서 서로 다른 역할을 수행함을 시사한다. SS 수준은 관찰 가능한 현상에 주의를 집중하게 하고, US 및 UN 수준은 그러한 현상이 왜 발생하는지에 대한 설명으로 나아가게 한다. 특히, US 수준에서 아이디어를 적극적으로 발전시킨 학생일수록, UN 수준의 인과적 설명까지 도달하는 경향이 있었다. 이 연구를 통해 도출된 주요 시사점 중 하나는, 학생이 더 높은 수준의 인과적 설명력을 갖춘 시각적 표상을 구성하기 위해서는 교사의 적절한 안내와 지원이 필수적이라는 점이다. 일반적으로 학생들은 관찰 가능한 현상에 집중하는 경향이 있으며, 과학적 현상의 보이지 않는 메커니즘에 대한 교사와 연구자의 지속적인 질문이 개입될 때, 더 높은 수준의 설명으로 확장될 수 있었다. 이에 대한 지도 전략은 6절에서 논의하겠다.

5.2. 협력적 시각적 표상 구성 활동에서 나타나는 특징

협력적 시각적 표상 구성 활동은 과학 학습에서 학생들이 개념을 시각적으로 표현하고, 다른 학생과의 논의를 통해 개념을 정교화하는 데 중요한 역할을 할 수 있다(Tytler et al., 2020). 학생들은 그림을 통해 추상적인 개념을 보다 구체적으로 형상화할 수 있으며, 이를 바탕으로 개념 간의 관계를 탐색하고 설명하는 능력을 기를 수 있다. 특히 협력적 시각적 표상 구성 활동은 언어적 양식과 시각적 양식의 통합을 촉진하여 학생들이 단순한 기억 중심의 학습을 넘어서 개념을 심층적으로 이해하고 활용할 수 있도록 돕는다. 또한 교실 내에서 협력을 통해 다양한 관점을 접하고 자신의 생각을 조정하거나 보완할 수 있는 기회를 제공함으로써, 공동 의미 구성(co-construction of meaning)이 촉진된다(Chang et al., 2024). 이러한 과정은 과학적 모델링, 개념 탐구, 문제 해결력 향상과 같은 탐구 중심 학습의 핵심 요소와 연결되며, 학생들의 과학적 사고를 발전시키는 데 기여한다.

Park et al.(2021)의 연구는 협력적 시각적 표상 구성 활동에서 언어적 양식(텍스트, 말)과 시각적 양식 간 상호작용 패턴을 분석하고, 학생들이 이를 통해 과학 개념을 어떻게 구성하는지를 조사하였다. 연구 결과, 학생들은 계획(Plan)-그리기(Draw)-평가(Evaluate)의 PDE 패턴을 반복적으로 활용하는 것으로 나타났다. 즉, 학생들은 먼저 무엇을 그릴지 논의한 후 시각화를 수행하고, 소집단 구성원와 함께 이를 평가·수정하는 과정을 거친다. 이러한 PDE 패턴은 학생들이 언어적 양식과 시각적 양식을 번갈아 사용하며 개념을 점진적으로 발전시키고, 협력적으로 아이디어를 형성하는 구조적 틀로 이해될 수 있다. 이때 언어적 양식은 아이디어를 논의하고 협상하며 개념의 명확성을 높이는 역할을 하고, 시각적 양식은 개념을 구체적으로 시각화하고 기록하여 구성원들 사이에서 공유할 수 있도록 돕는다. 언어적 양식과 시각적 양식은 서로 긴밀하게 의미적으로 연결되는데, 상호텍스트성(intertextuality)의 개념으로 이 연결을 설명할 수 있다.

상호텍스트성은 Bakhtin(1986)의 대화주의(dialogism)에 기반하며, 모든 텍스트와 발화는 이전 담화의 영향을 받아 의미의 연속체 속에 존재한다고 본다. 따라서 특정 텍스트와 발화에 대한 이해는 이전의 담화가 지닌 맥락 안에서 이루어져야 한다. 학생들이 언어적·시각적 양식을 번갈아 사용하며 과학적 아이디어를 점진적으로 발전시킬 수 있었던 이유는, 서로 다른 양식을 통해 드러난 아이디어들이 반복적이고 점진적인 상호작용을 통해 체계화되었기 때문이다. 예를 들어, 두 소리굽쇠 사이의 공기 입자를 표현할 때, 학생들은 단순히 공기 입자를 그려보는 것에서 시작할 수 있다. 초기 시각적 표상은 계획-그리기-평가(PDE)의 반복을 거치며 '공기 입자의 크기가 적절한지', '배치는 어떤 방향이어야 하는지', '어떠한 특징을 나타내야 하는지' 등의 논의를 통해 점차 구체화되고 정교화되며, 설명력이 높은 시각적 표상으로 발전한다. 즉, 처음 무엇을 시각화 할지에 대해서 계획을 할 때에는 아이디어는 공유가 되었지만, 아직은 추상적인 수준에 머물러 있게 된다. 이어서 시각적 표상이 구성되면 소집단 구성원들 사이에서 그 아이디어는 시각적으로 구체화되고, 기록된다. 언어적 의미와 시각적 의미가 결합되어 더 분명하게 의미가 드러났기 때문에, 구성원들은 나타내고자 하는 것과 부합하는지, 그렇지 않은지에 대한 평가를 할 수 있게 된다. 학생들은 PDE 사이클을 반복하면서 전체 시각적 표상을 발전시켜 나갈 수 있게 된다. 이러한 상호작용은 단순히 개념을 표현하는 데 그치지 않고, 학생들이 과학적 사고를 구조화하고 논리적으로 전개하는 데 기여한다.

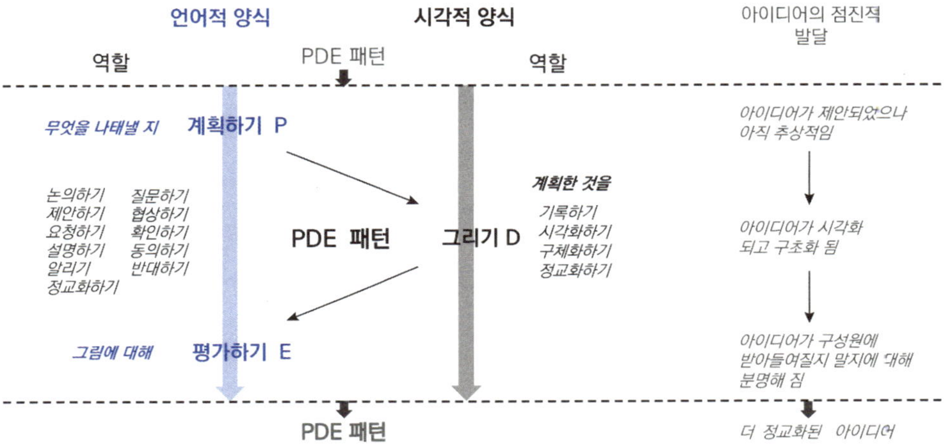

[그림 7-4] 언어적 양식과 시각적 양식의 상호작용 패턴

PDE 패턴은 협력적 그리기 활동이 효과적으로 이루어질 수 있도록 교사의 개입과 지원이 어떻게 이루어져야 하는지를 시사한다. PDE 패턴이 자연스럽게 발생하기 위해서는, 학생들이 서로의 의견을 존중하고 적극적으로 참여할 수 있는 사회적·정서적 환경이 조성되어야 하며, 교사는 이를 촉진하기 위해 전략적으로 개입할 필요가 있다. 예를 들어, 교사는 학생들에게 먼저 어떤 개념을 표현할지 계획하게 하고, 그 개념을 그림으로 구체화하도록 유도한 뒤, 이를 다시 언어적으로 평가하고 개선할 수 있도록 피드백을 제공할 수 있다. 이러한 지도는 학생들이 과학적 모델을 단순히 수동적으로 받아들이는 것이 아니라, 적극적으로 생성하고 조정하는 학습자로 성장할 수 있도록 돕는다. 따라서 PDE 패턴은 단순한 협력적 시각적 표상 구성의 절차를 넘어, 과학적 모델링 기반의 탐구 학습을 효과적으로 지원할 수 있는 중요한 교수학습 전략으로 활용될 수 있다.

6. 학생의 시각적 표상 구성 활동의 지도 전략: 체계기능언어학의 관점에서

학생의 시각적 표상 구성은 교사의 충분한 안내가 이루어질 때 더 효과적이다(Tytler et al., 2020). 시각적 표상 구성 활동이 학생들의 학습에 효과적인지에 대한 질문에 모든 연구가 동일한 결론에 도달한 것은 아니지만, 대부분의 연구에서는 보다 의미 있는 시각적 표상 구성 활동을 위해 교사의 충분한 안내가 필요하다고 주장하였다. 이 절에서는 시각적 표상을 언어의 한 범주로 보고, 언어가 지닌 세 가지 메타 기능을 중심으로 학생의 시각적 표상 구성 활동을 안내하는 교수 전략을 소개하고자 한다. 언어의 메타 기능이란, 언어가 어떻게 의미를 형성하고 소통하는지를 설명하는 기능을 의미하며, 세 가지의 구별되면서도 상호 연결된 기능이 어떻게 조합되는가에 따라 다양한 의미가 형성되고 사용된다. Halliday(1978)는 체계기능언어학(systemic functional linguistics; SFL)을 정립하면서, 언어의 세 가지 메타 기능—즉, 관념적, 대인적, 텍스트적 기능—에 대해 다음과 같이 설명한다. 관념적(ideational) 기능은 언어를 통해 세상의 객체, 생각, 경험, 감정을 표현하는 것이다. 대인적(interpersonal) 기능은 언어를 통해 타인에 대한 태도를 드러내거나 상호작용을 조정하는 것이다. 텍스트적(textual) 기능은 언어가 텍스트로서 일관성과 응집력을 갖추도록 구성하는 기능으로, 전체와 부분 간의 연결, 각 부분 간의 조직화와 관련된다.

언어를 사용하는 것은 곧 이 세 가지 메타 기능을 통해 의미를 생성하는 과정이라 할 수 있다. 예를 들어, 입자 모형에 대해 일상생활의 예시를 활용하여 설명하는 것은 관념적 의미를 생성하는 것이며, 그 설명이 설득력 있고 과학적으로 쓰였다면 이는 저자가 설명에 권위를 부여하고자 하는 대인적 의미를 반영한 것이다. 또한, 고체·액체·기체 상태를 각각 설명하면서 평행 구조를 유지하되 비교하는 방식으로 구성된 설명문은 텍스트적 의미에 해당한다. 마찬가지로, 과학 수업에서 교사가 학생들의 글쓰기 활동을 지도할 때의 발화 역시 이 세 가지 메타 기능을 포함한다. 관념적 의미와 관련해서는, 교사가 학생들에게 과학적 개념, 과정, 객체 등을 과학 용어를 사용하여 설명하도록 지도하는 경우가 있다(Fang, 2005). 대인적 의미와 관련해서는, 학생들이 보다 객관적이고 신뢰도 높은 어조로 글을 작성하도록 요구할 수 있다(Kress et al., 2014). 텍스트적 의미 측면에서는, 과학적 설명이나 논증 구조를 도입하여 글의 구성 요소 간 응집성과 논리성을 강조할 수 있다. 이와 같이, 과학적 글쓰기 활동을 교사가 메타 기능적 관점에서 안내하듯, 시각적 구성 활동 역시 메타 기능 관점에서 지도하는 교수 전략이 적용될 수 있다(Park, 2024).

6.1. 언어적 의미를 시각적 의미로 전환하기

학생의 시각적 구성 활동을 효과적으로 돕기 위해, 교사는 학생들이 언어적 이해를 시각적 이해로 전환하고 이를 통합할 수 있도록 지도해야 한다. 이는 학생들이 과학 현상을 언어적으로 이해할 때 요구되는 인지 과정과, 이를 시각적 표상으로 구성할 때 요구되는 인지 과정이 서로 다르기 때문이다. 그림 구성 인지 모델(Meter & Garner, 2005)에 따르면, 학생들은 내부적으로 언어적 요소들을 조직하고, 이를 바탕으로 시각적 이해를 형성한다. 이 전환 과정에서 학생들은 이전 학습에서 접한 비언어적(non-verbal) 표상 자원을 활용하여 언어적 요소와 시각적 요소를 통합하게 된다. 예를 들어, 응결 현상을 이해할 때 학생들은 "기체가 액체로 상태 변화하는 과정"을 설명하는 언어적 정보를 먼저 접하고, 열이 어떻게 이동하며 그 이동이 물질의 상태에 어떤 영향을 주는지 등을 언어적으로 이해한 다음, 이러한 과정을 시각적으로 구체화하는 방향으로 나아가게 된다. 즉, 학생들은 언어적 의미를 출발점으로 삼아 시각적 의미를 점진적으로 더해 가며, 두 양식이 결합된 형태의 이해로 확장하게 된다.

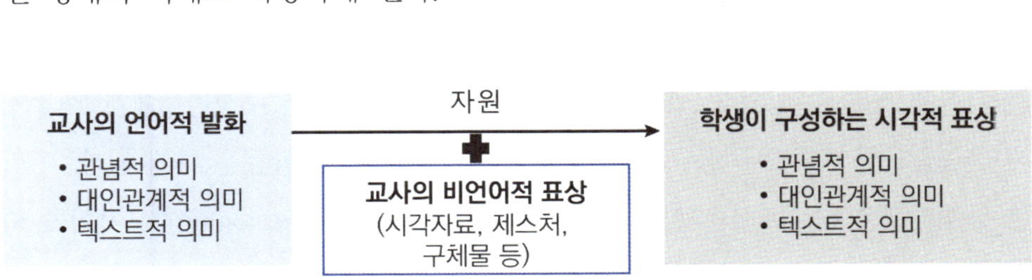

[그림 7-5] 학생의 시각적 의미를 구성을 돕기 위한 교사의 지원

한편, 과학적 설명을 위한 표상은 대개 육안으로 관찰 가능한 현상을 거시적 수준에서 표현하는 것부터 시작된다(Park et al., 2020). 학생들은 먼저 과학 현상의 전반적 모습을 스케치하고, 이후 보이지 않는 미시적 메커니즘을 점차적으로 추가하는 방식으로 설명을 구체화한다. 이 과정에서 학생들은 언어적·시각적 표상이 어떻게 서로 연결되는지를 염두에 두고 표상을 구체화한다(Parnafes, 2012). 따라서 교사는 이러한 순차적 구성 과정에 맞춰 학생들이 활용할 수 있는 적절한 시각 자원을 제공해야 한다. 실제 수업에서는 교사가 언어적 설명뿐만 아니라 실제 과학 현상, 실물 자료, 지시적 제스처(deictic gestures: 서로 다른 두 개념이나 표상 간의 연결을 촉진)와 상징적 제스처(iconic gestures: 개념을 손동작으로 심상화하여 표현) 등 다양한 비언어적 표상 자원을 결합하여 활용하게 된다(그림 7-5). 이러한 자원들을 활용함으로써 교사는 구체적이고 실제적인 수준의 요소에서 출발해, 점차 추상적이고 개념적인 수준의 요소에 대한 안내를 제공할 수 있다. 다시 말해, "무엇을 표현하는가"(관념적 의미)에 대한 효과적인 교수 전략을 위해서는 이와 같은 순차적 접근에 대한 고려가 필요하다.

6.2. 시각적 표상 구성 활동의 소통적 본질 강화하기

시각적 표상의 구성 활동은 본질적으로 의사소통의 상대를 고려하며 이루어져야 하며(Ainsworth & Scheiter, 2021), 이는 시각적 표상 구성 활동의 대인적 기능과 관련된다. Park(2024)의 연구에 따르면, 교사는 시각적 표상 활동 이후 학생들의 작품을 실물 화상기를 통해 공유하고, 피드백을 주고받는 반성(reflection)의 시간을 반복적으로 마련하였다. 이 과정에서 학생들은 타인의 해석과 피드백을 들으며 자신의 작품을 되돌아보고, 시각적 표상을 어떻게 개선할 수 있을지 고민하는 기회를 가질 수 있었다. 즉, 학생들은 자신의 표상이 다른 구성원들에게 "어떻게 해석되는가"에 대한 관점을 생각하며 시각적 표상의 구성 활동을 하게 된다. 이러한 상호작용은 다중표상을 활용한 협력적 추론(collective reasoning)의 기회가 되며(De Andrade et al., 2022; Yoon et al., 2021), 시각적 표상에 담긴 의미를 보다 명확하게 표현하고, 공통의 이해 기반(common ground)을 형성하는 데 기여할 수 있다. 즉, 교사가 수업 중 해당 주제에 적합한 시각적 표상의 기준에 대해 여러 학생의 작품을 참고하며, 어떤 표상이 과학교실에서 받아들여질 수 있는지, 또 어떤 점이 개선되어야 하는지를 함께 논의한다면(Ainsworth & Scheiter, 2021), 학생들은 시각적 표상에 담긴 과학적 표현의 목적과 기준, 그리고 구성 활동에 대한 메타인지적 이해를 기를 수 있을 것이다(Chang et al., 2020).

6.3. 시각적 내러티브를 위한 전략 제공하기

학생들이 시각적 표상을 구성하는 활동을 명시적으로 가르치는 전략은 텍스트적 의미와 관련된다. 이러한 전략은 과학 수업에서의 글쓰기 지도와는 성격이 다르며, 시각적 표상의 고유한 특성에 맞추어 제공되어야 한다. 학생들은 일반적으로 관찰 가능한 현상의 외형부터 스케치하는 경향이 있기 때문에(Park et al., 2020), 시각적 표상 구성에 대한 지도는 논리적 구조보다는 공간적 구조와 시각적 기호의 사용에 초점을 둘 필요가 있다(Park, 2024). 예를 들어, 물의 응결 과정을 설명하는 학생 활동지에서, 응결 이전과 이후를 나누어 표현하게 하고, 줌인(zoom-in) 기법을 활용해 입자 수준에서 응결 과정을 설명하도록 제안함으로써, 시각적 구성 방식에 대한 구체적인 전략을 제공할 수 있다. 이러한 시각 구조는 대조를 통한 변인 강조, 시간의 흐름에 따른 단계적 변화, 전후(before-after) 등의 구성을 포함할 수 있으며, 시각적 표상 구성에 익숙하지 않은 학생들에게 유용한 인지적 발판이 된다. 시각적 내러티브와 관련된 이러한 구체적인 교수 전략은 학생들의 표상 구성 능력(representational competency; Jamil et al., 2024)이 향상됨에 따라, 점진적으로 축소하는 방식으로 운영될 수 있다(Martin et al., 2019; McNeill et al., 2006).

한편, 시각적 내러티브가 효과적으로 전달되기 위해서는 일관된 기호 사용과 명확한 라벨의 제공 또한 강조되어야 한다. 글에서 일관된 어휘 사용이 텍스트의 명확성과 응집성을 높이듯이(Halliday & Matthiessen, 2004), 시각적 표상에서도 일관된 시각 기호의 사용은 도식적 의미의 명료성과 응집성을 강화한다. 예를 들어, 입자의 움직임을 나타낼 때 화살표의 길이를 활용해 입자의 속도를 표현할 경우, 빠른 입자는 길게, 느린 입자는 짧게 표현함으로써 의도한 의미를 보다 분명히 전달할 수 있다. 또한, 학생들은 라벨이나 주석을 사용하여 시각적 의미를 명확히 표현하는 데 익숙하지 않을 수 있으므로, 교사가 이를 지속적으로 강조하며 지도를 제공하는 것이 중요하다. 예컨대, 시각적 구성에서 다양한 종류의 화살표가 동일하게 사용되는 경우가 많기 때문에(Chang et al., 2020), 교사가 범례나 명확한 라벨을 통해 각 화살표의 의미 차이를 구분하도록 지도한다면—예를 들어 물체의 이동 방향과 힘의 방향을 구별하여 표현하는 방식—시각적 표상의 질을 더욱 향상시킬 수 있을 것이다.

7. 결론

이 장에서는 과학 교수학습의 한 방법으로 학생의 시각적 표상 구성 활동에 대하여 살펴보았다. 학생이 과학 개념을 구성하고 표현하는 과정에서 시각적 표상은 단순한 보조 수단이 아닌, 사고와 의미 구성을 가능하게 하는 핵심 자원으로 작용한다. 시각적 표상 구성 활동은 과학적 추론을 촉진하고, 언어적으로 표현하기 어려운 개념이나 개념적 관계를 구체화하며, 학습자 간 상호작용과 의사소통을 활성화시킨다. 특히 시각화를 통해 나타나는 아이디어는 말이나 글보다 더 직관적이고 풍부하게 공유될 수 있기 때문에, 학생의 학습에 대한 흥미를 높이고, 학생들이 과학적 추론을 더 정교하게 하는 데 기여한다(Lemke, 1998; Tang, 2020).

이러한 시각적 표상 구성 활동은 과학교육 현장에서 다양한 방식으로 활용되어 왔다. 이 활동은 평가 도구로서, 학생의 과학 개념 이해, 과학자에 대한 인식, 과학의 본성 등에 대한 생각을 드러내는 데 효과적으로 사용되어 왔으며(Chambers, 1983; Lederman et al., 2002; Cheung et al., 2024), 과학적 설명을 구성하는 방식으로는 학생이 현상을 단순히 기술하는 데 그치지 않고, 인과적·추론적 설명을 구성할 수 있도록 돕는 데 사용되어 왔다(Park et al., 2020; Yeo & Gilbert, 2022). 특히, 협력적 표상 구성 활동에서는 Plan-Draw-Evaluate(PDE)와 같은 표상 간, 참여자 간 상호작용 구조가 발견되었다(Park et al., 2021). 이 협력적 구성 과정에서 학생들은 언어적 양식과 시각적 양식을 번갈아 사용하며 점차 의미를 발달시키고 정교화하여 공동으로 의미를 구성한다. 이는 과학적 실행에서 강조하는 공동의 모델 구성과도 맞닿아 있는 중요한 과학 학습의 형태이기도 하다.

학생의 시각적 표상에는 거시적 수준, 미시적 수준 등 여러 수준의 표상이 통합되어 나타날 수 있으며, 이들 간의 연결을 통해 개념 이해가 점진적으로 심화된다(Park et al., 2020). 동시에 효과적인 학습을 위해서는 교사의 충분한 교수 전략이 필요하다. 시각적 표상은 언어적 이해를 기반으로 시각 자원을 선택하고 조직하며 통합하는 사고를 수반하므로(Meter & Firetto, 2020), 학생들이 언어적 양식과 시각적 양식을 잘 통합할 수 있도록 돕는 환경이 조성되어야 한다. 교사의 언어적 안내, 실물 자료 및 제스처 활용, 시각적 구조 안내, 기호 사용 지도, 반성적 피드백 활동 등은 이러한 조직화와 통합을 도울 수 있는 핵심적인 자원이다(Park, 2024).

이러한 시각적 구성 활동은 과학적 모델링 역량, 다중양식적 추론, 협력적 문제해결 능력과 같은 핵심 과학 역량을 통합적으로 신장시킬 수 있는 교수학습전략이다(Ainsworth et al., 2011; Tytler et al., 2020). 이는 과학 개념에 대한 이해를 넘어서, 학생이 능동적인 의미 생성자로서 과학을 해석하고 구성할 수 있도록 한다는 점에서 교육적 가치가 크다. 시각적 표상 활동이 교실 수업에 보다 적극적으로 통합되어, 과학 학습이 보다 참여적이고 풍부하게 이루어지길 기대한다.

참고문헌

Ainsworth, S. E., & Chounta, I. -A. (2021). *International Handbook of Computer-Supported Collaborative Learning*. 353-369. https://doi.org/10.1007/978-3-030-65291-3_19

Ainsworth, S., & Scheiter, K. (2021). Learning by drawing visual representations: Potential, purposes, and practical implications. *Current Directions in Psychological Science, 30*(1), 61-67.

Ainsworth, S., Prain, V., & Tytler, R. (2011). Drawing to learn in science. *Science (New York, N.Y.), 333*(6046), 1096-1097. https://doi.org/10.1126/science.1204153

Bakhtin, M. M. (1986). *Speech genres and other late essays* (1st ed.). Austin: University of Texas Press.

Chambers, D. W. (1983). Stereotypic images of the scientist: The draw-a-scientist test. *Science Education, 67*(2), 255-265. https://doi.org/10.1002/sce.3730670213

Chang, H. Y., Lin, T. J., Lee, M. H., Lee, S. W. Y., Lin, T. C., Tan, A. L., & Tsai, C. C. (2020). A systematic review of trends and findings in research employing drawing assessment in science education. *Studies in Science Education, 56*(1), 77-110.

Chang, J., Park, J., Tang, K. S., Treagust, D. F., & Won, M. (2020). The features of norms formed in constructing student-generated drawings to explain physics phenomena. *International Journal of Science Education, 42*(8), 1362-1387

Chang, J., Park, J., Tang, K. S., Treagust, D. F., & Won, M. (2024). How students develop collaborative drawing to represent the transmission of sound: An analysis of explanatory scientific drawings with discourse maps. *Journal of the Learning Sciences, 33*(1), 125-174.

Cheung, K. K. C., Oancea, A., & Erduran, S. (2024). *Students' Meaning-Making of Nature of Science: Interaction Between Visual, Verbal, and Written Modes of Representation*. Science Education. https://doi.org/10.1002/sce.21916

De Andrade, V., Freire, S., & Baptista, M. (2019). Constructing Scientific Explanations: a System of Analysis for Students' Explanations. *Research in Science Education, 49*, 787-807. https://doi.org/10.1007/s11165-017-9648-9

Ehrlén, K. (2008). Drawings as Representations of Children's Conceptions. *International Journal of Science Education, 31*(1), 41-57. https://doi.org/10.1080/09500690701630455

Erduran, S., & Kaya, E. (2018). Drawing nature of science in pre-service science teacher education: Epistemic insight through visual representations. *Research in Science Education, 48*(6), 1133-1149.

Fan, J. E. (2015). Drawing to learn: How producing graphical representations enhances scientific thinking. *Translational Issues in Psychological Science, 1*(2), 170-181.

https://doi.org/10.1037/tps0000037

Farland, D. (2006). The effect of historical, nonfiction trade books on elementary students' perceptions of scientists. *Journal of Elementary Science Education, 18*(2), 31-47. https://doi.org/10.1007/BF03174686

Gooding, D. C. (2006). From phenomenology to field theory: Faraday's visual reasoning. *Perspectives on Science, 14*(1), 40-65. https://doi.org/10.1162/posc.2006.14.1.40

Halliday, M. A. K. (1978). *Language as social semiotic: The social interpretation of language and meaning*. London, England: Arnold.

Halliday, M. A. K., & Matthiessen, C. M. (2004). *Halliday's introduction to functional grammar*. Routledge.

Jamil, Q., Park, J., & Teo, T. W. (2024). Demonstrating representational competence through the utilisation of potential disciplinary meanings during scientific explanation construction. *International Journal of Science Education*, 1-25.

Kress, G., Jewitt, C., Ogborn, J., & Charalampos, T. (2014). *Multimodal teaching and learning*. Bloomsbury Publishing.

Lederman, N. G., Abd-El-Khalick, F., Bell, R. L., & Schwartz, R. S. (2002). Views of nature of science questionnaire: Toward valid and meaningful assessment of learners' conceptions of nature of science. *Journal of research in science teaching, 39*(6), 497-521.

Lemke, J. L. (1990). *Talking science: Language, learning, and values*. Westport: Ablex Publishing Corporation.

Lemke, J. L. (1992). Intertextuality and educational research. *Linguistics and Education, 4*, 257-267. https://doi.org/10.1016/0898-5898(92)90003-F

Lemke, J. L. (1998). Multiplying meaning. In J. R. Martin, J. R. Martin, & R. Veel (Eds.) *Reading science: Critical and functional perspectives on discourses of science* (pp. 87-113). London, New York: Routledge.

Lemke, J. L. (2002). Travels in hypermodality. *Visual communication, 1*(3), 299-325.

Linn, M. C., Lewis, C., Tsuchida, I., & Songer, N. B. (2000). Beyond fourth-grade science: Why do US and Japanese students diverge?. *Educational Researcher, 29*(3), 4-14.

Martin, N. D., Tissenbaum, C. D., Gnesdilow, D., & Puntambekar, S. (2019). Fading distributed scaffolds: the importance of complementarity between teacher and material scaffolds. *Instructional Science, 47*(1), 69-98.

Mayer, R. E. (2009). *Multimedia learning* (2nd ed.). Cambridge University Press.

McNeill, K. L., Lizotte, D. J., Krajcik, J., & Marx, R. W. (2006). Supporting students' construction of scientific explanations by fading scaffolds in instructional materials. *The Journal of the Learning Sciences, 15*(2), 153-191.

Meter, P. N. V., & Firetto, C. M. (2020). Cognitive model of drawing construction. In

Learning Through Visual Displays (pp. 247-280). Learning Through Visual Displays.

Meter, P. N. V., & Garner, J. (2005). The promise and practice of learner-generated drawing: Literature review and synthesis. *Educational Psychology Review, 17*(4), 285-325.

Miller, D. I., Nolla, K. M., Eagly, A. H., & Uttal, D. H. (2018). The development of children's gender-science stereotypes: A meta analysis of 5 decades of US draw a scientist studies. *ChildDevelopment, 89*(6), 1943-1955. https://doi.org/10.1111/cdev.13039

Parnafes, O. (2012). Developing explanations and developing understanding: Students explain the phases of the moon using visual representations. *Cognition and Instruction, 30*(4), 359-403

Park, J. (2024). Instructional framing for guiding the construction of explanatory diagrams in a science classroom: a metafunction perspective. *International Journal of Science Education, ahead-of-print*(ahead-of-print), 1-29. https://doi.org/10.1080/09500693.2024.2379058

Park, J., Tang, K. S., & Chang, J. (2021). Plan-draw-evaluate (PDE) pattern in students' collaborative drawing: Interaction between visual and verbal modes of representation. *Science Education, 105*(5), 1013-1045.

Park, J., Chang, J., Tang, K. S., Treagust, D. F., & Won, M. (2020). Sequential patterns of students' drawing in constructing scientific explanations: focusing on the interplay among three levels of pictorial representation. *International Journal of Science Education, 42*(5), 677-702.

Quillin, K., & Thomas, S. (2015). Drawing-to-Learn: A Framework for Using Drawings to Promote Model-Based Reasoning in Biology. *CBE—Life Sciences Education, 14*(1), es2-16. https://doi.org/10.1187/cbe.14-08-0128

Redish, E. F., & Kuo, E. (2015). Language of physics, language of math: Disciplinary culture and dynamic epistemology. *Science & Education, 24*(5-6), 561-590.

Schnotz, W. (2005). An integrated model of text and picture comprehension. In R. E. Mayer (Ed.), *Cambridge handbook of multimedia learning* (pp. 49-69). Cambridge: Cambridge University Press.

Tang, K. -S. (2023). The characteristics of diagrams in scientific explanations: Multimodal integration of written and visual modes of representation in junior high school textbooks. *Science Education*. https://doi.org/10.1002/sce.21787

Tang, K. -S. (2020). *Discourse Strategies for Science Teaching and Learning*. https://doi.org/10.4324/9780429352171-3

Tytler, R., Prain, V., Aranda, G., Ferguson, J., & Gorur, R. (2020). Drawing to reason and learn in science. *Journal of Research in Science Teaching, 57*(2), 209-231.

Yeo, J., & Gilbert, J. K. (2014). Constructing a scientific explanation—A narrative account. *International Journal of Science Education, 36*(11), 1902-1935.

Yeo, J., & Gilbert, J. K. (2022). Producing Scientific Explanations in Physics—a Multi-modal Account. *Research in Science Education*, 1-34. https://doi.org/10.1007/s11 165-021-10039-1

Yoon, H. -G., Kim, M., & Lee, E. A. (2021). Visual Representation Construction for Collective Reasoning in Elementary Science Classrooms. *Education Sciences, 11*(5), 246. https://doi.org/10.3390/educsci11050246

CHAPTER 08

인공지능을 활용한 통합과학 탐구 활동

1. 서론

우리나라 과학교육은 2015 및 2022 개정 교육과정 시기를 맞아 큰 변화를 경험하고 있다. 국가 교육과정상 고등학교 1학년 학생들이 공부하게 되는 〈통합과학〉 및 〈과학탐구실험〉 교과목이[1] 물리학, 화학, 생명과학, 지구과학 내용 요소들을 기존 공통 과학 교과에서처럼 단원별로 분절하여 다루지 않고 빅 아이디어(big ideas)를[2] 중심으로 재구조화하여 학생들이 삶의 문제를 해결하는 핵심 역량을 기르는 것을 목표로 삼게 된 것이다(교육부, 2022a).

이러한 변화는 2015 개정 교육과정에서부터 시작되었으나, 2022 개정 교육과정 시기에는 인공지능(artificial intelligence, AI) 기술의 급격한 발달이라는 전 지구적 상황이 그 자체로서 과학 학습의 목표, 내용, 방법(도구)으로서 포섭되는 갱신을 가져왔다.[3] 예컨대 고등학교 과학과 교육과정은 "디지털・인공지능 기초 소양을 함양"을 과학 교수학습의 한 도달점으로 제시하고 있으며(교육부, 2022, p. 4), 통

1) 본 장에서는 서술의 편의상 〈통합과학1〉 및 〈통합과학2〉는 서로 구분하지 않고 〈통합과학〉으로 지칭한다. 〈과학탐구실험1〉 및 〈과학탐구실험2〉 역시 서로 구분하지 않고 〈과학탐구실험〉으로 지칭한다.

2) 2022 개정 교육과정에서는 이에 해당 하는 내용 조직자가 '핵심 아이디어'이며, 2015 개정 교육과정에서는 '핵심 개념'이다. 그러나 이 둘의 이론적 기반이 '빅 아이디어'에 있음이 잘 알려져 있다(이경건, 2024).

3) 본 장에서는 2022 개정 교육과정의 〈통합과학〉 및 〈과학탐구실험〉의 교수학습에 인공지능을 활용하는 방법을 논의한다. 하지만 서술의 편의상 이들을 이들의 모체가 되는 2015 개정 교육과정의 해당 과목들과 엄격하게 구별하지는 않는다. 이에 따라, 2015 및 2022 개정 교육과정 시기의 해당 과목들과 관련한 문헌들을 필요한 경우 유연하게 참조하였다.

합과학2는 '과학과 미래 사회' 영역에서 "인공지능과 과학 탐구, 과학·기술·윤리 등을 다룬다"(p. 75). 그 외에도 고등학교 과학과 교육과정은 거의 모든 주요 교과목들에서 "범교과 학습, 생태전환교육, 디지털·인공지능 기초 소양 함양과 관련한 교육내용 중 해당 주제와 연계하여 지도할 수 있는 내용을 선정하여 함께 학습할 수 있도록 지도한다"는 교수·학습 방법을 제시하고 있다(p. 63 등). 곧, 고등학교 과학이 인공지능을 향하며, 대하며, 통하며 가르쳐질 가능성이 크게 열린 것이다.

이러한 변화는 인공지능이 과학의 본성(nature of science, NOS) 자체에 질문을 제기하고 있는 오늘의 국제적 과학교육 연구 흐름에 비추어 볼 때 바람직하게 여겨질 수 있다. 머신 러닝(machine learning), 더 구체적으로는 인공신경망 기반 딥러닝(deep learning)에 기반한 인공지능이 과학 지식의 생성, 검증, 확신이라는 매커니즘의 각 단계마다 깊이 관여하며 더 이상 과학이 인간만의 전유물이 아니게 되도록 만들어가고 있기 때문이다. 이에 Erduran(2023)은 *Science*지에 기고한 논평에서 AI가 과학을 바꾸어나가고 있으며, 과학교육은 이를 반영해야 한다는 점을 역설한 바 있다.

2024년 들어서는 인공지능을 활용한 과학 탐구 활동이 이제 과학계의 주류 과학 실천으로 자리매김하였음이 분명해졌다. 2024년의 노벨 물리학상 및 화학상이 사실상 인공지능 연구자들에게 돌아갔던 것이다. 2024 노벨 물리학상은 인공신경망(artificial neural networks) 기반의 머신 러닝을 가능하게 한 토대적 발견과 발명을 한 기여로 존 홉필드(John J. Hopfield)와 제프리 힌튼(Geoffrey Hinton)에게 돌아갔다(Royal Swedish Academy of Sciences, 2024b). 2024 노벨 물리학상은 우리가 과학을 어떻게 학습하는가와 연관이 있다고 할 수 있다. 또한 2024 노벨 화학상은 컴퓨팅적 단백질 설계에 기여한 공로로 데이비드 베이커(David Baker), 데미스 하사비스(Demis Hassabis), 그리고 존 점퍼(John Jumper)에게 돌아갔다(Royal Swedish Academy of Sciences, 2024a). 2024 노벨 화학상은 우리가 학습하는 과학의 내용에 연관이 있다. 결국, 우리 시대 최고의 과학 및 공학 실천이 AI를 중심으로 재편되고 있으며, 그것은 과학교육의 방법과 내용에 큰 함의를 지닌다.

더욱이, ChatGPT를 비롯한 생성형 인공지능(generative artificial intelligence)이

기존의 구글과 같은 검색엔진과 경쟁하며 많은 학습자들이 정보를 얻는 창구로서 작용하고 있음에도 주목할 필요가 있다. 대규모 언어 모델(large language model)을 기반으로 서비스되고 있는 생성형 인공지능은 챗봇 형식의 사용자 인터페이스를 통해 뛰어난 사용성을 제공하고 있다. 이러한 생성형 인공지능은 점차로 텍스트 형식에 구애받지 않고 이미지, 오디오, 비디오까지 처리 및 생성하는 멀티모달(multimodal) 대규모 언어 모델로 진화하고 있다(Lee et al., 2023b). 예컨대, 2025년 현재 GPT-4o와 Gemini 2.0 등 텍스트와 이미지를 동시에 처리 또는 생성하는 시각 언어 모델(vision language model) 역시 많은 사용자들을 끌어모으고 있으며 그 교육학적인 적용이 모색되고 있는 상황이다(Lee & Zhai, 2025a).

그러나 생성형 인공지능이 생성해 내는 정보는 학습 데이터로부터 추출된 토큰들의 공동 출현에 관한 가능도(likelihood)에 기반할 뿐, 그 정확성을 항상 보장할 수 있는 것은 아니다. 잘 알려진 환각(hallucination) 현상은 생성형 인공지능이 오정보(misinformation) 또는 허위정보(disinformation) 전달의 창구가 될 수 있다는 경각심을 우리에게 불러일으킨다(Garofalo & Farenga, 2025). 더욱이 멀티모달 생성형 인공지능이 가상 현실(virtual reality), 증강 현실(augmented reality), 그리고 혼합 현실(mixed reality)을 포괄하는 확장 현실(extended reality)을 구현하는 데 활용될 가능성을 고려한다면, 그것이 결과적으로 학생들이 지니고 있는 정신 모델(mental model)과 대립하며 인지 갈등을 유발하는 역할조차 하게 될 수 있다.

이러한 상황들을 종합적으로 고려하여, 본 장에서는 인공지능을 활용한 통합과학 탐구 활동의 시론(試論)을 펼친다. 첫째, 2024년 노벨 물리학상(딥 러닝) 및 화학상(알파폴드, AlphaFold) 사례를 통해 살펴본 과학 통합의 중심으로서의 인공지능이다. 둘째, 인공지능에 의한 확장 현실 생성과 인지 갈등이 과학 교수학습에 적용될 가능성이다. 셋째, 탐구실험 안내자로서의 인공지능의 역할이다. 각 절에서는 이를 2022 개정 교육과정의 〈통합과학〉 및 〈과학탐구실험〉과 연결하면서, 새로운 이론들을 소개할 뿐만 아니라 그 실제적인 적용 방안 역시 어느 정도 제시하고자 한다.

2. 과학 통합의 중심으로서의 인공지능: 2024 노벨 물리학상 및 화학상

2022 개정 교육과정의 '통합과학'은 핵심 아이디어를 중심으로 물리학, 화학, 생명과학, 지구과학 내용 요소들을 재구조화하였다는 특징을 지닌다. 인공지능 역시 그 자체로서 통계학, 컴퓨터 과학, 생물학, 인지 과학 등의 분야들에 걸치는 간학문성(interdisciplinarity)을 지닌다(Russell & Norvig, 2020). 근래에는 인공지능을 과학 및 공학 실천과의 연관성하에 K-12 교육에 도입하여야 한다는 논의 역시 과학교육계에서 활발하게 이루어지고 있으며(Erduran & Levrini, 2024) 2022 개정 과학교육과정 역시 상기한 바와 같이 인공지능을 염두에 두고 가르치는 가능성을 열어두고 있다. 이러한 가운데 인공지능을 과학 통합의 중심으로 삼아 〈통합과학〉을 가르치는 일을 고려할 수 있다. 특히, 2024년 노벨 물리학상 및 화학상이 인공지능과 밀접한 관련이 있었음에 기대어, 이를 〈통합과학〉 수업 내에서 학습 주제로 삼는 일이 가능할 것이다. 〈표 8-1〉은 이를 핵심 아이디어, 내용 요소, 핵심 역량, 과학 및 공학 실천, 교수학습 자료 및 방법으로 요약하여 나타낸 것이다.

〈표 8-1〉 2024 노벨 물리학상 및 화학상을 통해 재구성한 인공지능 중심 〈통합과학〉 학습 주제

학습 주제		딥 러닝(2024 노벨 물리학상)	알파폴드(2024 노벨 화학상)
〈통합과학〉 핵심 아이디어		• 자연계에서 물체의 운동 변화는 역학적 상호작용으로 설명하며, 일상생활에서 안전하고 편리한 삶에 활용된다. • 인공지능과 로봇이 미래 사회에서 인간의 삶과 문명에 막대한 영향을 준다는 것과 과학기술 발전의 양면성을 인식하고, 건전한 가치 판단에 따라 책임 있게 과학기술을 사회에 적용하고 활용한다.	• 자연계에 존재하는 원소에는 규칙성이 있으며, 원소의 결합으로 지각과 생명체를 구성하는 물질들이 구성된다. • 인공지능과 로봇이 미래 사회에서 인간의 삶과 문명에 막대한 영향을 준다는 것과 과학기술 발전의 양면성을 인식하고, 건전한 가치 판단에 따라 책임 있게 과학기술을 사회에 적용하고 활용한다.
〈통합과학〉 내용 요소	지식 · 이해	[10통과1-03-04] 상호작용이 없을 때 물체가 가속되지 않음을 알고, 충격량과 운동량의 관계를 충	[10통과1-02-03] 세상을 구성하는 원소들의 성질이 주기성을 나타내는 현상을 통해 자연의 규칙

학습 주제		딥 러닝(2024 노벨 물리학상)	알파폴드(2024 노벨 화학상)
		돌 관련 안전장치와 스포츠에 적용할 수 있다. [10통과2-03-02] 빅데이터를 과학기술사회에서 사용하고 있는 사례를 조사하고, 빅데이터 활용의 장점과 문제점을 추론할 수 있다. [10통과2-03-03] 인공지능 로봇, 사물인터넷 등과 같이 과학기술의 발전을 인간 삶과 환경 개선에 활용하는 사례를 찾고, 이러한 과학기술의 발전이 미래 사회에 미치는 유용성과 한계를 예측할 수 있다.	성을 도출하고, 지구와 생명체를 구성하는 주요 원소들이 결합을 형성하는 이유를 해석할 수 있다. [10통과1-02-04] 인류의 생존에 필수적인 물, 산소, 소금 등이 만들어지는 결합의 차이를 이해하고 각 물질의 성질과 관련지어 설명할 수 있다. [10통과1-02-05] 지각과 생명체를 구성하는 물질들이 기본 단위체의 결합을 통해서 형성된다는 것을 규산염 광물, 단백질과 핵산의 예를 통해 설명할 수 있다. [10통과2-03-02] 빅데이터를 과학기술사회에서 사용하고 있는 사례를 조사하고, 빅데이터 활용의 장점과 문제점을 추론할 수 있다. [10통과2-03-03] 인공지능 로봇, 사물인터넷 등과 같이 과학기술의 발전을 인간 삶과 환경 개선에 활용하는 사례를 찾고, 이러한 과학기술의 발전이 미래 사회에 미치는 유용성과 한계를 예측할 수 있다.
	과정 · 기능	• 다양한 도구를 수학적 사고를 활용하여 정보를 조사 · 수집 · 해석하기 • 수학적 사고와 모형을 활용하여 통합 및 융합 과학 관련 현상 설명하기 • 결론을 도출하고 자연 현상 및 융복합 문제 상황에 적용 · 설명하기 • 과학적 주장을 다양한 방법으로 소통하고, 의사결정을 위해 과학적 지식 활용하기	• 변인을 조작적으로 정의하여 탐구 설계하기 • 수학적 사고와 모형을 활용하여 통합 및 융합 과학 관련 현상 설명하기 • 증거에 기반한 과학적 사고를 통해 자료를 과학적으로 분석 · 평가 · 추론하기
	가치 · 태도	• 자연과 과학에 대한 감수성 • 과학 유용성 • 과학 창의성	• 과학 유용성 • 과학 창의성 • 과학 문제해결에 대한 개방성

학습 주제	딥 러닝(2024 노벨 물리학상)	알파폴드(2024 노벨 화학상)
2022 개정 교육과정 핵심 역량*	• 지식정보처리 역량 • 창의적 사고 역량 • 심미적 감성 역량	• 지식정보처리 역량 • 창의적 사고 역량 • 협력적 소통 역량
과학 및 공학 실천**	• Developing and using models • Analyzing and interpreting data • Using mathematics and computational thinking	• Developing and using models • Analyzing and interpreting data • Using mathematics and computational thinking • Constructing explanations (for science) and designing solutions(for engineering)
교수학습 자료	• 2024 노벨 물리학상 보도자료 https://www.nobelprize.org/prizes/physics/2024/press-release/ • 2024 노벨 물리학상 대중 해설서 https://www.nobelprize.org/prizes/physics/2024/popular-information/	• 2024 노벨 화학상 보도자료 https://www.nobelprize.org/prizes/chemistry/2024/press-release/ • 2024 노벨 화학상 대중 해설서 https://www.nobelprize.org/prizes/chemistry/2024/popular-information/
교수학습 방법	• 경사면에서 공이 굴러 내려오는 현상과 문제공간에서 최적해를 찾는 과정을 비유하여 설명한다. • 생물의 신경망과 인공신경망이 갖는 공통점과 차이점을 설명한다. • 복잡한 신경망의 연결을 통해 모델의 추론 능력이 형성될 수 있음을 제시한다.	• 알파고(AlphaGo) 등 우리나라 학생들이 익숙한 인공지능 모델 관련 뉴스를 소개한다. 알파폴드(AlphaFold)가 단백질 접힘 문제를 해결하는 인공지능 모델임을 소개한다. • 단백질 접힘 문제를 물리학(정전기적 인력/척력), 화학(분자 내 원자 간 결합 및 배치에 따른 분자 구조의 안정화), 그리고 생명과학(단백질 구조의 3차원 접힘)이라는 다층적 차원에서 소개한다. • 폴드잇(Foldit-https://fold.it/) 활동을 통해 단백질 접힘 및 알파폴드의 원리를 학습한다.

* 2022 개정 교육과정 총론 (교육부, 2022b)

** 미국 *Next Generation Science Standards*의 Science and Engineering Practices (NGSS Lead States, 2013)

2.1 딥 러닝: AI를 중심으로 한 물리학과 생명과학의 통합

스웨덴 왕립 과학한림원은 수상자들이 오늘날의 머신 러닝을 위한 강력한 도구로서의 딥 러닝(deep learning)에 물리학적 도구를 사용하였음에 주목하였다. 존 홉필드와 제프리 힌튼은 "정보 안에서의 패턴을 찾기 위해 물리학을 사용"하였다(Royal Swedish Academy of Sciences, 2024b, p. 1). 여기서 이미 잘 알려진 바와 같이 딥 러닝이 인간을 비롯한 생물체의 두뇌를 모사하였음에 주목할 필요가 있다. 마치 뉴런이 시냅스를 사이에 두고 앞에 있는 뉴런으로부터 뒤에 있는 뉴런으로 신호가 전달되듯이, 인공신경망 역시 서로 연결되어 있는 노드들 간의 신호가 전달되는 구조를 모사한다. 학습 데이터를 통해 노드들 간의 연결가중치를 업데이트하는 일이 기계의 '학습'으로서 정의된다. 이러한 노드 간의 연결이 복잡화되어 네트워크를 형성할 때 모델의 추론 능력이 향상된다(Royal Swedish Academy of Sciences, 2024b).

딥 러닝 학습 주제는 〈통합과학〉의 핵심 아이디어 중 '자연계에서 물체의 운동 변화는 역학적 상호작용으로 설명하며, 일상생활에서 안전하고 편리한 삶에 활용된다' 및 '인공지능과 로봇이 미래 사회에서 인간의 삶과 문명에 막대한 영향을 준다는 것과 과학기술 발전의 양면성을 인식하고, 건전한 가치 판단에 따라 책임 있게 과학기술을 사회에 적용하고 활용한다'와 깊은 연관성을 지닌다. 이러한 핵심 아이디어들을 함양하는 데 관여하는 구체적인 지식・이해, 과정・기능, 가치・태도 요소들은 〈표 8-1〉에 제시하였다.

딥 러닝 학습 주제는 2022 개정 교육과정의 핵심 역량 중 지식정보처리 역량(데이터 기반의 모델 훈련 및 사용), 창의적 사고 역량(물리학과 생명과학의 통합), 심미적 감성 역량(인공신경망 구조의 시각화)과 연결될 수 있다. 그런가 하면 미국 *Next Generation Science Standards*(*NGSS*)의 과학 및 공학 실천(Science and Engineering Practice) 중 Developing and using models, Analyzing and interpreting data, 그리고 Using mathematics and computational thinking과 연결될 수 있다.

교수학습 자료로서는 2024년 노벨 물리학상 보도자료와 대중 해설서를 활용할 수 있다. 교수학습 방법으로서, 먼저 경사면에서 공이 굴러 내려오는 현상과 문제공간에서 최적해를 찾는 과정을 비유하여 설명할 수 있을 것이다([그림 8-1(a)]). 또한 생물의 신경망과 인공신경망이 갖는 공통점과 차이점을 설명하고, 학생들 스스로 이를 비교해 볼 수 있도록 한다([그림 8-1(b)]). 한편 복잡한 신경망의 연결을 통해 모델의 자질(feature) 포착 및 추론 능력이 형성될 수 있음을 제시한다([그림 8-1(c)]).

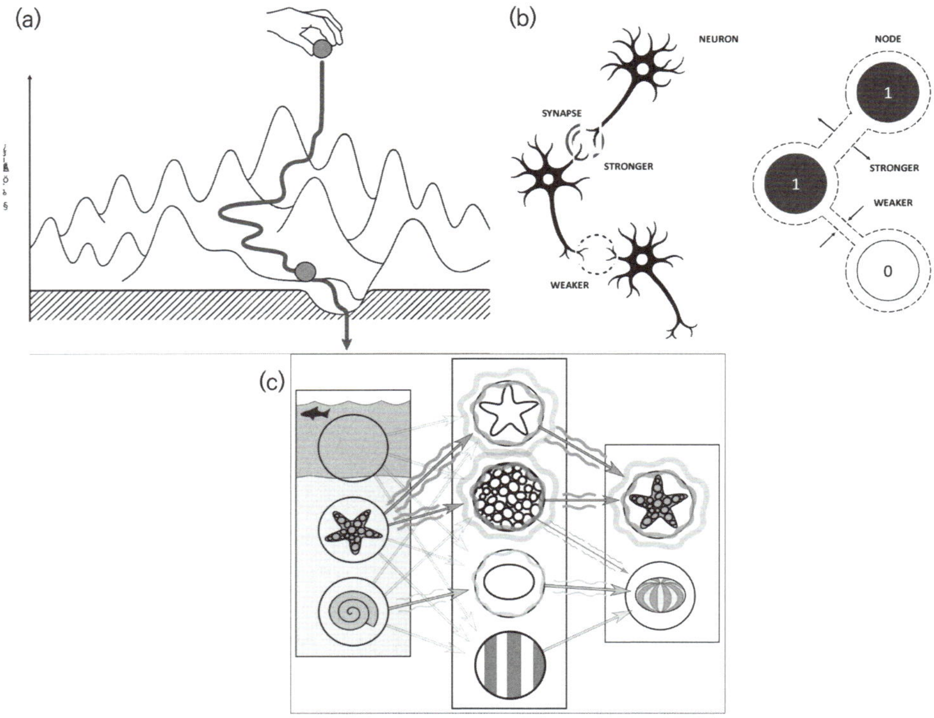

[그림 8-1] 딥 러닝 학습 제시 자료로서의 문제공간과 최적해 비유(a), 자연 및 인공신경망의 비교(b), 복잡한 신경망 형성 및 활용(c)의 시각화(a와 b: Royal Swedish Academy of Sciences, 2024b에서 다시 그림; c-By Mikael Häggström, M.D. CC0, https://commons.wikimedia.org/w/index.php?curid=137892223)

2.2. 알파폴드: AI를 중심으로 한 화학과 생명과학의 통합

스웨덴 왕립 과학한림원은 수상자들이 단백질의 비밀을 풀어내는 데 컴퓨팅과 인공지능이 활용되었다는 점에 주목하였다. 데미스 하사비스와 존 점퍼는 인공지능을 활용하여 알려진 단백질 구조의 대부분을 성공적으로 예측하였으며, 한편 데이비드 베이커는 생명의 구성 요소(building block)를 정복하여 완전히 새로운 단백질을 합성하였다(Royal Swedish Academy of Sciences, 2024a, p. 1). 단백질은 20개의 아미노산을 단위로 하는 서열로부터 무한히 많은 방식으로 존재할 수 있다. 아미노산 가닥은 꼬이고 접히는 과정들을 통해 고유한 삼차원 구조를 형성하며, 이 구조가 단백질에 기능을 부여하여 생물의 근육, 뿔, 깃털, 호르몬, 항체, 효소 등이 되는 것이다. 그러나 무한히 가능한 아미노산 서열로부터 어떠한 삼차원 단백질 구조가 형성되는지를 예측하는 일은 녹록지 않았다. 알파폴드는 단백질 접힘 문제에서 데이터베이스 검색, 서열 분석(아미노산들의 대전[+/−] 여부나 친수성/소수성 여부, 여러 생물종에서 공진화하여 전형적으로 상호작용하는 아미노산 조합 등을 고려), 인공신경망 기반의 다중 사이클 분석을 통한 가설 검증의 과정을 거쳐 단백질 구조를 예측하는 데 뛰어난 성능을 보인다(Royal Swedish Academy of Sciences, 2024b).

알파폴드 학습 주제는 〈통합과학〉의 핵심 아이디어 중 '자연계에 존재하는 원소에는 규칙성이 있으며, 원소의 결합으로 지각과 생명체를 구성하는 물질들이 구성된다' 및 '인공지능과 로봇이 미래 사회에서 인간의 삶과 문명에 막대한 영향을 준다는 것과 과학기술 발전의 양면성을 인식하고, 건전한 가치 판단에 따라 책임 있게 과학기술을 사회에 적용하고 활용한다'와 깊은 연관성을 지닌다. 이러한 핵심 아이디어들을 함양하는 데 관여하는 구체적인 지식・이해, 과정・기능, 가치・태도 요소들은 〈표 8-1〉에 제시하였다.

알파폴드 학습 주제는 2022 개정 교육과정의 핵심역량 중 지식정보처리 역량(데이터 기반의 모델 훈련 및 사용), 창의적 사고 역량(화학과 생명과학의 통합), 협력적 소통 역량(AI 연구자데미스 하사비스와 과학자들의 협력)과 연결될 수 있다. 그런가 하면 미국 *NGSS*의 과학 및 공학 실천 중 Developing and using models, Analyzing and interpreting data, Using mathematics and computational thinking, 그리고 Constructing explanations(for science) and designing solutions(for engineering)와 연결될 수 있다.

교수학습 자료로서는 2024년 노벨 화학상 보도자료와 대중 해설서를 활용할 수 있다. 교수학습 방법으로서 우선 데미스 하사비스가 개발에 기여하였던 알파고(AlphaGo)가 2016년에 이세돌 九단과 대국하였던 사실을 통해 우리나라 학생들이 익숙한 인공지능 관련 모델 관련 뉴스를 소개할 수 있다. 이후 알파폴드를 소개할 수 있을 것이다. 또한 단백질 접힘 문제를 물리학(정전기적 인력/척력), 화학(분자 내 원자 간 결합 및 배치에 따른 분자 구조의 안정화), 그리고 생명과학(단백질 구조의 3차원 접힘)이라는 다층적 차원에서 소개할 필요가 있다. 마지막으로, 단백질 접힘 문제를 풀어볼 수 있는 게이미피케이션(gamification) 활동인 폴드잇(Foldit)을 통해 학생들이 학습 주제와 관련한 시뮬레이션을 경험해 보고([그림 8-2]) 알파폴드의 원리를 간접적으로 이해할 수 있도록 한다.

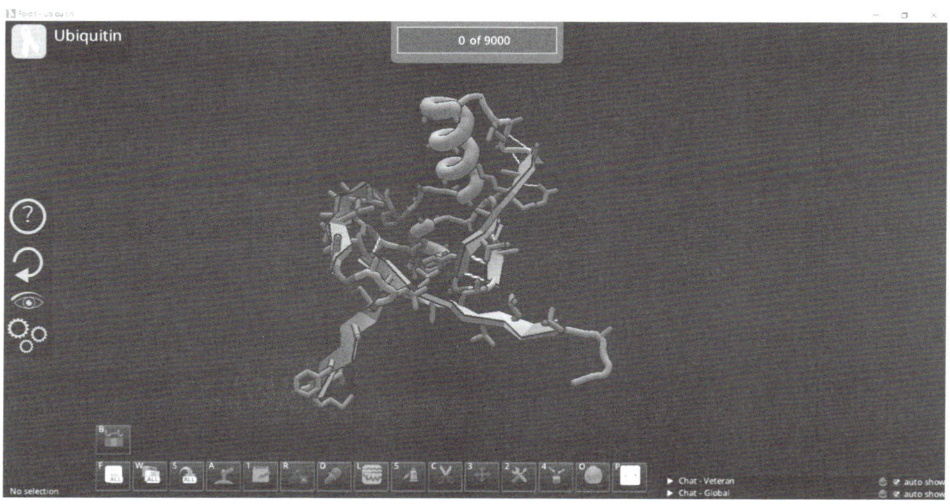

[그림 8-2] 단백질 접힘 문제의 게이미피케이션 버전으로서의 폴드잇(Foldit) 플레이 화면 예시

3. 확장 현실 생성 및 인지 갈등 유발을 위한 인공지능

근래 과학교육에서는 인터넷과 소셜 미디어 등을 통해 확산되는 오정보(misinformation) 및 허위정보(disinformation)에 대응하기 위한 새로운 형태의 과학적

소양, 과학 미디어 리터러시 등에 대한 논의들이 이루어지고 있다(신세인, 2025; Lee & Zhai, 2025b). 그런데 여기서 생성형 인공지능이 그러한 오정보 또는 허위 정보 생성에 작용할 가능성이 있으며, 이와 관련하여 그것의 환각 현상 역시 미디어 리터러시 함양을 통해 대응하여야 할 대상임이 적극적으로 개진되고 있다(신세인, 2025; Kresin et al., 2025). 이는 〈통합과학〉의 핵심 아이디어 중 '인공지능과 로봇이 미래 사회에서 인간의 삶과 문명에 막대한 영향을 준다는 것과 과학기술 발전의 양면성을 인식하고, 건전한 가치 판단에 따라 책임 있게 과학기술을 사회에 적용하고 활용한다.'와 관련이 있다. 〈과학탐구실험〉 역시 '미디어나 생활 속의 과학 원리와 유사과학 탐색·비평하기'라는 탐구 활동을 제시하고 있다.

생성형 인공지능은 인코딩(encoding)과 디코딩(decoding)이라는 두 가지 단계를 거쳐 구축 및 작동된다. 인코딩은 모델 학습 과정에서 데이터를 인공지능의 행렬 차원 안으로 임베딩하여 벡터 연산으로서의 의미론(semantics)을 형성하는 작업이며, 디코딩은 사용자의 입력에 따라 인공지능 모델 내에서의 벡터 연산을 통해 출력을 생성하는 작업이다. 그런데 대규모 언어 모델은 디코딩 과정 중에서 자신의 학습 데이터로는 충분히 믿을 만한 결과를 낼 수 없는 질문에 대해서도 그럴듯한 답을 내어놓는 환각 현상을 발생시킨다는 점이 잘 알려져 있는 것이다(Alkaissi & McFarlane, 2023). 이러한 환각 현상이 과학적으로 부정확한 명제를 생성하는 경우 과학 학습에 인공지능을 활용하고 있는 사용자에게 부정적인 영향을 미칠 것임을 예상할 수 있다. 또한 이러한 현상이 멀티모달 대규모 언어 모델, 혹은 대규모 멀티모달 모델 등에서도 빈번히 일어날 수 있다. 이제 환각 현상은 텍스트 모달리티에서만 발생하는 것이 아니며, 시각 및 청각 등의 영역에서도 발생할 수 있는 것이다.

여기서 이미지와 비디오 모달리티에 이르는 인공지능의 생성 능력이 확장 현실(Extended Reality 또는 X Reality)의 생성으로 이어질 수 있다는 점에 주목해 볼 필요가 있다(Wang et al., 2025). 확장 현실은 가상(virtual), 증강(augmented), 그리고 혼합(mixed) 현실을 포괄하는 일반적이고 통합적인 개념이다. 확장현실은 사용자들에게 몰입적인(immersive) 경험을 제공하는 것을 목표로 하는데, 여기서

'몰입적'의 의미는 물리적 세계와 비물리적 세계 사이의 경계를 모호하게 하는 것을 핵심으로 한다(Suh & Prophet, 2018). Chiang과 Liu(2023)의 경우 이러한 확장 현실이 대학교 STEM 학습자들의 더 나은 학습 경험 반응과 활동 수준으로 이어질 수 있음을 준실험설계를 통하여 보고한 바 있다.

그러나 여기서 주목할 것은 인공지능이 겉보기에 정교한 확장 현실들을 생성해 낼 때, 인공지능이 과학 학습자에게 보여주는 현상은 학습자들이 예상하거나 실제 우리 몸이 위치한 물리적 세계에서 일어나는 자연 현상과는 다를 수 있다는 점이다. 이러한 부정합은 어떤 면에서는 기존 과학 교수학습에서 중요시하였던 인지 갈등을 발생시키는 한 가지 방법이 될 수 있으며, 결과적으로 새로운 형태의 과학 교수학습 모형을 개발하는 단초가 될 수 있다.

이에 본 절에서는 확장 현실의 일종으로서의 실험 동영상 생성을 제시하고, 확장 현실 안에서의 인지 갈등이 어떻게 유발될 수 있는지를 검토하며, 이를 교수학습에 어떻게 활용할 수 있는지를 제안한다.

3.1. 확장 현실의 사례로서의 사실적 실험 동영상 생성

〈과학탐구실험〉에서는 '손전등을 이용하여 뉴턴의 프리즘 실험 구현하기'를 탐구 활동의 하나로 제시하고 있다. 이를 학생들이 직접 수행하는 것도 충분히 가능하지만, OpenAI의 Sora 모델을 활용하여 이와 관련된 동영상을 생성할 수 있다. Sora는 텍스트로부터 비디오를 생성하는 모델이되 물리적 세계를 시뮬레이션한다는 일반적 목적을 지니고 있으므로(Brooks et al., 2024) 이를 확장 현실의 일종으로 보고 과학 교수학습에 활용할 가능성을 탐색해 볼만하다. Sora에서 프롬프트 입력을 통해 생성한 4개의 5초 길이 동영상을 [그림 8-3]에 제시하였다. Sora 모델이 어느 정도 사실적(寫實的)인 동영상들을 생성하였음을 확인할 수 있다.

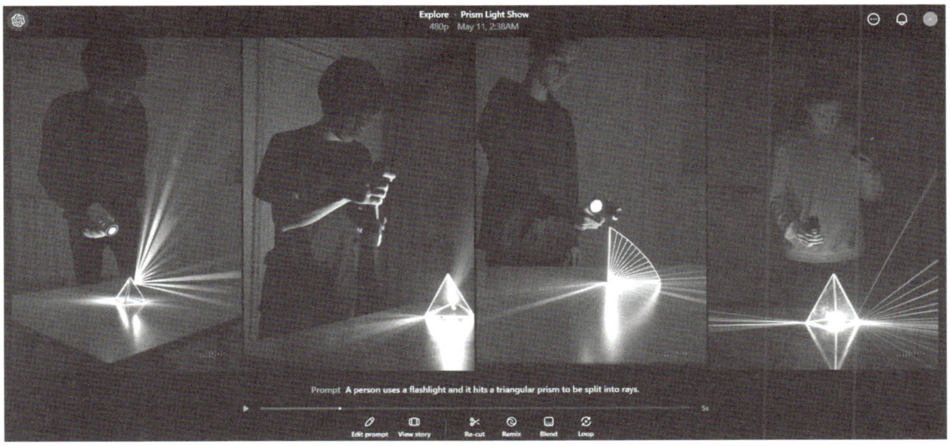

[그림 8-3] OpenAI Sora로 생성한 '손전등을 이용하여 뉴턴의 프리즘 실험 구현하기' 동영상(프롬프트: "A person uses a flashlight and it hits a triangular prism to be split into rays.")

그러나 Sora가 생성한 동영상들에는 몇 가지 과학적으로 부정확한 묘사들이 존재한다. 예컨대, 백색광의 분광이 무지개색의 순서를 따라 나타나지 않는다. 연속 스펙트럼이 아닌 선 스펙트럼이 나타난다. 랜턴으로부터 프리즘으로의 빛이 직진하지 않는데도 프리즘으로부터 분광이 발생한다. 프리즘의 분광 중 일부는 빠르게 멀리까지 뻗어 있고 일부는 나중에 뻗어 나온다. 빛의 입사각, 굴절각, 분광각 등이 규칙적이지 않다. 비록 OpenAI라는 빅테크 기업이 물리적 세계를 시뮬레이션하도록 만든 SOTA(state-of-the-art) 모델이며 겉보기에는 매우 그럴싸한 영상을 만들어낸다 하더라도, 실제 물리적 세계와는 상당히 다른 표상을 생성해 내고 있는 것이다. 과학 학습자들이 이러한 영상을 일종의 시연(demonstration)으로서 접하게 된다면, 이는 실제와 비슷한 현실감을 주면서도 자연 현상에 적용되는 과학 개념 및 원리를 학습하는 데는 부적절할 수 있으며, 오히려 부정적인 영향을 미칠 가능성이 크다.

3.2. 확장 현실 안에서의 인지 갈등의 특징

그렇다고 하여 생성형 AI가 만들어낸 확장 현실에서의 사실적이지만 부정확한 자연 현상이 교육적으로 무가치한 것만은 아니다. 이를 바라보는 새로운 관점과 학습 모형을 탐색해 보는 일도 의미가 있을 것이다.

과학교육에서 전통적으로 인지 갈등은 학생들이 가진 오개념(misconception) 또는 선이해(prior understanding)를 실제 자연 현상에 비추어 수정하기 위하여 도입되어 왔다고 할 수 있다. 예컨대, 탐구학습의 주요 방법인 Predict-Observe-Explain(POE) 모형은 교사가 제시하는 실험 상황에 대하여 어떠한 일이 벌어질지를 학생들이 예측하고(predict), 교사가 실제 현상을 학생들에게 제시하여 이를 관찰하도록 하며(observe), 이후에는 학생들이 실제 현상에 대한 설명을(explain) 해내도록 한다(White & Gunstone, 1992). 여기서 중요한 것은 학생들이 자신들의 예측과 관찰 사이에 존재하는 불일치 가운데서 인지 갈등을 경험하고 이를 통해 개념변화(conceptual change)에 도달하도록 하는 것이다(Cinci & Demir, 2013). 곧, 전통적인 인지 갈등 상황에서는 학생들이 가진 과학적으로 틀린 생각과 실제로 벌어지는 자연 현상 사이의 차이에 주목한다.

그러나 생성형 인공지능으로 인해 펼쳐진 확장 현실 상황에서 발생하게 되는 인지 갈등은 이와 반대되는 특성을 지닌다. 학생들이 자연 현상에 대해 기존에 올바른 이해를 지니고 있었다고 할지라도, 매우 사실적이지만 과학적으로는 맞지 않는 확장 현실을 경험할 때 역시 마찬가지로 인지 갈등을 경험할 수 있기 때문이다. 곧, 기존의 인지 갈등 상황은 과학적으로 올바른 쪽으로의 개념변화를 유도하는 데 방점을 두었다면, 확장 현실 안에서의 인지 갈등 상황은 과학적으로 틀린 쪽으로의 개념변화를 피하도록 하는 데 방점을 두어야 할 것이다.

3.3. 확장 현실 안에서의 인지 갈등을 활용한 교수학습 모형

위에서 살펴본 Sora의 탐구활동 동영상 생성 사례와 확장 현실 안에서의 인지 갈등 특성을 고려할 때, 생성형 인공지능이 빈번히 활용될 미래 교실에서 사용할 수 있는 교수학습 모형을 고안하는 일이 필요할 것으로 생각된다. 그 목적은 학생들이 생성형 인공지능에 의하여 제공되는 경험보다는 과학교육이 그 궁극적인 기반을 두는 실제 물리적 세계에서 발생하는 현상들에 더욱 관심을 두도록 하는 것이다. 〈표 8-2〉는 이를 도입(1), 전개(2-4), 정리(5)의 순서로 간략히 제시한 것이다.

〈표 8-2〉 확장 현실 안에서의 인지 갈등 교수학습 모형 기초

단계	교수자의 역할
1. 도입	학생들의 학습 상태 및 선이해 수준을 파악한다.
2. 확장 현실 경험 제공	학습 주제와 관련된 다양한 확장 현실 경험을 제공한다. 이때, 과학적 개념을 반영한(확장) 현실 경험과 그렇지 않은(확장) 현실 경험을 함께 제공할 수 있다.
3. 인지 갈등 상황 점검	학생들이 경험하고 있는 인지 갈등 상황을 점검하여, 개념 강화 또는 약화가 일어날 수 있는 조건을 마련한다.
4. 과학적 개념 강화 및 오개념 약화	실제 물리적 세계에서 일어나는 현상과 이를 설명하는 이론을 제시함으로써, 과학적 개념을 강화하고 오개념을 약화한다.
5. 정리	학생들이 생성형 인공지능에 의존하지 않고 실제 물리적 세계에서 일어나는 현상에 집중하도록 강조한다.

이를 '손전등을 이용하여 뉴턴의 프리즘 실험 구현하기'에 적용한다면 다음과 같은 시나리오를 얻을 수 있을 것이다.

1. 도입 단계에서는 교사가 학생들이 빛의 속성에 관해, 뉴턴에 관해, 프리즘과 분광에 관해 어떠한 지식을 가지고 있는지를 파악한다. 구두 발문이나 간단한 퀴즈를 통해, 또는 구글 폼 등의 테크놀로지를 통해 이를 수행 가능하다.
2. 확장 현실 경험 제공 단계에서는 인공지능에 의해서 생성된 확장 현실 경험들을 다양하게 제공한다. 다만 여기서 반드시 과학적으로 맞거나 틀린 경험만을 제공해야 하는 것은 아니며, 서로 다른 다양한 확장 현실 경험들을 고루 제공하는 편이 나을 것이다. 여기서의 핵심은 확장 현실과 실제 물리적 세계에서 발생하는 현상들을 포괄하여 최대한 다양한 자극을 학생들에게 제공하는 것이다.
3. 인지 갈등 상황 점검 단계에서는 학생들이 과연 자신들이 기존에 가지고 있던 이해와 2에서 제공받은 경험들 사이의 차이에 주목하고 있는지, 그리고 이를 통해 개념 강화 또는 약화가 일어날 가능성이 있는지를 살펴본다.
4. 과학적 개념 강화 및 오개념 약화 단계에서는 실제 물리적 세계에서 발생하는 현상과 함께 이를 설명하는 과학적 이론 역시 제시한다. 이를 통해 과학적

개념은 강화하고 오개념은 약화시킨다.

5. 정리 단계에서 교사는 학생들이 생성형 인공지능에 의존하기보다 실제 물리적 세계에서 발생하는 현상에 집중하도록 지도한다.

이렇듯 탐색적으로 제안된 교수학습모형은 교사들의 필요에 따라 더 정교화하거나 수정하여 사용할 수 있을 것이다. 또한, 본 절의 예시에서는 사실적인 동영상 생성을 확장 현실의 일부로 간주하였으나, 보다 몰입적인 형태의 가상 현실, 증강 현실, 혼합 현실 테크놀로지를 활용할 때에도 위와 같은 교수학습 모형을 고려할 수 있을 것이다. 여하의 경우에라도, 이 교수학습모형의 핵심은 인공지능이 텍스트 모달리티를 넘어 이미지 모달리티를 포함하는 사실적인 확장 현실 경험을 생성할 때 학생들이 과학적 개념 및 원리에 따라 실제 물리적 세계에 더 정합적인 이해를 견지하고 환각 현상에 대하여 비판적 사고를 할 수 있도록 고차원적인 인지 작업을 돕는 데 있다.

4. 탐구실험 안내자로서의 인공지능

〈통합과학〉과 함께 신설된 〈과학탐구실험〉은 과학과가 2015 및 2022 개정 교육과정에서 얻은 큰 성과이다. 특히 2022 개정 교육과정의 〈과학탐구실험〉은 '과학의 본성과 역사 속의 과학 탐구', '과학 탐구의 과정과 절차', '생활 속의 과학 탐구', '미래 사회와 첨단 과학 탐구' 등을 다루어 우리나라 대다수의 고등학교 1학년 학생들이 과학탐구 및 실험에 참여할 수 있는 기회를 제공하고 있다(교육부, 2022a).

그러나 과학 교사들이 〈과학탐구실험〉과 관련하여 많은 학생들을 한꺼번에 지도하는 데 어려움이 있으므로 보조 교사 등의 지원 인력을 필요로 함이 알려져 있다(신소연 외, 2018; 변태진 외, 2019). 특히 실험 수업을 지도할 때에는 실험 절차와 관련하여 교수자들이 학습자들의 반복적인 질문에 노출되어 교수 부담이 증가하는바, 이는 어느 정도의 자동화를 통해 교사가 더 고차원적인 교수 활동에 집중할 수 있도록 한다는 교육을 위한 인공지능(artificial intelligence in education)

의 취지가 잘 적용될 수 있는 지점이다(Lee et al., 2023a). 이러한 상황에서 탐구실험 수업을 돕는 인공지능 에이전트가 과학 교사들의 실험 수업을 돕는 역할을 할 수 있음을 제안하여 왔다.

이에 본 절에서는 해당 연구의 사례들을 간략히 제시하고, 이를 보다 실제적으로 탐구실험 맥락에서 활용할 수 있는 가능성으로서의 생성형 인공지능 모바일 애플리케이션의 활용을 제안한다.

4.1. 핸즈온 실험 수업을 지원하는 핸즈프리 인공지능 스피커 시스템

Lee et al.(2023a)은 핸즈온(hands-on) 과학 실험 수업을 지원하는 핸즈프리(hands-free) 인공지능 스피커 시스템을 개발하고 그 포로토타입의 적용 결과를 보고한 바 있다. 문헌 연구를 통해 도출한 핸즈프리 인공지능 시스템의 핸즈온 실험 수업 지원 기능은 다음과 같았다. (1) 용액 제조 도우미는 특정 농도와 부피의 용액을 제조하기 위해 필요한 시약의 양을 계산해 준다, (2) 실험 과정 도우미는 학생들이 실험 수행 절차를 반복적으로 확인하는 일을 돕는다, (3) 폐액 처리 도우미는 실험에서 발생한 폐액을 산, 염기, 유기, 무기 폐액통 중 어디에 버려야 하는지를 알려준다.

그들은 한국어 음성 인식 및 생성 기능이 뛰어난 편안 SKT의 NUGU 인공지능 스피커 플랫폼을 활용하여 해당 시스템을 개발하였다. NUGU Play Builder를[4] 활용하여 사용자와 인공지능 스피커가 위의 3가지 기능과 관련한 음성 대화를 나눌 수 있도록 하였다. NUGU의 Play 안에서는 키워드들의 범주인 'entity'를 지정하고, entity들의 조합을 통해 사용자의 'intent'를 특정하며, 결과적으로 인공지능 스피커가 'action'을 취하여 발화를 하도록 한다. [그림 8-4]는 산 폐액의 일종인 황산을 어디에 버려야 하는지 사용자와 인공지능 스피커가 대화를 나누기 위하여 필요한 개발의 과정과 그 구동 장면을 일부 보여준다. 여기서 entity는 산성 물질, intent는 산성 물질을 버리고자 하는 사용자의 의도, action은 해당 산성 물질(황산)을 산

4) NUGU 스피커의 커스텀 프로그램 명칭인 Play를 제작할 수 있도록 하는 개발 환경.

폐액통에 버리라고 답하는 일에 해당한다. 여기서 NUGU Play Builder는 프로그래밍 사전 지식이 없더라도 마치 챗봇(chatbot)을 훈련시키듯이 자연어 기반의 개발이 가능하므로, 그 기술적 장벽이 대다수 교수자들에게 상대적으로 낮다는 점에 주목할 필요가 있다.

Lee et al.(2023a)은 이러한 인공지능 스피커 시스템을 대학교 분석화학실험 수업에 적용하여 3가지 기능이 모두 성공적으로 작동함을 확인하였다. 비록 소음이 많은 환경에서 한국어 음성 인식 정확도의 한계가 있었으나, 사후 설문조사 결과

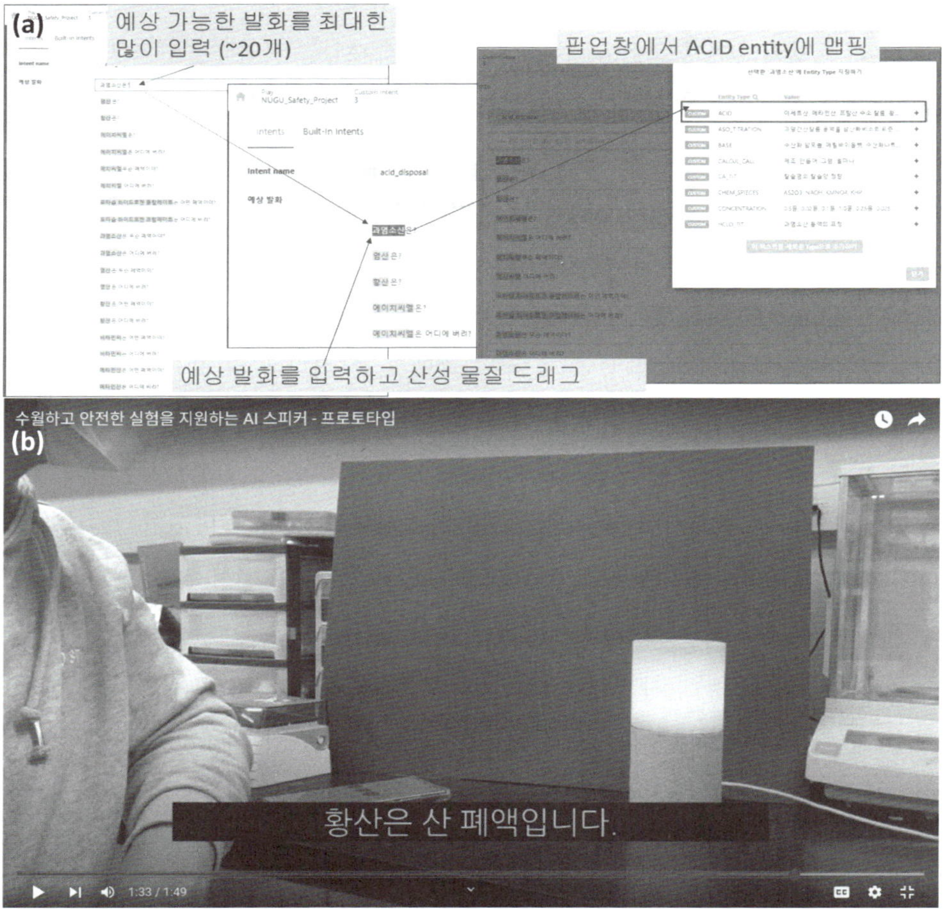

[그림 8-4] 핸즈온 실험 수업을 지원하는 핸즈프리 인공지능 스피커 시스템

출처: a: SKT NUGU Developers 개발 화면-https://developers.nugu.co.kr/#/
b: 프로토타입 구동 장면 https://www.youtube.com/watch?v=uZs7TxVZyVw)

학습자들은 인공지능 스피커가 적용된 화학 실험 수업에 큰 흥미를 느끼는 것으로 나타났다. 또한 Lee et al.(2023a)은 기존의 과학 실험 수업에서는 시각(visual, V), 읽기/쓰기(reading/writing, R), 그리고 운동(kinesthetic, K) 모달리티를 통한 학습이 이루어졌던바 여기에 새로 개발된 스피커 시스템의 적용 결과 청각(audio) 모달리티가 추가되어 소위 VARK 멀티모달리티가(Fleming & Mills, 1992) 충족될 수 있다고 보았다. 인공지능 스피커는 단순히 교수자의 작업 일부를 자동화할 뿐 아니라, 실험 수업 안에서 학습자의 학습 경험을 재편한다는 것이다.

4.2. 시각 언어 모델을 활용한 탐구실험 지원 시스템

시각 언어 모델은 컴퓨터 비전(computer vision) 기술의 하나로서, 이미지 데이터 및 그에 대응하는 텍스트 데이터를 함께 학습하여 둘 간의 의미론적 관계를 이해하고 다양한 작업을 수행하는 수준에 도달한다(Noyan & Beeching, 2024). 예컨대 시각 언어 모델의 기능은 이미지 묘사(image description), 사물 위치 특정, 개수 세기, 이름붙이기(object localization, counting, and captioning), 멀티모달 지식 및 상식적 추론하기(multimodal knowledge and common sense) 등을 포함한다. 시각 언어 모델을 활용하는 대표적인 방법인 시각 질문 응답(visual question answering)은 인공지능 분야가 정복해야 할 새로운 이정표적 과제로서 제시되었다(Antol et al., 2015). 하지만 초기 시각 질문 응답의 벤치마크(benchmark) 데이터는 이미지 내에 특정한 사물이 있는지를 검출하고, 그렇다면 몇 개나 있는지 개수를 센다든지, 사물들 간의 관계를 추론하여 단답형으로 응답하는 정도의 초보적인 수준에 머물러 있었다(Antol et al., 2015). 그런데 대규모 언어 모델이 멀티모달리티를 향해 발전하게 되면서, 시각 언어 모델을 활용한 시각 언어 질문의 수준 역시 비약적으로 상승하게 되었다. 대규모 이미지와 텍스트 데이터를 통해 학습한 모델이 어느 정도 고차원적인 이미지 인식 및 추론 능력을 보이며, 이를 자연어로 표현할 수 있게 된 것이다(Zhang et al., 2024). 이러한 발전은 기존의 컴퓨터 비전 기술들에 컨볼루션 신경망(convolutional neural networks)을 학습시켜야 한다는 접근 장벽이 있었음에 비하여 특기할 만하다. 프로그래밍 지식이 거의 없는 일반

교육(학)자들에게도 컴퓨터 비전 기술의 활용 가능성이 열린 것이다.

최근 이러한 시각 언어 모델을 교육학에 활용할 수 있는 방법들이 학자들에 의해 제안되고 있다. Bewersdorff et al.(2024)은 멀티모달 대규모 언어 모델이 과학교육에서 혁신적인 역할을 할 수 있다고 제안한다. 그들의 초점은 사실상 시각 언어 모델에 있는데, 이제는 인공지능 모델이 두 가지 모달리티 기반의 입출력으로 사용자에 따른 개인화(personalization)와 적응성(adaptivity)을 견지한 멀티모달 학습을 지원할 수 있다는 것이다. 그들이 제시하는 시각 언어 모델의 구체적인 사용례는 다음과 같다. 첫째, 그들은 곤충의 복합안(compound eye)에 관한 다이어그램을 GPT-4V에 제공하고 5학년 및 12학년 수준에 맞는 학습 자료를 생성하도록 요청함으로써, GPT-4V가 학습자 수준에 맞는 학습 자료를 생성하고 학생들이 시각 표상을 해석하는 일에 도움을 줄 수 있음을 보였다. 둘째, 그들은 6학년 학생들을 위해 실험실 환경에서 옥수수 녹말과 쌀과자가 재료로 포함된 실험 장면을 제공하고, GPT-4V에 이와 관련된 실험 과정을 제안하라고 요청함으로써, 인공지능 모델이 안전 수칙을 먼저 고려한 이후에 용기에 물을 담아 시편(sample)을 개어놓는 데서부터 녹말 검출 실험을 시작하라는 구체적인 지침을 제공함을 보였다. 셋째, 그들은 ChatGPT 사용자 인터페이스에서 표로 정리되어 있는 물체의 운동 데이터를 다이어그램으로 변환할 수 있으며, 그 다이어그램에 관한 가능한 해석 역시 생성함으로써 학습자들을 도울 수 있음을 보였다.

Lee and Zhai(2025a)는 GPT-4V가 멀티모달 인공지능의 일종인 시각 언어 모델이라는 점에 이론적으로 주목하고, 그것이 교육학을 위한 시각 언어 질문을 're-alize'한다고 하였다. 여기서 'realize'는 첫째로 시각 언어 모델은 교육학 연구자들이 아무런 기술 및 접근성 장벽이 없이 시각 질문 응답 기법을 활용할 수 있도록 '현실화'를 해준다는 점과, 둘째로 시각 언어 질문이 교육학 연구를 위해 사용될 수 있는 충분한 가치를 지닌다는 점에 관해 '깨달음'을 준다는 중의적인 의미로 사용한 표현이다. Lee & Zhai(2025)는 시각 언어 질문, 시각 언어 모델, GPT-4V의 특성을 이론적으로 살펴본 이후에 시각 언어 질문이 교육학 연구에 활용된 사례들 역시 GPT-4V와 GPT-4V 이후로 분석한다. 결과적으로, 그들은 시각 언어 질문 기법이 '1. 흥미로운 그림의 활용가능성 도출하기(eliciting applications of intriguing image)', '2. 강의자의 교수 실행 분석하기(analyzing instructor's pedagogical practice)', '3. 학습자의 참여 분석하기(analyzing learners' engagement)', '4. 학습자가 생성한 시각 데이터 분석하기(assessing learner-generated visual data)', 그리고 '5. 교실 자원과 환경 분석하기(assessing classroom resources and environments)'라는 포괄적이고도 일반적인 교육학 작업들에 활용될 수 있다고 제안하며, 각각을 GPT-4V를 활용한 이미지 분석 사례와 함께 실증한다. 그중에서 과학교육과 직접 연관이 있는 예시는 4 및 5이다. 예시 4에서는 학생들이 플라스크 안에 자신들이 생각하는 기체의 모습을 그린 그림을 GPT-4V가 채점 루브릭에 따라 사전 훈련 없이도 자동 채점하였다. 기체의 입자성과 퍼짐성에 관한 삼분항(trinomial) 채점에서 GPT-4V는 각각 60%과 80%의 채점 정확도를 보였다. 특별히, 학생들이 기체에 인격성을 부여하여 웃는 모습의 이모티콘 등을 그렸을 때 이를 '창의적 해석(creative interpretation)'이라고 짚어내는 모습을 보였다. 이는 인공지능 채점 모델이 학생 답안의 창의성을 포착하지 못한다는 일각의 비판적 주장(Li et al., 2023)을 극복하는 것이다. 예시 5에서는 실험대, 실험 도구, 실험복, 시약 등이 존재하는 실험실 환경과 그 안에서 학습자가 실험을 수행하고 있는 모습을 분석하였다. 그 결과 GPT-4V는 실험실 내의 여러 객체들을 대체로 정확히 파악하여 실험실 자원과 환경을 평가하였고, 특히 실험 안전과 관련된 주요 요소들(예: 학습자가 장갑을 끼고 있지 않음) 등을 정확하게 파악하였다. 이는 GPT-4V를 비롯한 시각 언어 모델이 별다른 훈련 없이도 실험 안전을 목적으로 활용될 수 있음을 보여 준다.

[그림 8-5]는 Lee & Zhai(2025a)와 유사하게 ChatGPT(GPT-4o)에 실험실 내의 학습자의 모습을 보여주고, 무엇을 관찰할 수 있는지, 실험실 자원과 환경은 어떠한지, 그리고 준수 및 간과되고 있는 실험 안전 수칙은 무엇인지를 질문한 결과이다. ChatGPT는 1. 실험실 내에 존재하는 다양한 화학 물질, 기구, 장비, 기타 물건들과 학습자를 식별하고, 2. 실험실 자원과 환경을 다양한 장비, 배치와 저장, 안전 요소들, 정리정돈 등의 측면에서 평가하며, 3. 학습자가 실험복을 입었으며 장갑을

Prompt

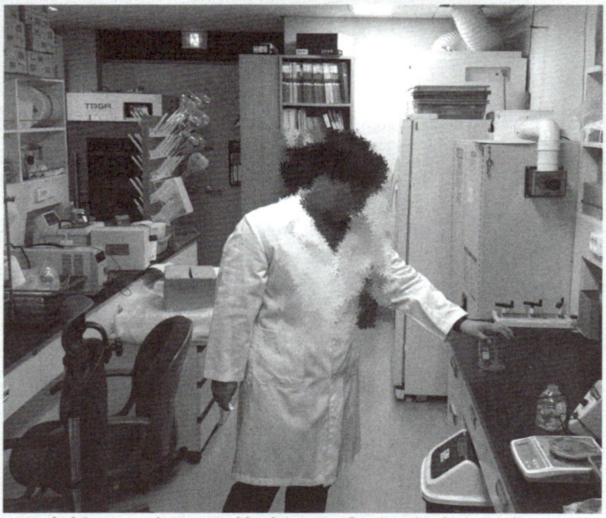

This is a picture of a laboratory classroom with a learner performing chemical experiments. I want to analyze it for educational purposes.
1. Could you tell me what do you observe in the picture?
2. How do you assess the laboratory classroom resources and environments?
3. What are possible lab safety rules that are kept or neglected by the learner in the picture?

Answer ChatGPT

1. Observations in the Picture:
In the image, there appears to be a laboratory setting with various pieces of equipment and supplies arranged along a series of benches and shelves. A learner (whose face is obscured) is standing in front of a laboratory workbench. … (omitted) … Behind the individual, you can see shelves stocked with an assortment of chemicals, lab instruments, containers, glassware (such as flasks and graduated cylinders), and equipment such as a drying rack and perhaps an oven or incubator (the large yellow apparatus on the right side may be a specialized storage cabinet or an instrument for heating/drying samples). … (omitted) …

2. Assessment of the Laboratory Classroom Resources and Environment:
- **Variety of Equipment**: The presence of various pieces of glassware, instruments (scales, centrifuge or mixer), and what appear to be specialized cabinets or ovens suggests that the lab is relatively well-equipped. This variety indicates a resource-rich environment where learners can conduct a range of experiments.
- **Organization and Storage**: The shelves appear to be stocked with chemicals and lab supplies, but it's not entirely clear if they are fully organized. … (omitted) …
- **Safety Features and Infrastructure**: The lab coat on the learner shows a baseline adherence to personal protective equipment (PPE) standards. … (omitted) … The environment looks like a standard teaching or research lab, presumably with some safety measures in place.
- **Work Surface and Cleanliness**: The benchtops hold a variety of equipment and supplies. Although not overly cluttered, the space could potentially benefit from more streamlined organization for clear working areas. … (omitted) …

3. Possible Lab Safety Rules Kept or Neglected:
- **Personal Protective Equipment (PPE)**:
Kept: The learner is wearing a lab coat, which is an important piece of PPE.
Potential Neglected Aspects: The learner is not wearing visible eye protection (safety glasses or goggles) or gloves. … (omitted) …
- **Chemical Handling and Storage**:
The learner appears to be handling a beaker. We cannot tell if the container holds hazardous substances. Ideally, experiments involving volatile or hazardous chemicals should be performed under a fume hood. … (omitted) …
- General Lab Conduct:
The learner seems calm and focused, which is good. There is no visible evidence of eating, drinking, or using a phone. … (omitted) …

[그림 8-5] ChatGPT를 활용한 실험 수업 장면 분석

끼지 않은 등의 실험 안전 요소들을 포착 및 정리하였음을 알 수 있다. 여기서 다시 한번, 아무런 컴퓨터 비전 관련 배경 지식이 없는 사용자라 할지라도 이러한 시각 질문 응답 기법들을 활용할 수 있게 되었음을 강조하고자 한다.

4.3. 모바일 애플리케이션의 활용

근래에는 텍스트, 이미지, 오디오, 비디오 등을 생성하는 생성형 인공지능이 모바일 애플리케이션에도 탑재되어 있으므로, 이를 보다 손쉽게 탐구실험 교실 상황에서 활용할 수 있다. 예컨대 ChatGPT 모바일 애플리케이션은 PC 환경에서 사용할 수 있는 ChatGPT의 사용자 인터페이스를 고스란히 유지한다. 이에 더하여, ChatGPT 모바일 애플리케이션은 음성 인식 기술을 기반으로 사용자와 음성으로도 대화할 수 있다는 장점을 지닌다. 곧, ChatGPT 모바일 애플리케이션은 위에서 살펴보았던 시각 언어 모델이 탑재된 일종의 인공지능 스피커라고도 이해할 수 있다.

[그림 8-6]은 위의 [그림 8-5]에서 수행하였던 시각 질의 응답을 ChatGPT 모바일 애플리케이션에서 동일하게 수행해 본 것이다. ChatGPT 모바일 애플리케이션은 ChatGPT 인터페이스를 모바일에서 구동시킨 것이므로 [그림 8-5]에서와 동등한 답변이 [그림 8-6]에서도 생성되고 있음을 알 수 있다. 또한 ChatGPT 모바일 애플리케이션의 음성 인터페이스에서도 동일한 분석을 수행할 수 있음 역시 제시하였다. 결국, 포터블 스마트 디바이스를 통해 실험 수업의 상황을 즉각적으로 분석하는 일이 이미 기술적으로 가능할 뿐 아니라 그 입출력이 교수자가 해석가능한(interpretable) 자연어 형태로 이루어지므로, 고등학교 과학 교사들 역시 탐구실험 수업에서 이를 큰 어려움 없이 활용할 수 있을 것이다.

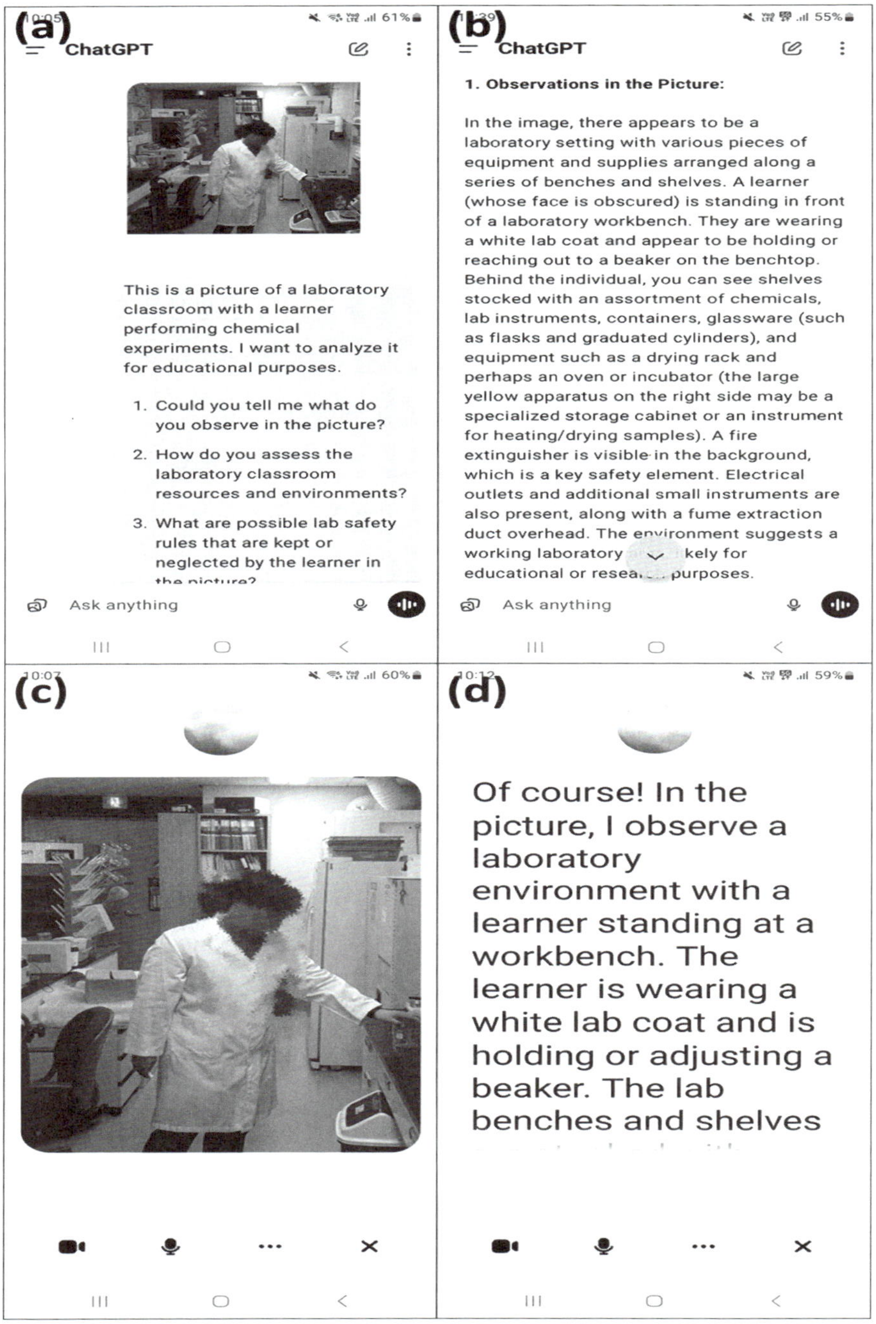

[그림 8-6] ChatGPT 모바일 애플리케이션을 활용한 실험 수업 장면 분석(a와 b: 모바일 인터페이스상에서의 실험 수업 장면 분석 질문 응답, b와 c: 모바일 음성 대화 인터페이스에서의 실험 수업 장면 분석 질문 응답)

5. 결론

본 장에서는 2022 개정 교육과정의 〈통합과학〉 및 〈과학탐구실험〉과 관련하여 인공지능을 활용한 통합과학 탐구 활동의 가능성을 모색하였으며, 이와 관련해 어느 정도 실제적인 적용 시나리오들 역시 소개하였다. 첫째로, 2024년 노벨 물리학상 및 화학상과 관련하여 인공지능 자체가 통합과학과 연계한 학습 주제가 될 수 있다. 둘째, 확장 현실에 의해 유발되는 인지 갈등을 통해 학습자들이 인공지능이 생성한 표상을 비판적으로 바라보도록 하고 올바른 과학적 이해를 강화할 수 있다. 셋째, 인공지능을 탐구실험 활동의 여러 단계에 적용할 수 있으며 모바일 애플리케이션을 통해 이러한 기능에 쉽게 접근 가능하다. 더욱이, 이러한 적용 시나리오들에 대한 기술적 장벽들은 거의 없는 편이라고 할 수 있다.

이처럼 오늘날 인공지능 기술은 빠르게 발전할 뿐 아니라 시각 언어 모델 등의 경우에서와 같이 기술적 장벽을 허물어 교육을 위해 전유될 수 있는 형태로도 제공되고 있다. 이에 따라 조만간 인공지능 기술이 고등학교 교실에서도 통합과학 탐구 활동의 소재이자 기능적 지원자로 확고히 자리매김할 것으로 예상된다. 인공지능을 접목한 과학 수업이 가능하고(Bewersdorff et al., 2025; Lee & Zhai, 2025a) 필요하다는 점이(Erduran, 2023; Erduran & Levrini, 2024) 이론적으로 논의될 뿐 아니라 그것이 학습자들에게 어느 정도 긍정적인 영향을 줄 수 있음이 점차로 보고되고 있는 현 상황에서는(Lee et al., 2023a; 김종욱, 최윤성, 2025) 인공지능이 과학교육의 새로운 참여자가 아닌 일상적 참여자가 될 수 있도록 하는 더욱 적극적인 연구와 실천이 요구된다. 그렇게 학생들이 인공지능을 과학적 탐구의 대상, 도구, 동반자로 친숙하게 접하도록 하는 일이 미래 사회를 살아갈 그들에게 필요한 역량을 기르는 데 도움이 될 줄로 믿는다.

참고문헌

교육부(2022a). 과학과 교육과정. 교육부 고시 제2022-33호 [별책 9].

교육부(2022b). 초・중등학교 교육과정 총론. 교육부 고시 제 2022-33호 [별책 1].

김종욱, 최윤성(2025). 생성형 인공지능을 활용한 과학적 논증활동에서의 기회와 도전. 한국과학교육학회지, 45(1), 61-75.

변태진, 백종호, 심현표, 이동원(2019). 2015 개정 교육과정 '과학탐구실험' 운영 실태 조사. 한국과학교육학회지, 39(5), 669-679.

신세인(2025). '과학 미디어 리터러시' 개념의 명료화를 위한 문헌 연구. 한국과학교육학회지, 45(1), 33-48.

신소연, 박철규, 이창윤, 홍훈기(2018). 2015 개정 교육과정 '과학탐구실험' 실행에 대한 사례연구 -문화역사적 활동이론(CHAT) 측면에서의 이해-. 한국과학교육학회지, 38(6), 885-899.

이경건(2024). 우리나라 국가 교육과정 문서상 교과 내용 체계표의 변천과 쟁점 -과학과 사례를 중심으로-. 한국과학교육학회지, 44(1), 87-103.

Antol, S., Agrawal, A., Lu, J., Mitchell, M., Batra, D., Zitnick, C. L., & Parikh, D. (2015). VQA: Visual question answering. In *Proceedings of the IEEE International Conference on Computer Vision (ICCV)* (pp. 2425-2433).

Alkaissi, H., & McFarlane, S. I. (2023). Artificial hallucinations in ChatGPT: implications in scientific writing. *Cureus, 15*(2), e35179.

Bewersdorff, A., Hartmann, C., Hornberger, M., Seßler, K., Bannert, M., Kasneci, E., ... & Nerdel, C. (2025). Taking the next step with generative artificial intelligence: The transformative role of multimodal large language models in science education. *Learning and Individual Differences, 118*, 102601.

Brooks, T., Peebles, B., Holmes, C., DePue, W., Guo, Y., Jing, L., Schnurr, D., Taylor, J., Luhman, T., Luhman, E., Ng, C., Wang, R., & Ramesh, A. (2024). Video generation models as world simulators. Retrieved on May 11, 2025, from https://openai.com/research/video-generation-models-as-world-simulators

Cinici, A., & Demir, Y. (2013). Teaching through cooperative POE tasks: A path to conceptual change. *The Clearing House: A Journal of Educational Strategies, Issues and Ideas, 86*(1), 1-10.

Erduran, S. (2023). AI is transforming how science is done. Science education must reflect this change. *Science, 382*(6677), eadm9788.

Erduran, S., & Levrini, O. (2024). The impact of artificial intelligence on scientific practices: An emergent area of research for science education. *International Journal of Science Education, 46*(18), 1982-1989.

Fleming, N. D., & Mills, C. (1992). Not another inventory, rather a catalyst for reflection. *To Improve the Academy, 11*(1), 137-155.

Garofalo, S. G., & Farenga, S. J. (2025). Science teacher perceptions of the state of knowledge and education at the advent of generative artificial intelligence popularity. *Science & Education, 34*(2), 893-912.

Höttecke, D., & Allchin, D. (2020). Reconceptualizing nature-of-science education in the age of social media. *Science Education, 104(*4), 641-666.

Kresin, S., Kremer, K., Nehring, A., & Büssing, A. G. (2025). Students' awareness and conceptions of science-related communication mechanisms on social media. *Journal of Research in Science Teaching, 62*(3), 756-791.

Lee, G. -G., Choi, M., An, T., Mun, S., & Hong, H. -G. (2023a). Development of the hands-free AI speakers system supporting hands-on science laboratory class: A rapid prototyping. *International Journal of Emerging Technologies in Learning, 18*(1), 115-136.

Lee, G. G., Shi, L., Latif, E., Gao, Y., Bewersdorff, A., Nyaaba, M., ... & Zhai, X. (2023b). Multimodality of ai for education: Towards artificial general intelligence. arXiv preprint arXiv:2312.06037.

Lee, G., & Zhai, X. (2025a). Realizing visual question answering for education: GPT-4V as a multimodal AI. *TechTrends, 69*, 271-287.

Lee, G., & Zhai, X. (2025b). Reconceptualizing epistemic dependence for future scientific literacy: A lesson from the LK-99 case. *Research in Science Education.* https://doi.org/10.1007/s11165-025-10247-z

Li, T., Reigh, E., He, P., & Miller, E. A. (2023). Can we and should we use artificial intelligence for formative assessment in science? *Journal of Research in Science Teaching, 60*(6), 1385-1389.

Next Generation Science Standards [NGSS] Lead States (2013). *Next generation science standards: For states, by states*. Washington, DC: National Academies Press.

Noyan, M., & Beeching, E. (2024. 4. 11). Vision language model explained. Hugging Face. https://huggingface.co/blog/vlms

Royal Swedish Academy of Sciences (2024a, October 9). The Nobel Prize in Chemistry 2024: Popular science background - They have revealed proteins' secrets through computing and artificial intelligence. https://www.nobelprize.org/prizes/chemistry/2024/popular-information/ (2025년 5월 10일 확인)

Royal Swedish Academy of Sciences (2024b, November 1). The Nobel Prize in Physics 2024: Popular science background-They used physics to find patterns in information. https://www.nobelprize.org/prizes/physics/2024/popular-information/ (2025년 5월 10일 확인)

Russell, S. J., & Norvig, P. (2020). *Artificial intelligence: A modern approach* (4th ed.). Prentice Hall.

Suh, A., & Prophet, J. (2018). The state of immersive technology research: A literature analysis. *Computers in Human behavior, 86*, 77-90.

Wang, Y., Wang, L., & Siau, K. L. (2025). Human-centered interaction in virtual worlds: A new era of generative artificial intelligence and metaverse. *International Journal of Human-Computer Interaction, 41*(2), 1459-1501.

White, R., & Gunstone, R. (1992). *Probing understanding*. London: The Falmer Press.

Zhang, J., Huang, J., Jin, S., & Lu, S. (2024). Vision-language models for vision tasks: A survey. *IEEE Transactions on Pattern Analysis and Machine Intelligence, 46*(8), 5625-5644..

CHAPTER 09

증강현실 · 가상현실 기반 과학 탐구

1. 서론

테크놀로지는 과학 수업을 다양한 방식으로 변화시킨다. 만약 별자리에 대한 학습을 준비한다면, 어떤 활동을 설계할 수 있을까? 테크놀로지를 어떠한 방식으로 얼마나 접목하느냐에 따라 여러 방식의 활동들이 설계될 수 있을 것이다. 예를 들어, 정해진 시간과 장소에서 별자리를 관찰하는 활동을 생각해 보자. 별자리를 관찰할 때, 별자리를 소개하는 애플리케이션을 이용해서 관련 정보를 함께 활용할 수 있다. 별자리를 직접 관찰하기 어려운 경우, 교실에서 별자리 모형을 만들어 볼 수도 있고, 증강현실 · 가상현실(Augmented and Virtual Reality: AR · VR)을 이용해 계절별 별자리 변화를 관찰하는 활동을 설계할 수도 있다. 과학관에 방문하여 플라네타리움을 통해, 별자리에 대해 배울 수도 있다.

이처럼 여러 종류의 테크놀로지가 과학 수업에 다양한 방식으로 통합되면서 학생들이 접하는 경험의 폭을 넓혀왔다. 이 장에서는 이러한 테크놀로지 중 하나로서, AR · VR이 과학 수업에 어떻게 통합될 수 있는지 살펴보았다. 특히 과학 탐구를 중심으로, AR · VR 기반 과학 탐구가 갖는 인식적 특징과 유형을 논의하고, AR · VR 기반 과학 탐구가 지닌 교육적 기능 및 효과를 주요 이론적 근거들과 함께 정리하였다. 이를 토대로, 앞으로 AR · VR의 입체적인 활용을 위해 방향과 시사점에 대해 논의할 것이다.

2. AR・VR 기반 과학 탐구의 인식적 특징

AR・VR은 3차원으로 이루어진 가상 환경에서 어떠한 현상이나 과정을 가상으로 시뮬레이션하도록 설계된 기술이다(Cheng & Tsai, 2013; Curcio et al., 2016). 가상의 공간에서 수행되는 AR・VR 기반 과학 탐구는 이를 활용하지 않는 실제 현상 기반의 과학 탐구와 무엇이 다를까? 가장 근본적인 차이점은 과학 현상을 어떠한 실재로서 마주하는가에 있을 것이다(장진아 등, 2019). AR・VR을 활용하지 않는 경우, 학생들은 실세계에 존재하는 실제 과학 현상을 관찰하고, 실제 현상으로부터 자료를 수집한다. 이에 비해, AR・VR 기반 과학 탐구에서 학생들은 가상의 공간에서 '재구성된' 현상을 마주한다. 학생들은 AR・VR 공간에서 재구성된 현상을 관찰하고, 상호작용하며 이로부터 자료를 수집하게 된다.

과학 탐구는 현상을 관찰하거나 관련된 자료들을 수집하고, 이를 분석 및 해석하여, 현상에 내재된 원리를 설명하거나, 과학적 모델을 구성하는 인식적 과정을 포함한다(Duschl & Grandy, 2008). 이를 고려하면, AR・VR 기반 탐구는 실제 현상 기반의 과학 탐구와 비교했을 때, 인식적(epistemic) 출발점이 다르다. AR・VR 기반 탐구에서 학생들이 상호작용하는 현상은 실세계의 현상을 특수한 목적에 따라 의도적으로 재구성한 또 다른 '모델'이기 때문이다. 이러한 존재론적(ontological) 차이에 의해, 학생들은 AR・VR 기반 과학 탐구에서 구체적인 현상이나 대상과 상호작용을 하기보다는, 가상현실에서 가공된 현상과 상호작용하게 된다(임정훈, 2010). AR・VR 기반 과학 탐구가 갖는 이러한 존재론적 차이는 과학 탐구의 인식적 과정의 차이로 연결된다. AR・VR 기반 과학 탐구가 갖는 인식적 특징은 [그림 9-1], [그림 9-2]와 같이 시각화하여 설명될 수 있다(장진아, 송진웅, 2019).

[그림 9-1]은 본래 과학 지식의 발달 과정을 설명하기 위해 제안된 Giere(1988)의 모델이다. 이 장에서는 Giere의 모델을 AR・VR 기반 과학 탐구의 인식적 과정과 대비하여, 실세계 기반 과학 탐구의 인식적 과정을 설명하기 위해 활용하였다. [그림 9-1]에서 시사하듯이, 실세계 기반 과학 탐구에서는 실제 현상으로부터 데이터를 얻고, 실제 현상에 대한 추론을 통해 모델을 구성하게 된다.

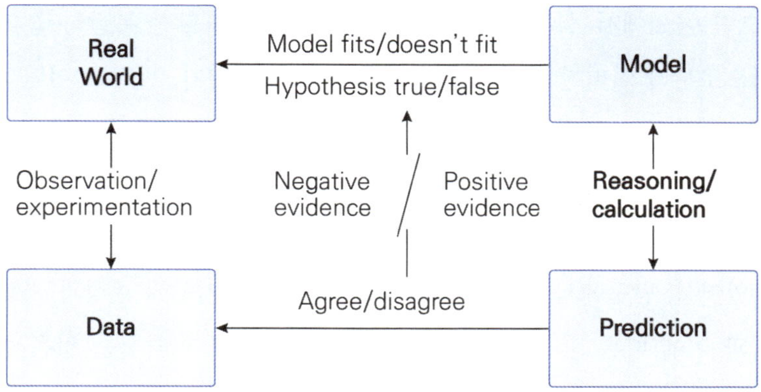

[그림 9-1] 실세계 기반 과학 탐구의 인식적 과정(Giere, 1988)

AR·VR 기반 탐구 과정을 Giere의 모델을 통해 재해석하면 어떤 모습일까? [그림 9-2]는 학생들은 AR·VR 공간에서 구성된 현상과 자료를 기반으로 추론하고 모델을 구성하는 과정을 시각화한 것이다. 이때, AR·VR 공간에서 재구성된 현상과 자료들([그림 9-2]의 회색 박스)은 AR·VR 기반 과학 탐구의 출발점이 된다는 점에서 매우 중요하다. 이들은 말 그대로 가공된 또 다른 모델이기 때문에, 실세계와는 다르게 교육적 목적이나 의도에 맞춰 정제되어 있다(Rutten et al., 2012). 따라서 AR·VR 공간에서 마주하는 현상과 자료들을 어떤 목적이나 의도에 맞춰 어떠한 방식으로 재구성하는가에 따라, AR·VR 기반 과학 탐구의 방향이 결정될 수 있다.

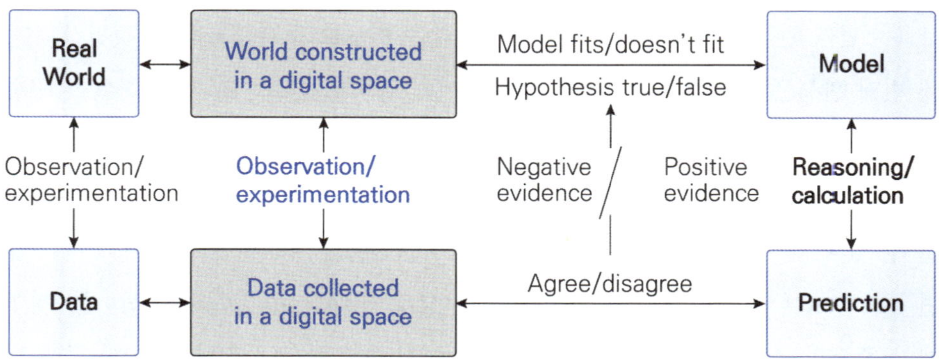

[그림 9-2] AR·VR 기반 과학 탐구의 인식적 과정

출처: 장진아, 송진웅, 2019

특히 [그림 9-2]에서 실세계의 현상은 가상현상보다 훨씬 복잡하고 다양하다. 실제 현상으로부터 어떠한 가상의 요소들을 추출할 것인가, 반대로 어떤 요소들을 생략할 것인가, 얼마나 이상화된 조건을 설정할 것인가에 따라 AR・VR 공간에 구성된 현상과 데이터([그림 9-2]의 회색 박스)의 속성이 달라지고, AR・VR 기반 탐구의 인식적 과정이 달라질 수 있을 것이다. 따라서 AR・VR 기반 과학 탐구를 이해함에 있어서, 탐구에서 의도한 교육적 목적에 맞게 가공된 현상과 자료의 존재론적 특징과 이에 따른 탐구의 인식적 과정과 그 특징을 파악하는 것은 중요하다. 다음 절에서는 AR・VR 기반 과학 탐구에서 구성된 여러 유형의 인식적 특징에 대해 살펴보자.

3. AR・VR 기반 과학 탐구의 인식적 유형

3.1. AR・VR 공간에서 무엇을, 어떻게 구성할 것인가?

AR・VR 공간에서 제시되는 현상과 자료들은 어떠한 방향으로 (재)구성되어야 할까? 이는 탐구 목적을 무엇에 두느냐에 따라 달라질 수 있다. 장진아와 송진웅(2019)은 디지털 공간에서 구성된 현상이 지니는 특성이 탐구의 초점에 따라 세 가지 관점에서 달라질 수 있다고 설명하였다. 첫 번째 관점은 현상을 표현함에 있어서, '실제 현상을 얼마나 실감나게 또는 얼마나 추상적으로 표현할 것인가'이다. 두 번째 관점은 '탐구 과정에서 얼마나 많은 변수를 조절하도록 할 것인가'이며, 세 번째 관점은 '현실 세계와 가상 세계를 어느 정도로 연결하여 혼합 현실'을 구현할 것인가이다. 세 가지 관점은 탐구의 목적에 따라 적절히 선택될 필요가 있다.

특히 첫 번째 관점은 AR・VR 기반 과학 탐구의 인식적 유형을 나누는 기준이 될 수 있다. 탐구의 목적이 생생하고 실감 나는 현상을 상세히 관찰하는 것에 있다면, AR・VR에서 제공하는 현상을 실제 현상과 최대한 비슷하게 구성하는 것이 제일 중요할 것이다. 이러한 유형의 탐구는 '실감형 탐구(장진아 등, 2019)' 또는 '물리적 시뮬레이션(Winn et al., 2006)'으로 분류될 수 있다. 즉, 현상을 사실적으로 제시하는 물리적 시뮬레이션을 통해서, 현상을 사실적으로 구현하여 생생한 경험을 제공하는 실감형 탐구를 수행할 수 있다.

이와는 다르게, 탐구의 목적이 특정 변인 간의 관계를 탐색하거나, 과학적 모델을 이해하여 현상에 대한 설명을 구성하는 데에 있는 경우도 있다. 이러한 유형의 탐구에서는 AR · VR에서 현상을 추상화하여, 과학 개념과 효과적으로 연결하는 것이 중요하다. 이러한 유형의 탐구는 '추상형 탐구(장진아 등, 2019)' 또는 '모델 기반 시뮬레이션(Winn et al., 2006)'으로 분류될 수 있다. 추상형 탐구에서는 현상을 추상화하여 나타낸 모델 기반 시뮬레이션을 통해, 현상에 내재된 핵심 개념이나 원리들을 이해하고 이들 간의 관계를 탐구하는 것이 중요하다. 〈표 9-1〉은 AR · VR 기반 탐구를 탐구의 인식적 목적에 따라, 두 가지로 유형화하여 제시한 것이다.

〈표 9-1〉 AR · VR 기반 과학 탐구의 인식적 유형(Chang et al., under review)

AR · VR 기반과학 탐구의 인식적 유형	AR · VR 공간에서 무엇을, 어떻게 나타낼 것인가? ↔ 현상 중심 실감나게	개념 중심 추상적으로
(장진아 등, 2019)	AR · VR 기반 실감형 탐구 (realistic type of inquiry)	AR · VR 기반 추상형 탐구 (abstract type of inquiry)
(Winn et al., 2006)	물리적 시뮬레이션 (physical simulation)	모델 기반 시뮬레이션 (Model-based simulation)
AR · VR 기반 탐구의 인식적 기능	Providing a vivid experience on the target phenomenon	Understanding an abstract concept or a complex process
추론 유형 (Driver et al., 1096)	현상 기반 추론	관계 기반 추론 모델 기반 추론

3.2. 실감형 탐구와 추상형 탐구

〈표 9-1〉에 제시된 AR · VR 기반 과학 탐구에서는 유형별로 인식적 기능뿐 아니라, 탐구 과정에서 요구되는 추론 유형도 다르다. 이 절에서는 AR · VR 기반 과학 탐구 유형에 따른 인식적 과정을 탐구에서 요구되는 추론 유형과 연결해 그

특징을 좀 더 명확히 하였다.

과학 탐구에서의 대표적인 추론 유형으로서, 현상 기반 추론, 관계 기반 추론, 모델 기반 추론을 중심으로 살펴보자(Driver et al., 1996). 현상 기반 추론은 주로 실세계에서 발생하는 현상을 관찰하는 것을 목적으로 하는 '보고 관찰하기'에 초점을 맞춘다. 반면, 관계 기반 추론은 변수들 간의 관계를 탐구하는 데 중점을 둔다. 모델 기반 추론은 과학적 모델이나 이론에 근거하여 설명을 구성하고, 평가하며, 수정하는 과정을 포함한다. 이처럼 서로 다른 유형의 추론이 포함된 과학적 탐구는 현상을 관찰하고 상호작용하는 과정에서 요구되는 탐구의 초점과 인식적 과정이 역시 달라진다(Tytler & Peterson, 2004).

Driver의 세 가지 추론 유형을 AR·VR 기반 과학 탐구의 인식적 특징과 연결해 살펴보면, 교육적 기능 및 역할을 명확히 이해할 수 있다. 먼저, AR·VR 기반 실감형 탐구에서는 탐구하고자 하는 현상을 '보고 관찰'하는 현상 기반 추론이 탐구의 주된 초점이므로, 실제 세계를 실감 나게 표현하는 것이 중요하다. 예를 들어, [그림 9-3]에서와 같이 동물의 한살이를 관찰하는 AR·VR 기반의 실감형 과학 탐구에서는 동물의 생김새와 특징을 파악하는 현상 기반 추론이 주를 이룬다. 따라서 실감형 탐구를 위한 AR·VR 기반 탐구에서는 현상 자체의 생생함에 초점을 두고 탐구를 수행하고 안내할 필요가 있다.

반면, AR·VR 기반의 추상형 과학 탐구에서는 현상과 연결된 과학적 개념들 사이의 관계를 파악하거나, 과학적 모델을 기반으로 현상을 해석하는 것이 중요하다. 따라서 AR·VR 공간에서 관찰하는 현상으로부터 개념적 의미와 관계를 잘 파악할 수 있는 관계 기반 추론, 모델 기반 추론에 집중하여 활동이 설계되고 안내되어야 한다. [그림 9-5]는 공기의 압력에 따른 기체의 부피 변화를 탐구하는 AR·VR 기반 추상형 탐구의 예이다. 이 탐구에서는 현상을 실감 나게 관찰하는 것보다는, 고도의 변화와 공기가 담긴 풍선의 부피 변화를 학생들이 정확하게 파악할 수 있는 것이 가장 중요하다. 이에 관련된 개념들을 추상화된 기호나 숫자(예: [그림 9-4]의 고도 표시계)로 표현하여, 학생들의 탐구를 촉진해야 한다.

추상형 탐구의 또 다른 예로서, [그림 9-5]에 제시된 활동에서 학생들은 계절의 변화를 이해하기 위해 과학적 모델을 기반으로, 지구의 자전축이 기울었을 때와 기울지 않았을 때의 태양의 남중고도와 낮의 길이를 측정하게 된다. 이를 위해 학생들은 지구 밖과 지구 안이라는 서로 다른 두 차원의 공간을 오가며 탐구를 수행한다. 먼저, 지구 밖에서 지구의 공전을 관찰한 뒤([그림 9-5]의 왼쪽 그림), 지구 안의 차원으로 공간을 옮겨 관련된 변인들을 측정한다([그림 9-5]의 오른쪽 그림). 학생들이 이러한 추상형 탐구를 잘 수행하기 위해서는 과학적 모델에서 제시하는 두 차원의 차이를 정확히 이해하고, 제시된 현상에서 핵심 변인을 잘 포착하여 이들 사이의 개념적 의미를 연결할 수 있는 안내나 발문을 활용하는 것이 중요하다.

[그림 9-3] 현상 기반 추론을 활용한 AR 기반 실감형 탐구 사례

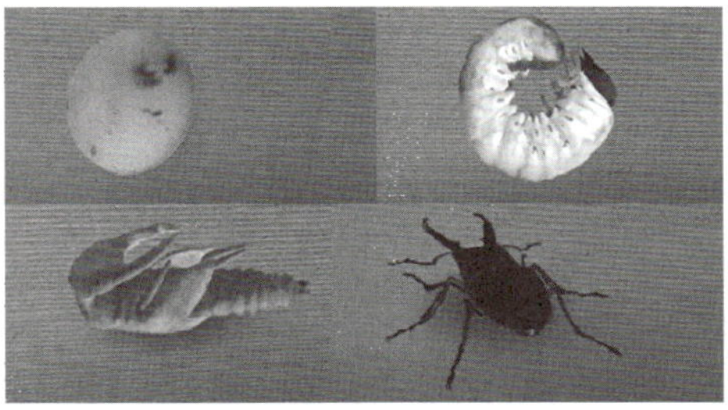

출처: 2015 개정 과학과 교육과정 기반 디지털교과서 AR 자료, 초등학교 3학년

[그림 9-4] 관계 기반 추론을 활용한 VR 기반 추상형 탐구 사례

출처: 2015 개정 과학과 교육과정 기반 디지털교과서 VR 자료, 초등학교 6학년

[그림 9-5] 모델 기반 추론을 활용한 VR 기반 추상형 탐구 사례
출처: 2015 개정 과학과 교육과정 기반 디지털교과서 VR 자료, 초등학교 6학년

위의 사례를 통해 살펴보았듯이, AR・VR 기반의 실감형 탐구와 추상형 탐구는 탐구 과정에서 요구되는 추론 유형과 인식적 과정이 서로 다르다. 이를 고려할 때, AR・VR 기반 과학 탐구의 효과적인 적용을 위해서는, 각 탐구 과정에 내재된 인식적 목적에 맞게 AR・VR 활동을 설계하고, 나아가 이를 수행하는 학생들에게 탐구의 초점을 명확히 포착할 수 있도록 돕는 발문을 제시하거나, 인식적 목적에 부합되게 활동을 수행할 필요가 있다.

이렇게 실감형 탐구와 추상형 탐구가 지닌 인식적 차이를 인식하여 이에 맞는 활동을 설계, 수행하는 것은 AR・VR 기반 탐구를 통해 얻을 수 있는 교육적 가능성과 효과를 높이는 데에 기여할 것이다. 특히 실감형 탐구와 추상형 탐구에 내재된 차이들은 AR・VR 기반 과학 탐구가 제공하는 교육적 기능과 효과에도 영향을 미칠 것이다. 지금까지 논의된 특징들을 연결하여, 다음 절에서는 AR・VR 기반 과학 탐구가 지닌 교육적 기능과 가능성에 대해 폭넓게 논의할 것이다.

4. AR・VR 기반 과학 탐구의 교육적 기능과 가능성

AR・VR 기반 과학 탐구가 지니는 기능과 가능성은 인지적, 기능적, 정의적 측면에서 다양하게 보고되어 왔다(Cheng & Tsai, 2013). 인지적 측면에서 AR・VR 활동에서 제공하는 보이지 않는 추상적 개념과 공간적 관계를 깊이 이해하도록 지원하며, 실시간 피드백을 받을 수도 있어 과학 개념에 대한 이해를 향상하는 데 기여할 수 있다(Cai et al., 2018; Cooper et al., 2024). 기능적 측면에서 학생들은 AR・VR 공간에서 물리적 시공간의 제약을 받지 않고 몰입형 상호작용을 통해 현상과 좀 더 자유롭고 풍성하게 상호작용할 수 있다(Lai et al., 2022; Rutten et al., 2012). 또한 AR・VR 기반 탐구 활동은 안전성과 접근성을 높여 학습자가 사고 위험 없이 실험에 참여하고, 화산이나 우주와 같이 학생들이 접근하기 어려운 현상도 관찰할 수 있다(차현정 등, 2024; Potkonjak et al., 2016). 정의적 측면에서는 학생들이 AR・VR 기반 활동을 좋아하여, 학습에 대한 흥미와 태도를 개선할 수 있음이 보고되었다(Wu et al., 2021; Nielsen, 2016).

이 절에서는 AR·VR 기반 활동이 지닌 여러 가능성들을 과학 탐구의 관점에서 살펴보고자 한다. 선행연구들에서 보고된 AR·VR의 교육적 기능을 과학 탐구의 맥락에서 재해석하고, 이들이 인지적, 정의적, 기능적 측면에서 어떠한 가능성을 지닐 수 있는지 관련된 학습 이론들과 연계하여 종합적으로 논의하였다.

4.1. AR · VR 기반 과학 탐구에서의 몰입형 학습 환경 구성

AR·VR 기반 학습의 대표적인 교육적 기능 중 하나는 학생들의 주의와 흥미를 지속적으로 유지시킬 수 있는 몰입형(immversive) 학습 환경을 제공한다는 점이다(Makransky & Lilleholt, 2018). AR·VR 활동은 어떻게 학생들의 몰입감을 높일 수 있을까?

AR·VR 활동이 제공하는 몰입형 학습 환경의 특징은 크게 정서적 몰입과 감각적 몰입이라는 두 가지 측면에서 논의되어 왔다. AR·VR 활동이 제공하는 정서적, 감각적 몰입감은 AR·VR 기반 탐구에서도 의미 있게 발현되어 학습을 촉진할 수 있을 것으로 기대된다. 중요한 점은 정서적 몰입과 감각적 몰입은 별개의 독립적인 영역이기보다는 상호연결되어 함께 높일 수 있다는 것이다. 그럼에도 불구하고 이 장에서는 각 요소에 대한 이해를 높이기 위해, 정서적 몰입감과 감각적 몰입감이 지니는 특징에 대해 독립적으로 기술하였다.

이 절에서는 AR·VR이 제공하는 몰입형 학습 환경을 논의하기 위하여, 몰입형 학습 설계의 네 가지 요소(Matovu et al., 2023) 및 관련 학습 이론들을 이론적 토대로 삼았다(〈표 9-2〉 참고). Matovu et al.(2023)은 VR 기반 과학 학습에 대한 체계적 문헌 분석을 통해, 몰입형 학습 설계를 위한 핵심 요소로서 내러티브(narrative), 사회적(social), 감각적(sensory), 행동적(actional) 요소를 제시하였다. 〈표 9-2〉에서와 같이, 정서적 몰입은 네 가지 학습 설계 요소들 중에서 내러티브적, 사회적 요소와 좀 더 밀접하게 관련되고(Pietroni et al., 2018), 감각적 몰입은 감각적, 행동적 요소와 관련될 수 있다(Tang et al., 2020).

〈표 9-2〉 AR · VR 기반 탐구에서 몰입형 학습 환경의 특징

AR · VR 기반 탐구에서의 몰입형 학습 환경		이론적 배경	
교육적 기능	탐구 맥락에서의 교육적 가능성	몰입형 학습을 위한 설계 요소 (Matovu et al., 2023)	관련 학습 이론
정서적 몰입감 증대	• 탐구 내용과 연결되는 스토리나 상황 및 캐릭터 등을 효과적으로 설정하여, 학습자의 정서적 몰입감 증진, 인지적 참여의 토대 마련	내러티브, 사회적 요소	구성주의 및 상황 학습
감각적 몰입감 증대	• 과학 현상에 대한 입체적, 다중모드적 표상과 상호작용을 기반으로 현상에 대한 감각적 몰입감 증진, 인지적 참여의 토대 마련	감각적 요소, 행동적 요소	사회기호학 및 다중모드성

위와 같은 이론적 배경을 토대로 이 절에서는 AR・VR 기반 활동에서 정서적 몰입감 및 감각적 몰입감을 높이는 AR・VR의 기능과 학습 설계 요소들이 과학 탐구의 맥락에서 어떠한 교육적 가능성을 지니고 구체화될 수 있는지 살펴보았다. 나아가 이를 관련된 학습 이론들과 연결하여 폭넓게 살펴보자.

4.1.1. 정서적 몰입감 증대(구성주의 및 상황 학습 이론 기반)

정서적 몰입은 학습자가 학습 환경에서 심리적으로 깊이 몰두하고, 감정적으로 반응하는 상태를 의미한다. 학습자가 심리적으로 몰두하기 위해서는, 학습자에게 흥미로운 상황 설정이나 스토리텔링을 통해 학습자가 학습 내용을 자신의 경험과 연결할 수 있도록 하는 것이 효과적이다(Murmann & Avraamidou, 2014). 예를 들어, 상황 학습 이론에서는 학습이 실생활과 밀접하게 연관된 맥락 안에서 발생할 때 학습이 더욱 효과적으로 이루어진다고 보았다(Lave & Wenger, 1991). 학습자의 정서적 몰입감에 초점을 둔 연구들은 이처럼 구성주의 관점이나 상황 학습 이론을 근거로 학습 효과나 의미를 분석해 왔다.

이러한 맥락에서 학습자와 관련이 높은 탐구 맥락이나 상황을 강조한 내러티브 또는 스토리텔링을 통해, 이러한 감정적 연결을 강화하여 동기 부여와 참여를 높이

고, 학습 효과를 증진시킬 수 있음이 보고되었다(Dede, 2009; Engel et al., 2018). Wu et al.(2021)은 VR이 제공하는 상호작용성과 몰입감을 통해 초등학생들이 과학 탐구 과정에서 스스로 지식을 발견하고 문제를 해결하는 과정의 중요함을 강조하였다. 특히 사회적 상호작용을 포함한 몰입형 VR 학습 환경의 경우, 학습자가 협업을 통해 함께 문제를 해결하게 되는데, 이는 학습자 개별 학습을 넘어서 협업을 통해 지식을 공동으로 구성할 수 있도록 도울 수도 있다(Matovu et al., 2023).

이처럼 VR과 AR 기반 탐구 활동에서는 학습자의 흥미를 유발하는 탐구 내러티브로서 흥미를 유발할 수 있는 시나리오나 캐릭터 및 상호작용 요소 등을 통합하여 설계하는 것이 중요하다(장진아, 나지연, 2022). 내러티브나 상호작용 요소 설정은 가상현실 안에서만 이루어질 수 있는 것이 아니라, AR · VR 활동과 연계되는 교실 활동을 통해서도 이루어질 수 있다. 이처럼 학습자의 흥미를 높일 수 있는 탐구 상황이나 스토리텔링을 강화한다면, 학습자가 탐구 주제에 몰입하여 내재화하는 과정을 촉진할 수 있을 것이다.

4.1.2. 감각적 몰입감 증대(사회기호학 및 다중모드성)

감각적 몰입감은 학습자가 현실과 가상의 경계를 초월해 AR · VR 환경에 감각적으로 몰입하고 입체적으로 상호작용하면서 현실적이고 풍부한 학습 경험을 제공받는 상태를 의미한다. AR · VR 기술은 사람의 다양한 감각적 채널을 효과적으로 통합하여 몰입감을 제공한다. 따라서 AR · VR 공간에서 감각적, 행동적 요소 등을 통해 우리의 감각을 어떻게 설계하여 통합하는가와 연계된다(Dede, 2009). 이에 연구자들은 AR · VR 환경에서 감각적 몰입을 어떻게 설계하고 구성할 수 있는지 살펴보기 위해서, 사회기호학을 토대로 한 다중모드적 관점에서 AR · VR 기반 활동을 분석해 왔다(Tang et al., 2020).

다중모드성(multimodality)과 관련한 연구에서는 사람들이 다양한 감각을 통해 정보를 처리하고 의미를 구성하는 방식을 설명한다. 예를 들어, Tang et al.(2020)은 분자들 간의 상호작용을 학습하기 위한 VR 기반 탐구 활동에서 학생들이 다양한 모드를 통해 과학 현상(즉, 분자들 간의 상호작용)을 탐구하는 VR의 어포던스

(affordance)[1]를 다섯 가지 측면으로 범주화하여 분석하였다.

- 보기(viewing): 모니터 창을 통해 보기, 여러 시점에서 보기, 삼차원적으로 보기
- 순서 조정하기(sequencing): 이미지 순서를 조정하기(예: 움직이기, 회전하기)
- 모델링하기(modelling): 과학적 모델을 변경하기
- 규모 조정하기(scaling): 대상을 확대하거나 축소하기
- 조작하기(manipulating): 대상을 조작하기, 촉각적 조작하기

Tang et al.(2020)은 VR이 지니는 위의 다섯 가지 어포던스는 학습자가 과학 현상과 상호작용함에 있어서, 평면으로 된 그림이나 동영상과는 다른 교육적 기능을 제공한다고 설명하였다. 예를 들어, 보기 기능을 통해 화면 크기나 시점에 제약 없이 모든 각도에서 대상을 관찰할 수 있으며, 이는 물리적 모델과 유사한 경험을 제공한다. 모델링 기능은 다양한 분자 모델을 동적으로 전환하면서도 공간적 일관성을 유지해 학습 효과를 높일 수 있으며, 규모 조정하기 기능을 통해 객체 내부로 들어가 구성 요소를 관찰하는 고도화된 줌 기능이 제공하여 평면 화면 3D보다 몰입감 있는 경험을 가능하게 한다. 이처럼 AR·VR 기반 탐구 활동에 제시된 과학 현상들과 다중모드적 상호작용(multimodal interaction)을 하게 된다. 여기서 다중모드적 상호작용이란, 시각, 청각, 촉각을 비롯한 여러 종류의 감각들을 기반으로 대상과 상호작용을 하며 의미를 구성하는 것을 의미한다.

나아가, Cooper et al.(2024)은 감각적 몰입감을 높이는 VR의 어포던스를 과학교육적 기능과 연결하여 체화감, 탐색 가능성, 감각 능력, 상호작용성, 창조 능력이라는 다섯 가지 특성으로 다음과 같이 개념화했다.

- 체화(Embodiment): 사용자가 가상 신체를 자신의 실제 신체처럼 인식하고 제어하며, 이를 실제 행동으로 느끼는 경향

1) 어포던스(affordance)는 미국의 심리학자 제임스 깁슨(James Gibson)이 제안한 용어이다. 주체가 특정한 행위를 할 수 있도록 만드는 환경적 특징으로서, 주체의 행위를 유도함과 동시에 주체의 특성에 영향을 받는 쌍방향적 속성을 지닌다(Gibson, 1979). 국내에서는 연구의 초점에 따라 '행태지원성', '행위유도성', '학습지원성' 등으로 번역되었으나, 이 장에서는 어포던스가 지니는 역동성을 강조하기 위하여, '어포던스'라는 표현을 그대로 사용하였다.

- 탐색 가능성(Navigability): 가상 환경에서 아바타를 자유롭게 움직이며 공간을 탐색할 수 있는 능력
- 감각 능력(Sense-ability): 가상 환경에서 시각, 촉각, 청각, 후각, 미각과 같은 감각적 경험을 느낄 수 있는 능력
- 상호작용성(Interactivity): 사용자와 가상 객체나 에이전트 간의 상호적 혹은 비상호적 상호작용 정도
- 창조 능력(Create-ability): 현실에 존재하지 않는 것을 만들거나 물리적 세계의 요소를 재현해 부정적 요소를 줄이고 긍정적 경험을 증대시키는 능력

이와 같이 학습자들은 AR · VR에 내재된 여러 어포던스들을 이용해서, 과학 현상을 능동적으로 체화하고, 탐색할 수 있으며, 현상과의 상호작용을 넘어서 실제 세계에서는 하기 어려운 상호작용도 가상으로 경험할 수 있게 된다. 이를 통해, 물리적 실험 환경을 구현하기 어려운 상황에서도 AR · VR 기반 탐구는 가상 환경에서 몰입감 높은 학습 경험을 가능하게 한다. 예를 들어, 실험실 장비 없이도 화산이나 지진을 경험하거나, 천문학적 현상을 경험할 수 있다.

종합하면, Tang et al.(2020)이 제안한 어포던스는 VR 기반 탐구에서 감각적 몰입감과 과학적 의미 형성을 촉진하는 다중모드적 상호작용의 기본 요소로 볼 수 있다. 반면, Cooper et al.(2024)이 제안한 어포던스는 가상 공간에서 학습자에게 형성되는 다양한 특성으로, 이러한 특성 덕분에 학습자의 감각적 몰입감뿐 아니라, 인지적 · 정서적 몰입을 촉진하고 주체적 학습 참여를 강화하는 역할을 한다. AR · VR이 지닌 어포던스를 통해, 학습자는 탐구 과정에서 긍정적인 정서를 형성하고 과학 학습에 대한 흥미와 참여도를 증진시킬 수 있을 것으로 기대된다.

이처럼 몰입형 VR은 더 '몰입된' 공간적 경험, 즉 감각적 몰입을 제공하며, 이는 실제적이고 그럴듯한 존재감을 불러일으키는 감정으로 연결될 수 있다(Slater & Sanchez-Vives, 2016). 흥미로운 점은 AR · VR의 몰입형 학습 환경의 효과는 성취도가 낮은 학생들에게 더 긍정적인 영향을 미친다는 것이다(Wu et al., 2021). 하지만 이러한 긍정적 효과는 단순히 수업에서 AR · VR을 활용한다고 하여 자동적으로

얻어지는 것이 아니다. AR · VR 자료에 활용된 기술력에 따라 감각적 실재감의 질이 달라질 수 있으며, 이는 교육적 효과를 이끌어내는 데에 중요한 영향을 줄 수 있다(차현정 등, 2023). 이처럼 양질의 기술력을 토대로, AR · VR 환경에서의 정서적, 감각적 몰입감을 높일 수 있는 교육적 원리나 전략을 효율적으로 설계하여 적용할 때, 긍정적인 학습 효과를 기대할 수 있을 것이다.

4.2. AR · VR 기반 과학 탐구에서의 과학적 추론 함양

과학 탐구는 개념적 이해를 토대로 한 과학적 추론 과정을 수반하며, 이는 과학 지식의 형성을 위한 핵심적인 인식적 과정이기도 하다(Giere, 1988). AR · VR을 효율적으로 설계하고 활용하면, 과학 개념을 이해하거나, 현상을 추론하는 과정에서 학생들의 과학 탐구 과정을 촉진할 수 있는 것으로 보고되어 왔다(Won et al., 2023). AR · VR 활동이 어떻게 학생들의 과학적 추론을 함양할 수 있을까?

이는 AR · VR이 제공하는 기능과 연결 지어 생각해 볼 수 있다. 구체적으로, AR · VR은 일상적으로 관찰할 수 없는 분자들 간의 상호작용이나 자기장, 천체 역학과 같은 추상적인 과학 개념들을 시각적으로 나타낸다(Wu et al., 2013; Nielsen et al., 2016). 또한 입체적이고 다중모드적인 상호작용을 통해 학습자가 더 직관적으로 현상을 이해할 수 있도록 돕는다(Cooper et al., 2024). AR · VR이 지닌 교육적 기능이 과학 탐구의 맥락에서 어떠한 가능성을 가지고 구체화될 수 있는지를 관련된 학습 이론과 관련지어 살펴보면 〈표 9-3〉과 같다.

〈표 9-3〉 AR · VR 기반 탐구에서 이루어지는 과학적 추론의 특징

AR · VR 기반 탐구에서의 과학적 추론		관련 학습 이론
교육적 기능	탐구 맥락에서의 교육적 가능성	
비가시적 현상 및 개념의 시각화	• 비가시적 현상이나 복잡한 구조, 과학 개념을 입체적으로 시각화하여 탐구 과정에서의 인지적 부담 축소	인지 부하 이론
다중모드적 상호작용을 통한 과학적 의미 구성	• 현상에 대한 다중모드적 상호작용을 통한 과학적 의미 구성 촉진 • 시공간적 차원 확장을 통한 의미 구성	사회기호학 및 다중모드성

4.2.1. 비가시적 현상 및 추상적 개념의 효과적 시각화(인지 부하 이론)

AR・VR이 지니는 대표적인 특징 중 하나는 비가시적인 현상과 추상적 개념을 시각화하고, 나아가 이들을 실제 물리적 현상과 함께 제시할 수 있다는 점이다. 이러한 학습 사례로서, Yoon et al.(2017)은 과학관에 전시된 베르누이 현상에 대한 학습자의 이해를 돕기 위해, AR과 실물 전시물을 통합하여 구성하고, 이에 대한 학습 효과를 살펴보았다. AR이 통합된 이 전시물에서는 AR을 이용해 공기의 흐름을 화살표로 시각화하여, 빠르게 움직이는 공기와 느리게 움직이는 공기의 압력 차이를 보여주었다([그림 9-6] 참고).

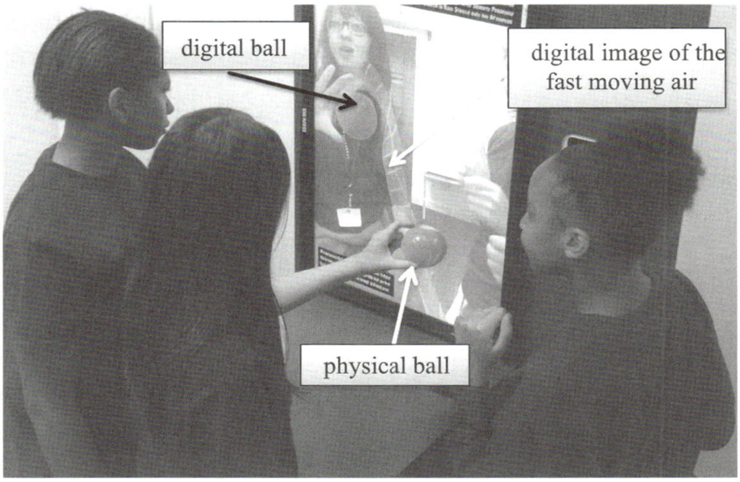

[그림 9-6] 베르누이 현상과 관련한 AR 기반 전시물

출처: Yoon et al.(2017)의 그림을 GenAI를 이용해 재구성함

이러한 AR 기반 활동을 통해, 학생들은 공이 떠 있는 모습의 실험 장면(실제 현상)을 AR에서 제공하는 시각 정보와 동시에 관찰함으로써 현상에 내재된 과학적 개념이나 원리를 보다 쉽게 이해할 수 있었음이 보고되었다(Yoon et al., 2017). 위의 베르누이 전시물의 사례에서 눈에 보이지 않는 공기의 흐름을 시각화한 것과 같이, 학생들은 AR・VR 기반 탐구를 통해 미시적 차원에서 입자들이 어떻게 움직이는지, 또는 화학 반응 과정에서 분자가 어떻게 결합하는지 확인할 수 있다. 혹은

전자가 자기장을 따라 움직이는 과정을 가상 공간에서 직접 관찰할 수도 있을 것이다.

AR・VR이 제공하는 또 다른 핵심적 기능 중 하나는 학습자가 현상과 입체적으로 상호작용할 수 있다는 점이다. 학생들은 삼차원 공간에서 구성된 가상의 현상을 확대하거나 축소하고, 회전시키면서, 평면적으로 표현하기 어렵거나 이해하기 어려운 현상에 대한 공간적 사고를 심화시킬 수 있다(Dede et al., 2017). 예를 들어, 태양계의 천체가 어떻게 움직이는지를 AR・VR 공간에서 입체적으로 관찰하고, 여러 각도에서 돌려보며 조작하는 과정은 천체의 운동이나 구조에 대한 이해에 효과적이다(Kim & Yoon, 2024). 이와 비슷하게 복잡한 화학 분자 구조를 회전하면서 탐색하는 AR・VR 활동을 예로 들 수 있겠다(Tang et al., 2020). 이처럼 AR・VR 활동에서 비가시적 현상과 추상적 개념을 시각화하거나, 복잡한 구조들과 입체적으로 상호작용하는 것은 어떤 측면에서 학습을 촉진할 수 있을까?

AR・VR 기반 탐구가 제공하는 입체적 시각화 기능은 인지 부하 이론(Cognitive Load Theory, CLT)을 토대로 그 효과를 해석할 수 있다(Brunken et al., 2003; Frederiksen et al., 2020; Lee & Wong, 2014; Mayer & Moreno, 2003). 인지 부하 이론에 의하면, 인간의 작업 기억은 제한된 용량을 가지는 반면, 장기 기억은 무제한 용량의 조직화된 스키마를 포함한다(Sweller, 2004). 복잡한 과학 현상이나 구조, 또는 추상화된 개념들을 이해하는 과정은 학습자의 작업 기억에 높은 인지적 부하를 필요로 한다(Cole et al., 2018). 예를 들어, 천문학 현상을 이해하려면 여러 차원의 공간적 차원을 오가면서 각 천체의 움직임과 천체들 간의 공간적 관계를 이해해야 하기 때문에 높은 인지 부하를 요구한다(Kim & Yoon, 2023).

인지 부하 이론의 관점에서 볼 때, AR・VR에서 제공하는 삼차원적인 현상과 구조, 또는 공간적 관계를 지닌 개념들은 학습자들의 인지적 부하를 효과적으로 줄여줄 수 있다. 즉, AR・VR 환경에서 천체들 간의 공간적 관계를 입체적으로 제시함으로써, 학생들의 인지적 부하를 줄여 학습을 촉진한다는 것이다. 만약, 평면적인 자료를 통해 천체들 간의 공간적 관계를 이해하려면, 학생 스스로 추가적인 인지 자원을 동원해야 하므로 쉽지 않을 수 있다. 이에 비해 AR・VR 활동은 시각,

청각, 공간적 정보를 입체적으로 제공하여 불필요한 인지적 부담을 줄이고 학습자가 스키마를 더 효과적으로 구성할 수 있도록 지원할 수 있다(Kim & Yoon, 2023).

특히 인지 부하 이론에 의하면, 작업 기억에서 효과적으로 처리된 정보는 장기 기억에서 새로운 스키마를 형성하거나 기존 스키마를 정교화하는 데 기여한다(Sweller, 2004; van Merriënboer & Sweller, 2005). 이를 고려할 때, AR・VR에서 삼차원적으로 제공되는 다중모드적 표상들은 학생들이 공간적 관계나 추론을 요구하는 정보들이 작업 기억에서 효과적으로 처리되는 데에 도움을 줄 뿐 아니라, 장기 기억에서 스키마를 형성하고 정교화하는 과정에도 기여할 것으로 기대된다(Kim & Yoon, 2023). 이러한 학습 효과를 고려할 때, AR・VR 기반 탐구에서 학생들이 입체적으로 나타낸 표상들을 효과적으로 이해하고, 삼차원적 상호작용 적극 활용할 수 있도록 발문하고, 안내하는 것이 중요할 것이다.

4.2.2. 다중모드적 표상과 상호작용(사회기호학 및 다중모드성 기반)

AR・VR이 지니는 또 다른 기능에는 정보를 시각, 촉각, 청각과 같은 여러 유형의 감각 모드를 통해 통합적으로 제시한다는 점이다. AR・VR 기반 탐구에서 제공하는 다중모드성은 앞 절에서 소개했듯이, 감각적 몰입감을 높일 뿐 아니라 과학적 의미 구성을 촉진하는 데에도 중요한 역할을 한다. 사회기호학 및 다중모드 이론의 관점에서 이러한 효과를 분석하여 보고한 연구들이 많이 이루어졌다. 가령, 앞서 소개했던 AR・VR이 지닌 다섯 가지 어포던스들, 즉 '보기', '순서 조정하기', '모델링하기', '규모 조정하기', '조작하기'와 같은 AR・VR의 어포던스들은 감각적 몰입감을 높임과 동시에 공간적 의미 구성을 촉진하는 데에도 효과적임이 보고된 바 있다(Tang et al., 2020).

구체적인 학습 상황을 생각해 보자. '모델링하기' 측면에서 학생들이 서로 다른 모델을 전환할 때 발생한 공간적 대응(spatial correspondence)을 통해 공간적 관계나 구조에 대한 의미 구성을 도울 수 있다. 모델에서 특정한 시각적 객체가 동일한 공간 위치에서 다른 모델의 무언가로 대체될 때, 학생들은 한 모델의 특정 부분과 다른 모델의 동일한 부분 사이의 대응 관계를 알아차릴 수 있는데, 이러한 관계를 '공간 매핑(spatial mapping)'이라고 한다(Tang et al., 2020). 예를 들어, 분자 구조에 대해 탐구하는 활동에서 학생들은 공 모양의 구슬과 스틱으로 된 평면 모델과 VR 공간에서 구성된 입체적 모델 사이에서 공간 매핑을 할 수 있다. 학생들이 서로 다른 모델을 활용해 분자의 구조를 탐구하면서, 지시적(deictic) 제스처와 지시 대명사(예: 이것, 저것, 저기, 그것, 이거, 여기)를 통해 공간 매핑을 하면서 공간적 추론을 발전시켜 나갈 수 있다.

'조작하기' 측면에서 VR에서 제공하는 어포던스는 평면(2D)으로 된 애니메이션의 기능과 차이가 있으며, VR에서 제공되는 삼차원적(3D) 표상은 공간적 사고를 촉진하는 데에 도움이 된다(Tang et al., 2020). 평면으로 된 애니메이션에서는 학생들이 대상을 이동하거나 회전시키는 등 조작할 수 있긴 하지만, 컴퓨터의 마우스나 터치스크린 패널을 사용하므로 공간적 및 신체적 방향감각이 상실되는 경향이 있다. 가령, 마우스를 사용해 객체를 회전하여 뒷면을 보려고 할 때, 객체가 공간적으로 얼마나 회전되었는지 직접적으로 파악하기 어렵기 때문에, 이는 직관적인 객체 이동 방법이 아니다. 이에 비해 몰입형 VR 환경에서는 손 컨트롤러를 사용해 객체를 잡고 손을 회전시키는 방식으로 회전하면 실제 세계에서처럼 회전 중에도 공간적 방향을 더 쉽게 유지할 수 있으며, 이는 학생들의 공간적 구조나 관계에 대해서 직관적으로 파악할 수 있는 기회를 제공한다.

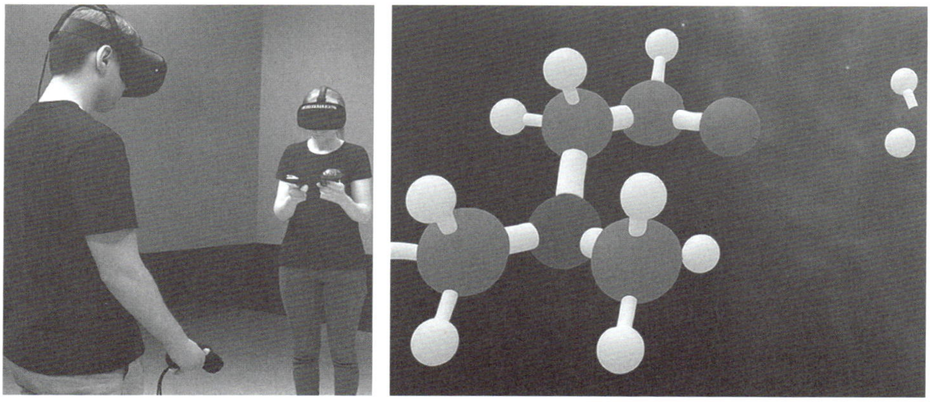

[그림 9-7] VR에서 구성된 삼차원적 표상과 공간적 사고의 촉진

출처: Tang et al.(2020)의 그림을 GenAI를 이용해 재구성함

한편, 사회기호학적 관점에서 이러한 자료들의 효과를 시공간적 차원으로 확장하여 설명할 수도 있다. 정보를 공간적, 시간적 관점에서 조직하는 방식에 초점을 두고, 시공간적 배열(spatio-temporal arrangement)의 측면에서 제시되는 정보의 양이나 특징을 분석하는 것이다. 예를 들어, 유사분열(mitosis)과 같은 과정을 탐구하기 위해서는 시공간적인 정보가 동시에 고려되어야 한다(Hoban, 2020). 공간적 측면에서, 염색체와 중심체와 같은 부분들이 서로 어떻게 움직이는지를 보여주어야 하며, 표현 형태를 선택할 때 이러한 공간적 관계와 이를 가장 잘 설명할 방법을 고려해야 한다. 나아가 생물학적 과정에는 시간적 요소도 고려해야 하는데, 예를 들어 이 과정이 어떤 시간적 틀에서 일어나는지 등을 포함한다.

이처럼 정보의 시공간적 배열에 대해 고려함으로써, 과학 학습에서 시공간적 요소가 중요한 현상들을 효과적으로 탐구할 수 있도록 도울 수 있다(He, 2020). 구체적으로, 공간적 차원과 시간적 차원 각각의 '해상도(resolution)'와 '구조(structure)'를 분석하는 방식을 제안되기도 하였다(Ploetzner & Lowe, 2012). 여기서, 공간적 해상도는 화면에 표시되는 시각 자료의 수를 나타내며, 이는 한 화면 내에서 구별할 수 있는 세부 사항의 정도와 관련된다. 시간적 해상도는 초당 표시되는 프레임 수로 측정되며, 이는 인접한 프레임 간의 변화를 구별할 수 있는 정도에 영향을 미친다. 이러한 분석 프레임은 AR · VR 기반 탐구에도 적용되어 AR · VR에서 제공하는 정보가 공간적으로, 시간적으로 어떻게 구조화되어 학습자의 과학적 의미 구성을 촉진할 수 있는지 살펴보는 유용한 프레임이 될 수 있을 것으로 기대된다.

요컨대, AR · VR이 제공하는 다중모드적으로 제공된 데이터는 정보의 중복과 상호보완성을 통해 학습의 이해도를 높일 수 있다. 학생들은 시각과 청각, 촉각을 동시에 활용함으로써 더 깊이 있는 몰입과 학습 효과를 경험할 수 있다. 인지 부하 이론에서도 AR · VR 활동이 공간적 추론을 촉진하는 데에 효과가 있음을 보고했지만, 두 이론이 취한 해석의 초점이 다름을 알 필요가 있다. 즉, 인지 부하 이론에서는 이러한 효과를 인간의 정보 처리 과정과 연계하여 논의했다면, 사회기호학에서는 학습자가 다중모드 표상들과 함께 상호작용 과정에서 과학적 의미가 형성되는 방식에 초점을 맞추어 그 효과를 분석했다는 차이가 있다.

그러나 AR · VR에서 제공되는 기호학적 특징과 지식 형성에 미치는 잠재적 영향에 대해서는 여전히 더 많은 탐색이 필요하다. 특히 사회기호학 측면에서 과학 학습에 활용되는 다중모드적이면서도 입체적인 자료들을 분석함에 있어서, 세부 요소들이 독립적으로 작용하기보다는 전체 구조 내에서 긴밀하게 얽혀 있음을 유념해야 한다(He, 2020). 같은 맥락에서 AR · VR에서 구성된 정보의 구성과 변화들 역시 세부적인 기능들이 유기적인 관계 속에서 어떻게 통합되는지 분석할 필요가 있다. 이에 다음 절에서는 AR · VR 기반 과학 탐구를 과학 학습 및 과학교육 연구에 입체적으로 접목하기 위한 방향과 시사점에 대해 논의할 것이다.

5. AR · VR 기반 과학 탐구의 입체적인 설계 및 실행을 위하여

이 절에서는 지금까지 논의한 내용들을 종합하여, AR · VR 기반 과학 탐구의 효과적인 활용을 위한 시사점을 논의하고자 한다. 1절에서는 AR · VR 기반 과학 탐구의 특징을 인식적 측면에서 논의하였다. AR · VR 기반 탐구에서 학생들이 마주하는 현상과 자료들은 교육적 의도에 맞춰 재구성된 또 다른 모델로서, 실세계에서 관찰한 현상이나 수집한 자료와 다름을 논의하였다. 이어서 2절에서는 AR · VR 기반 탐구에서 어떤 현상이 어떠한 방식으로 재구성되었는지 파악하는 것이 중요하며, AR · VR 기반 탐구를 현상이 재구성된 방식과 탐구의 인식적 초점에 따라 실감형 탐구와 추상형 탐구로 유형화할 수 있음을 제안하였다. 3절에서는 AR · VR 활동이 갖는 교육적 기능과 특성을 과학 탐구 맥락에서 재조명하고, 관련된 학습 이론과 연결하여 여러 가능성을 탐색하였다. 마지막으로 이 절에서는 지금까지의 논의를 토대로, AR · VR 기반 활동을 과학 탐구에 접목할 때 고려해야 할 교육적 시사점에 대해 살펴보겠다.

5.1. AR · VR 기반 과학 탐구의 인식적 특징 파악하기

과학 탐구의 실행은 학문 분야와 주제에 따라 매우 다양하며, 정해진 하나의 방법론이 존재하지 않는다(Osborn, 2011). 이는 AR · VR 기반 과학 탐구에서도 동일하게 적용된다. 탐구에서 지향하는 인식적 목적과 추론 방식, 그리고 현상과의 상호작용 방식은 탐구의 목표와 맥락에 따라 달라질 수 있다. 예를 들어, 주제에 따라 관찰에 기반한 추론이 중심이 될 수 있으며, 다른 경우에는 관계 기반 추론이나 모델 기반 추론이 주된 방식으로 활용될 수 있다. 따라서 AR · VR 기반 과학 탐구를 설계하거나 실행할 때, 교사는 해당 탐구가 어떠한 인식적 목적과 추론 과정을 강조하고 있는지 명확히 인식하는 것이 필수적이다. 다음 〈표 9-4〉에 제시된 질문들은 1절과 2절에서 논의한 관점을 종합하여 구성된 질문으로서, 교사가 수업 설계 시에 AR · VR 기반 탐구의 인식적 특징을 파악하기 위한 지표로 활용할 수 있을 것으로 기대된다.

〈표 9-4〉 AR · VR 기반 과학 탐구의 인식적 특징을 파악하기 위한 지표

지표	세부 내용	탐구 유형	체크
1. 인식적 목적	1-1. 핵심 현상을 생생하고 실감나게 경험하는 데에 목적이 있는가?	실감형 탐구	
	1-2. 핵심 현상을 추상화하여, 과학 개념 및 모델과 연결하는 데에 목적이 있는가?	추상형 탐구	
2. 추론 유형	2-1. 현상에 대한 관찰을 토대로 결론을 도출하는가?	관찰 기반 추론	
	2-2. 핵심 변수 간의 관계를 파악하여 결론을 도출하는가?	관계 기반 추론	
	2-3. 과학적 모델이나 이론에 근거하여 현상을 해석하여 결론을 도출하는가?	모델 기반 추론	

위와 같은 지표를 활용해서, 교사는 실행하고자 하는 탐구 활동의 특징을 유형화할 수 있다. 예를 들어, '관찰 기반 추론을 활용한 AR · VR 기반 실감형 탐구', '관계 기반 추론을 활용한 AR · VR 기반 추상형 탐구', '모델 기반 추론을 활용한 AR · VR 기반 추상형 탐구'와 같은 유형화를 통해 탐구의 인식적 특징을 명확히 할 수 있을 것으로 기대된다. 나아가, AR · VR이 제공하는 여러 교육적 기능들도 각 탐구가 지닌 인식적 특징에 맞는 적합한 방식으로 설계되고 실행될 때 그 효과를 높일 수 있을 것이다. 교사는 교수학습을 실행하는 주체로서, AR · VR의 인식적 특징과

이에 맞는 탐구 활동을 설계하기 위한 판단을 명확히 할 수 있는 전문성을 갖출 필요가 있다.

5.2. AR · VR 기반 과학 탐구의 인식적 특징에 맞춰 통합적으로 설계하고 실행하기

탐구의 인식적 특징은 AR・VR 기반 과학 탐구의 설계 및 실행을 위한 핵심 축으로서, 이에 맞게 탐구를 설계하고 실행할 수 있다. 여기에서는 3절에서 논의한 내용을 토대로, AR・VR 기반 탐구에서 기대되는 여러 교육적 기능과 어포던스를 과학 탐구의 인식적 특징과 연결하여 살펴보았다.

먼저, 관찰 중심의 '실감형 탐구'에서는 학습자가 정서적, 감각적으로 몰입할 수 있는 탐구 환경을 조성하는 데에 초점을 두는 것이 중요하다. 예를 들어, 곤충의 한살이, 물에 사는 동물의 특징, 또는 공룡 발자국, 화산과 같이, 실감형 탐구는 현상에 대해 생생하게 관찰 활동이 중심이 된다. 따라서 탐구를 수행하기 전에 학습자들과 탐구 활동에 맞는 캐릭터나 스토리, 또는 탐구 미션을 가상으로 설정할 수 있을 것이다. 가상의 내러티브적 요소를 설정하는 것은 학습자의 정서적 몰입감을 높이며, 이는 감각적, 인지적 몰입감을 높이는 데에도 긍정적인 영향을 미칠 수 있다.

한편, 분자의 화학 결합이나 세포의 구조, 태양계의 구조를 탐색하는 탐구와 같이, 과학적 모델을 토대로 한 추상형 탐구에서는 인지적 측면에서 다중모드적 상호작용을 효과적으로 사용할 수 있는 지원을 제공할 필요가 있다. 이에 학습자가 시각적 모드뿐 아니라 청각적, 촉각적, 운동감각적 모드 등을 통합적으로 고려할수 있도록 사전에 안내한다. 더불어, 탐구 대상을 제어하거나 움직이는 방식(예: 회전, 두 요소 간의 결합 또는 분리 등), 서로 다른 여러 차원을 오가는 방식(줌인, 줌아웃) 등의 다중모드적 요소들을 상세히 안내하고, 대상을 여러 방식으로 탐색할 수 있는 충분한 기회와 시간을 제공할 필요가 있다. 이러한 지원은 학습자의 인지적 부담을 줄이고, 감각적 몰입감을 높이는 데에 도움이 될 것이다.

AR・VR 기반 탐구 과정에서의 과학적 추론과 의미 구성을 촉진하기 위한 개념적 지원 또한 중요하다. 특히 복잡한 과학 개념이나 원리와 연결되는 추상형 탐구에서는 학습자가 과학적 의미를 효과적으로 이해할 수 있는 상호작용 방식을 설계하는 것이 중요할 것이다. 특히, AR・VR에서 제공되는 다중모드적 정보들(시각, 청각, 운동감각적 정보 등)은 개념 간의 관계와 구조를 명확히 드러내는 방식으로 설계되어야 하며, 학습자가 이를 바탕으로 개념적 스키마를 효과적으로 구성할 수 있도록 돕는 것이 중요하다. 예를 들어, 탐구 과정에서 [그림 9-5]의 탐구 사례에서와 같이, 핵심 변수를 측정하거나 나타내는 지표들을 포착할 수 있도록 발문한다. 또한 '남중고도', '낮의 길이', '지구의 자전축' 등 사용되는 핵심 개념들에 대한 이해가 선행되지 않는다면, 이러한 탐구의 효과가 떨어질 것이다. 따라서 추상형 탐구에서는 핵심 개념에 대한 확실한 이해가 선행될 필요가 있다.

6. 결론

이 장에서는 AR・VR 기반 과학 탐구가 갖는 인식적 특징을 이론적으로 논의하고, AR・VR 기반 과학 탐구의 인식적 유형을 '실감형 탐구'와 '추상형 탐구'로 나누어 개념화하였다. 이를 토대로, AR・VR 기반 과학 탐구가 지니는 구체적인 기능과 효과를 관련 이론들과 연결하여 정리하였다. 예를 들어, 정서적 몰입감(구성주의 및 상황학습), 감각적 몰입감 및 다중모드적 의미 구성(사회기호학 및 다중모드성), 과학적 추론 함양(인지 부하 이론)이라는 특징을 구체적인 예와 함께 살펴보았다.

중요한 점은 AR・VR 기반 탐구의 교육적 기능과 효과들이 개별적이고 독립적으로 작용하기보다는, 통합적인 관점에서 함께 설계되고 고려되어야 한다는 것이다. AR・VR 기반 탐구에 대한 정서적 몰입과 감각적 몰입은 상호연결되어 함께 높이기 때문이다. 비슷하게, 정서적, 감각적 몰입감의 형성은 인지적 몰입감으로 연결되어, 탐구를 통한 개념적 발전의 토대가 될 것이다. 반대로, 탐구 주제나 핵심 현상에 대한 개념적 이해가 높을수록, 대상을 더 효과적으로 이해하고 조작하여 감각적, 정서적 몰입감이 높아질 것이다. 이처럼 AR・VR이 제공하는 여러 교육적 기능과 특징들을 과학 탐구의 인식적 특징과 통합적으로 결합할 때, 그 효과와 잠재력을 높일 수 있을 것으로 기대된다

참고문헌

임정훈(2010). 초등학교에서의 디지털교과서 활용 수업: 쟁점과 과제. 교육실천연구, 9(1), 87-114.

장진아, 나지연(2022). 증강현실 기반의 안내된 과학탐구 프로그램 개발에서 초등 예비교사들은 무엇에 중점을 두고, 어떤 어려움을 겪는가?. 초등과학교육, 41(4), 725-739.

장진아, 박준형, 송진웅(2019). 초등학교 과학 디지털교과서에 제시된 테크놀로지를 활용한 탐구 활동의 특징: 가상실험, 가상현실, 증강현실 활용 사례들을 중심으로. 초등과학교육, 38(2), 275-286.

장진아, 송진웅(2019). 디지털교과서 개발 현황과 교육의 변화. 송진웅, 박휴용, 정용재, 마틴산야, 임효진, 나지연, 장진아, 조형미, 강다연(공저). 미래 학교교육: 무엇을 어떻게 준비할 것인가. 서울: 북스힐.

차현정, 가석현, 윤혜경(2023). 과학 디지털 교과서 실감형 콘텐츠에 대한 교사와 학생의 평가-중학교 2 학년 지구와 우주 영역 콘텐츠를 중심으로. 한국과학교육학회지, 43(2), 59-72.

차현정, 가석현, 윤혜경(2024). 초등 과학 수업에서 가상현실과 증강현실 콘텐츠 활용을 위한 교사 교육 모델의 개발과 적용 사례. 초등과학교육, 43(3), 415-432.

Brunken, R., Plass, J. L., & Leutner, D. (2003). Direct measurement of cognitive load in multimedia learning. *Educational Psychologist, 38*(1), 53-61.

Cai, Y., van Joolingen, W., & Walker, Z. (2018). *VR, simulations and serious games for education*. Springer.

Chang, J., Tang, K. S., Park, J. (under review). *Epistemic design features of virtual reality-based science inquiry*: A multimodal perspective.

Cheng, K. H., & Tsai, C. C. (2013). Affordances of augmented reality in science learning: Suggestions for future research. *Journal of science education and technology, 22*, 449-462.

Cole, M., Cohen, C., Wilhelm, J., & Lindell, R. (2018). Spatial thinking in astronomy education research. *Physical Review Physics Education Research, 14*(1), 010139.

Cooper, G., Thong, L. P., & Tang, K. S. (2024). Transforming science education with virtual reality: An immersive representations model. *Educational Media International, 61*(3), 229-251.

Curcio, I. D., Dipace, A., & Norlund, A. (2016). Virtual realities and education. *Research on Education and Media, 8*(2), 60-68.

Dede, C. (2009). Immersive interfaces for engagement and learning. *science, 323*(5910), 66-69.

Dede, C. J., Jacobson, J., & Richards, J. (2017). Introduction: Virtual, augmented, and mixed realities in education. In D. Liu, C. Dede, R. Huang, & J. Richards (Eds.), *Virtual, augmented, and mixed realities in education* (pp. 1-16). Springer.

Duschl, R. A., & Grandy, R. E. (2008). *Teaching scientific inquiry: Recommendations for research and implementation*. Brill.

Driver, R., Leach, J., Millar, R., & Scott, P. (1996). *Young people's images of science*. Milton Keynes: Open University Press.

Engel, A., Lucido, K., & Cook, K. (2018). Rethinking narrative: Leveraging storytelling for science learning. *Childhood Education, 94*(6), 4-12.

Frederiksen, J. G., Sørensen, S. M. D., Konge, L., Svendsen, M. B. S., Nobel-Jørgensen, M., Bjerrum, F., & Andersen, S. A. W. (2020). Cognitive load and performance in immersive virtual reality versus conventional virtual reality simulation training of laparoscopic surgery: A randomized trial. *Surgical Endoscopy, 34*(3), 1244-1252.

Giere, R. (1988). *Explaining science: A cognitive approach*. University of Chicago Press.

He, Y. (2020). A functional perspective on the semiotic features of science animation. In L. Unsworth (Ed.), *Learning from animations in science education: Innovating in semiotic and educational research* (pp. 25-54). Springer.

Hoban, G. (2020). Slowmation and blended media: Engaging students in a learning system when creating student-generated animations. In L. Unsworth (Ed.), *Learning from animations in science education: Innovating in semiotic and educational research* (pp. 193-208). Springer.

Kim, J. U., & Yoon, H. G. (2024). Exploring Pre-service Elementary Teachers' Technological Pedagogical Content Knowledge in Developing and Using Virtual Reality Materials Reflecting Spatial Thinking in Astronomy Class. *Journal of Science Education and Technology*, 1-17.

Lai, T. L., Lin, Y. S., Chou, C. Y., & Yueh, H. P. (2022). Evaluation of an inquiry-based virtual lab for junior high school science classes. *Journal of Educational Computing Research*, *59*(8), 1579-1600.

Lave, J., & Wenger, E. (1991). *Situated learning: Legitimate peripheral participation*. Cambridge university press.

Lee, E. A. L., & Wong, K. W. (2014). Learning with desktop virtual reality: Low spatial ability learners are more positively affected. *Computers and Education, 79*, 49-58.

Makransky, G., & Lilleholt, L. (2018). A structural equation modeling investigation of the emotional value of immersive virtual reality in education. *Educational Technology Research and Development, 66*(5), 1141-1164.

Matovu, H., Ungu, D. A. K., Won, M., Tsai, C. C., Treagust, D. F., Mocerino, M., & Tasker, R. (2023). Immersive virtual reality for science learning: Design, implementation, and evaluation. *Studies in Science Education, 59*(2), 205-244.

Mayer, R. E., & Moreno, R. (2003). Nine ways to reduce cognitive load in multimedia learning. *Educational Psychologist, 38*(1), 43-52.

Murmann, M., & Avraamidou, L. (2014). Narrative as a learning tool in science centers: Potentials, possibilities and merits. *Journal of Science Communication, 13*(2), A02.

Nielsen, L. T., Møller, M. B., Hartmeyer, S. D., Ljung, T. C., Nilsson, N. C., Nordahl, R., & Serafin, S. (2016, November). Missing the point: an exploration of how to guide users' attention during cinematic virtual reality. In *Proceedings of the 22nd ACM conference on virtual reality software and technology* (pp. 229-232).

Osborne, J. (2011). Science Teaching Methods: A Rationale for Practices. *School Science Review, 93*(343), 93-103.

Ploetzner, R., & Lowe, R. (2012). A systematic characterisation of expository animations. *Computers in Human Behavior, 28*(3), 781-794.

Potkonjak, V., Gardner, M., Callaghan, V., Mattila, P., Guetl, C., Petrović, V. M., & Jovanović, K. (2016). Virtual laboratories for education in science, technology, and engineering: A review. *Computers & Education, 95*, 309-327.

Rutten, N., Van Joolingen, W. R., & Van Der Veen, J. T. (2012). The learning effects of computer simulations in science education. *Computers & education, 58*(1), 136-153.

Slater, M., & Sanchez-Vives, M. V. (2016). Enhancing our lives with immersive virtual reality. *Frontiers in Robotics and AI, 3*, 74.

Sweller, J. (2004). Instructional design consequences of an analogy between evolution by natural selection and human cognitive architecture. *Instructional Science, 32*(1), 9-31.

Tang, K. S., Won, M., Mocerino, M., Treagust, D. F., & Tasker, R. (2020). Multimodal affordances of immersive virtual reality for visualising and learning molecular interactions. In L. Unsworth (Ed.), *Learning from animations in science education: Innovating in semiotic and educational research* (pp. 75-100). Springer.

Tytler, R., & Peterson, S. (2004). From "try it and see" to strategic exploration: Characterizing young children's scientific reasoning. *Journal of Research in Science Teaching: The Official Journal of the National Association for Research in Science Teaching, 41*(1), 94-118.

Van Merriënboer, J. J., & Sweller, J. (2005). Cognitive load theory and complex learning: Recent developments and future directions. *Educational Psychology Review, 17*, 147-177.

Winn, W., Stahr, F., Sarason, C., Fruland, R., Oppenheimer, P., & Lee, Y. L. (2006). Learning oceanography from a computer simulation compared with direct experience at sea. *Journal of Research in Science Teaching, 43*(1), 25-42.

Won, M., Ungu, D. A. K., Matovu, H., Treagust, D. F., Tsai, C. C., Park, J., ... & Tasker, R. (2023). Diverse approaches to learning with immersive Virtual Reality identified from a systematic review. *Computers & Education, 195*, 104701.

Wu, J., Guo, R., Wang, Z., & Zeng, R. (2021). Integrating spherical video-based virtual reality into elementary school students' scientific inquiry instruction: effects on their problem-solving performance. *Interactive Learning Environments, 29*(3), 496-509.

Yoon, S., Anderson, E., Lin, J., & Elinich, K. (2017). How augmented reality enables conceptual understanding of challenging science content. *Journal of Educational Technology & Society, 20*(1), 156-168.

CHAPTER 10

메타버스(Metaverse)와 과학교육

1. 메타버스란?

메타버스(Metaverse)는 초월과 변형을 의미하는 메타(meta)와 실제적 세상인 우주를 의미하는 유니버스(Universe)의 합성어로 1992년 SF 소설 스노 크래시(Snow Crash)에서 처음 등장하였다(Stephenson, 1992). 이 소설에서는 사람들이 아바타를 이용해 메타버스라는 가상세계에서 활동하는 것을 묘사하였다. 2011년 출판된 SF 소설인 레디 플레이어 원(Ready Player One)에서 묘사되는 가상현실 게임인 오아시스(Oasis)도 이러한 메타버스 중의 하나로 볼 수 있다(Cline, 2011). 사용자는 자유도 높은 오아시스 안에서 무엇이든 할 수 있는데, 높은 부동산 가격으로 인해 공립학교의 교육이 오아시스 안에서 이루어진다는 점이 특징적이다(Mystakidis et al., 2021). 2018년 개봉된 동명의 영화를 보면 많은 사람들이 상상하는 메타버스의 전형적인 모습을 확인해 볼 수 있다(Spielberg et al., 2018).

메타버스는 연구자에 따라 다양하게 정의된다. 다음은 몇몇 연구에서 제안된 메타버스의 정의를 정리한 것이다.

> 가상으로 확장된 물리적 현실과 물리적으로 지속되는 가상공간이 융합된 것(Smart et al., 2007)
>
> 몰입적이고 창의적인 가상환경이자 경험을 공유하는 공간(Sandrone, 2022)
>
> 포스트 리얼리티 세계, 물리적 현실과 디지털 가상성을 결합한 다중 사용자 환경(Mystakidis, 2022)
>
> 현실세계와 평행하고 독립적인 가상공간(Zhao, 2021)

누구나 접근가능하고 몰입형 인터넷이 상호 연결되어 통합할 수 있는 가상세계(Frey et al., 2008)

아바타 기반의 상호작용하는 3차원 가상환경(Tilak et al., 2020)

이 몇몇의 정의에서 주요하게 생각하는 것은 조금씩 다르지만 반복적으로 등장하는 표현들을 정리해 보면 메타버스는 아바타를 이용해 상호작용할 수 있는 물리적 환경과 연계된 3D 가상세계 정도로 이해할 수 있을 것이다. 메타버스의 정의에 대한 체계적 문헌연구를 수행한 한 연구에서는 아래와 같이 메타버스를 설명하는데, 여기에서도 가상현실과 아바타를 사용한 온라인 상호작용과 사회적, 경제적 참여를 강조하고 있음을 확인할 수 있다.

'메타(초월성)'와 '유니버스(우주)'의 합성어인 메타버스는 지속적이고 몰입적인(탈중앙화된) 3차원 온라인 환경을 의미한다. 이 환경에서 아바타로 표현된 사용자들은 현실 세계와 분리된 가상 공간에서 창의적이고 협력적인 방식으로 서로 사회적, 경제적으로 참여할 수 있다. (Ritterbusch & Teichmann, 2023)

2. 메타버스의 유형

ASF(Acceleration Studies Foundation)에서 광범위한 연구를 통해 2007년 작성한 "메타버스 로드맵: 3D 웹으로 가는 길"은 메타버스 관련 연구에서 많이 인용되는 자료 중의 하나이다(Smart et al., 2007). 이 연구에서는 메타버스의 유형을 다음의 [그림 10-1]과 같이 증강-시뮬레이션, 외재적-내재적 요소의 두 축으로 구분하여 증강현실(Augmented Reality, AR), 라이프로깅(Lifelogging), 가상세계(Virtual Worlds), 거울세계(Mirror Worlds)의 네 유형으로 구분하고 각각의 시나리오를 제안하였다. 이때, 증강은 현실 세계에 가상의 물체를 겹쳐 놓는 것을 의미하고, 시뮬레이션은 현실 세계를 모델링하거나 완전히 새로운 가상현실을 제공하는 것을 의미하며, 내재적은 사용자의 정체성이나 개인의 행위에 초점을 맞추는 것을, 외재적은 주변 세계와의 상호작용에 초점을 맞추는 것을 의미한다.

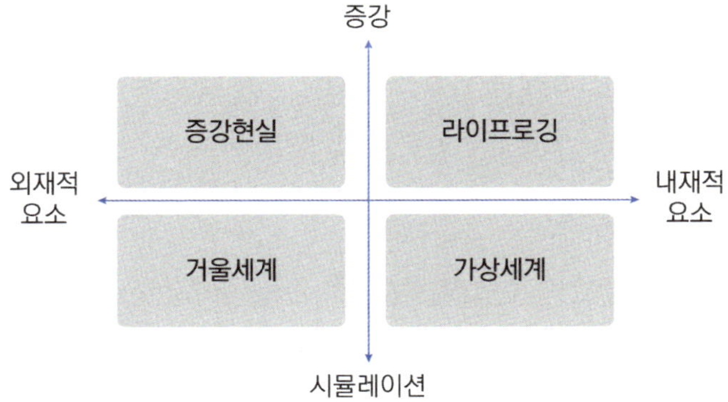

[그림 10-1] 메타버스의 4가지 유형

출처: Smart et al., 2007

메타버스의 4가지 유형의 특징과 예를 정리한 것은 〈표 10-1〉과 같다(Smart et al., 2007). 가상세계는 가상 물체로 이루어진 공간이라는 점에서 우리가 흔히 이야기하는 가상현실(Virtual Reality, VR)과 유사해 보이지만 수많은 사용자들이 가상공간 공동체에 참여하여 아바타로 상호작용하는 것을 지향한다는 점에서 가상현실보다는 조금 더 협소한 의미로 사용되는 것으로 보인다. 가상세계는 대규모 다중 사용자 온라인 롤플레잉 게임(MMORPG) 게임의 공간을 상상하며 쉽게 떠올릴 수 있으며, 미국의 린든 랩에서 2003년 발표한 세컨드라이프(Second Life)나 2004년 설립된 로블록스 코퍼레이션이 2006년 발표한 로블록스(Roblox)가 이런 가상세계의 대표적인 예가 될 것이다. 거울세계는 현실세계를 반영한 가상세계를 의미하며, 전 세계의 모습을 위성사진으로 볼 수 있는 구글 어스(Google Earth)나 3D 지구본인 나사 월드 윈드(NASA World Wind)는 거울세계의 대표적인 예시이다. 거울 세계의 구축을 위해 자동 3D 모델링이 활용될 수 있으며, 거울세계는 보안이나 인테리어, 스마트홈 자동화에 활용될 수 있을 것이다. 증강현실은 실제세계에 디지털 정보를 덧입히는 것을 말하며 이러한 증강현실에서 사물은 디지털 정보층을 가지고 사용자는 언제든지 인터페이스를 통해 정보에 접근할 수 있다. 인터페이스는 스마트 기기나 HMD(Head-Mounted Display), HUD(Head-up Display) 등을 사용할 수 있으며, 가상정보의 폭증에 따라 이러한 인터페이스는 맥락에 따라 중요한 정보를 실제 물체에 겹쳐 표현해 줄 수 있어야 할 것이다. 라이프로깅은 증강 기술을 활용하여 사용자의 내밀한 상태를 기록하고 보고하는 방식을 말하며, 단순히 기억을 저장하는 것을 넘어 보조 잠재의식(backup subconscious)처럼 작동하며, 과거의 경험에 기반해 인지 능력을 향상시키고 조언을 제공하는 시스템으로 발전할 수 있다.

〈표 10-1〉 메타버스 유형에 따른 특징과 예

유형	특징	예
가상세계	• 정의: 현실 사회의 경제 사회적 활동을 점차 대체하거나 보완하면서 가상환경 내에서 정체성, 신뢰 · 사회적 역할, 규칙, 상호작용의 문제들이 중심이 되는 세계 • 질문: 우리는 어디에서 가상의 나로 존재 하는가? • 주체: 아바타	대규모 다중 사용자 온라인 롤플레잉 게임 (MMORPG)
거울세계	• 정의: 현실세계의 물리적 구조, 사물, 환경을 정확하게 재현하는 디지털 시뮬레이션 • 질문: 현실은 디지털 세계에 어떻게 반영되는가? • 주체: 현실 공간	구글어스, NASA월드윈드
증강현실	• 정의: 실제 세계에 디지털 정보(텍스트, 이미지, 오브젝트)를 실시간으로 덧씌우는 기술을 기반으로 한 메타버스 • 질문: 현실을 어떻게 확장할 수 있는가? • 주체: 주변 환경	포켓몬 GO, AR내비게이션
라이프로깅	• 정의: 사용자의 일상적인 삶을 기록하고 저장하는 활동 또는 기술 • 질문: 나는 어떤 존재인가? • 주체: 사용자 자신	스마트워치, 피트니스 트래커

출처: Smart et al., 2007을 재구성

메타버스의 4가지 유형은 분리되어 따로 존재하는 것은 아니라 각 유형 간의 공통점이나 연결고리를 중심으로 유형을 결합하는 것도 가능하다(Smart et al., 2007). 예를 들어 몰입감이 떨어지며 상호작용이 제한적이지만 정교한 거울세계는 정교함은 떨어지지만 상호작용과 몰입감이 뛰어난 가상세계와 연결되어 시뮬레이션의 진보를 이룰 수 있다. 구글어스를 기반으로 한 워크래프트 온라인 게임이나,

LA 지도를 기반으로 한 GTA 5 온라인 게임 등이 이러한 방식의 연결의 한 예가 될 수 있다. 구체적인 각 유형 간 공통점 및 연결고리를 중심으로한 결합 방식은 [그림 10-2]에서 확인할 수 있다.

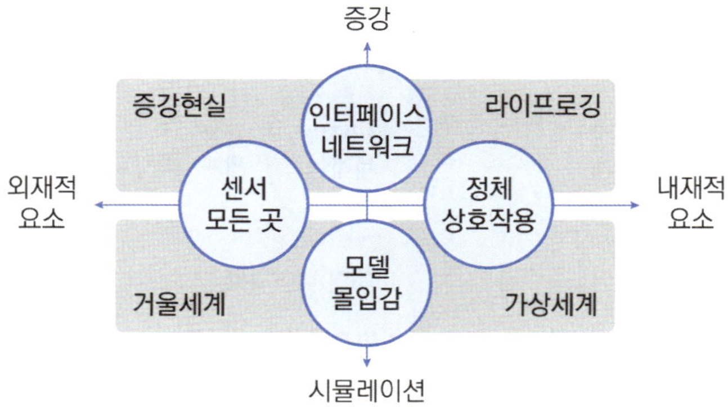

[그림 10-2] 메타버스의 유형간 결합

출처: Smart et al., 2007

3. 메타버스의 발달

메타버스는 [그림 10-3]과 같이 디지털 트윈(Digital Twin), 디지털 네이티브(Digital Natives), 초현실(Surreality) 3단계를 거쳐 발달될 것이라고 예상된다(Wang et al., 2022). 1단계인 디지털 트윈 단계는 현실세계의 사람과 사물을 높은 수준으로 복제한 가상 세계를 의미한다(Lee et al., 2024). 이러한 가상세계는 처음에는 물리적 세계와의 연결이 제한적이겠지만 최종적으로는 물체의 움직임, 온도 등 물리적 대응물의 속성을 반영할 것이다(Mohammadi & Taylor, 2017, November). 이러한 단계는 물리적 세계와 가상세계가 분리되었다는 점에서 디지털 분리(Digital Isolation)로 불리기도 한다(정수용 등, 2022). 2단계인 디지털 네이티브 단계에서 사용자는 가상공간에서 아바타를 사용하여 가상공간 내에서 독립적인 콘텐츠를 생산하는데, 이러한 과정은 물리적 세계와 가상세계가 서로 영향을 주고받는다는 점에서 디지털 상호작용(Digital Interaction)으로 일컫기도 한다(정수용 등, 2022;

Lee et al., 2024). 마지막 3단계에서 메타버스는 현실과 가상의 경계가 없는 초현실을 이룰 것으로 기대된다. 현재의 메타버스는 1단계에서 2단계로 발전하는 과정으로 볼 수 있다(정수용 등, 2022),

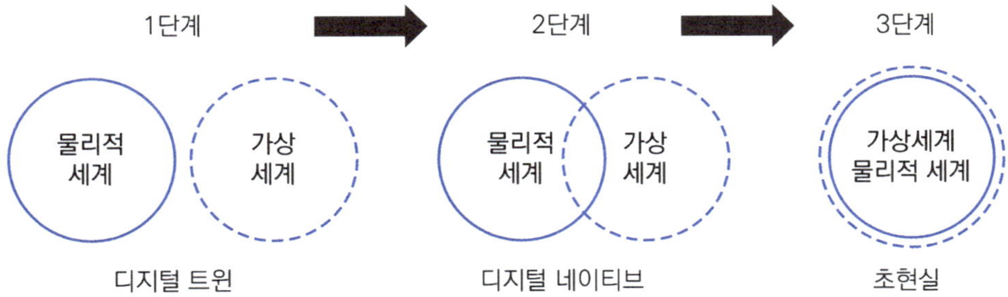

[그림 10-3] 메타버스의 발달 3단계

출처: Wang et al., 2022

4. 메타버스의 특징

메타버스의 교육적 활용을 위해서는 메타버스의 특징을 이해할 필요가 있다. 메타버스의 특징을 정리한 한 선행연구에서 제안한 메타버스의 특징은 〈표 10-2〉와 같다. 〈표 10-2〉의 내용은 1) 메타버스는 여러 기술이 결합된 복합 생태계이며, 2) 현실과 가상 공간이 융합된 공간이며, 3) 언제 어디서나 즉시 쉽게 접속 및 전환 가능하고, 4) 아바타를 통한 디지털 정체성을 나타낼 수 있으며, 5) 다감각적 체험을 통해 몰입감을 느낄 수 있으며, 6) 메타버스의 분산적이고 수정 가능한 콘텐츠 구조에서 사용자들은 개방적이고 창의적인 생산에 참여할 수 있을 것이라고 요약할 수 있다(Zhang et al., 2022).

〈표 10-2〉 메타버스의 특징

특징	설명
기술의 집합	메타버스는 단순한 VR이나 AR을 넘어, 5G, AI, 디지털 트윈, 블록체인, 홀로그램, IoT 등 다양한 최신 기술이 결합된 복합 생태계이며, 이 기술들은 교육, 상업, 엔터테인먼트 등 목적에 따라 다르게 구성될 수 있음.

특징	설명
현실과 가상세계의 융합	메타버스는 가상으로 확장된 현실(VR)과 지속 가능한 가상 공간이 결합된 구조로, 현실의 요소를 가상공간에 반영하거나 가상에서 창조된 객체들을 포함하며, 이를 통해 현실과 가상의 경계를 허물며 더욱 몰입감 있고 사실적인 사용자 경험을 제공할 수 있음.
빠르고 쉬운 접속	고속 네트워크와 웨어러블 장치를 통해 언제 어디서나 즉시 접속 가능하며, 사용자는 현실과 가상 세계 사이를 끊임없이 자유롭게 전환할 수 있음.
디지털 정체성	사용자는 자신의 아바타를 통해 개성적이고 동적인 디지털 자아(정체성)를 표현할 수 있으며, 아바타는 얼굴, 몸, 표정까지 세밀하게 설정 가능하며, 실시간 추적 기술로 사용자 움직임에 맞게 작동할 수 있음. 이는 소유감, 사회적 상호작용, 몰입감을 높일 수 있음.
몰입형 · 다감각적 체험	VR/AR, 센서, IoT 기술로 구현된 가상 장면은 사용자가 가상의 객체를 이동, 조작, 클릭하는 등 다감각적으로 상호작용하도록 유도하며, 이는 단순한 시청을 넘어 체화된(embodied) 학습 · 경험을 가능하게 하고 현실 이상의 몰입을 제공할 수 있음.
분산적이고 수정 가능한 콘텐츠 구조	메타버스에서는 사용자가 직접 콘텐츠를 생성 · 편집하거나 공유된 콘텐츠를 공동 수정할 수 있으며, 이는 기존 웹이 가진 중앙 집중형 구조를 넘어 개방적이고 창의적인 생산 참여를 의미함.

출처: Zhang et al., 2022

메타버스 관련 선행연구를 정리한 또 다른 연구에서는 메타버스의 특징을 실재성, 동시성, 연결성, 창작성으로 제안하였다. 이때 실재성은 사용자가 메타버스 공간에서 느끼는 사회·심리·공간적 현실감을 의미하며, 동시성은 메타버스라는 하나의 공간에서 다양한 활동을 동시에 할 수 있음을 의미하고, 연결성은 현실과 메타버스 간의 연결과 실제 나와 메타버스 속 아바타 간의 연결을 의미하며, 창조성은 메타버스 기능을 활용해 창작물을 생성할 수 있음을 말한다(김상희 등, 2023). 이외에도 여러 연구에서 체험, 발견, 크리에이터 이코노미(Creator Economy), 공간 컴퓨팅, 비중앙 집권화, 휴먼 인터페이스, 인프라(Radoff, 2021) 또는 규범, 콘텐츠 창작자, 디지털 화폐, 일상의 연속성, 시공간 연결 등을 메타버스의 특징으로 제안하였다(고선영 등, 2021).

메타버스의 특징을 아바타, 연속성, 상호운용성, 실재감, 동시성, 투명성으로 분류한 〈표 10-3〉은 메타버스의 특징을 조금 더 쉽게 이해할 수 있게 한다. 메타버스 환경에서 1) 학습자는 아바타를 사용해 상호작용할 수 있으며, 2) 가상세계의 경험은 실제세계와 연속성이 있어야 하며, 3) 가상세계와 실제세계는 서로 영향을 미칠 수 있는 상호운영성을 가지고, 4) 물리적 접촉이 없어도 사회적·실재적 존재감을 느낄 수 있는 실재감이 있어야 하며, 5) 단일한 사용자가 정의된 시나리오를 따라가는 것이 아니라 여러 명의 사용자가 동시간대에 다양한 경험을 할 수 있는 동시성이 있어야 하며, 6) 메타버스 내의 활동 데이터가 실시간으로 기록 및 공유되는 투명성이 갖춰져야 메타버스라고 할 수 있을 것이다. 이러한 특징은 메타버스의 교육적 활용을 고려할 때 이러한 특징을 잘 반영할 수 있도록 해야 한다는 목표적 측면에서 활용될 수 있으며, 어떠한 교육이 메타버스 활용 교육인지 아닌지를 판단할 수 있는 평가적 측면에서도 활용될 수 있을 것이다.

〈표 10-3〉 메타버스의 특징

특징	설명
아바타	현실세계의 자아를 확장한 메타버스에서는 아바타를 통해 사회적 상호작용을 할 수 있으며, 이에 학생 간 사회적 관계 형성이 용이하고 정서적 교감을 할 수 있음.
연속성	메타버스에서의 경험은 메타버스 내에서 발생하는 경험이 단절되지 않고 연속적으로 이어지는데, 예를 들어, 메타버스 플랫폼의 변동 없이 하나의 아바타로 수업을 듣고, 대화를 나누며, 산출물을 제작을 하는 등 다양한 활동을 할 수 있음.
상호운영성	현실세계와 메타버스의 데이터 및 정보가 서로 연동되어 한 환경에서 실행한 결과가 다른 환경에서 반영됩니다. 메타버스 교실에서 경험하고 학습한 결과가 현실세계 학생들의 학습 상태 지표로 활용되고, 현실세계의 학생 분석 등을 통한 정보는 메타버스에서 구현될 수업의 방향성에 영향을 미칠 수 있습니다.
실재감	메타버스 내에서 물리적 접촉은 없지만, 사용자는 사회적, 공간적 실제적 존재감을 느낄 수 있는데, 예컨대, 대화를 위해 아바타를 대화 상대 주변으로 이동해야 하는 기능은 현실세계 속 공간의 개념을 동일하게 적용하여 실재감을 더할 수 있음.
동시성	여러 명의 사용자가 동시간대에 메타버스 내에서 서로 다른 다양한 경험을 할 수 있으며, 가상현실을 기반으로 하더라도 단일한 사용자가 사전에 정의된 시나리오를 따라가는 방식은 메타버스의 특성과는 거리가 멂.
투명성	메타버스 내에서 일어난 활동 데이터는 실시간으로 기록되고 공유되므로 투명성을 보장할 수 있는데, 예를 들어, 학습 과정을 보다 효율적으로 기록해 포트폴리오를 제작하는 데 활용할 수 있음.

출처: 임철일 등, 2022

5. 메타버스의 플랫폼

〈표 10-4〉 메타버스 플랫폼의 특징

플랫폼명	디바이스	특징	그래픽
로블록스(Roblox)	모바일, PC	게임 크리에이터 기반 메타버스	3D
마인크래프트(Minecraft)	모바일, PC	게임 크리에이터 기반 메타버스	3D
제페토(Zepeto)	모바일, PC	유니티 게임 엔진 기반의 플랫폼	3D
이프랜드(ifland)*	모바일	다양한 공간 구축 및 이벤트 진행	3D
게더타운(Gathertown)	모바일, PC	다양한 공간 구축 템플릿 제공	2D
젭(ZEP)	모바일, PC	강의, 콘퍼런스, 이벤트 중심의 메타버스	2D, 2.5D
스팟(SPOT)	모바일, PC	다양한 공간 구축 및 이벤트 진행	3D

출처: 신윤미, 한송이, 2023 재구성
* 2025년 3월 서비스 종료되었음.

a. 세컨드 라이프

b. 게더타운

c. 마인크래프트

d. 스팟

[그림 10-4] 메타버스 플랫폼

출처: a. 세컨트라이프 홈페이지 https://secondlife.com; b. 게더타운 홈페이지 https://www.gather.town; c. 마인크래프트 홈페이지 https://www.minecraft.net; d. 스팟 홈페이지 https://www.spotvirtual.com

현실 속 메타버스의 시작은 2003년 샌프란시스코의 IT 회사인 린든 랩(Linden Lab)사에서 개발한 온라인 게임 세컨드 라이프(Second Life)이며, 현재도 운영 중이다. 최근 로블록스, 마인크래프트, 제페토, ZEP, 게더타운, 이프랜드, SPOT 등 다양한 플랫폼이 국내외에서 개발되어 사용되고 있다. 각 메타버스 플랫폼의 특징을 정리한 것은 〈표 10-4〉와 같다. 대부분의 메타버스 플랫폼은 모바일과 PC 환경에서 사용가능하며 플랫폼에 따라 게임 크리에이터에 적합하거나 강의나 콘퍼런스에 적합함 등의 특징을 갖고 있다. 그래픽은 대부분 3D이지만 게더타운이나 젭은 2D를 지원한다는 점이 특징적이다. 구체적인 메타버스 내 가상공간의 모습과 활용 장면은 [그림 10-4]에서 확인할 수 있다.

6. 메타버스의 학생 사용 실태

한국언론진흥재단의 2022 10대 청소년 미디어 이용조사 결과를 보면, 지난 일주일간 청소년의 52.1%가 메타버스 플랫폼을 이용하였으며, 구체적으로는 고등학생의 32%, 중학생의 54%, 초등학생의 74.4%가 지난 일주일간 메타버스 플랫폼을 사용하였다고 응답하였다(한국언론진흥재단, 2022). 이 결과를 통해 꽤 많은 학생이 이미 메타버스 플랫폼을 사용하고 있으며, 학년급이 낮을수록 메타버스 플랫폼을 더 많이 사용하고 있음을 확인할 수 있다. 이 연구가 2022년에 수행된 것 그리고 낮은 학년급에서 더 많이 메타버스를 활용하고 있다는 점을 고려하면 현재는 더 많은 학생들이 메타버스 플랫폼을 활용하고 있을 것을 짐작할 수 있다.

메타버스 플랫폼의 이용률을 나타낸 〈표 10-5〉를 보면 학생들은 게임기반의 메타버스인 로블록스나 마인크래프트, 젭 등을 많이 활용하고 있으며, 회의나 콘퍼런스 등을 목적으로 하는 메타버스의 활용은 학년급에 따라 소폭 증가하기는 하지만 많지는 않음을 확인할 수 있다. 이는 메타버스 플랫폼의 이용 이유를 〈표 10-6〉에서도 확인할 수 있다. 학생들은 다양하고 재미있는 콘텐츠가 많은 게임을 하고 시간을 때우기 위해서 플랫폼을 사용한다고 응답하였다. 이상의 결과를 종합하면 학습자는 이미 게임 기반의 메타버스에 교수자보다 익숙할 수 있다는 점을 고려할 필요가 있으며, 교수자는 학생이 익숙한 게임기반의 메타버스 플랫폼을 수정해 교육에 활용할 것인지, 사전에 사용법 등을 친절하게 설명한 뒤 학습지가 익숙하지 않은 비게임 기반의 메타버스 플랫폼을 활용할 것인지 충분히 고민할 필요가 있다.

〈표 10-5〉 메타버스 플랫폼 이용률(단위: %)

학교급	로블록스	마인크래프트	제페토	컴투버스	게더타운	이프랜드	기타
초등학생	71.8	12.5	6.4	0.5	0.4	0.3	8.1
중학생	53.7	24.9	7.1	2.8	0.3	0.1	11.0
고등학생	16.8	36.2	16.4	1.5	4.1	1.1	23.9

출처: 한국언론진흥재단, 2022

〈표 10-6〉 메타버스 플랫폼 이용 이유(단위: %)

플랫폼 이용 이유	초등학생	중학생	고등학생
다양하고 재미있는 콘텐츠가 많아서	64.7	39.9	26.9
게임을 하기 위해서	46.8	42.2	31.9
시간을 때우기 위해서	26.5	38.8	27.7
다른 사람들과 소통하기 위해서	28.0	20.7	20.1
스트레스를 해소할 수 있어서	31.4	20.4	11.6
현실과는 다른 나를 표현할 수 있는 공간이라서	21.1	11.6	11.1
성취감을 느낄 수 있어서	12.1	9.0	8.2
공부에 도움이 되어서	3.6	2.0	6.7
기타	7.6	6.9	22.1

출처: 한국언론진흥재단, 2022

7. 메타버스와 다른 플랫폼과의 비교

메타버스 플랫폼이 아바타를 통한 실재감 있는 3D 온라인 상호작용을 지향한다는 점을 고려할 때, 메타버스 플랫폼은 현재 많이 사용되고 있는 온라인 화상회의와 같은 2D 웹기반 플랫폼과 비교하여 논의될 필요가 있다. 대표적인 2D 웹기반

프로그램으로는 동기식 온라인 플랫폼인 Zoom과 비동기식 플랫폼인 Mooc을 들 수 있다. 동기식 2D 온라인 프로그램을 장기간 사용하는 것은 사용자에게 과도한 근거리 시선과 인지부하, 하루종일 자신을 바라보는 듯한 경험 및 신체의 제약 등으로 인해 줌 피로(Zoom fatigue)라 불리는 피로감을 제공한다(Bailenson, 2021). 사용자가 느끼는 고립감과 이로 인한 높은 중도탈락률은 비동기식 2D 플랫폼의 대표적인 한계로 지적되며(Jordan, 2014), 블로그나 소셜미디어 등을 사용한 상호작용을 통한 보완이 가능하기는 하지만 효과는 제한적으로 작용한다(Dunn & Kennedy, 2019). 온라인 화상회의와 같은 2D 온라인 플랫폼은 〈표 10-7〉과 같은 한계를 가진다(Mystakidis, 2022). 2D 온라인 플랫폼에서 사진이나 얼굴 영상을 통해 부분적으로 보이는 자신의 모습은 정체성을 확립하기에는 부족하며, 실재성이 느껴지지 않은 환경에서 몰입감은 떨어지고, 상호작용과 감정 표현이 제한된다. 보통의 수업 시간 중이나 수업 전, 후에 옆 친구와 자유롭게 나눌 수 있는 대화가 온라인 2D 플랫폼에서는 불편하게 DM(Direct Message)으로밖에 할 수 없음을 떠올려보면 쉽게 이해할 수 있을 것이다. 이러한 2D 온라인 플랫폼의 한계는 사실상 대면 수업과 비교하였을 때 나타나는 2D 온라인 플랫폼의 한계라고 볼 수 있는데, 실제 환경과 가상환경이 잘 융합된 몰입형 3D 온라인 플랫폼인 메타버스 환경에서는 이러한 한계가 자연스럽게 보완될 수 있을 것이다. 앞서 살펴본 게더타운이나 스팟 등의 메타버스 플랫폼은 강연자 또는 교수자의 설명을 들으면서 동시에 근거리에 있는 사람과 음성과 화면 등으로 상호작용할 수 있는 기능을 제공하여 다양한 상호작용을 가능하게 하고 있다는 점에서 이를 확인할 수 있다.

〈표 10-7〉 2D 온라인 플랫폼의 한계

한계	내용
낮은 자기 인식	사용자는 2D 환경에서 사진이나 실시간 얼굴 영상을 통해 개별 옵션 없이 몸통이 없는 개체로 표현되기 때문에, 자아에 대해 매우 제한적으로 인식하게 됨.
실재성의 부재	웹 회의 세션은 가상 집합 회의 장소가 아닌 화상 통화로 인식되기 때문에 긴 회의에 참석하는 사람들은 종종 몸을 내밀고 산만해지는 경향이 있습니다.

한계	내용
비활성화	2D 플랫폼은 참가자들 간의 상호작용 방식을 제한적으로 제공함. 강사가 학습 활동을 시작하지 않는 한, 학생들은 행동할 기회가 거의 없는 수동적인 참여에 갇힘.
조잡한 감정 표현	사용자들은 이모티콘을 통해 자신의 감정을 표현할 수 있지만, 감정 표현의 선택권은 매우 제한적임.

출처: Mystakidis, 2022

코로나가 한참이던 2021년 여름 한국과학교육학회는 [그림 10-5]의 a와 같이 메타버스 플랫폼 중의 하나인 게더타운을 이용해 학술대회를 개최하였다. 저자는 이 학술대회에 참여하였었는데, [그림 10-5]의 b와 같이 발표자가 발표하는 중에도 인접한 사람과 얼굴을 보여 음성 또는 채팅으로 자유롭게 의사소통할 수 있었다. 어떤 옷을 입고 어떤 행동을 하는지 잘 알아보기 힘든 낮은 해상도의 작은 아바타지만 한 의자를 차지하고 앉아 발표를 듣는 맥락의 제공은 현장에 참여하고 있다는 실재감과 몰입감을 저자에게 제공하였으며, 강의를 듣는 중에 했던 인접한 사람과의 잡담은 발표에 대한 더 깊은 이해를 할 수 있는 기회를 제공하였다.

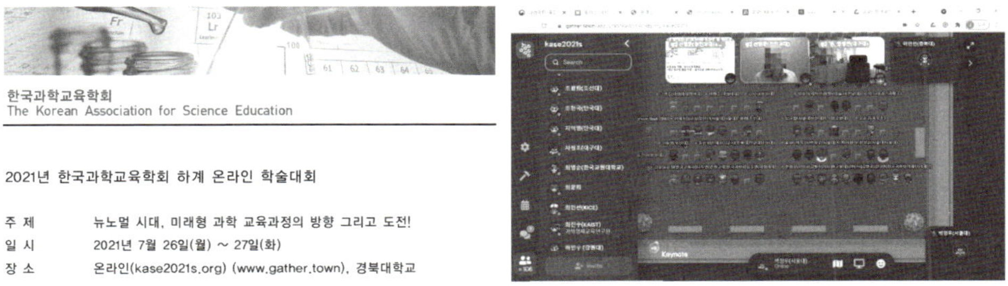

a. b.

[그림 10-5] 메타버스 플랫폼을 활용한 한국과학교육학회 학술대회

출처: a. 한국과학교육학회 2021년 제80차 하계학술대회 자료집; b. 저자가 직접 캡쳐함.

마치 대면 학습과 화상 기반 원격 수업이 결합된 것과 같은 메타버스 활용 수업은 대면 수업이나 화상 기반 원격 수업과는 다른 학습 경험을 학습자에게 제공할 수 있을 것이며 이는 두 학습의 한계를 보완하는 방향이 될 가능성이 높다. 메타버스 활용 수업이 대면 수업이나 화상 기반 원격 수업에 비해 가지는 특징을 비교한 것은 〈표 10-8〉에서 확인할 수 있다(Zhang et al., 2024). 기존 수업과 달리 메타버스 활용 수업은 시간과 장소의 제한 없이 아바타라는 디지털 정체성을 가지고 참여할 수 있으며, 아바타 형태의 실제 교사 및 친구뿐만 아니라 지능형 NPC의 가상 교사 및 친구와 시뮬레이션된 학습 환경에서 상호작용할 수 있다는 점이 특징적이다. 또한 다양한 시각 자료나 분산된 자료에 학습자가 직접 상호작용할 수 있으며, 3D 맥락에서 다양한 가상 학습 활동에 참여하고 원격으로 협업하여 탐구 중심 또는 문제 해결형 과제에 참여하여 창의적인 학습활동을 할 수 있을 것이며, 형성평가와 총괄평가를 통해 다감각적인 참여를 통한 포괄적인 학습 목표와 고차 인지 개발이 가능할 것이라는 것도 특징이 될 수 있다.

〈표 10-8〉 대면 수업, 화상 기반 원격 수업, 메타버스 활용 수업의 비교

요소	대면 수업	화상 기반 원격 수업	메타버스 활용 수업
학습자의 수업 참여 시간과 장소	실제 교실에서 학교 시간표와 일정에 맞추어 고정된 시간에 참여	화상회의 플랫폼에서 교사가 회의를 열었을 때만 참여 가능	시간과 장소의 제한 없이 자유롭게 참여 가능
학습자 정체성	실제 정체성	실제 정체성	맞춤형이고 동적인 디지털 정체성(아바타)
상호작용 대상	실제 교사 및 실제 또래 친구	실제 교사 및 실제 또래 친구	아바타 형태의 실제 교사 및 친구, 또는 지능형 NPC 형태의 가상 교사 및 친구
학습 장면	실제 학습 환경	실제 학습 환경	시뮬레이션된 학습 환경
학습 자료	주로 인쇄물 또는 멀티미디어 자료로, 학습자가 직접 상호작용하기 어려움	주로 멀티미디어 또는 온라인 자료로, 학습자가 직접 상호작용하기 어려움	시각화되거나 분산된 자료로, 학습자가 직접 상호작용 가능
학습 활동	주로 교사 중심의 강의 기반	• 팬데믹 이전을 제외하면 일부 학습 활동 참여 가능 • 동료와의 협업이 어려움	• 주로 3D 학습 장면에서 맥락화된 활동 중심 • 가상으로 다양한 학습 활동에 참여 가능 • 원격 협업 지원

요소	대면 수업	화상 기반 원격 수업	메타버스 활용 수업
			• 탐구 중심 또는 문제 해결형 과제 유도 • 창의적인 학습 활동 촉진
학습 경험	주로 대면 커뮤니케이션 기반	주로 영상 및 음성을 통한 온라인 커뮤니케이션 기반	• 주로 다감각적이고 신체화된 참여 기반
학습 목표	주로 하위 수준의 인지 능력 향상 목표	주로 하위 수준의 인지 능력 향상 목표	• 보다 쉽게 고차 인지 능력 개발 가능 • 보다 포괄적인 학습 목표 달성 가능
학습 평가	학습 결과 중심 총괄 평가 기반	학습 결과 중심 총괄 평가 기반	• 형성 평가와 총괄 평가를 병행 • 학습자의 성장에 더 주목함

출처: Zhang et al., 2024

8. 메타버스와 교수학습 방법

메타버스 활용 수업사례를 정리한 한 연구에 따르면 하브루타, 프로젝트 기반학습, 토론, 협동학습, 과제중심교수, 팀티칭, 게이미피케이션, 강의 및 토론, 플립러닝, 상황학습, 탐구학습, 실습 등 다양한 교수학습 방법이 메타버스 활용 수업에 사용된 것을 확인할 수 있다(김상희 등, 2023). 이는 메타버스 활용을 위한 특별한 교수학습 모형을 개발되기보다는 기존에 많이 사용되는 일반적인 교수학습 방법이 메타버스라는 맥락에 단순히 적용될 수 있는 것처럼 보인다. 디지털 게임 기반의 STEM 활동의 효과 검증을 위해 마인크래프트를 사용한 한 연구에서 STEM 학습 사이클(Çorlu, 2017)을 참고하여 학습자가 메타버스 환경에서 지식사회의 진정한 문제(Authentic Problems of Knowledge Society, APoKS)를 해결하도록 한 것에서 하나의 예를 확인할 수 있다(Saricam & Yildirim, 2021). 이 연구에서 개발한 STEM 프로그램의 학습 목표 중 하나는 동물과 식물 세포의 기본적인 구성 요소와 기능을 비교하는 것이며, 이를 위한 지식사회의 진정한 문제는 NASA에서 우주선에 실어 보낼 동물 세포와 식물 세포의 모델을 마인크래프트를 사용하여 디자인하는 것이다. 이때, 마인크래프트라는 메타버스 플랫폼은 수업의 맥락으로 작용하며 메타버스 활용을 위한 고민이 교수학습 방법에 고려되지는 않았다. 이렇게 일반적인 교수학습 방법을 메타버스 환경에 적용하는 것은 낮은 수준의 메타버스 활용 교수학습 방법으로 볼 수 있을 것이다. 기존의 교수학습 방법을 재구조화하여 메타버스 활용 교수학습 유형을 〈표 10-9〉와 같이 강의형, 체험형, 토의·토론형, 문제해결형, 창작형의 5가지 유형으로 제안한 한 연구도 이와 같은 맥락에서 이해할 수 있을 것이다.

〈표 10-9〉 메타버스 활용 교수학습 유형에 따른 수업의 목표

유형	수업의 목표
강의형	학습자는 메타버스 학습 환경에서 강의를 통해 새로운 지식을 습득하고 이해한다.
체험형	학습자는 새롭고 낯선 환경을 가상의 공간을 통해 경험 및 체험한다.
토의·토론형	학생들은 자신의 의견을 논리적으로 제시하고 다른 의견을 포용적으로 수용한다.
문제해결형	학습자는 주어진 문제를 이해하고 해결방안을 도출하여 협력적으로 문제를 해결한다.
창작형	학생들이 메타버스 학습 환경을 통해 새로운 개발물을 창작한다.

출처: 임철일 등, 2022

메타버스 환경에서의 교수학습 방법의 효과적인 적용을 위해서는 전통적인 교수학습 방법을 사용하더라도 교수단계나 교수활동에서 다르게 적용해야 하는 부분이 있을 수 있다. 이를 위해 일부 연구에서는 기존의 교수학습방법이 메타버스 환경에서 어떻게 적용되어야 하는지를 델파이조사를 통해 구체적인 교수활동과 함께 제안하기도 하였다(김세영 등, 2023). 이 연구에서는 시뮬레이션, 역할극, 플립드러닝 사전학습, 게임기반학습, PBL(Problem Based Learning/Project Based Learning), 토의/토론 등의 교수학습방법이 메타버스 환경에 적용되기 위한 구체적인 교수활동을 교수학습 방법과 함께 제시하였다. 과학교육에서 비교적 많이 활용되는 PBL이 메타버스 환경에서 적용되기 위한 교수활동의 구체적인 예는 〈표 10-10〉에서 확인할 수 있으며, 교수활동에서 메타버스의 구체적인 역할이 고려된 것

을 확인할 수 있다. 나머지 교수학습방법의 구체적인 교수활동은 참고문헌에서 확인할 수 있다(김세영 등, 2023).

〈표 10-10〉 메타버스 환경에서의 교수학습방법별 교수활동

교수학습 방법	교수단계	교수활동
PBL	1. 문제 선정 및 맵 설계	1-1. 수업에서 사용할 문제를 준비한다. 1-2. 문제 제시 방법(텍스트, 비디오, 모의실험, 역할극 등)에 따른 메타버스 맵을 설계한다. 1-3. NPC, 오브젝트 등에 문제와 관련있는 힌트, 정보 등을 제시하여 교수자 역할을 보조할 수 있도록 한다. 1-4. 팀 활동 및 팀 활동 모니터링을 할 수 있도록 공간을 설계한다.
	2. 수업 오리엔테이션	2-1. 학습자들에게 메타버스 기반 PBL 수업을 안내하고 학습목표를 안내한다. 2-2. 문제해결 활동에 적절하도록 팀을 편성한다. 2-3. 학습자들에게 메타버스 맵을 소개하고, 메타버스 탐색 시간을 제공한다.
	3. 문제제시	3-1. 미리 설계해 둔 문제 제시 방법에 따라 문제를 제시한다.
	4. 문제확인	4-1. 학습자들에게 팀 활동 방으로 이동해서 문제를 상세히 검토하고, 문제를 해결하기 위한 계획, 역할분담 및 전략을 수립하도록 한다. 4-2. 팀별로 문제확인 및 문제해결을 위한 계획 수립과정에 어려움이 없는지 모니터링하고 피드백을 제공한다.
	5. 자기주도적 개별학습 진행	5-1. 문제확인을 위한 팀 활동이 끝나면, 각자 자신이 맡은 과제를 해결하기 위해 자기주도적인 개별학습을 하도록 한다. 5-2. 개별학습에 필요한 자료나 인적자원을 직접 안내하거나 메타버스 내 공간에서 학습자가 단서나 정보 등을 발견할 수 있도록 안내한다. 5-3. 팀 활동 방에 개별학습 진행 상황 및 결과를 공유하도록 하여 팀원들의 진행상황을 파악할 수 있도록 한다.
	6. 문제 재확인 및 해결안 도출	6-1. 팀 활동방에 모여 개별학습 결과물을 바탕으로 그룹 토의를 실시하고 최종해결안을 모색하도록 한다. 6-2. 팀별 모니터링을 통해 적절하게 개입 혹은 질문을 제시하며 최종해결안 도출을 위한 팀 활동을 촉진한다. 6-3. 학습자들이 팀별 발표를 위한 자료를 협력하여 작성하도록 안내한다(예: 칠판 오브젝트, 구글 프레젠테이션 연결 등).

교수학습 방법	교수단계	교수활동
	7. 문제해결안 발표	7-1. 전체 맵 중 모든 학습자가 모일 수 있는 장소(예: 강당 등)를 지정하여 모이도록 한다. 7-2. 팀 활동 내용 및 결과를 발표, 공유할 수 있도록 한다. 7-3. 팀 발표에 대해 학습자 간 다양한 방식의 상호피드백(예: 이모티콘 등)을 주고받도록 한다. 7-4. 각 팀의 팀 활동 내용과 결과에 대해 피드백을 제공한다.
	8. 학습결과 정리 및 발표	8-1. 학습결과를 정리하고 평가(자가, 동료, 교수자 평가)를 진행한다. 8-2. 학습자들이 자유로운 형식으로 수업 성찰을 하도록 한다(예: 오브젝트에 패들렛 링크 등을 삽입).

출처: 김세영 등, 2023

메타버스의 효과적인 활용을 위해서는 메타버스 환경에 맞춤형으로 개발된 교수학습 방법을 사용하는 것이 좋을 것이다. 아직 메타버스 활용만을 위한 직접적인 활용 교수학습 방법의 개발이 많이 이뤄지지는 않아 아직 전형적인 메타버스 활용 교수학습 방법에 대해 이야기하기는 어렵지만 몇몇의 사례를 통해 특징과 고려할 점을 논의할 수는 있을 것이다. 한 연구에서는 전문가 인터뷰 등을 통해 두 개의 메타버스 활용 교수학습 모형(귀납적 사고와 문제해결을 촉진하는 메타버스 활용 교수학습 모형, META-C.L.A.S; 절차적 지식을 학습하기에 적합한 메타버스 활용 교수학습 모형, META-P.L.A.S)을 개발하였다. 이 중 귀납적 사고와 문제해결을 촉진하는 메타버스 활용 교수학습 모형의 단계와 교수학습 내용을 정리한 것은 〈표 10-11〉과 같다.

〈표 10-11〉 귀납적 사고와 문제해결을 촉진하는 메타버스 활용 교수학습 모형에서의 단계별 교수학습 주요 활동 및 에듀테크 활용 예시

단계	하위 단계	주요 교수학습활동 및 공간 / 에듀테크 활용 예시		
		구분	교수	학습
지식 구성	예시 제시	주요 활동	1. 수업방법 안내 및 지식구성을 위한 예시 및 사례 제시 2. 모둠별 학습지 제출 안내	1. 경청 및 질의응답 - 화상채팅 기능 활용 - 온라인 질문도구 활용

단계	하위 단계	주요 교수학습활동 및 공간 / 에듀테크 활용 예시		
		구분	교수	학습
		공간 · 에듀테크 활용	1. 교사화면 공유 또는 교실 스크린 등을 활용하여 제시	
	관찰 및 분석	주요 활동	1. 교수자 모니터링 및 퍼실리테이팅 - 학습자의 학습지 작성 수행사항 실시간 모니터링 및 퍼실리테이팅(개별/모둠별)	1. 예시/사례 관찰 및 분석(개별) 2. 관찰 및 분석 결과 토의(모둠별)
		공간 · 에듀테크 활용	1. 모니터링: 순회지도. 스포트라이트 기능, 학습 내용 실시간 동기화 현황 파악 등 2. 퍼실리테이팅: 화상, 채팅, 댓글 등	1. (개별) 예시/사례화면 임베드 후 관찰 및 분석결과를 온라인 문서도구 활용 학습지 작성 (전체) 탈억제성 및 동료학생의 답을 보며 학생 간 흥미를 자극할 수 있는 에듀테크 연동 2. (모둠별) 화면공유기능+분석결과 학습지는 온라인 협업 도구로 작성
지식 명확화	도출한 지식 공유/발표	주요 활동	1. 모둠별 발표 진행 안내	1. 모둠별 발표 진행
		공간 · 에듀테크 활용	1. 결과 학습지(온라인 협업도구) 화면 공유 또는 교실 스크린으로 모둠별 도출 내용 공유	
	교수자 피드백 및 설명	주요활동	1. 피드백 및 설명 - 모둠별 도출한 지식 공유 결과에 대한 피드백 진행 - 학습자들이 학습 내용을 명확히 이해할 수 있도록 설명 및 예, 비예 제시	1. 경청 및 질의응답
		공간 · 에듀테크 활용	1. 교실 스크린을 활용하여 온라인 협업 문서 공유 2. 교사 화면 공유 또는 다른 공간에 게시된 자료 임베드	1. 화상/채팅 기능 활용 2. 온라인 질문 도구 활용
	수행 유도 및 피드백	주요 활동	1. 적용 예시 제시 2. 학습자의 이해도 점검을 위한 수행 유도 - 퀴즈 등 진행(개인별 또는	1. 경청 및 질의 응답 2. 수행 및 수준별 공간 이동 - 퀴즈 등 참여 - 퀴즈 피드백을 통해 수준별

단계	하위 단계	주요 교수학습활동 및 공간 / 에듀테크 활용 예시		
		구분	교수	학습
			모둠별) 3. 학습자 모니터링 및 퍼실리테이팅 4. 수행에 대한 피드백	학습공간 이동 및 해당 수준의 문제 확인/평가 3. 질의응답
		공간 · 에듀테크 활용	1. 화면 공유 혹은 교실 스크린을 활용한 설명 2. 메타버스 내 퀴즈 혹은 타 에듀테크 활용 3. 퀴즈 참여 현황 실시간 확인, 채팅, 댓글, 순회지도, 학생 활동 사항을 교실 스크린 공유	1. 채팅, 댓글 온라인 질문도구 활용 2. 메타버스 내 퀴즈 참여 및 공간이동 혹은 메타버스 외의 퀴즈앱 실행 직접 참여 3. 학습자료 임베드 기능 실행, 필요시 인터넷 검색 활용 4. 채팅, 댓글, 온라인 질문도구 활용
지식 활용	과제 및 맥락 제시	주요 활동	1. 학습 내용을 활용할 과제/문제 설명(또는 과제에 따라) 맥락/배경이 직접 반영된 공간으로 이동하여 안내	1. 경청 및 질의응답
		공간 · 에듀테크 활용	1. 화면 공유 기능 또는 교실 스크린 공유	1. 채팅, 댓글, 온라인 질문도구 활용
	자료 수집 및 과제 해결안 도출	주요 활동	1. 모니터링 · 퍼실리테이팅 및 피드백	1. 모둠별 자료 수집 계획서 작성 2. 과제/문제 해결안 도출 및 제작
		공간 · 에듀테크 활용	1. 온라인 협업 도구(과제수행 계획서) 2. 실시간 확인, 댓글, 채팅, 순회지도 등	1. 온라인 협업 도구 활용 과제 수행계획서 작성 2. 맵 메이커 활용 모둠별 산출물 제작 또는 타 에듀테크 활용 산출물 제작
	과제 해결안 발표 및 평가	주요 활동	1. 모둠별 과제 및 문제 해결안 발표 안내 2. 평가 및 피드백 진행 3. 학습 결과 정리 요약	1. 모둠별 과제 및 문제 해결안 발표 진행 2. 동료 및 자기 평가 3. 질의 응답
		공간 · 에듀테크 활용	1. 화면 공유 2. 온라인 문서도구, 댓글, 채팅 또는 교실 스크린 활용	1. 산출물 제작 화면 공유 2. 온라인 문서 도구, 댓글 등 활용 3. 채팅, 댓글, 온라인 질문 도구 활용

출처: 김상희 등, 2023을 재구성

이 교수학습 모형(META-C.L.A.S)은 지식구성, 지식 명확화, 지식 활용의 3단계로 구성되며, 하위단계는 예시 제시, 관찰 및 분석, 도출한 지식 공유/발표, 교수자 피드백 및 설명, 수행 유도 및 피드백, 과제 및 맥락 제시, 자료 수집 및 과제 해결안 도출, 과제 해결안 발표 및 평가의 8단계로 이루어진다. 이 교수학습 모형에서 특징적인 것은 각각의 하위단계가 모두 주요 활동과 공간·에듀테크 활용의 두 영역으로 구분되어 교수, 학습 과정이 기술되어 있다는 점이다. 이는 메타버스 활용 교수학습 방법에서 각 단계별로 메타버스의 공간 구성과 관련된 기술(에듀테크)을 활용할 방법을 같이 고민하는 것이 중요함을 의미한다. 같은 연구에서 제안한 절차적 지식을 학습하기에 적합한 메타버스 활용 교수학습 모형(META-P.L.A.S)의 간략한 단계별 교수학습 활동 및 공간·에듀테크 활용 예시는 〈표 10-12〉에서 확인할 수 있다.

〈표 10-12〉 절차적 지식을 학습하기에 적합한 메타버스 활용 교수학습 모형에서의 단계별 교수학습 주요 활동 및 에듀테크 활용 예시

단계	교수학습 활동	공간 및 에듀테크 활용 예시
지식 안내	절차 설명	① 절차적 지식 수행 화면 공유를 통한 시범(영상, 이미지, 사진) ② 화면 공유(영상, 이미지, 사진) ③ 다른 에듀테크 연동하여 활용
	시범 및 예제 제시 (반례 제시)	
지식 명확화	연습(수행 유도)	① 화면 공유 ② 다른 에듀테크 연동 활용(패들렛 등)
	교수자 피드백	① 화면 공유
	적용 예시 제시 및 수행 유도	① 화면 공유 ② 퀴즈(메타버스/에듀테크) - 여러 공간을 설계하여 학습자의 수준별 수행유도
지식 활용	문제(퀴즈) 개발 안내	① 화면 공유
	맞춤형 반복 학습 및 문제(퀴즈) 개발	① 학생 권한 부여 ② 맵 메이커/에듀테크
	문제(퀴즈) 해결 및 피드백	① 화면 공유 ② 다른 방으로 이동 or 오브젝트 기능 or 타 에듀테크 연동

출처: 김상희 등, 2023

9. 메타버스와 통합교육

현대사회는 각 학문 간의 상호작용을 강조하고 있으며, 이러한 학문 간의 상호작용성은 통합(integration) 교육이라는 용어로 연구되어 왔다(Avakian, 1998; Berlin, 1994). 교과 간 통합의 수준과 방법은 Drake & Burn(2004)의 연구를 통해 이해할 수 있다. 교과 간 통합은 통합의 수준에 따라 다학문적, 간학문적, 탈학문적 통합으로 나누어 볼 수 있다. 다학문적 통합에서는 주제를 중심으로 통합이 이뤄지지만 학문의 경계가 명확하게 구분되지만, 간학문적 통합에서는 공통된 학습 요소를 중심으로 교육과정을 조직화하여 개별 학문의 경계가 흐릿해진다. 간학문적 통합에서는 빅 아이디어(Big Idea)가 강조되며 이 빅 아이디어의 전이가 통합의 목표가 된다. 탈학문적 통합에서는 학문의 경계가 없이 주제나 개념들을 중심으로 학문이 재구조화되는 것을 의미하며 프로젝트 기반학습(Project-Based Learning) 등의 방법을 통해 구현될 수 있다. 진정한 융합교육은 탈 학문적 통합의 형태일 것이지만, 여러 현실적인 이유로 학제 간 통합은 [그림 10-6]의 a와 같은 간학문적 통합의 수준에서 이뤄지는 경우가 많다(Brooks, 2017; Choi & Pak, 2006). 2022 교육과정의 통합과학에서도 빅 아이디어를 강조하고 있는데, 이는 통합과학에서의 학문 간의 통합이 간학문적 수준의 통합으로 해석될 수 있음을 보여준다. 이때 간학문적 통합에서는 학문 간의 경계가 흐려지기는 하지만 학문의 정체성과 중요성은 여전히 강조된다. 메타버스를 활용한 통합교육의 예를 보여준 한 연구에서는 [그림 10-5]의 b와 같이 메타버스 공간에 7개의 공간(room)을 배치하고 각각의 공간에 천지왕본풀이(제주도 창세신화)라는 하나의 빅 아이디어를 중심으로 이해하기(국어), 탐구하기(과학), 바꿔보기(영어), 표현하기(음악)의 활동을 배치하였다. [그림 10-6]의 b와 같은 메타버스 내 공간 활용은 [그림 10-6]의 a에서 볼 수 있는 간학문적 통합의 도식과 유사함을 확인할 수 있는데, 학습자는 원하는 시간에 자유롭게 메타버스 공간에 접속하여 정해진 경로가 아닌 자신의 원하는 경로를 따라 각 학문 영역과 관련된 활동을 자유롭게 선택하여 학습하고 필요한 경우 반복학습을 수행할 수 있다. 이처럼 단순히 활동을 메타버스 공간상에 배열하는 것만으로도 학습자는 자유롭게 학문의 경계를 넘어가며 탐구하며 학문 간 통합을 수행할 수 있는 기회를 제공받을 수 있다. 이처럼 메타버스 환경은 일방향적인 경로를 제공하는 것이 아니며, 공간마다 다양한 교과 특이적 요소를 넣을 수 있어 간학문적 통합의 좋은 플랫폼으로 활용될 수 있다.

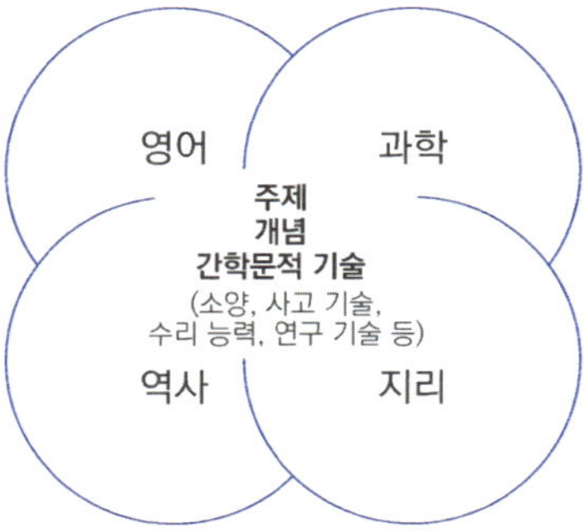

a. 간학문적 통합

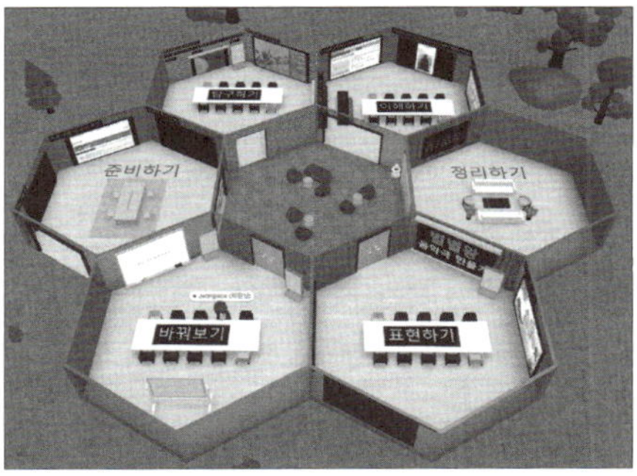

b. 메타버스 활용 통합교육의 예

[그림 10-6] 간학문적 통합과 메타버스 활용 통합교육

출처: a. Drake & Burn, 2004; b. 임은정 등, 2023

10. 메타버스 활용 과학교육

메타버스 활용 국내 문헌연구에 따르면 메타버스의 교육적 활용이 학습자의 실재감, 만족도, 몰입감(주의집중), 역량, 상호작용, 정서적 요인, 매체 활용 효능감, 이해도, 메타버스 이용동기가 주로 연구되었으며, 이 중 메타버스가 자기주도학습 능력과 상호작용에 긍정적인 영향을 미친다고 보고하였다(조희수 등, 2022). 메타버스 관련 논문 중 가장 많이 인용된 논문 중의 하나인 Hwang & Chien(2022)의 연구에서는(Amiruddin et al., 2024), 메타버스가 교육에 사용되어야 하는 목적으로 다음과 같이 8개의 목적을 제안하는데, 이는 우리가 현실세계에서 직접 경험하기 어려운 것과 관련이 있다.

(1) 현실 세계에서는 위험할 수 있는 인지 또는 기술 연습 환경에 지속적으로 위

치시키기 위해

(2) 현실 세계에서 일반적으로 경험할 기회가 없는 것을 경험하고 학습할 수 있는 맥락에 지속적으로 위치시키기 위해
(3) 장기적인 참여와 연습이 필요한 것을 인지하거나 학습할 수 있도록 하기 위해
(4) 비용이나 실제 자료 부족과 같은 실질적인 이유로 현실 세계에서 할 수 없는 것을 만들거나 탐구하도록 장려하기 위해
(5) 자신의 직업이나 삶에 대해 대안적인 사고와 시도를 할 수 있도록 하기 위해
(6) 다양한 관점이나 역할에서 사물을 인지, 경험 또는 관찰할 수 있도록 하기 위해
(7) 현실 세계에서 함께 일할 기회가 없는 사람들과 상호작용하고 심지어 협업하는 법을 배우도록 하기 위해
(8) 복잡하고 다양하며 실제적인 과제에 참여시킴으로써 그들의 잠재적 또는 고차원적 사고를 탐구할 수 있도록 하기 위해

메타버스는 과학교육이 전통적인 수업에서 겪게 되는 시간의 제약, 통합의 어려움, 대규모 학습자 관리 등을 보완하며, 공학, 과학 수학 등이 관련된 범교과적 응용분야에서 실제와 가까운 경험을 제공하여 학습자가 실제적으로 경험하고 탐구할 수 있는 기회를 제공할 수 있을 것으로 기대된다(Chen et al., 2023). 가상현실과 증강현실 기술을 이용한 복잡한 시뮬레이션과 다차원 자료의 시각화, 거시적인 우주공간이나 미시적인 원자세계 등 현실세계에서 접근하기 어려운 세계의 탐구, 학생의 참여 강화와 추상적인 개념의 구체적 인식 등은 메타버스 활용 과학교육에서 기대되는 영역들이다. 하지만 이러한 기대에 비해 아직 과학교육 관련 메타버스 연구는 상대적으로 활발하게 진행되고 있지는 않은 것으로 보이며, 일부 진행된 연구도 상호작용이 없는 개인 수준의 가상현실 또는 증강현실에서의 탐구에 국한되어 메타버스 활용 과학교육 연구로 보기에는 부족한 부분이 있다. 따라서 이와 관련된 추가적인 활발한 연구의 필요성이 요구된다(Chen et al., 2023).

일부 진행된 메타버스 활용 과학교육 관련 연구들은 [그림 10-7]에서 확인할 수 있다. [그림 10-7]의 a는 상호작용도구와 탐구 도구를 분리하였는데, 지구와 달의 운동에 대한 활동으로 메타버스 플랫폼은 제페토를 사용하였고, 지구와 달의 운동을 관찰하기 위한 탐구 도구는 코스페이시스를 사용하였다. [그림 10-7]의 b는

스페이셜(Spitial)에 직접 관찰하기 어려운 우리 몸 기관계의 3D 모형을 업로드하여 상호작용과 탐구의 공간을 일체화하였다. [그림 10-7]의 c는 직접 경험하기 어려운 생체 3D 프린팅을 활용한 백신 개발을 가상 공간에서 체험하게 하였으며 상호작용은 오프라인 또는 패들렛을 이용한 웹기반 온라인 공간에서 수행하였다. [그림 10-7]의 d는 게더타운에 물의 상태변화에 대한 문제를 풀 수 있는 환경을 구성해 물의 상태변화에 대한 메타버스 환경에서의 게임기반 학습을 구현하였다.

a. 지구와 달의 운동

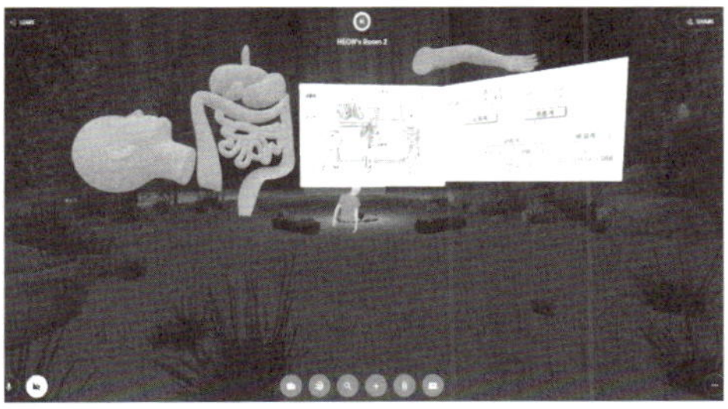

b. 우리 몸 기관계 알아보기

c. 생체 3D 프린팅을 활용한 백신 개발

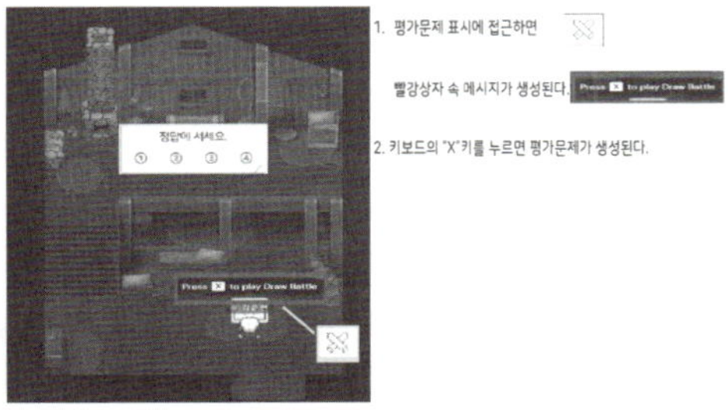

d. 물의 상태변화에 대한 게임기반 학습

[그림 10-7] 간학문적 통합과 메타버스 활용 통합교육

출처: a. 임철일 등, 2022; b. 도재우 등, 2022; c. 계보경 등, 2022; d. 계보경 등, 2022

11. 메타버스 활용 과학수업에 대한 한계와 제안

앞서 논의하였던 메타버스의 발달 3단계에 비추어볼 때, 현재의 메타버스의 발달이 1단계인 디지털 트윈과 2단계인 디지털 네이티브의 사이에 위치하고 있음은 아직 메타버스의 기술적 발달의 여지가 많이 남아 있음을 의미한다. 일례로 국내의

60개 이상의 전문대학에서 25만명 이상이 사용 중이며 아바타를 통해 가상캠퍼스를 이동하고 다른 사용자와 상호작용할 수 있는 메타버시티(Metaversity)는 대학교육에서 메타버스를 활용한 초기 사례로, 안정성과 기본적인 이벤트/수업 기능 면에서는 강점을 보이지만, 학습자의 적극적인 상호작용과 다양한 교육 활동을 지원하는 측면에서는 인간 중심 상호작용 관점에 기반하면 아직은 상당한 개선이 필요함을 토로하고 있다(Nam et al., 2025). 하지만 최근의 빠른 기술의 발달은 이러한 개선 요구의 빠른 개선 및 수용을 기대하게 하며 이러한 개선은 메타버스 활용 수업의 장점이 더욱 부각될 수 있는 환경을 마련할 수 있을 것으로 기대하게 된다. 인공지능 관련 기술의 발달은 메타버스 활용 과학 수업에 또 다른 긍정적인 변화를 제공할 수 있다. 메타버스 환경에서의 상호작용이 아바타 기반의 실제 친구 또는 교사뿐만 아니라 지능형 NPC와 작용한다는 점을 고려한다면 인공지능의 발달이 메타버스의 환경 개선에 영향을 미칠 것은 자명하다. 앞서 〈표 10-8〉에서 논의한 것처럼 메타버스 환경이 형성평가의 활용에 더 많은 가능성을 제공할 수 있다면 인공지능의 발달은 메타버스 환경에서의 형성평가 및 총괄평가에 더 많은 기여를 할 수 있을 것으로 기대할 수 있다.

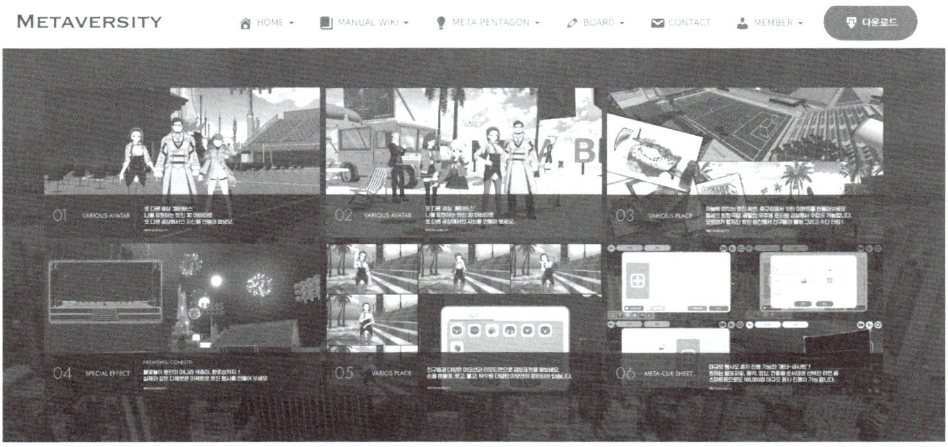

[그림 10-8] 메타버시티(Metaversity)

출처: 메타버시티 홈페이지 https://metaversity.camp/

메타버스가 오프라인 수업이나 2D기반의 온라인 화상기반 수업에 비해 몇몇 장점을 가지는 것이 맞기는 하지만, 코로나 등의 여러 외부적 상황으로 어쩔 수 없이 온라인으로 수업을 진행해야 하는 것이 아니라면 모든 수업이 메타버스로 진행될 필요가 있는 것은 아니다. 메타버스 수업은 메타버스로 진행되었을 때의 장점이 있을 때 진행하는 것이 효과적일 것이다. 이를 확인할 수 있는 간단한 방법은 [그림 10-9]와 같은 체크리스트를 활용하는 것이다.

메타버스 활용 수업이 필요한지 체크하는 문항입니다. 다음의 문항 중 해당하는 것에 체크해 보세요.

[본 수업은]
현실과 유사한 실제적인 경험의 제공이 요구된다.
실제 구현하기 어려운 것의 제작이 요구된다.
고비용 · 고위험 요소를 보완할 수 있는 가상의 학습 환경이 요구된다.
제공된 학습문제에 대한 구체적인 맥락 제공이 요구된다.
공간의 제약을 뛰어넘는 상호작용이 요구된다.
학생의 메타버스 활용 역량이 충분하다(예시: 학생 연령, 디지털 소양 등).
교사의 메타버스 활용 역량이 충분하다(예시: 플랫폼 활용법, 메타버스의 의미).
메타버스 장비가 구비되어 있다(예시: 컴퓨터, 스마트폰, HMD 등).
메타버스 플랫폼으로의 접근성(예산, 계정 등)이 확보되어 있다.
메타버스 활용 수업이 가능한 공간이 마련되어 있습니다(예시: 컴퓨터교실, 메타버스 전용교실 등).

[체크리스트 결과 확인]
1~3개: 메타버스를 활용한 수업보다는 다른 교수학습방법을 고민해 보세요.
4~5개: 메타버스를 활용한 수업을 위해 보다 보완하여 활용해 보세요.
6~7개: 메타버스 활용 수업이 적절해 보입니다.
8~10개: 메타버스에 가장 최적화된 수업입니다!

[그림 10-9] 메타버스 수업을 위한 체크리스트

출처: 임철일 등, 2022

참고문헌

고선영, 정한균, 김종인, 신용태(2021). 메타버스의 개념과 발전 방향. 한국정보처리학회지, 28(1), 7-16.

계보경, 권미영, 이동국, 이정서, 구병국, 김대권, ... 김민정(2022). 메타버스 기반 교수학습모델 개발 연구. 연구보고 RR, 3.

김상희, 박현경, 노광현, 장명희, 조경희, 장선영(2023). 초중등학교 교육에서의 메타버스 활용 교수학습 모형 개발. 교육공학연구, 39(2), 451-498.

김세영, 임유진, 김보경, 이예경(2023). 메타버스 환경에서의 교수학습방법별 교수활동 도출 및 타당화. 교육정보미디어연구, 29(1), 229-254.

신윤미, 한송이(2023). 메타버스 수업 활용에 대한 교수자와 학습자 경험 분석-젭(ZEP) 플랫폼을 중심으로. 문화와융합, 45(5), 79-93.

임은정, 이근영, 김지연, 박정우(2023). 메타버스를 활용한 교과 융합학습 방안 연구. 학습자중심교과교육연구, 23(14), 185-199.

임철일, 한송이, 홍수민, 이다연, 박주현, 엄태연, 최재훈(2022). 메타버스의 교육적 활용을 위한 가이드라인 연구. 세종: 한국교육교육학술정보원.

정수용, 서창호, 조진만, 진승헌, 김수형(2022). 메타버스의 진화에 따른 ID 관리 기술 현황. 정보보호학회지, 32(4), 49-59.

조희수, 하지은, 허열(2022). 메타버스 플랫폼이 교육적 맥락에서 사용된 경험연구 문헌분석. 학습자중심교과교육연구, 22(23), 301-315.

한국언론진흥재단(2022). 2022 10대 청소년 미디어 이용조사.

Amiruddin, M. Z. B., Samsudin, A., Suhandi, A., Coştu, B., Fratiwi, N. J., & Suliyanah, S. (2024). Metaverse in Science Education: Immersive and Interactive Learning for Future. *JPPS* (Jurnal Penelitian Pendidikan Sains), 1-22.

Avakian, R. W. (1998). *Glencoe science interactions*. NY: Glencoe/McGraw-Hill.

Berlin, D. F., & White, A. L. (1994). The Berlin-White integrated science and mathematics model. *School Science and Mathematics, 94*(1), 2-4.

Bailenson, J. N. (2021) Nonverbal overload: A theoretical argument for the causes of Zoom fatigue. Technol. *Mind Behav, 2*, 1-6.

Brooks, C. F. (2017). Disciplinary convergence and interdisciplinary curricula for students in an information society. *Innovations in Education and Teaching International, 54*(3), 206-213.

Chen, X., Zou, D., Xie, H., & Wang, F. L. (2023). Metaverse in education: Contributors, cooperations, and research themes. *IEEE Transactions on Learning Technologies, 16* (6), 1111-1129.

Choi, B. C., & Pak, A. W. (2006). Multidisciplinarity, interdisciplinarity and transdisciplinarity in health research, services, education and policy: 1. definitions, objectives, and evidence of effectiveness. *Clinical and Investigative Medicine, 29*(6), 351-364.

Cline, E. (2011). *Ready player one*. Ballantine Books.

Çorlu, M. S. (2017). STEM: Integrated Teaching Framework. [STEM: Bütünleşik ögretmenlik çerçevesi]. In M. S. Corlu & E. Çall ı (Eds.), *STEM Theory and practices* [STEM Kuram ve Uygulamalar ı] (pp. 1-10). Istanbul: Pusula.

Corlu, S., & Çall ı , E. (Eds.), *STEM Theory and practices* [STEM Kuram ve Uygulamalar ı] (pp. 1-10). Istanbul: Pusula.

Drake, S. M., & Burns, R. C. (2004). *Meeting standards through integrated curriculum*. FL: ASCD.

Dunn, T. J., & Kennedy, M. (2019). Technology Enhanced Learning in higher education; motivations, engagement and academic achievement. *Computers & education, 137*, 104-113.

Frey, D., Royan, J., Piegay, R., Kermarrec, A. M., Anceaume, E., & Le Fessant, F. (2008). Solipsis: A decentralized architecture for virtual environments. In 1st International Workshop on Massively Multiuser Virtual Environments.

Hwang, G. J., & Chien, S. Y. (2022). Definition, roles, and potential research issues of the metaverse in education: An artificial intelligence perspective. *Computers and Education: Artificial Intelligence, 3*, 100082.

Jordan, K. (2014). Initial trends in enrolment and completion of massive open online courses. *International Review of Research in Open and Distributed Learning, 15*(1), 133-160.

Mohammadi, N., & Taylor, J. E. (2017, November). Smart city digital twins. In 2017 IEEE Symposium Series on Computational Intelligence (SSCI) (pp. 1-5). IEEE.

Mystakidis, S., Fragkaki, M., & Filippousis, G. (2021). Ready teacher one: Virtual and augmented reality online professional development for K-12 school teachers. *Computers, 10*(10), 134.

Mystakidis, S. (2022). Metaverse. *Encyclopedia, 2*(1), 486-497.

Nam, C. S., Song, D., & Jeong, H. (2005). *Human-Centered Metaverse Concepts, Methods, and Applications*. MA: Morgan Kaufmann.

Radoff, J. (2021). The Metaverse Value-Chain. Medium. Retrieved from https://medium.com/buildingthe-metaverse/the-metaverse-value-chain-afcf9e09e3a7

Ritterbusch, G. D., & Teichmann, M. R. (2023). Defining the metaverse: A systematic literature review. *Ieee Access, 11*, 12368-12377.

Sandrone, S. (2022). Medical education in the metaverse. *Nature medicine, 28*(12), 2456-2457.

Saricam, U., & Yildirim, M. (2021). The Effects of Digital Game-Based STEM Activities on Students' Interests in STEM Fields and Scientific Creativity: Minecraft Case.

International Journal of Technology in Education and Science, 5(2), 166-192.

Smart, J., Cascio, J., Paffendorf, J., Bridges, C., Hummel, J., Hursthouse, J., & Moss, R. (2007). A cross-industry public foresight project. Proc. Metaverse Roadmap Pathways 3DWeb, 1-28.

Spielberg, S., Silvestri, A., Penn, Z., Cline, E., & De Line, D. (2018). *Ready player one*. USA: Warner Bros.

Tilak, S., Glassman, M., Kuznetcova, I., Peri, J., Wang, Q., Wen, Z., & Walling, A. (2020). Multi-User Virtual Environments (MUVEs) as alternative lifeworlds: Transformative learning in cyberspace. *Journal of Transformative Education, 18*(4), 310-337.

Wang, Y., Su, Z., Zhang, N., Xing, R., Liu, D., Luan, T. H., & Shen, X. (2022). A survey on metaverse: Fundamentals, security, and privacy. *IEEE communications surveys & tutorials, 25*(1), 319-352.

Zhao, G. (2021). *Metaverse*. Beijing: China Publishing Group.

Zhang, X., Chen, Y., Hu, L., & Wang, Y. (2022). The metaverse in education: Definition, framework, features, potential applications, challenges, and future research topics. *Frontiers in Psychology, 13*, 1016300.

Lee, L. H., Braud, T., Zhou, P. Y., Wang, L., Xu, D., Lin, Z., ... & Hui, P. (2024). All one needs to know about metaverse: A complete survey on technological singularity, virtual ecosystem, and research agenda. *Foundations and trends® in human-computer interaction, 18*(2-3), 100-337.

CHAPTER 11

에듀테크를 활용한 과학교육

1. 에듀테크 활용 교육의 배경

오늘날 교육 현장은 디지털 대전환의 한가운데에 놓여 있다. 교실에서 칠판 대신 스마트보드를 이용하고, 인쇄된 학습자료 대신 온라인 학습지나 플랫폼을 활용하는 것이 더 이상 낯설지 않다. 이러한 변화의 중심에는 바로 '에듀테크(EduTech)'가 있다. 에듀테크는 '교육(Education)'과 '기술(Technology)'의 합성어로, 단순히 기술을 사용하는 것을 넘어 교육 방식뿐만 아니라 교사의 역할과 학습자의 태도까지 변화시키고 있다. 그렇다면 에듀테크는 언제 처음 등장한 개념이며 어떠한 과정을 거쳐 지금의 모습으로 발전해 왔을까?

1.1. 에듀테크 등장 배경과 발전 과정

에듀테크는 교수학습을 향상시키기 위해 설계된 디지털 도구, 플랫폼, 자원을 아우르는 개념을 말한다(WikiKIT Research Group, 2024). 조금 더 구체적으로 이야기하면, 교사와 학습자 간 상호작용을 촉진하고 학습자료를 제공하며, 평가와 피드백을 지원하는 등 교육 전반에 활용되는 테크놀로지를 의미한다. 에듀테크라는 이름만 보기에는 '기술(또는 테크놀로지)'이 중심인 것처럼 보일 수 있지만, 실제로는 학습자 중심의 교육을 실현하기 위한 전략적 도구로 이해하는 것이 더 적절하다.

에듀테크의 기원은 1990년대의 시청각 교육(audiovisual education)으로 거슬러 올라간다. 당시에는 멀티미디어와 컴퓨터 기반 학습을 통해 전통적인 교육 방식에서 벗어나고자 하였으며, 이를 통해 디지털 기술이 교육에 효과적으로 접목될 수 있음을 보여주었다. 이후 2000년대에는 컴퓨터와 인터넷이 보급되면서 이러닝(e-learning)과 웹기반 교육의 시대가 열렸으며, 스마트 기기의 보급과 클라우드 기술의 발달로 MOOC(Massive Open Online Course)와 학습분석학(Learning Analytics)의 등장을 이끌었다. 초기에는 디지털 기술을 활용하여 교육내용을 효율적으로 전달하는 데 초점을 두었다면, 점차 학습자의 데이터를 분석하여 개인화된 피드백과 맞춤형 학습을 가능하게 하는 방향으로 점차 에듀테크가 진화해 왔음을 보여준다.

코로나19 팬데믹은 이러한 변화에 더욱 가속도를 붙였다. 전 세계적으로 비대면 온라인 수업이 급격하게 확산되면서 교사와 학생 모두 디지털 학습 생태계에 자연스럽게 녹아들었고, 교육 인프라를 구축하고 그에 맞는 교육과정을 마련하는 과정에서 메타버스(metaverse)와 증강현실(augmented reality), 가상현실(virtual reality) 등 다양한 에듀테크 플랫폼이 폭발적으로 성장하게 되었다.

특히 2022년 말, ChatGPT로 대표되는 생성형 인공지능(Generative AI)이 등장하면서 에듀테크는 또 다른 전환점을 맞이했다. 생성형 AI는 학습자의 질문에 실시간으로 응답하고, 학습자의 수준에 맞는 피드백을 제공하는 등 교사를 보조하는 역할에 유용하게 사용되고 있다. 또한 교사가 학습자의 수준과 특성에 맞추어 수업을 설계하고 구체적인 피드백을 제공 및 평가할 수 있도록 돕는 도구로 주목받고 있다.

이와 같은 흐름에 발맞춰 교육부는 지난 2023년 '교육개혁 3대 정책'을 통해 디지털 교육 혁신을 주요 과제로 제시하였다. 특히 인공지능 디지털 교과서(Artificial Intelligence Digital Textbook, 이하 AIDT)의 도입은 기술 중심의 방향이 아닌, 학습자 중심의 맞춤형 교육을 실현하고자 하는 정부의 방향성을 보여준다. 이는 단지 최첨단 기술을 교육에 적용하는 차원을 넘어, 교육의 본질과 목적, 방법을 재정립하려는 움직임으로 해석해 볼 수 있다.

1.2. 디지털 전환 시대, 과학교육에서의 에듀테크의 의미

2022 개정 교육과정에서는 에듀테크를 활용한 미래형 교육 체제를 구축하는 것을 주요 방향으로 제시하고 있다. 대면과 비대면 수업을 혼합하여 진행하는 방법뿐

만 아니라, 학교 안팎의 교육을 융합하는 등 시공간적 제약을 해소하기 위한 교수학습 모델이 제안되었으며, 교수학습 및 평가를 위해 디지털을 적극적으로 활용하는 등 다양한 방안을 명시하고 있다(교육부, 한국교육과정평가원, 2023). 새롭게 개정된 교육과정의 특징 중 하나는 모든 학생이 갖추어야 할 기초 소양으로 '디지털 소양'을 갖출 것을 강조하면서, 교과에서도 이를 함양할 수 있도록 안내하고 있다는 점이다.

과학교과에서는 디지털 탐구 도구, 빅데이터, 실시간 센터 등을 활용한 탐구활동을 명시하고, 성취기준 적용 시 고려사항에 다양한 에듀테크를 활용할 것을 안내하면서 과학교육의 방향성을 제시하고 있다. 예를 들어, 열적외선 카메라로 열전도를 시각화하거나, 빅데이터를 활용하여 지진대와 화산대의 분포를 분석하는 활동은 과학개념의 이해를 심화시킬 뿐만 아니라, 디지털 리터러시 함양에도 기여한다.

〈표 11-1〉 에듀테크 및 디지털 활용

2022 개정 과학과 교육과정에 드러난 에듀테크 및 디지털 활용	
에듀테크 및 디지털을 활용한 탐구활동 • 열적외선 카메라를 이용하여 물체에서 열의 전도 비교하기 • 온도 센서를 이용하여 여러 가지 액체의 비열 비교하기 • 빅데이터를 활용하여 화산대 및 지진대와 판의 경계와의 관련성 탐구하기 • 디지털 탐구 도구를 활용하여 광원으로부터 거리에 따른 빛의 세기 실험하기 • 디지털 탐구 도구를 활용하여 해수의 연직 수온 분포 실험하기 • 실시간 데이터를 활용하여 우리나라 주변 해양 정보(수온, 염분) 분석하기	성취기준 적용 시 고려사항에의 반영 • 온도를 측정하거나 열의 전도를 관찰하는 활동에서 온도 센서 등 디지털 탐구 도구를 활용하도록 한다. • 빅데이터 및 증강 현실을 활용하여 지진대와 화산대의 분포를 판의 경계와 관련지어 추론할 수 있으며… • 기관계에 대한 탐구는 증강 현실, 가상 현실 등 실감형 자료를 활용하여 디지털 소양을 함양할 수 있으며… • 온실 기체 농도 측정이 시작된 이래로 온실 기체량과 기후변화에 관한 자료를 검색하여 변화 경향성과 관련성을 분석한다.

과학은 본질적으로 눈에 보이지 않는 추상적인 개념과 원리를 다루는 경우가 많고, 실험실이나 특정 도구를 이용한 탐구를 수행하는 경우가 많다. 과학과 밀접하게 관계되는 가상실험(simulation)이나 증강현실(Augmented Reality, AR), 가상

현실(Virtual Reality, VR) 등의 몰입형 기술을 이용하는 것 이외에도 새로운 형태의 과학학습을 가능하게 한다는 점을 고려해 볼 때, 과학교육에서 에듀테크의 확대 도입이 갖는 의미가 크다. 이러한 흐름은 과학교육 연구에서도 뚜렷하게 나타난다. 최근에는 VR/AR을 활용한 수업연구, 데이터 기반 탐구 활동, 인공지능을 활용한 교수학습 전략 등 다양한 연구들(김성기, 2024; 유은정, 김경화, 2020; 조규성, 정동권, 2023; 차현정 외, 2023)이 이루어지고 있다. 이는 에듀테크가 과학교육에서 일시적인 유행이 아니라, 교육의 본질을 변화시키는 구조적 변화로 자리매김하고 있음을 시사한다.

결국, 에듀테크는 단순한 도구의 차원을 넘어서 교사와 학생의 역할, 수업의 방식과 구조를 함께 변화시킨다는 점이 특징이다. 다음 절에서는 변화를 이끄는 에듀테크의 주요 특징과 유형을 살펴보며, 과학교과에서 마련할 수 있는 새로운 가능성을 모색해 보고자 한다.

2. 에듀테크 특징과 유형

2.1. 에듀테크의 주요 특징

디지털 기술이 교실에 처음 도입되었을 때만 해도 많은 교사들은 이를 '보조도구' 정도로 여겼다. 파워포인트로 판서를 대체하거나, 사진과 동영상 자료로 학생들의 흥미를 끌어보는 정도였다. 하지만 지금의 에듀테크는 단순히 자료 제시를 넘어, 전체적인 수업의 구조를 설계하고 학습자의 사고과정에까지 영향을 미치는 중요한 수업 구성 요소로 자리 잡고 있다. 교사는 이제 더 이상 지식의 전달자가 아니라 학습 경험을 설계하고 조율하는 디자이너로서의 역할을 수행하며, 에듀테크는 그 과정을 함께 하는 동반자로 기능하게 되었다.

코로나19 팬데믹을 기점으로 온라인 실시간 수업, 하이브리드 수업 등 다양한 디지털 기반 수업이 본격화되면서, 에듀테크 활용은 더 이상 부가적인 선택이 아닌 교사가 갖추어야 할 핵심 역량으로 인식되고 있다. 하지만 여전히 많은 교사들은 다음과 같은 질문을 던진다.

• “도구는 많은데 무엇을 어떻게 쓰는 것이 좋을까?”
• “과연 에듀테크를 이용하는 것이 학습에 실제로 도움이 될까?”
• “그냥 사용하는 것과 교육적으로 의미 있게 사용하는 것은 어떻게 다를까?”

이러한 질문에 답하기 위해서는 에듀테크가 단순히 기술을 수업에 도입하는 것을 넘어, 교수학습에 어떠한 교육적 변화를 이끌어내는지 이해하는 것이 필요하다. 다음에서 소개할 여섯 가지 특징은 교사들이 수업을 설계할 때 에듀테크의 활용 목적과 의미를 판단하는 데에 도움을 줄 것이며, 앞으로 소개할 과학교육 사례나 교사의 활용 역량에 대한 논의와도 연결된다.

에듀테크의 주요 특징은 다음과 같이 요약될 수 있다. 첫째, 에듀테크는 학습자가 자신의 속도와 방식에 맞추어 학습할 수 있도록 돕는다(OECD, 2021). 디지털 플랫폼을 활용하면 교사가 일방적으로 지식을 전달하는 것이 아니라, 학습자가 배우고자 하는 내용을 선택하여 자신에게 맞는 속도로 콘텐츠를 소비하고, 이해가 부족한 부분을 반복하는 등 다양한 방식으로 보충할 수 있다. 자기주도적 학습 능력이 강조되는 현대 사회에서, 이러한 유연한 학습 경험은 학습동기에 주요한 영향을 미친다.

둘째, 에듀테크는 상호작용과 협력학습을 촉진하는 환경을 제공한다. 텍스트와 이미지, 영상 등 다양한 방식을 활용해 학생들의 이해를 높일 뿐만 아니라, 구글 닥스(Google Docs)나 패들렛(Padlet)과 같은 협업 도구를 통해 학습자들이 서로의 아이디어를 표현하고 의견을 조율하면서 함께 문제를 해결해 나가는 데 도움을 준다. 원자력 발전에 대한 다양한 입장을 탐색해 보고 의견을 정리해 나가는 과정은 정보 전달 이외에도 학습자가 함께 공동으로 의미를 구성하는 모습을 보여준다. 이러한 디지털 속에서의 상호작용은 오프라인 수업보다 오히려 더 풍부한 피드백을 가능하게 만들기도 한다.

셋째, 에듀테크는 다양한 학습방식을 지원하고 생생한 몰입형 학습을 가능하게 한다. AR, VR, MR과 같은 기술은 실험실 밖의 탐구나 시공간을 초월한 과학 개념들을 눈앞에서 체험할 수 있도록 해준다. 학습자는 직접 관찰하거나 실험하기 어려운 주제를 가상 환경에서 생생하게 탐색함으로써, 과학 개념에 대한 이해를 심화시키고 학습 동기를 높일 수 있다.

넷째, 에듀테크는 학습 데이터를 기반으로 학습자의 상태를 실시간으로 파악하여 적절한 조정을 가능하게 한다. 학습분석학(Learning Analytics)은 학습자의 학습과 관련된 다양한 데이터를 수집, 분석, 시각화하여 학습자의 이해도와 진도, 참여 영상을 파악하고, 이를 바탕으로 의사결정과 피드백을 가능하게 하는 교육 기술 기반 분석 분야이다(Siemens, 2013). 에듀테크 환경에서는 학습자의 정답률, 오답 유형, 콘텐츠 체류 시간, 클릭 경로, 반응 시간 등 다양한 디지털 흔적들이 자동으로 축적된다. 이러한 데이터는 단순한 점수 제공을 넘어서 실시간 학습 진단과 피드백, 개인화된 학습 경로 추천으로 이어질 수 있다. 특히 과학과 같은 누적적 개념 학습이 중요한 교과에서는, 오개념 패턴이나 학습 정체 구간을 조기에 파악하고 대응하는 것이 학습의 전환을 만들어낼 수 있다.

다섯째, AI에 기반한 에듀테크는 학습자 정보를 고려하여 개별화된 학습과 맞춤형 피드백을 제공할 수 있다(Holmes et al., 2019). AI 기술을 활용하면 학습자의 응답이나 오답 패턴, 진도 등 현재 상태를 진단하여 다음 학습으로 이어지는 경로를 안내해 준다. 학습자는 자신의 수준에 꼭 맞는 수업을 받을 수 있으며, 교사는 더 효과적인 수업 설계와 개별 피드백을 제공할 수 있다.

여섯째, 에듀테크는 단순한 콘텐츠 소비를 넘어, 학습자가 질문을 구성하거나 산출물을 생성하거나 사고를 확장해 나가도록 돕는다. 특히 생성형 인공지능은 학습자가 생각을 확장하거나 다양한 관점을 탐색하는 데 도움을 주며, 창의적 문제해결과 비판적 사고를 촉진하는 데 효과적이다(Pea, 1985). 에듀테크는 단순히 정답을 알려주는 도구가 아니라, 학습자의 사고 과정을 지원하고 의미 있는 지식 구성을 유도하는 동반자 역할을 수행할 수 있다.

2.2. 에듀테크의 목적과 기능에 따른 유형 구분

앞서 에듀테크의 주요 특징을 중심으로 그 교육적 가능성을 살펴보았다면, 이 절에서는 에듀테크의 유형을 어떻게 이해하고 구분할 것인가에 주목해 보고자 한다. 에듀테크는 하나의 특정 기술이나 플랫폼을 의미하지 않으며, 수업의 성격과 목표에 따라 다양하게 조합되고 진화하는 시스템에 가깝다고 볼 수 있다. 아마 지금 이 순간에도 어디에선가 새로운 기술이 등장하고 있을 것이다. 하지만 중요한 것은 기술의 종류보다도 에듀테크를 "왜" 그리고 "어떻게" 사용할 것인지에 대한 교육적 판단이다. 이 절에서는 연구자들이 제안한 에듀테크 분류 체계를 소개함으로써, 교사가 수업맥락에 맞는 도구를 선별하고 활용하는 데 도움을 주고자 한다.

먼저, 임철일 외(2023)는 에듀테크의 기술적 특성을 기반으로 하드웨어와 소프트웨어로 구분하는 분류 체계를 제시하였다. 하드웨어는 직접 기기를 소유한 기기와 공동으로 사용하는 기기로 구분하였으며, 소프트웨어의 경우 지식 또는 정보의 저장 장치로서의 하드웨어와 함께 활용 가능한 모든 자원으로 정의하고, 이를 AI, 온라인 교수학습 플랫폼, 소프트웨어 개발 프로그램, 디지털 콘텐츠 등으로 구분하였다(〈표 11-2〉 참조).

〈표 11-2〉 에듀테크 유형과 예시

유형		예시
소프트웨어	AI 테크놀로지	AI 스피커, 챗봇, AI 기반 학습도구, AI 보조교사, 지능형 튜터링 시스템, AI 기반 평가 도구
	온라인 교수학습 플랫폼 및 도구	원격 교육 도구, 학습관리시스템(LMS), 메타버스 플랫폼, 온라인 퀴즈 도구, AR/VR 플랫폼
	소프트웨어 개발 프로그램	코딩 프로그램, AI 프로그래밍, 빅데이터 분석 도구
	디지털 콘텐츠	비디오 콘텐츠, 디지털교과서, 교육용 게임 콘텐츠
하드웨어	개인용 장치	개인용 모바일 기기, 웨어러블 기기
	공유용 장치	VR/AR 기기(Head Mounted Device, HMD), AI 스피커, 로봇, 메이커 교육용 기기, 3D 프린터 등
	교수용 장치	원격교육장치, 하이브리드 학습장치 등

이러한 기술 중심의 분류는 수업에 필요한 도구를 체계적으로 이해하는 데 유용하다. 그러나 실제 수업 맥락에서는 에듀테크가 어떠한 목적을 갖고 어떠한 상호작용 방식으로 활용되는지 함께 고려할 필요가 있다. 이에 대해 홍선주 외(2024)는

에듀테크의 활용 주체와 목적에 주목하여, 교사, 학습자, 콘텐츠라는 세 개 대상을 주요 기준으로 추가하였으며, 상호작용을 중심으로 보다 정교한 분류 체계를 제시하였다. 이들은 학습 경험이 단순히 기술에 의해 결정되는 것이 아니라, 상호작용의 방식과 목적에 따라 달라진다는 점을 강조하며, 교수자의 수업 설계 관점에서 기술을 분류하였다. 예를 들어, 교사의 설명 보조를 위한 도구인지, 학습자 협업을 위한 매개체인지, 콘텐츠와의 몰입적 상호작용을 위한 환경인지에 따라 활용 방식이 달라질 수 있다는 것이다.

홍선주 외(2024)는 기존의 에듀테크의 기술적 측면을 고려한 유형을 수정하여 제시하였다. 이들은 학습자의 학습경험은 다양한 주체와의 상호작용에 영향을 받는다는 점을 고려하여 교사와 학습자, 콘텐츠라는 세 가지 대상을 주요 기준으로 추가하였으며, 에듀테크를 활용하는 목적을 함께 포함하여 다음과 같이 에듀테크 분류를 세분화하였다([그림 11-1] 참조).

<table>
<tr><th colspan="3">에듀테크 활용 목적</th><th colspan="7">에듀테크 유형 및 유형별 예시</th></tr>
<tr><td rowspan="4">학습</td><td rowspan="4">콘텐츠-학습자</td><td rowspan="4">• 학업적 지원 (지식 구성, 탐구)
• 정서적 지원 (동기와 흥미 유발)</td><td>온라인 콘텐츠 및 수업자료
(예: 학습 동영상, 유튜브, 교육용 게임 등)</td><td rowspan="5">실제 맥락 제공 도구
(예: VR, 메타버스 등)</td><td rowspan="5">생성형 AI 도구</td><td rowspan="5">생성형 AI를 제외한 AI 도구
(예: 구글 AI 실험실, Teachable Machine 등)</td><td rowspan="4"></td><td rowspan="7">AI 기반 코스웨어
(예: AI 디지털 교과서, 클래스팅 AI 등)</td><td rowspan="7">저작 도구
(예: 파워포인트, 구글문서 등)</td></tr>
<tr><td>교과 특화 SW
(예: 알지오매스, 듀오링고, 스텔라리움, 파이썬 등)</td></tr>
<tr><td>온라인 번역기 및 문법 검사기</td></tr>
<tr><td>데이터 분석 및 시각화 도구</td></tr>
<tr><td>소통</td><td>학습자-학습자</td><td>• 의사소통 지원
• 협력적 문제해결</td><td>온라인 상호작용 및 협업 도구
(예: 패들렛, 잼보드, 구글문서 등)</td><td rowspan="3">학습관리 시스템
(예: 네이버 웨일, 구글클래스룸등)</td></tr>
<tr><td rowspan="2">관리</td><td rowspan="2">교수자-학습자</td><td rowspan="2">• 피드백을 통한 학습 촉진
• 학습자 분석과 모니터링
• 학습 이력 관리</td><td colspan="4">퀴즈/평가/피드백 도구
(예: 팅커벨, 카훗, 퀴즈앤, 라이브워크시트 등)</td></tr>
<tr><td colspan="4">학습 분석 및 모니터링 도구
(예: 대시보드 기능 등)</td></tr>
</table>

[그림 11-1] 수업에서의 활용을 위한 에듀테크 분류

출처: 홍선주 외, 2024, p. 78

이처럼 에듀테크는 단순한 보조 도구를 넘어, 학습 환경 전반을 재구성하고 학습자의 사고를 유도하는 방향으로 진화해 왔다. 다양한 유형의 수많은 기술들이 등장하고 있지만, 중요한 것은 그것이 어떻게 활용되는가이다. 결국 에듀테크의 효과적인 활용은 기술 자체에 달려 있기보다는, 그 기술을 선택하고 수업을 설계하는 교사의 교육적 안목과 실천에 달려 있다고 할 수 있다.

3. 과학교육에서의 에듀테크 활용 사례

과학교육은 다른 교과에 비해 에듀테크의 잠재력이 더욱 두드러지는 교과이다. 추상적인 개념이 많고 탐구활동이 학습의 중심을 이루는 경우가 많기 때문에, 이러한 과정을 시각화하고 구조화하는 데 디지털 기술의 역할이 매우 크다. 시뮬레이션을 활용한 가상 실험, 실시간 피드백 시스템, AI 기반의 개별 맞춤형 학습 플랫폼, 협업 도구를 활용한 문제 해결 활동 등은 교사와 학생 모두에게 새로운 가능성을 제시한다.

최근 연구(유은정, 정수임, 2025)에서도 이러한 흐름을 확인할 수 있다. 과학 교사들은 에듀테크가 개념을 설명하는 것부터 탐구를 지원하고 피드백을 제공하는 등 수업의 전 과정에서 효과적으로 활용될 수 있다고 평가하였다. 특히 학생들의 흥미와 참여도를 높이고, 과학적 사고력과 미래 핵심 역량을 기르는 데 도움이 된다고 보았다. 다만 기술적인 오류나 플랫폼의 안정성 문제, 학생 간 디지털 격차나 AI의 정확도 등은 여전히 현장에서의 고민으로 남아 있었다.

이러한 인식을 바탕으로, 앞서 에듀테크의 주요 유형들을 실제 과학교육 사례와 연결하여 살펴보고자 한다. 과학교육 현장에서 실제로 활용된 다양한 에듀테크가 어떠한 목적으로 수행될 수 있는지 구체적인 사례와 함께 제시하고자 한다.

3.1. 시뮬레이션을 통한 개념의 가시화 및 조작

시뮬레이션(Simulation)은 너무 작거나 커서 관찰하기 어렵거나, 복잡한 개념을 재현과 조작이 가능한 형태로 제공하는 디지털 도구이다. 과학 개념 중에는 전자 흐름, 원자 구조, 자기장, 기체 분자 운동처럼 눈에 보이지 않거나 추상적인 개념이 자주 등장하는데, 시뮬레이션은 이러한 개념을 시각적으로 표현함으로써 학생들의 인지적인 부담을 줄이고 다양한 조건을 선택하여 반복적으로 탐구할 수 있는 기회를 제공한다. 위험하거나 고가의 장비가 필요한 실험도 시뮬레이션을 이용하면 비교적 안전하고 효율적으로 경험할 수 있다는 장점이 있다.

대표적으로 콜로라도 대학에서 개발한 PhET, 이동준 선생의 자바실험실, OPhysics, LabXchange, Visible Body, Labster, Merge Cube, Google Expeditions 등의 시뮬레이션을 들 수 있다. 시뮬레이션을 활용한 수업은 학생들의 인지 부하를 줄이고, 자기주도적 탐구를 촉진할 뿐만 아니라 과학적 사고력을 높이는 데 효과적이라 보고된 바 있다(Smetana & Bell, 2012). 또한 반복 실험을 통해 학습자는 자신의 이해를 점검하고 오개념을 과학적 개념으로 스스로 변화시킬 수 있는 기회를 마련하게 된다.

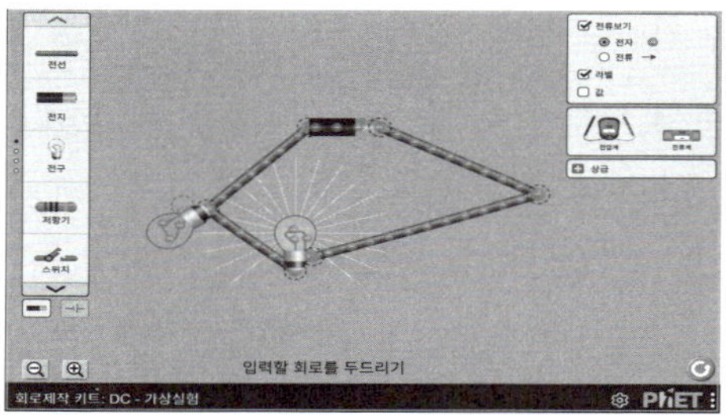

PhET 시뮬레이션
https://phet.colorado.edu/
예) 전기회로 실험, 전자기유도/대전 실험, 렌즈/거울, 에너지 보존, 자연선택 등

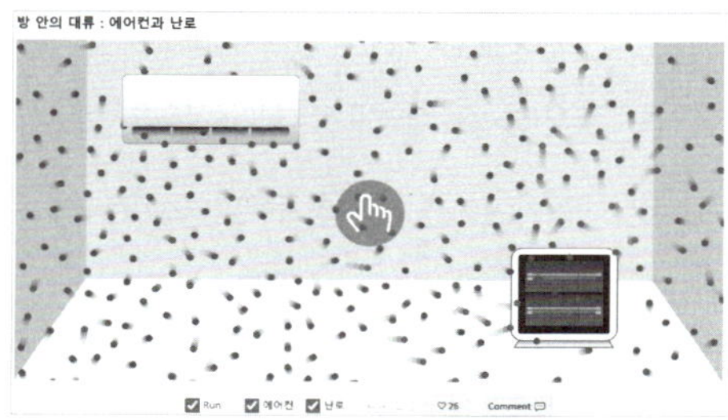

이동준 선생의 자바실험실
https://javalab.org/
한국과학창의재단의 지원을 받아 제작
흥미를 높이고 과학원리 이해를 위해 개발

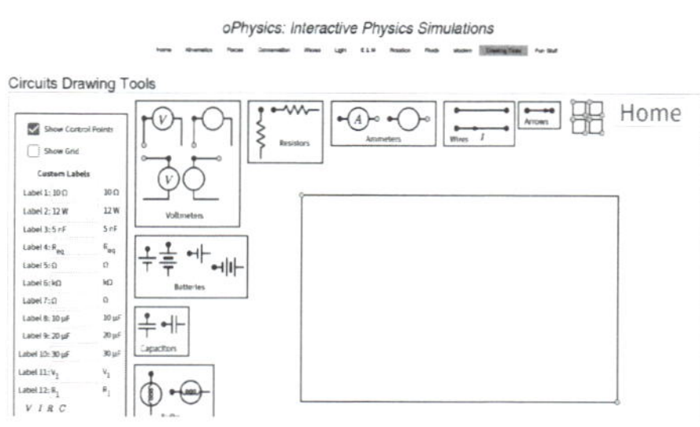

OPhysics
https://ophysics.com/
물리학에 특화된 시뮬레이션
(힘, 운동, 빛, 파동, 에너지 등)

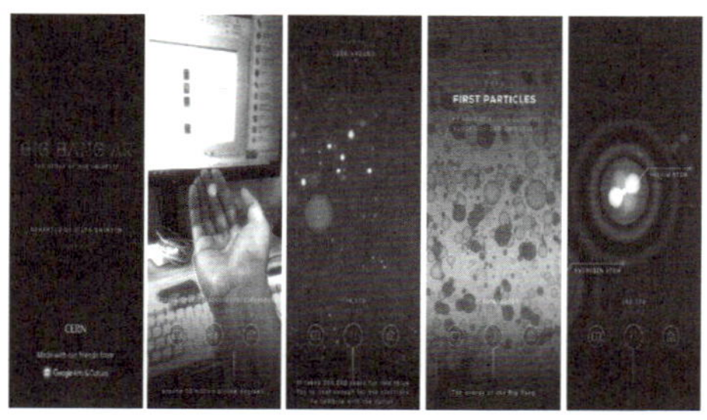

BigBang AR
증강현실로 살펴보는 빅뱅이론 애플리케이션

Labster는 가상의 실험실 환경에서 실험 장비를 조작하고 중화 반응이나 DNA 복제 실험 등을 체험할 수 있도록 설계된 플랫폼이다. Merge Cube는 손 안에서 3D 구조물을 조작할 수 있는 AR 도구로, 세포 기관이나 화학 구조 모형 등을 회전하며 학습할 수 있게 해준다. Google Expeditions는 가상현실을 활용해 화산 활동, 우주 탐험 등 직접 경험하기 어려운 현상을 몰입적으로 탐색할 수 있도록 돕는다. 이러한 기능은 증강현실(Augmented Reality, AR), 가상현실(Virtual Reality, VR) 등의 몰입형 기술로도 확장되고 있다. 특히 공간지각 능력이 중요한 주제(예: 태양계 구조, 입체 화합물, 세포 기관 등)에서 효과가 높으며, 학습자의 몰입도와 참여를 높인다.

3.2. 상호작용을 높이는 에듀테크 활용

사회문화적 구성주의 관점에서 볼 때, 지식은 개인 내부에서 형성되는 것이 아니라 다른 사람과의 상호작용을 통해 구성하는 것으로 이야기한다. 이러한 맥락에서 학습자와 학습자, 교사와 학습자 간 상호작용을 높이는 에듀테크의 활용은 과학 학습에 긍정적인 영향을 줄 수 있다. 하지만 에듀테크를 이용한다고 해서 자동적으로 의미 있는 상호작용이 일어나는 것은 아니다. 따라서 "이 수업에 어떠한 상호작용이 필요한지", "내가 계획한 수업에서 지원하는 상호작용이 무엇인지" 생각해 보아야 한다.

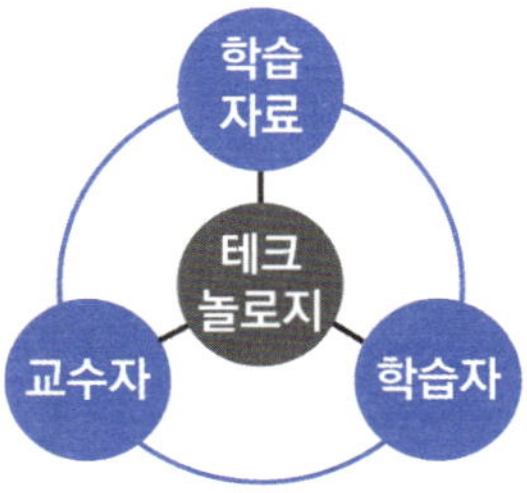

일반적으로 상호작용이란 특정한 상황 속에서 한 사람의 행위가 다른 사람의 행위에 영향을 주고 이 영향이 또 다른 영향을 불러오는 상황을 의미한다. 특히 과학수업에서 에듀테크를 중심으로 한 상호작용을 생각해 본다면, 교수자와 학습자, 학습자료, 테크놀로지까지 여러 가지 주체가 연결될 수 있다. 동료들과 의견을 나누는 토의토론을 진행하는 것뿐만 아니라, 공동으로 학습한 내용을 정리하거나 서로의 아이디어를 연결하는 것 역시 상호작용이 드러나는 학습이라 볼 수 있다. 이를 학습단계에 따라 정리해 보면 학습자료에의 몰입 돕기, 학습자료와 적극적으로 상호작용하기, 학습자료

제작 및 공유하기로 생각해 볼 수 있다.

구체적으로는 Padlet, Figjam, Mentimeter, Slido 등의 도구를 이용하여 학습자의 생각을 실시간으로 시각화하고 공유할 수 있으며, 동료들과 즉각적으로 피드백을 주고받는 데 유용하다. Google Docs, Miro, Canva, Lucidchart 등은 다른 사람들과 함께 문서나 개념도 등을 공동으로 작업할 수 있는 환경을 제공한다. 단순한 지식 나열을 넘어, 과학적 개념 간의 연계성을 이해하고 논리적으로 설명하는 능력을 함양하는 데 기여할 수 있다.

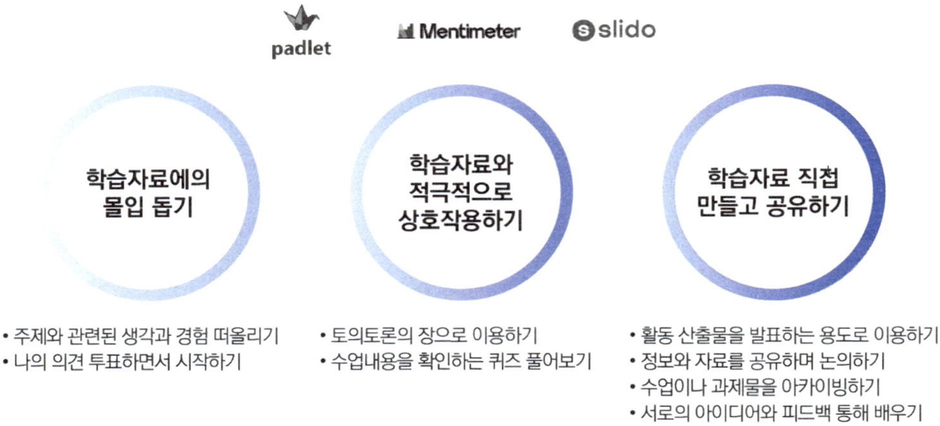

3.3. 생성형 AI: 사고의 확장과 표현의 다양화

생성형 AI와 디지털 제작 도구는 각각 학습자의 사고 과정을 확장하고, 창의적 산출물을 통해 표현하는 능력을 지원하는 에듀테크 도구이다. 두 기술은 목적과 방식은 다르지만, 과학 개념을 자기화하고 새로운 방식으로 재구성할 수 있도록 돕는다는 점에서 교육적 의미가 크다.

3.3.1. 생성형 AI를 활용한 질의응답

ChatGPT를 비롯하여 Claude, Gemini 등의 생성형 AI는 학습자의 설명을 분석하거나, 질문을 생성하고 피드백을 제공함으로써 개념을 정교화하고 사고를 확장할 수 있도록 지원한다. 예를 들어, 광합성에 대해 설명한 후 AI에게 자신의 설명을 검토받고 보완하는 부분을 통해 본인의 과학개념에 대한 이해와 메타인지를 높일 수 있다. 특히 과학 글쓰기, 실험 보고서 구성, 핵심어 정리 활동 등에서 유용하게 활용된다. 아래 예시는 진화와 관련하여 과학적 설명을 글로 작성한 후, 생성형 AI를 활용하여 그림으로 표현하여 미래를 예상한 내용이다.

성취기준

[10통과07-02] 변이와 자연선택에 의한 진화의 원리를 이해하고, 항생제나 살충제에 대한 내성 세균의 출현을 추론할 수 있다.

학습목표

변이와 다윈의 자연선택설로 진화를 설명할 수 있다.
주어진 환경에 따른 생물의 진화를 예상할 수 있다.
예상한 생물의 진화를 AI를 통하여 그림을 그리고 확인할 수 있다.

생성형 AI 활용

바뀐 환경에서 어떻게 진화하는지 날씨, 먹이 등 다양한 부분을 고려하여 글을 작성하고, 생성형 AI를 활용하여 예상 그림 그리기

3.3.2. 디지털 제작 도구를 활용한 창의적 산출물 생성

최근 생성형 인공지능의 발달과 함께, 학습자가 직접 디지털 산출물을 제작할 수 있는 다양한 플랫폼들이 활발히 활용되고 있다. Canva, Scratch, Minecraft Education, CoSpaces Edu, Book Creator 등은 과학 개념을 바탕으로 디지털 포스터, 애니메이션, 가상 공간, 저널 등을 제작할 수 있도록 지원한다. 이와 같은 제작 도구를 활용한 창의적 산출물 생성은 단순 재현 학습에서 벗어나, 학습자가 개념을 이용하고 표현하면서 배우는 학습을 가능하게 한다. 특히 디지털 제작 활동은 발표, 공유, 협업 등 다양한 활동으로 연결될 수 있으며, 과학적 의사소통 능력과 창의적 문제 해결력 함양에 기여한다.

3.4. 실시간 데이터 또는 빅데이터 수집 및 분석

과학은 데이터를 기반으로 현상을 해석하고 예측하는 과정을 중시하는 학문이다. 최근에는 다양한 센서를 이용하거나, 공공데이터 및 웹 기반 플랫폼을 통해 실시간 또는 빅데이터를 손쉽게 수집할 수 있는 환경이 조성되고 있다. 예를 들어 온도·기압 센서, 스마트폰 앱, 날씨 API 등을 통해 실시간 환경 데이터를 수집하거나, 통계청·기상청·공공 데이터 포털 등의 사이트에서 빅데이터를 확보할 수 있다. 수집한 데이터는 Orange3, CODAP과 같은 교육용 데이터 분석 플랫폼, 혹은 Google Sheets, Excel 등의 일반적인 스프레드시트 도구를 활용하여 시각화하고, 패턴을 분석하거나 예측 모델을 세워볼 수 있다. 이러한 활동은 학생들에게 단순히 데이터 해석 능력을 넘어서, 문제 해결을 위한 과학적 사고력과 추론능력을 기를 수 있는 기회를 제공한다. 특히 복잡한 사회 현상이나 환경 문제를 다룰 때, 데이터 기반 탐구(data-driven inquiry)는 하나의 중요한 접근이 될 수 있다.

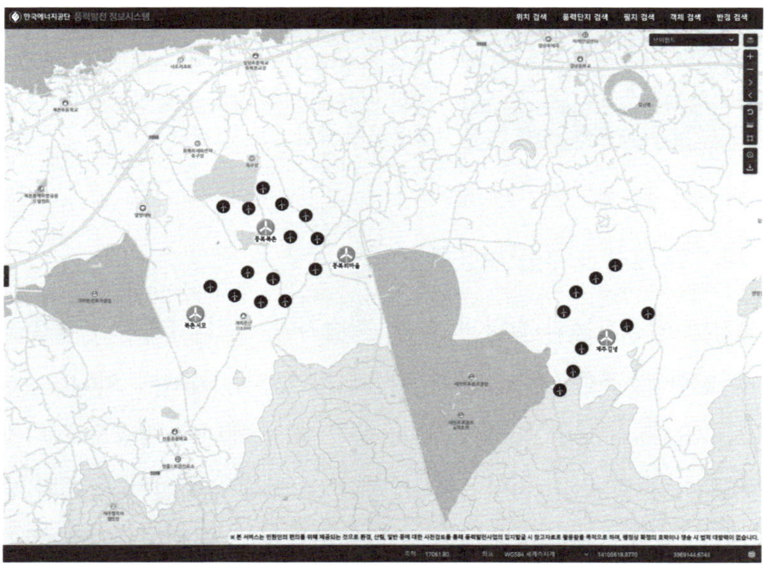

풍력발전정보시스템
현재 운영 중인 풍력발전기 안내
출처: https://nr.energy.or.kr/k-winpis/space

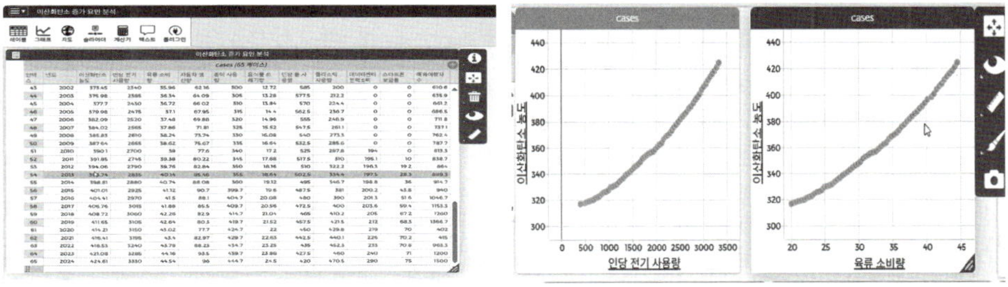

Concord Consortium

CODAP 데이터 분석: 프로그램 설치 없이 바로 데이터를 분석할 수 있는 웹 기반 플랫폼

출처: https://codap.concord.org/

결론적으로, 과학교육에서의 에듀테크는 단순히 '테크놀로지를 활용한 과학 수업'을 의미하지 않는다. 그보다 더 중요한 것은 테크놀로지를 비판적으로 수용하고, 이를 통해 과학적 탐구가 가능하도록 학습 환경을 재구성하는 일이다. 교사는 다양한 에듀테크 도구의 기능과 목적을 정확하게 이해하는 동시에, 본인이 이끌고자 하는 수업목표에 부합하는 방식으로 이용할 수 있는 전문성을 갖추는 것이 중요하다. 에듀테크를 활용하면 수업을 조금 더 풍부하게 만들 수 있지만, 그 경험을 보다 의미 있게 만들기 위해서는 교사의 노력이 필요하다.

과학과에서 활용해 볼 수 있는 다양한 에듀테크는 다음 〈표 11-3〉과 같이 정리해 볼 수 있다.

〈표 11-3〉 과학과에서 활용해 볼 수 있는 다양한 에듀테크

유형	특징	예시
온라인 콘텐츠	다양한 형식의 콘텐츠(텍스트, 영상, 애니메이션 등)를 제공하여 개념 이해를 돕고, 반복 학습이 가능하다.	디지털 교과서, YouTube EDU, Khan Academy, Coursera, edX 등
온라인 저작	학습자와 교사가 온라인 환경에서 직접 콘텐츠를 제작하거나 정리할 수 있는 도구로, 다양한 형태의 산출물(슬라이드, 문서, 영상 등)을 쉽게 만들고 공유할 수 있도록 지원한다.	파워포인트, 구글문서, VLLO 등
온라인 상호작용	실시간 협업과 피드백이 가능하며, 학생 중심의 수업을 설계하는 데 유용하다. 학습자의 참여도와 몰입감을 높이는 데 효과적이다.	Padlet, Google Docs, Mentimeter, 구글설문, 띵커벨, 멘티미터, 패들렛, 슬라이도 등

유형	특징	예시
실시간 강의형	원격 환경에서도 교사와 학습자가 실시간으로 소통하며 수업을 진행할 수 있도록 돕는 플랫폼이다. 발표, 질문, 화면 공유 등 다양한 기능을 통해 물리적 거리의 한계를 극복하며, 쌍방향 수업을 가능하게 한다.	Zoom, Microsoft Teams 등
시뮬레이션	물리적 제약 없이 과학적 개념을 시각화하고 조작하며 학습할 수 있다. 특히 과학교과에서 개념 형성에 효과적이다.	PhET, LabXchange, Tinkercad, Visible Body, Merge EDU 등
몰입형	AR/VR/MR을 활용하여 교실에서는 경험하기 어려운 공간이나 현상을 체험할 수 있게 해준다.	Google Expeditions, CoSpaces Edu, VR Chemistry Lab 등
생성형 AI 도구	학습자와의 대화형 상호작용을 통해 사고를 유도하거나 글쓰기, 요약, 질문 생성 등을 지원한다. 교사에게는 피드백 생성이나 학습자료 제작을 도와주는 도구가 되기도 한다.	ChatGPT, Copilot, Claude, MagicSchool AI 등 텍스트, 이미지, 동영상, 음악 제작을 위한 생성형 AI
생성형 AI 제외 AI 도구	이미지 분류, 음성 인식, 간단한 데이터 분석 등 특정 목적의 알고리즘을 기반으로 학습자의 이해를 돕거나 AI 원리를 체험할 수 있게 하는 도구이다. 인공지능의 개념을 탐색하는 데 유용하다.	구글 AI 실험실, 티쳐블머신, AI for Oceans 등
학습관리 시스템 및 학습 분석	학습자의 데이터(접속 시간, 정답률, 오답 유형 등)를 기반으로 학습 현황을 시각화하고, 맞춤형 피드백을 가능하게 한다.	LMS 분석 기능(Moodle, Canvas), Classkick, Edpuzzle, Quizizz, 구글클래스룸, MS 팀즈 등

3.5. 인공지능 디지털교과서(AIDT) 활용

전 세계는 현재 인공지능을 교육에 활용하는 패러다임, 즉 AI in Education (AIED) 속에 놓여 있다. 우리나라도 이러한 세계적 추세에 발맞춰 지난 2023년 AIDT 추진 방안과 개발 가이드라인을 마련하였다(교육부, 2023). "500만 학생을 위한 500만 개의 교과서"라는 슬로건이 보여주듯, AIDT의 핵심 목적은 학습자의 수준과 특성에 맞는 맞춤형 학습 기회를 제공하고, 교사에게는 자동으로 수집된 학습자 데이터를 기반으로 효율적인 수업 설계와 학습 관리를 지원하는 것이다. AIDT는 기존의 디지털 교과서와 달리, 교사와 학습자가 실시간으로 상호작용을 할 수 있는 10대 기능을 제공한다(한국교육학술정보원, 2024b, [그림 11-2] 참조).

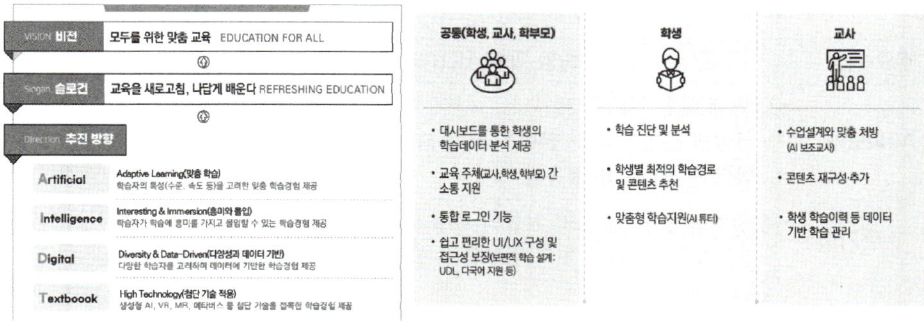

[그림 11-2] AI 디지털 교과서 가이드라인

출처: 한국교육학술정보원, 2024b

특히 중등 과학과에 특화된 AIDT 프로토타입 개발에 대해 안내하고자 하며, 해당 AIDT 프로토타입은 다음 세 가지의 설계원리를 고려하여 개발하였다(한국교육학술정보원, 2024a).

첫째, 2022 개정 과학과 교육과정을 충실히 반영한다.

둘째, 맞춤형 학습 지원을 위해 중학생의 오개념을 탐색 및 유형화하고 이에 대한 피드백을 AI를 활용하여 제안한다.

셋째, 다양한 교수학습활동을 위해 디지털 플랫폼을 임베디드하고 수준별 문항을 통해 다각도로 평가한다.

또한 세 개 원리를 기반으로 크게 다섯 가지의 주요 기능을 구현하였다. AI 피드백을 통한 서술형 문항 분석과 피드백 제공, 손 필기를 활용한 빛의 경로와 같은 과학적 현상의 시각적 표현, AI 챗봇을 활용한 실시간 질문 응답, 가상 실험실에서의 렌즈와 거울을 활용한 빛의 경로 탐구 실험, 그리고 지능형 과학실 연동을 통한 데이터 수집 및 분석 기능이 포함된다. 이러한 기능들은 학생들이 과학 개념을 보다 정교하게 이해하고, 자기 주도적으로 학습에 참여할 수 있도록 설계되었다.

〈표 11-4〉 중등 과학 AIDT 프로토타입 상세 기능

주요 기능	중등 과학 AIDT 프로토타입 상세 기능
AI 피드백	• 답변에 대한 피드백 제공 - 서술형 문항에 대한 답변을 AI가 분석하여 오개념을 진단 및 정답을 찾아갈 수 있도록 피드백을 제공함
손필기	• 손필기를 통한 렌즈 및 거울의 굴절 표현 - 렌즈/거울에 의한 빛의 경로를 손필기를 통해 그림으로 표현함
AI 챗봇	• 챗봇 - 과학 관련 질의를 AI 챗봇을 활용하여 답변을 받아 학습에 도움을 받을 수 있음
가상 실험실	• 빛 실험실 - 렌즈/거울에 의한 빛의 경로, 빛의 삼원색에 대한 가상 실험을 진행할 수 있음
지능형 과학실 연동	• 지능형 과학실과의 센서를 통한 연동 - 실제 실험 현장의 데이터를 센서를 통해 수집하여 웹상에서 분석할 수 있도록 지원함

AIDT 프로토타입 실증에 참여했던 교사들은 수업설계 및 실행에서 가장 유용했던 것으로 학생 모니터링을 이야기하였으며, 그 뒤를 이어 교사 활용형 활동(링크 임베드), AI챗봇(설리번), AI 보조교사 코멘트(대시보드) 순으로 이어졌다. AIDT 프로토타입을 활용함으로써 과학수업을 준비하는 과정에 대해서는 다소 낮은 인식(2.75)을, 실행하고 평가하는 과정이 더 효율적이고 수월해졌다고 느끼는가에 대해서는 긍정적인 인식(3.75)을 보였다.

특히 교사들은 학생들의 개별 답변을 확인할 수 있어 학생들의 오개념을 파악하고 이에 맞는 피드백을 제공할 수 있다는 점과, 학생의 활동 참여 및 제출 여부를 확인할 수 있어 소외되는 학생 없이 전체의 참여를 가능하도록 도울 수 있다는 점이 AIDT 프로토타입의 주요 강점이었다고 보고하였다. 위 결과는 AIDT가 단순히 콘텐츠를 제공하는 기능만 하는 것이 아니라, 학생들의 이해도와 참여도를 판단하고 교사에게 필요한 정보를 안내해 줄 수 있음을 보여주는 결과라 할 수 있다.

4. 에듀테크 시대, 교사의 전문성과 역할 변화

학생들은 디지털 환경에 익숙한 세대이지만, 그것이 디지털 기술을 교육적으로 의미 있게 활용할 수 있는 능력까지 자연스럽게 갖추고 있다는 뜻은 아니다. 국제학업성취도평가(PISA) 결과에 따르면, 우리나라 청소년들의 디지털 리터러시 수준은 기대보다 낮은 것으로 나타났다. 디지털 기술을 일상적으로 활용하고 교육적으로 의미 있게 활용하는 것은 엄연히 다르기 때문이다. 교육은 학습자가 목적을 갖고 활용할 수 있도록 이끄는 방향으로 설계되어야 한다.

이러한 변화 속에서 교사의 역할도 다시 정의되고 있다. 지식을 전달하는 입장에서 탈피하여, 학습 환경을 어떻게 설계하고 학생의 학습 데이터를 어떻게 해석하며, 어떤 디지털 도구를 어떤 맥락에서 어떻게 쓸지를 고민하는 것이 교사의 주요 역할이 된다.

4.1. 교사의 역할 변화: 전달자에서 설계자 · 촉진자 · 비판적 분석자로

에듀테크가 교육 현장에 빠르게 확산되면서, 교사에게 기대되는 역할도 함께 변화하고 있다. 예전에는 예전에는 '얼마나 정확하게 지식을 잘 전달하는가'에 초점이 맞춰졌다면, 이제는 그 이상이 요구된다. 디지털 도구를 수업에 어떻게 녹여낼지, 학생 데이터를 어떻게 읽고 해석할지, 기술을 비판적으로 바라보고 윤리적으로 사용할 수 있을지도 교사의 역량 안에 포함되기 때문이다. 즉, 교사는 에듀테크를 활용하는 데 있어 학습을 '설계'하고, 기술을 '해석'하고, 학생의 학습을 '촉진'하는 역할을 수행해야 한다. 뿐만 아니라, 기술이 지닌 한계나 편향성을 이해하는 동시에, 그 활용이 학습자에게 미칠 영향을 고민하는 역할도 수행해야 한다. 즉, 교사는 학습 설계자, 데이터 해석자, 기술 비평가, 윤리적 판단자 등 다양한 역할을 수행할 것이 요구된다.

- 설계자: 학습 목표와 학생 수준에 맞는 디지털 도구를 선정하여 학습 경험을 설계한다.
- 촉진자: 학생의 활동과 상호작용을 관찰하고, 디지털 도구를 이용하여 개별적

이면서도 즉각적인 피드백을 제공한다.

- 분석자: 학습자의 학습 과정에서 수집한 데이터를 바탕으로 학생의 이해도 및 참여도 등을 해석한다.
- 비판적 사용자: 기술의 편향성을 인지하고 그로 인한 부작용을 예방하기 위해 윤리적 기준을 고려한다.
- 윤리적 판단자: 기술의 도입과 활용이 학습자에게 미칠 영향을 살펴본다.

이와 같은 변화는 교사의 전문성을 약화시키는 것이 아니라, 오히려 교사의 영향력을 넓히는 일이다. 테크놀로지 덕분에 학생 개개인의 학습 경로를 더 세심하게 들여다볼 수 있고, 수업을 더 유연하게 설계할 수 있게 되기 때문이다. 다만 이런 변화는 교사에게 더 많은 판단과 성찰을 요구하며, 그만큼의 제도적 지원이 함께 필요하다.

일부 연구자들은 에듀테크로 인한 교사의 역할 변화를 다음과 같이 설명한다. Voogt et al.(2013)은 디지털 기반 학습 환경에서 교사는 '학습 경험 설계자(designer of learning experiences)'가 되어야 한다고 보았으며, Ertmer와 Ottenbreit-Leftwich(2010)는 기술을 교육적으로 연결해 내는 '변화를 이끄는 촉진자'가 교사라고 하면서 에듀테크를 실제 수업에 연결하는 것은 교사의 신념에 달려있다고 이야기하였다. OECD(2021) 역시 교사가 기술을 윤리적으로 활용하고, 학생의 디지털 감수성과 주체성을 길러주는 존재로 작동해야 한다고 강조한다. 다시 말해 에듀테크는 단순히 새로운 기술을 '도입하는 것'이 아니라, 교육적 맥락 안에서 어떻게 '의미 있게 활용하는가'가 더 중요하다.

4.2. 증거기반 에듀테크 생태계 탐색 능력

최근 교육계에서는 '증거기반 에듀테크(Evidence-based EdTech)'라는 개념이 주목받고 있다. 이는 단순히 눈에 띄는 기술이나 혁신적인 도구를 사용하는 것이 아니라, 학습 효과와 교육적 타당성이 검증된 기술을 찾아내고 활용하는 능력을 말하는 것이다. 에듀테크 도구들의 효과성을 요약한 증거기반 플랫폼을 활용하여 교사는 목적에 부합하는 도구를 탐색하고, 과학 수업 맥락에 맞춰 설계할 수 있어야 한다.

국내외 다양한 플랫폼에서는 각종 에듀테크 도구의 효과성에 대한 연구 결과들을 모아두고 있다. 교사는 해당 플랫폼에서 수업 목표에 적합하면서도 검증된 에듀테크 도구를 찾아내고, 도구의 효과성에 대한 연구결과를 이해하고 그 의미를 파악할 수 있어야 하며, 도구의 한계를 파악하고 본인의 수업 맥락에 맞게 적합한 방향으로 변형할 수 있어야 함을 보여준다.

다시 말해, 에듀테크 시대의 교사는 기술을 단순히 사용하는 사람(user)을 넘어, 설계하고(designer) 해석하며(interpreter), 비판적으로 바라보는(critic) 존재로서 여러 역할을 수행해야 한다. 그리고 학생의 성장과 공동체의 발전이라는 목적을 고려할 때 그 의미가 있다.

5. 나가며

에듀테크를 맛본 교사들은 아래와 같은 질문을 떠올리곤 한다. 하지만 이런 방식의 접근은 기대만큼의 결과를 내지 못하는 경우가 많다. 오히려 수업의 흐름을 방해하거나 학습자의 집중을 흐트러뜨리는 결과를 낳기도 한다. 중요한 것은 '무엇'이 아니라 '어떻게' 쓰느냐에 있다.

에듀테크 기반 수업 설계는 단순히 기술을 사용하는 것을 넘어, 그 기술이 학습자의 사고를 어떻게 자극하고 수업에서 어떤 교육적 가치를 실현할 수 있는지를 고민하는 데에서 출발해야 한다. 에듀테크를 어떻게 활용할지에 따라 서로 다른 결과를 만들어낸다.

5.1. 에듀테크 기반 과학수업 설계의 방향

에듀테크 기반 수업 설계의 출발점은 '어떤 기술을 사용할 것인가'가 아니라 '학생에게 어떤 학습 경험을 제공할 것인가'이다. 즉, 수업은 항상 학습목표부터 시작하여 계획되어야 하며, 에듀테크는 이를 실현하기 위한 수단으로 선택될 필요가 있다. Mishra와 Koehler(2006)가 강조한 것처럼 테크놀로지 교과교육학 지식(Technological Pedagogical Content Knowledge, 이하 TPACK)은 수업 맥락에 따라 조정되어야 하며, 테크놀로지는 의미 있는 학습 활동을 지원할 때 비로소 교육적 가치를 지닌다. 만약 기체 분자의 이동을 눈으로 확인하도록 하기 위해서는 PhET 시뮬레이션이 적합할 수 있으나, 특정 조건에서 기체 분자의 운동의 변화를 설명하도록 하기 위해서는 다른 활동이 함께 이루어져야 한다. 즉, 테크놀로지는 학생들의 인지 구조를 변화시키고 사고를 확장하는 방식으로 이용되어야 한다.

5.2. 교사 설계자의 재구성: 기술 해석자이자 윤리적 판단자

앞서 언급한 교사 역량은 단지 디지털 도구를 사용할 줄 아는 사용자의 측면이 아니라, 학습의 흐름을 설계하고 기술의 의미를 재구성하는 설계자로서의 전문성을 요구한다. Levin과 Schrum(2013)은 교사는 테크놀로지를 선택하고 이용하는 데 있어 '교육적 번역가(educational translator)'라고 이야기한다. 즉, 기술이 제공하는 기능을 수업 맥락에 맞게 해석하고 변형하며, 학습자와 상황에 따라 적용 방식을 조정할 수 있어야 한다. 예를 들어, 같은 협업 도구인 패들렛(Padlet)을 이용하더라도 개념 정리, 토론 자료 정리, 실험 데이터 비교 등 다양한 방식으로 활용될 수 있으며, 이 활용 목적의 정교화는 교사의 설계 역량에 달려 있다.

5.3. 평가의 재설계: 과정 중심 그리고 다각도 평가

에듀테크 기반 수업에서는 전통적인 일회성 결과 평가가 갖는 한계를 넘어, 학습 과정 전반을 포착하고 피드백하는 과정 중심 평가가 중요해진다. 디지털 플랫폼은 학습자의 응답, 참여 시간, 오개념 유형 등 다양한 학습 데이터를 수집하고, 이를 통해 개별화된 피드백이 가능하게 만들기 때문이다. 또한 정답과 결과 중심의 평가에서 벗어나, 창의적인 아이디어를 제시하고 과정을 평가하는 부분이 필요하다. 즉, 평가는 옳고 그름을 판단하는 것이 아니라, 학습의 흐름을 파악하고 촉진하는 목적으로 진행될 필요가 있다.

5.4. 교육 생태계와 연결된 융합 설계

에듀테크 기반 수업 설계는 학교 교실을 넘어서 지역 사회, 온라인 커뮤니티, 전문가 네트워크 등 외부 자원과의 연결을 통해 확장되어야 한다. 이는 특히 과학기술관련 사회쟁점(SSI) 기반 수업이나 시민과학 프로젝트 등에서 중요하게 작용한다. 예를 들어, 기후변화에 대한 데이터 분석 수업에서 공공데이터 포털의 실시간 기후 자료를 불러오고, 이를 기반으로 지역 사회의 탄소중립 전략을 제안하는 프로젝트를 진행할 수 있다. 이때 지역 공무원, 환경 NGO 활동가, 과학자와의 인터뷰 활동을 추가하면 현실과의 연계성이 높아진다. 또한 효과적인 도구를 탐색하고 적절히 활용함으로써, 학생들의 디지털 시민성 향상에도 기여할 수 있다. 수업은 더 이상 교실 내부에서의 활동이 아니라, 디지털 기술을 매개로 외부 세계와 연결된 열린 학습 환경으로 확장될 수 있어야 한다.

참고문헌

교육부(2023). 모두를 위한 맞춤 교육의 실현: 디지털 기반 교육혁신 방안. 교육부 보도자료.

교육부, 한국교육과정평가원(2023). 고교학점제 도입 · 운영 안내서(Report No. ORM 2023-25). 교육부, 한국교육과정평가원.

김성기(2024). AI 활용 교육에 대한 화학 교사의 인식 분석: 1급 정교사 자격 연수 참여자를 중심으로. 한국과학교육학회지, 44(5), 511-518.

유은정, 정수임(2025). 에듀테크 활용 과학 수업에 대한 과학 교사의 실행과 인식. 한국지구과학회지. 46(2), 173-188.

유은정, 김경화(2020). 미래학교의 스마트 기기를 활용한 과학 수업이 과학긍정경험과 과학 학습자 정체성에 미치는 영향 탐색. 한국지구과학회지, 41(2), 176-193.

임철일, 한옥결, 채지윤, 이진연, 이다연(2023). 교원 양성기관의 에듀테크 활용 실태 분석 및 에듀테크 분류 체계. 컴퓨터교육학회 논문지. 26(4), pp. 77-87.

조규성, 정동권(2023). 전라북도 무주군 적상산 일대를 중심으로 한 가상현실 기반 지질학습장(VFT) 개발과 적용. 한국지구과학회지, 44(3), 222-235.

차현정, 가석현, 윤혜경(2023). 과학 디지털 교과서 실감형 콘텐츠에 대한 교사와 학생의 평가: 중학교 2학년 지구와 우주 영역 콘텐츠를 중심으로. 한국과학교육학회지, 43(2), 59-72.

한국교육학술정보원[KERIS] (2024a). AI 디지털교과서 개발 가이드라인. (Report No. GM 2023-11). 대구: KERIS.

한국교육학술정보원[KERIS]) (024b). AI 디지털교과서 서비스 프로토타입 개발: 중등 과학. (Report No. TM2024-00). 대구: KERIS.

홍선주, 김미지, 박선화, 유은정, 이영미, 전성균, 정대성(2024). 에듀테크 활용 교육의 현황 조사 및 활성화 방안 연구: 고등학교를 중심으로. (Report No. RRI 2024-5). 진천: 한국교육과정평가원.

Ertmer, P. A., & Ottenbreit-Leftwich, A. T. (2010). Teacher technology change: How knowledge, confidence, beliefs, and culture intersect. *Journal of Research on Technology in Education, 42*(3), 255-284.

Holmes, W., Bialik, M., & Fadel, C. (2019). ***Artificial intelligence in education: Promises and implications for teaching and learning***. Boston: Center for curriculum redesign.

KERIS(2024).

Levin, B. B., & Schrum, L. (2013). Using systems thinking to leverage technology for school improvement: Lessons learned from award-winning secondary schools/districts. *Journal of Research on Technology in Education, 46*(1), 29-51.

Mishra, P., & Koehler, M. J. (2006). Technological pedagogical content knowledge: A framework for teacher knowledge. *Teachers College Record, 108*(6), 1017-1054.

OECD. (2021). *Digital education outlook 2021: Pushing the frontiers with artificial Iintelligence, Blockchain and Robots*. OECD Publishing.

Pea, R. D. (1985). Beyond amplification: Using the computer to reorganize mental functioning. *Educational Psychologist, 20*(4), 167-182.

Siemens, G. (2013). Learning analytics: The emergence of a discipline. *American Behavioral Scientist, 57*(10), 1380-1400.

Smetana, L. K., & Bell, R. L. (2012). Computer simulations to support science instruction and learning: A critical review of the literature. *International Journal of Science Education, 34*(9), 1337-1370.

Voogt, J., Knezek, G., Cox, M., Knezek, D., & ten Brummelhuis, A. (2013). Under which conditions does ICT have a positive effect on teaching and learning? A call to action. *Journal of Computer Assisted Learning, 29*(1), 4-14.

Wang, Q., et al. (2021). Collaborative learning with technology: A systematic review. *Educational Technology Research and Development, 69*, 389-420.

WikiKIT Research Group (2024). EdTech Impact Glossary, International Centre for EdTech Impact, Creative Commons Attribution 4.0 International. Available from: https://www.wikikit.no/glossary

찾아보기

저자 약력

하민수
한국교원대학교 생물교육과 (학사, 석사)
The Ohio State University (PhD)
전) 뉴욕주립대학교 연구원, 강원대학교 교수
현) 서울대학교 생물교육과 교수

고연주
이화여자대학교 과학교육과 물리교육전공 (학사)
The University of Georgia, Learning, Design, and Technology (석사)
이화여자대학교 과학교육학과 (박사)
전) 이화여자대학교 강사, 이화여자대학교 해저드리터리시 융합교육연구소 박사후연구원
현) 제주대학교 과학교육학부 물리교육전공 교수

김원정
한국교원대학교 생물교육과 (학사, 석사)
Michigan State University (PhD)
전) 부산교육청 생물 교사
현) Santa Clara University 교수

박정우
서울대학교 물리교육과 (학사)
서울대학교 대학원 과학교육과 물리전공 (박사)
전) 서울대학교, 춘천교육대학교, 강원대학교 강사
현) 제주대학교 교육대학 초등과학교육전공 교수

박준형
서울교육대학교 과학교육 (학사, 석사)
서울대학교 대학원 과학교육과 (박사)
전) 서울교육청 초등교사, 서울교육대학교 강사, Curtin University 박사후 연구원
현) National Institute of Education, Nanyang Technological University 교수

박철규
서울대학교 화학교육과 (학사)
서울대학교 대학원 과학교육과 (박사)
전) 단국대학교 첨단교육센터 연구교수, 서울대학교 학습과학연구소 선임연구원
현) 국립순천대학교 화학교육과 교수

심수연
서울대학교 생물교육과 (학사)
서울대학교 대학원 과학교육과 (석사)
University of Washington (PhD)
전) 서울대학교 인문사회학술연구교수, University of Illinois, University of Washington 박사후 연구원
현) 서울대학교 생물교육과 교수

이경건
서울대학교 화학교육과, 컴퓨터공학부 (학사)
서울대학교 대학원 과학교육과 (박사)
전) 강원대학교, 경인교육대학교 강사, University of Georgia 박사후 연구원
현) National Institute of Education, Nanyang Technological University 교수

장진아
서울교육대학교 과학교육 (학사, 석사)
서울대학교 대학원 과학교육과 (박사)
전) 서울교육청 초등교사, 서울교육대학교, 서울대학교 강사, Curtin University 박사후 연구원
현) National Institute of Education, Nanyang Technological University 교수

통합과학교육을 위한
최신과학교육

2025년 9월 20일 1판 1쇄 인쇄
2025년 9월 25일 1판 1쇄 발행

저　자: 하민수 고연주 김원정
박정우 박준형 박철규
심수연 이경건 장진아
발행인: 한　정　주
발행처: 교 육 과 학 사

경기도 파주시 광인사길 71
전화 (031)955-6956~8 / 팩스 (031)955-6037
Home-page: www.kyoyookbook.co.kr
E-mail: kyoyookbook@daum.net
등록: 1970년 5월 18일 제2-73호

정가 20,000원
Printed in Korea.
ISBN 978-89-254-1941-1